한국어 문법사

권재일

서울대학교 인문대학, 대학원 언어학과 졸업(문학박사)
대구대학교 국어국문학과 조교수, 건국대학교 국어국문학과 교수, 서울대학교 언어학과 교수,
국립국어원 원장, 한글학회 회장 역임
현재 서울대학교 언어학과 명예교수

저서 : 《국어의 복합문 구성 연구》(1985), 《한국어 통사론》(1992), 《한국어 문법의 연구》
(1994), 《한국어 문법사》(1998), 《언어학과 인문학》(1999, 공저), 《국어지식탐구》(1999, 공저),
《구어 한국어의 의향법 실현방법》(2004), 《20세기 초기 국어의 문법》(2005), 《남북 언어의
문법 표준화》(2006), 《사라져 가는 알타이언어를 찾아서》(2008, 공저), *A Study of the Tacheng
Dialect of the Dagur Language*(2008, 공저), 《문법 교육론》(2010, 공저), 《중국의 다구르어와
어웡키어의 문법-어휘 연구》(2010, 공저), 《언어의 이해》(2010, 공저), 《중앙아시아 고려말의
문법》(2010), 《언어 다양성 보존을 위한 알타이언어 문서화》(2011, 공저), 《북한의 〈조선어학
전서〉 연구》(2012), 《한국어 문법론》(2012), 《세계 언어의 이모저모》(2013), 《남북 언어의
어휘 단일화》(2014), 《아이마라어 연구》(2015, 공저), 《아이마라어 어휘》(2015, 공저), 《언어
학사강의》(2016) 등.

한국어 문법사

개정판 인쇄 2021년 7월 16일
개정판 발행 2021년 8월 2일

지 은 이 권재일
펴 낸 이 박찬익

펴 낸 곳 ㈜ **박이정**
주   소 경기도 하남시 조정대로45 미사센텀비즈 7층 F749호
전   화 02-922-1192~3 / 031-792-1193, 1195
팩   스 02-928-4683
홈페이지 www.pjbook.com
이 메 일 pijbook@naver.com

등   록 2014년 8월 22일 제2020-000029호

ISBN 979-11-5848-623-5 93710

* 책값은 뒤표지에 있습니다.

개정판

한국어 문법사

권재일

(주)박이정

머리말

지은이가 《한국어 문법사》를 처음 펴낼 때 한국어 역사 연구에 대해 지녔던 생각은 다음과 같았다. 이러한 생각은 지금도 마찬가지이다.

언어는 우리의 생각을 전달하는 도구이다. 그러나 언어는 단순히 그러한 도구에 그치는 것이 아니라 이를 사용하는 사람들의 생각을 담는 구실을 한다. 그래서 한 국가나 민족은 공통된 언어 구조에 이끌려 공통된 생각과 정신, 삶의 역사를 가지게 되고 고유한 문화와 정신세계를 형성한다. 그러므로 한국어는 민족문화와 밀접한 관계를 맺는다. 이러한 뜻에서 우리는 한국어의 가치를 높이 인식하고 한국어의 본질을 올바르게 이해할 필요가 있다.

한국어 문법의 본질을 올바르게 이해하기 위해서는 공시적 문법 구조에 대한 연구와 통시적 문법 변화에 대한 연구가 균형 있게 수행되어야 한다고 생각한다. 최근 문법 연구의 대상이 현대 한국어에 대한 공시적 연구에 치중되어 통시적 연구가 매우 위축되었다. 문법 연구가 어느 한쪽으로 치우친다면 한국어 문법의 본질을 올바르게 이해하는 데 도움이 되지 못할 것이다.

지은이는 이러한 생각을 바탕으로, 한국어 문법에 대한 통시적 연구의 필요성을 깊이 인식하면서 그동안 한국어 문법 변화를 연구하고 교육해 왔다. 그리고 이 책은 그러한 연구와 교육의 결과로서, 한국어 문법사를 체계적으로 서술한 책이다. 이번에 새로 펴내는 고침판은 1998년에 펴낸 《한국어 문법사》의 내용을 다시 고치고 다듬고 새로운 생각을 더 보태었다.

문법사 연구는 문법 변화가 역사적으로 어떻게 전개되어 왔는가를 체계적으로 기술하고, 그리고 그러한 변화가 왜 일어났는가를 합리적으로 설명해야 한다. 이것은 이 책의 서술 목표이기도 하다. 언어 현상을 합리적으로 설명하기 위해서는 먼저 언어 현상을 체계적으로 기술해야 하는 것이 언어학의 바람직한 연구 태도이다. 한국어 문법사 연구에서도 역시 그러하다. 언어학이 궁극적으로 추구하는 바가 언어 현상에 대한 설명에 있다 하더라도 설명의 앞 단계인 언어 자료의 분석과 기술을 소홀히 해서는 안 된다. 왜냐하면 충실한 분석과 기술이 전제되지 않고서는 어떠한 이론으로도 언어 현상을 합리적으로 설명할 수 없기 때문이다.

한국어는 신라 시대부터 문헌 자료가 남아 있다. 그러나 이 시기 문헌은 모두 한자를 빌려서 기록되었으며, 문헌의 양도 턱없이 부족하다. 그러므로 이러한 문헌을 바탕으로 당시의 언어를 되돌려 살피기란 여간 어려운 일이 아니다. 여러 가지 방법으로 당시 문법의 모습을 어느 정도 추리해 볼 수는 있지만, 타당성을 확보하기는 매우 어렵다. 따라서 이 책에서는 한국어 문법사 서술의 출발 시점을 훈민정음이 창제되어 문헌 자료가 풍부하게 확보된 15세기 한국어로 삼아, 그때로부터 현대 한국어에 이르는 동안의 문법 변화를 서술한다. 그렇다고 그 이전의 문법사는 포기해도 좋다는 뜻은 아니다. 일단 15세기 이후의 문법사를 밝혀 두고, 그 이전의 역사는 다음 단계에 서술하는 것이 바람직한 방법이라고 생각한다.

이 책은 크게 네 부분으로 나누어 모두 20장으로 구성하였다. 제1부는 총론으로서, 한국어 문법사는 무엇을 어떻게 연구할 것인가를 이해하는 데에 초점을 둔다. 제2부는 문법범주 변화에 대한 구체적인 서술이다. 문장종결법, 높임법, 시제법, 사동법, 피동법, 부정법, 인칭법, 강조법 등

문법범주 각각에 대한 성격을 이해한 바탕에서 역사적 변화 과정을 기술하여 그 특성을 고찰한다. 제3부는 문장 구성 변화에 대한 구체적인 서술이다. 먼저 문장성분과 격의 변화, 그리고 격틀 구조의 변화를 기술한 다음, 접속문 구성의 변화, 명사절 구성의 변화, 관형절 구성의 변화, 인용절 구성의 변화 과정을 기술하여 그 특성을 고찰한다. 제4부는 한국어 문법사와 관련하여 현대 한국어 구어 문법, 20세기 초기 한국어 문법, 중앙아시아 고려말의 문법을 고찰하고, 마지막으로 북한의 문법사 기술을 살펴본다. 구어 문법을 통하여 현대 한국어 안에서 문법 변화의 경향을 확인한다. 20세기 초기의 한국어를 21세기 초기인 지금의 한국어와 대조해서 한 세기 동안에 일어난 문법 변화의 모습을 확인하고 앞으로의 변화를 예측한다. 19세기 함경북도 방언을 고스란히 이어받고 있는 중앙아시아 고려말을 통해 한두 세기 사이에 일어난 문법 변화를 확인한다.

지은이는 이 책을 펴내면서 공시태 안에서의 언어 변화에 대하여 새롭게 관심을 가졌다. 예를 들면, '잊혀지지[=잊-히-어 지-지] 않는 하나의 눈짓'처럼 피동접미사로 실현된 피동 표현(-히-)에 다시 통사적 피동 표현(-어 지-)이 겹쳐서 피동법이 실현되는 현상이다. 피동의 의미를 강화하려는 화자의 의도가 반영된 표현으로 구어에서 자연스럽게 확산하고 있다. 또한 '주문하신 아이스 아메리카노 두 잔 나오셨어요'처럼 주체높임 어미 '-으시-'를 통해 청자높임을 강화하려는 현상도 있다. 청자를 높이려는 화자의 의도로 사물인 주어를 높이는 표현이다. 예를 든 표현들이, 당연히 규범문법, 학교문법에는 어긋나지만, 의사소통의 필요로 인해 확산하고 있어 앞으로의 문법 변화를 예고한다. 비록 지금 단계에서는 규범이 아니지만 이러한 현상이 쌓이고 쌓여 굳어지고 언어 사회가 채택하면 변화가 이루어질 것이다. 이러한 현상을 문법사 연구에서 어떻게 수용할 것인가는 깊이 생각해 볼 과제이다.

아무쪼록 이 책이 한국어 문법사의 내용과 흐름을 이해하고, 나아가서 언어학에서 역사언어학의 가치를 인식하고 관심 가지는 데에 이바지하기를 희망한다. 이번에도 기꺼이 출판을 맡아 주신, 그동안 국어학 전문서를 출판하여 학계에 크게 기여해 온, 주식회사 박이정의 박찬익 사장님께 고마움의 인사를 드린다. 끝으로 역사언어학, 한국어 문법사 연구의 가치를 일깨워 주시고 늘 자상하게 가르쳐 주셨던, 허웅 선생님, 김방한 선생님, 성백인 선생님께 감사와 존경의 말씀을 올린다.

2021년 5월 19일
권 재 일

차 례

제3부 문장 구성의 변화

제4부 문법사의 다양한 양상

제1부 총론

|제1장| **문법 변화 개관**

다음 15세기 한국어 문장 (1)은 비록 짧은 한 문장이지만 현대 한국어로 옮긴 (2)와 견주어 보면, 5백 년 동안 문법이 변화한 몇 가지 현상을 찾아 볼 수 있다.

(1) 손과 발왜[=발-와-ㅣ] 븕고 희샤미[=히-샤-ㅁ-ㅣ] 蓮ㅅ고지[= 蓮ㅅ곳-이] ᄀᆞ트시며 (월인석보 2:57)
(2) 손과 발이 붉고 희신 것이 연꽃-과 같으시며

'손-과 발-와-ㅣ'는 '[A-과 B-과]-격조사'로 분석되는데 현대 한국어에 서는 '[A-과 B]-격조사'로 바뀌어 '손-과 발-이'로 나타났다. '히-샤-ㅁ-ㅣ'에는 주체높임어미 '-샤-'가 나타나 있는데 현대 한국어에서는 '-시-'가 나타나 있다. 그리고 명사형어미 '-음'에 의한 명사절로 안겨 있는데 관형 절을 안은 의존명사 구문, 즉 '-은 것'으로 안겨 있다.

15세기의 'ᄀᆞ트다' 동사는 'A-이 ᄀᆞ트다'와 같이 격조사 '-이'가 결합하는 문장 구조인데 현대 한국어는 'A-과 같다'와 같이 격조사 '-과'가 결합하는 문장 구조이다. 그래서 '蓮ㅅ곳-이 ᄀᆞ트시며'가 '연꽃-과 같으시며'로 나 타났다. 이렇듯 문법 현상은 시간의 흐름에 따라 변화해 왔다.

1.1. 언어 변화와 문법 변화

언어 변화   세상 만물은 시간의 흐름에 따라 끊임없이 변화한다. 언어역시 역사의 흐름에 따라 변화한다. 언어는 의사전달의 도구이기 때문에아무나 약속된 체계를 바꿀 수 없다. 그러나 실제 언어는 정체되어 있지않고 끊임없이 변화를 겪어, 오랜 세월이 쌓이면 꽤 변화한 모습을 드러낸다.

그러면 왜 언어는 변화하는 것일까? 이 물음에 대한 대답은 쉽지 않지만, 언어의 '본질'과 '기능'의 관점에서 대답을 찾아볼 수 있다. 먼저 언어의본질이라는 관점에서 살펴보자. 언어의 본질은 자의적인 기호 체계이다.언어 기호의 두 요소인 말소리와 뜻이 맺어진 관계는 필연적인 관계가아니라, 자의적인 관계이다. 말소리와 뜻이 자의적인 관계로 맺어져 있기때문에, 어떤 조건만 주어지면 그 관계는 바뀔 수 있다. 그 조건이란 시간과 공간이다. 따라서 시간의 흐름에 따라 말소리와 뜻이 맺어진 관계는바뀔 수 있어 언어는 변화하는 것이다. 만약 필연적인 관계로 맺어져 있다면, 아무리 시간이 흘러도 결코 언어는 변화하지 못할 것이다.

이번에는 언어의 기능이라는 관점에서 살펴보자. 언어의 기능은 의사전달의 도구이다. 도구는 무엇보다도 사용하기에 편리해야 한다. 사용하기에 불편하게 되면 새롭게 도구를 다듬어 사용하게 마련이다. 언어라는의사전달의 도구도 마찬가지이다. 따라서 표현하기에 편리하고, 이해하기에 편리한 방향으로 언어는 변화한다. 표현하기에 편리하기 위해서는조음 작용을 간결하게, 이해하기에 편리하기 위해서는 청취 작용을 분명하게 하는 방향으로 변화한다. 그런데 이 두 방향은 서로 부딪칠 수 있어,두 방향이 조화를 이루면서 언어는 변화한다. 그래서 언어의 음운, 어휘,문법이 간결한 체계로 변화하기도 하고, 반대로 더욱 복잡한 체계로 변화하기도 한다.

이러한 언어의 변화는 원칙적으로 어느 한 공시태에서 다른 공시태로의 변화를 의미한다. 특정한 어느 한 시기의 언어 상태를 공시태라고 하고, 어떤 언어의 변화 상태를 통시태라고 할 때, 공시태는 같은 언어의 같은 시기에 속하는 언어 상태를 말하며, 통시태는 같은 언어의 다른 변화 시기에 속하는 다른 언어 상태를 말한다. 그러나 모든 언어 현상은 항상 역사적인 요인과 결합하여 있다. 즉, 공시적 언어 현상은 항상 다음 단계로 변화하는 시발점이 되어 동요하고 있다. 따라서 공시적 언어 상태는 새로이 생겨나는 요소와 없어져 가는 요소의 혼합체라고 할 수 있으며, 공시태는 과거의 언어를 반영하고 미래의 언어를 예측하게 한다.

　문법 변화　말소리나 단어가 변화하는 것처럼 문법도 시간의 흐름에 따라 변화한다. 다음과 같은 현상에서 문법이 역사적으로 변화하고 있음을 쉽게 확인해 볼 수 있다.

　한국어 사동법은 주로 사동접미사에 의한 파생적 방법과 통사적 구성 '-게 하-'에 의한 통사적 방법으로 실현된다. 그런데 15세기 한국어에서는 파생적 방법으로 실현되던 것이 현대 한국어에 와서는 통사적 방법으로만 실현되는 경우가 많다. 다음 문장 (3)에서 보면, 15세기 한국어에서는 사동접미사 '-오-, -이-'를 통해 사동을 표현하였으나, 현대 한국어에서는 통사적 구성 '-게 하-'를 통해 사동을 표현한다. 이것은 문법범주의 실현 방법이 파생적 방법에서 통사적 방법으로 변화한 것인데, 문법 현상이 역사적으로 변화한 사실을 보여 주는 예이다.

(3) 가. 15세기 한국어[1]

　　녀토시고[=녈-오-시-고] 쏘 기픠시니[=깊-이-시-니] (용
　　비어천가 20)

　나. 현대 한국어

　　얕-게 하-시-고 또 깊-게 하-시-니

　　의문문이 의문어의 존재 여부에 따라 '-ㄴ-고', '-ㄹ-고'와 같은 'ㅗ'형 의문어미와 '-ㄴ-가', '-ㄹ-가'와 같은 'ㅏ'형 의문어미로 달리 쓰였음은 15세기 한국어 문법의 한 특징이다. 문장 (4가)처럼 'ㅏ'형은 의문어가 없는 의문문에 사용되고, 문장 (4나)처럼 'ㅗ'형은 '엇더'와 같은 의문어가 있는 의문문에 사용되었다. 그리고 주어가 2인칭인 의문문에는 문장 (4다)처럼 '-ㄴ-다'가 사용되었다.

　　(4) 가. 西京은 편안ᄒᆞᆫ가[=편안ᄒᆞ-ㄴ-가] 몯ᄒᆞᆫ가[=몯ᄒᆞ-ㄴ-가] (두
　　　　　시언해-초간 18:5)

　　　나. 故園은 이제 엇더ᄒᆞ고[=엇더ᄒᆞ-ㄴ-고] (두시언해-초간
　　　　　25:24)

　　　다. 네 엇데 안다[=알-ㄴ-다] (월인석보 23:74)

　　그러나 현대 한국어에서는 의문문에 의문어가 있든 없든, 주어의 인칭이 어떠하든 의문어미를 구분하지 않게 되었다. 이것 역시 문법 현상이 역사적으로 변화한 사실을 보여 주는 예이다.

---

1 앞으로 이 책에서 제시하는 예문 가운데, 설명을 위해 분석이 필요로 하는 부분은 '-' 표시로써 형태 분석을 보이기로 한다. 다만 연철되어 있을 경우에는 [ ] 안에 형태 분석을 따로 제시한다. (예) 녀토시고[=녈-오-시-고]. 그리고 설명의 필요상, 더 돋보이게 하기 위해서는 밑줄을 치기도 한다. (예) 얕-게 하-시-고.

1.2. 문법 변화의 대상

문법 변화는 문법의 모든 부문에서 일어난다. 첫째, 문법범주와 관련해서 변화한다. 둘째, 문장 구성과 관련해서 변화한다.

문법범주의 변화　문법범주와 관련해서는 문법범주를 실현하는 방법이 변화하기도 하고, 문법범주를 실현하는 어미와 조사의 형태나 통사 기능이 변화하기도 하며, 또한 어미나 조사가 소멸하거나 새로 생성되기도 한다.

일반적으로 문법범주는 형태적 방법으로 실현되기도 하고 통사적 방법으로 실현되기도 하는데, 이러한 문법범주의 실현방법도 역사적으로 변화한다. 형태적 방법으로 실현되던 문법범주가 통사적 방법으로 실현되기도 하는데, 사동법과 피동법 변화가 그 예이다. 그 반대로 통사적 방법으로 실현되던 것이 형태적 방법으로 실현되기도 하는데, 시제법 변화가 그 예이다. 문법범주 변화의 이 두 가지 방향 가운데 어느 것이 역사언어학적으로 더 보편적인가 하는 것은 단정을 지을 수 없지만, 한국어의 문법범주 변화에는 이 두 방향이 함께 존재한다.

문장 구성의 변화　문장 구성과 관련해서는 접속문과 내포문의 구성 방식이 변화하기도 하며, 문장을 구성하는 어순이 바뀌기도 한다. 이들은 모두 문법 변화의 대상이 된다. 접속문과 내포문의 변화는 주로 접속어미와 내포어미(명사형어미, 관형사형어미)의 형태 변화와 통사 기능 변화이다. 문장 (5)와 같이 15세기 한국어에서 '-음' 명사절로 실현되던 구문이 현대 한국어에서 '-기' 명사절 또는 관형절을 안은 의존명사 구문으로 실현되는 변화가 그 예이다.

(5) 가. 15세기 한국어

이 諸佛ㅅ 甚히 기픈 힝뎌기라 信ㅎ야 아로미[=알-오-ㅁ-
이] 어렵거늘 (석보상절 9:28)

나. 현대 한국어

이 여러 부처가 매우 깊은 행적이라고 믿어서 <u>알기</u>-가 어
려우니

이 여러 부처가 매우 깊은 행적이라고 믿어서 <u>아는 것</u>-이
어려우니

다음 (6)의 인용문 구성을 보면, 15세기 한국어와 현대 한국어 사이에,
인용문 구성 방식 자체가 다르며, 현대 한국어에 나타나는 인용표지 '-고'
가 15세기 한국어에서는 아직 없다.

(6) 가. 15세기 한국어

이 比丘ㅣ ⋯ 순지 高聲으로 닐오듸 "내 너희를 업시오들
아니ㅎ노니 너희들히 다 당다이 부톄 두외리라" ㅎ더라 (석
보상절 19:31)

나. 현대 한국어

이 比丘가 ⋯ 오히려 큰 소리로 "내가 너희들을 업신여기지
않으니 너희들이 다 반드시 부처님이 되겠다"-고 말하더라.

1.3. 문법 변화의 원인

문법 변화의 원인　　문법 변화는 근본적으로 표현을 간결하게 하려는
노력과 표현을 분명하게 하려는 노력으로 일어난다. 이러한 작용을 불러

일으키는 것이 바로 문법 변화의 원인이다. 문법 변화의 원인에는 구체적으로 문법 체계 자체에 따르는 내적 요인과 사회적·심리적 요인에 따르는 외적 요인이 있을 수 있다. 이와 같은 원인을 허웅(1983:460-1)에서 제시한 바 있는데 그 내용은 다음과 같다.

첫째는 말하기에 들이는 노력을 덜기 위한 것이다. 예를 들어 15세기 한국어에는 인칭법이라는 문법범주가 있었는데 17세기에 와서 소멸하였다. 주어가 1인칭일 때에는 '-오/우-'가 결합하고 2·3인칭일 때에는 결합하지 않아 인칭의 대립을 보이던 문법범주이다. 그런데 이러한 인칭법이 역사적으로 소멸한 것은 복잡한 문법 체계를 간결하게 하거나, 또한 인칭이라는 관념의 범위가 모호해져서 일어난 현상이다. 그리고 문장 (4)에서 살펴본 15세기 한국어 의문어미의 여러 형태가 역사적으로 하나의 어미로 합류된 변화도 역시 그러하다.

둘째는 문법형태를 통일하기 위한 유추 작용이다. 15세기 한국어의 형태 '먹ᄂᆞ다' 형태가 '흔다' 형태에 이끌려 '먹는다' 형태로 바뀐 것은 시제어미 형태를 통일해 보려는 노력에서 이루어진 현상이다.

셋째는 문법범주의 관념을 분명히 나타내려는 심리 작용이다. 15세기 한국어의 미정법 시제어미 '-으리-'는 그 형태가 허물어지자 이를 분명하게 하기 위하여 새롭게 시제어미 '-겠-'이 생성된 것이 이러한 현상이다.

넷째는 말이 이루어지는 상황에 따르는 화자의 심리적인 태도이다. '-습-'은 본디 15세기 한국어에서 객체높임법을 실현한 문법형태인데, 청자높임법의 실현방법이 흐려지자 객체높임법보다 더 긴요한 청자높임을 보완하기 위하여 객체높임의 기능을 희생시키고 청자높임에 쓰이게 된 현상이다.

다섯째는 문법 체계의 압력이다. 15세기 한국어의 '-으니-'에 기대고 있었던 확정법이 없어진 것은, 힘차게 발달하여 내려온 완결법의 압력 때문이라고 할 수 있다. 곧 완결법은 확정법의 관념을 침범할 수 있는

여지를 가지고 있었다.

여섯째는 음운 변화 결과의 영향이다. 모음조화의 허물어짐, /ㆍ/ 음소 소멸로 문법형태가 단순화된 것이 이러한 변화이다. 하나의 음운이 소멸할 때 그 음운으로 이루어져 있는 문법형태 또한 변화를 피할 수 없는 것은 당연하다. 이런 경우 그 문법형태가 참여하여 구성된 문법 체계가 있다면 그 체계의 변화 또한 불가피하게 된다.

이와 같이 문법 변화를 일으키는 원인에는 여러 가지가 있다. 그 가운데 음운 변화로 일어나는 문법 변화는 가장 광범위한 현상이다. 음운 변화는 그 자체에만 머무르지 않고 형태나 의미와 유기적인 관련을 맺기 때문이다. 예를 들어, /ㆍ/ 음소가 소멸하면서 한국어의 어미와 조사의 형태가 단순화된 것처럼 음운의 소멸에 따라 다양하던 문법형태가 단순화되기도 한다. 또한 '-어 잇-'이 음운 축약에 의해 새로운 문법형태 '-었-'이 생성된 것도 음운 변화의 예이다.

▌참고 문헌

권재일 1987, 의존구문의 역사성 - 통사론에서 형태론으로 -, 《말》 12: 5-24, 연세대학교 한국어학당.

권재일 1994, 한국어 문법범주 변화에 대한 연구, 《朝鮮學報》 150: 1-17, 일본: 조선학회.

권재일 1995, 통사 변화 연구의 대상과 방법, 《언어학》 17: 295-316, 한국언어학회.

권재일 2019 문법 변화 개관, 국어사대계간행위원회 (편) 《국어사 연구 2 (문법·어휘)》 13-70, 태학사.

이현희 1994, 《중세국어 구문연구》, 신구문화사.

허웅 1975, 《우리 옛말본, 15세기 국어 형태론》, 샘문화사.

허웅 1983, 《국어학 - 우리말의 오늘·어제 -》, 샘문화사.

허웅 1991, 《15·16세기 우리 말본의 역사》, 탑출판사.

홍종선 2017, 《국어문법사》(대우학술총서 618), 아카넷.

| 제2장 | 문법 변화의 연구

 문법 변화를 서술하는 방식은 크게 둘로 나눌 수 있다. 첫째는 시대별로 나누어 각 시대의 문법을 공시적으로 기술한 다음, 이를 통합하여 변화해 가는 모습을 서술하는 방식이다. 둘째는 각 문법범주의 변화를 각각 따로 서술하는 방식이다.

 첫째 방식은 허웅(1991)에서와 같이 15세기 한국어와 16세기 한국어를 공시적으로 기술한 다음 이를 통합하여 변화의 모습을 서술한 것이 그 예이다. 둘째 방식은 허웅(1987)에서와 같이 때매김법(=시제법) 변화의 모습을 시대별로 서술한 것이 그 예이다.

 홍종선(2017)에서, 첫째 방식에 의한 서술은 시기별로 나타나는 문법 현상의 전모를 체계적으로 조감할 수 있으나 각 문법범주가 통시적으로 변천해 가는 과정을 유기적으로 파악하기 어렵고, 둘째 방식에 의한 서술은 각각의 문법범주가 역사적으로 어떻게 변천해 가는가를 끊김이 없는 흐름으로서 이해하기는 좋으나 시대별로 문법 체계를 종합화하기가 어렵다고 하였다. 서로 장점과 단점이 함께 있는 이 두 가지 서술 방식 가운데 어느 하나를 택할 수밖에 없는 상황에서 이 책에서는 둘째 방식으로, 즉 각각 문법범주의 역사를 따로 서술하여 문법 변화의 원인과 양상을 밝히고자 한다.

2.1. 역사문법론

역사문법론   역사언어학에서 문법 변화를 연구 대상으로 하는 분야를 역사문법론 또는 문법사라 한다. 물론 역사문법론은 형태 변화를 연구하는 역사형태론(=형태사)과 통사 변화를 연구하는 역사통사론(=통사사)으로 나눌 수 있다. 19세기 이후 역사비교언어학이 발달하면서 연구 대상은 주로 음운 변화와 형태 변화에 집중되어 통사 변화에 대한 연구는 이들의 연구 수준에 이르지 못하였다. 그러나 1950년대 이후 통사론이 언어학의 중심 위치를 차지하게 되면서 역사언어학에서도 통사 변화에 관심을 돌리게 되었다. 그래서 오늘날에 와서는 역사언어학에서 역사통사론이 중요한 연구 분야로 인식되었다.

문법 변화의 기술과 설명   역사문법론의 목표는 문법 변화가 어떻게 전개되었는가를 기술하고, 또한 왜 그러한 변화가 일어났는가를 설명하는 것이다.
　　구체적으로 문법 변화가 왜 일어났는가를 설명하는 데에는 서로 다른 세 가지 관점이 있다. 첫째, 생성문법 이론의 관점이다. 어린이는 어른의 언어를 듣고 그들의 문법을 발전시켜 그들과 같은 언어능력에 도달한다. 그러나 어린이의 언어능력은 어른의 문법뿐만 아니라 어른의 문법에서 일어난 새로운 변화까지 반영하게 되는데, 이 과정에서 문법 변화가 일어난다고 본다. 어린이의 언어습득이 문법 변화의 주된 동기가 된다고 보고 있다. 생성문법 이론은 문법 변화를 언어능력의 변화로 보는 것이다. 둘째, 사회언어학 이론의 관점이다. 문법 변화의 주체가 개별적이라는 생성문법의 견해에 반대하고, 변화를 일으키는 문법은 집단의 문법이라고 한다. 언어의 새로운 변화가 사회 어느 한 집단에서 먼저 일어나서 그것이 일정한 사회적 조건에서 이웃 집단으로 전파되어 문법이 변화한다고 본다. 셋째, 담화-화용론 이론의 관점이다. 의사소통에서 나타나는 화자와 청자 사이의 관계가 문법 변화의 동기가 된다고 본다.

이렇게 보면, 가장 먼저 변화를 이끌어내는 것은 개인이고, 이것이 사회 집단에 의해 수용되었을 때 문법 변화가 일어난다고 할 수 있다. 이때 개인에게 변화가 일어나는 것은 화자와 청자를 전제로 한 의사소통의 상황이고, 변화를 일으키는 동기는 경제성과 단순성을 극대화하고, 효율성과 정보성을 최대화하려는 화용적 욕구 때문이라고 할 수 있다.

2.2. 역사문법론의 전개

역사문법론 연구　역사비교언어학이 발달하면서 연구 대상은 주로 음운 변화와 형태 변화에 집중되었다. 그래서 통사 변화의 연구는 이들의 연구 수준에 이르지 못하였다. 19세기 초기 역사비교언어학의 발달과 더불어 라틴어와 그리스어의 통사 변화에 대한 관심이 나타나기는 했지만, 그것은 자료 수집의 단계에 지나지 않았다. 이 시기에 게르만언어의 통사 자료를 수집하고, 그리스어와 산스크리트의 통사 변화의 원리를 추구하려는 연구가 활발해졌으나, 이들 연구는 어순, 격, 문법범주 등에 제한되었다. 아울러 이러한 관심은 그 후 오래 계속되지도 못하였다. 그래서 통사 변화 연구는 역사언어학에서 오랫동안 거의 논의되지 않게 되었다. 비교언어학에서도 통사 재구는 거의 무시되었다. 인도유럽어 비교언어학에서는 공통조어의 문장 구조를 단순히 산스크리트 문장 구조와 같은 것으로 보았다. 산스크리트가 공통조어와 거의 같은 특징을 유지하고 있는 것으로 믿어 왔기 때문이다. 아무튼 통사 변화와 통사 재구는 역사비교언어학에서 오랫동안 연구 대상에서 벗어나 있었다.

그러나 1950년대 이후 통사론이 언어학의 중심 위치를 차지하게 되면서 이것은 역사언어학에도 영향을 미쳤다. 특히 언어보편성과 언어유형론에 관심을 가진 학자들은 통사 변화에 관심을 돌렸다. 그래서 역사언어학에서 역사통사론은 중요한 연구 분야로 인식되기 시작하여 연구가 활발해졌다. 그러나 음운 변화나 형태 변화의 연구 수준에는 아직 이르지 못하고 있다(김방한 1988 참조).

이와 같이 역사언어학에서 역사통사론의 연구가 부진했는데, 그 근거는 대체로 다음과 같이 연구 대상과 연구 방법의 관점에서 생각해 볼 수 있다. 먼저 연구 대상의 관점에서 살펴보자. 역사통사론의 연구 부진의 근거로 연구 대상의 불확실성을 들 수 있다. 역사통사론에서 문법형태에 대한 곡용이나 활용이 주로 연구되었다는 사실은 역사통사론의 연구 대상을 충분히 이해하지 못하였다는 것을 뜻한다. 즉, 역사통사론과 역사형태론을 동일시한 결과이다. 또한 통사 변화를 연구하기 위해서는 최소한 서로 다른 두 시기의 공시태가 기술되어 있어야 하는데, 그러기 위해서는 문헌 자료에 오로지 의존하는 수밖에 없다. 문헌 자료에 의지하는 연구는 직관 자료를 이용하는 연구에 비하여 훨씬 많은 제약을 받는다. 문헌 자료는 단지 한 언어의 가능한 문장 가운데 일부만 보여 줄 뿐, 그 언어에서 불가능한 문장이 어떠한 것인가를 적극적으로 말해 주지 않는다. 문법성에 대한 직관적 판단이 불가능한, 극복하기 어려운 문제점을 안고 있다.

다음으로는 연구 방법의 관점에서 살펴보자. 역사통사론 연구가 부진했던 데는 여러 가지 이유가 있으나, 그중에서 가장 중요한 것은 통사 변화를 기술하는 적절한 연구 방법이 없었다는 것이다. 이론이 없으면 연구는 자료의 수집과 분류에 그치고 만다. 과거의 전통적 연구는 실제로 그러한 수준에 머물렀다. 그리고 통사 변화에서는 귀납적 일반화가 불가능하다는 점도 지적할 수 있다. 이것은 역사통사론을 기술하는데 필요한 연구 방법이 없다는 데에 근거한다. 결국 역사통사론의 전통적 연구는 문장 유형의 목록을 작성하거나, 어순 유형을 분류하는 등, 관찰의 수준을 넘지 못하였다. 통사 변화가 '왜' 그리고 '어떻게' 일어나는가를 규명할 연구 방법을 정립하지 못하였다. 오늘날 역사통사론 연구에서, 서로 무관한 듯 보이는 여러 통사 변화를 대상으로 이들 변화가 같은 기저 동기 때문에 발생한 것으로 설명하려는 시도는 바로 이러한 한계를 극복하려는 방법론이다(권재일 1995 참조).

문법화 전통적으로 문법화는 '한 형태가 어휘적인 것에서 문법적인 것으로, 그리고 덜 문법적인 것에서 더 문법적인 것으로 발전하는 변화'를 말한다. 다시 말해서 어휘 의미를 가진 표현이 문법 기능을 수행하게 되거나, 지금까지 가지고 있던 것보다 더 문법적인 기능을 얻게 되는 것을 말한다. 이러한 문법화는 역사언어학에서 문법 변화 연구와 관련하여 오랫동안 주요 과제였으며, 최근에 이르러 더욱 관심이 높아지면서 연구되고 있다. 최근에는 단순히 역사언어학 일부로서만 생각하던 문법화를, 공시적 문법 현상을 설명하기 위해서도 필요한, 언어 현상의 설명 방법으로 바라보게 되었다(권재일 1998 참조).

한국어 문법사 연구 한국어 문법사 연구 역시 시대별 공시적인 연구가 철저하게 이루어지지 못한 탓으로, 다른 분야에 비하여 연구가 부진한 편이었다. 더욱이 같은 한국어사 영역 중에서도 음운사는 상당히 정밀한 연구까지 이루어진 반면, 문법사의 경우 15세기 한국어나 근대 한국어에 대한 공시적 연구에 머무르는 것이었지 이를 바탕으로 하여 통시적 연구로 이어진 연구는 드물었다. 문법 변화에 대한 연구 중에서도 형태 변화의 연구는 어느 정도 있었지만, 통사 변화의 연구는 많지 않았다. 앞으로 한국어 문법사는 통사 변화에 더 많은 관심과 연구를 기울여야 할 것이다. 한국어 문법사에 대한 그간의 주요 연구 논저는 제2장 참고 문헌의 [한국어 문법사의 주요 연구 논제] 참조.

한편 한국어에 관한 문법화 연구는 한국어 문법사 연구가 시작된 이래로 꾸준히 연구되어 왔다. 지금까지 이루어진 연구는 주로 명사류나 동사류 같은 어휘, 또는 이를 포함한 통사 구조에서 문법형태로 변화한 과정에 대한 연구가 중심이었다. 조사화(격조사화, 보조조사화), 어미화(어말어미화, 선어말어미화)에 대한 연구가 대표적이다. 최근에는 공시적 문법 현상을 설명하기 위해서 문법화 연구 방법이 활발하게 적용되고 있다.

2.3. 역사문법론의 자료

연구 자료   문법 변화를 연구하기 위해서는 최소한 서로 다른 두 시기의 공시태가 기술되어 있어야 하는데, 그러기 위해서는 문헌 자료에 의존할 수밖에 없다.

실제 문법 변화뿐만 아니라 언어 변화의 연구는 문헌 자료에 기대어 이루어지기 때문에 직관 자료를 이용하는 현대어 연구에 비하여 훨씬 많은 제약을 받는다. 따라서 문헌에 대한 철저한 검토는 언어 변화 연구에서 매우 중요하다. 그래서 우선 문헌 자체의 검토가 선행되어야 한다. 문헌의 편찬 연대나 방언 사용의 확인, 그리고 문헌 자체의 잘못에 대한 정정 등이 주의하여 이루어져야 한다. 그뿐만 아니라, 외래 요소의 차용이나 간섭의 가능성, 입말과 글말의 차이, 부정적 자료의 결여 등도 검토의 대상이 된다. 실제 한국어의 참모습을 최초로 생생하게 보여 주는 15세기 문헌들이 순수 우리 문장이 아닌 한문 번역체로 쓰여 있어서 당시의 언어를 기술하는 데에 큰 어려움이 따른다. 그리고 문헌은 단지 한 언어에서 가능한 문장 가운데 일부만을 보여 주기 때문에 그 언어에서 불가능한 문장이 어떠한 것인가를 알 수 없다.

한국어는 신라 시대부터 기록을 가지고 있다. 그러나 이 시기의 기록들은 모두 한자를 빌려서 기록되었으며, 문헌의 양도 턱없이 부족하다. 그러므로 이러한 자료를 바탕으로 당시의 언어를 되돌려 살피기란 여간 어려운 일이 아니다. 언어 변화의 일반적인 경향과 역사비교언어학의 방법으로 당시 문법의 모습을 어느 정도 추정해 볼 수는 있지만, 타당성을 확보하기는 매우 어렵다. 기록의 대부분이 차자표기로 되어 있을 뿐만 아니라 그 해독 자체가 쉽지 않기 때문에 문법 현상의 정확한 공시태 파악은 사실상 불가능하다. 따라서 연구의 출발 시점을 신라 시대 언어로 올리기 위해서는 무리한 추정과 가정이 필요하게 된다. 그러므로 한국어 문법사 연구의 출발 시점은 훈민정음이 창제되어 문헌 자료가 충분하게 확보된 15세기 한국어로 삼아, 그때로부터 현대 한국어에 이르는 동안의 문법 변화를 서술하는 것이 현실적으로 가장 분명한 방법이라고 생각한다. 이 책은 바로 이러한 생각에 따른다. 그렇다고 그 이전의 문법사는 포기해도 좋다는 뜻은 아니다. 일단 15세기 이후의 문법사를 밝혀 두고, 그 이전의 역사는 다음 단계에 서술하는 것이 바람직한 방법일 것이다(허웅 1983 참조).

▌참고 문헌

권재일 1993, 한국어 문법범주의 변화 양상과 언어유형론적 특성, 《학술지》 37: 29-48, 건국대학교.

권재일 1995, 통사 변화 연구의 대상과 방법, 《언어학》 17: 295-316, 한국언어학회.

권재일 1998 문법 변화와 문법화, 《방언학과 국어학》(청암 김영태교수 화갑기념논문집) 879-904, 태학사.

권재일 2019 문법 변화 개관, 국어사대계간행위원회 (편) 《국어사 연구 2 (문법·어휘)》 13-70, 태학사.

김방한 1988, 《역사-비교언어학》, 민음사.

이지영 2020, 국어학회 60년과 한국어 문법사, 《국어학》 93: 509-556, 국어학회.

허웅 1983, 《국어학 – 우리말의 오늘·어제 –》, 샘문화사.

홍윤표 1982, 국어현상을 토대로 하는 문법사 연구를 위하여, 《한국학보》 8-3: 2-26, 일지사.

한국어 문법사의 주요 연구 논저

고영근 1987, 《표준 중세국어문법론》, 탑출판사.

김영욱 1995, 《문법형태의 역사적 연구 – 변화의 이론과 실제 –》, 박이정.

김용경 2008, 《한국어 문법범주에 대한 통시적 연구》, 대학서림.

안병희 1967, 한국어발달사 중: 문법사, 《한국문화사대계 5(상)》 165-261, 고려대학교 민족문화연구소 출판부.

안병희 1992, 《국어사 연구》, 문학과지성사.

안병희 1992, 《국어사 자료 연구》, 문학과지성사.

안병희·이광호 1990, 《중세국어문법론》, 학연사.

이기문 1972, 《개정판 국어사개설》, 민중서관.

이기문 1959/1978, 《16세기 국어의 연구》, 탑출판사.

이숭녕 1981, 《개정판 중세국어문법》, 을유문화사.

이승욱 1996, 《국어 형태사 연구》, 태학사.

이현규 1995, 《국어 형태 변화의 원리》, 영남대학교 출판부.

이현희 1994, 《중세국어 구문연구》, 신구문화사.

한재영 1996, 《16세기 국어 구문의 연구》, 신구문화사.

허웅 1963, 《중세국어연구》, 정음사.

허웅 1975, 《우리 옛말본, 15세기 국어 형태론》, 샘문화사.

허웅 1987, 《국어 때매김법의 변천사》, 샘문화사.

허웅 1989, 《16세기 우리 옛말본》, 샘문화사.

허웅 1991, 《15·16세기 우리 말본의 역사》, 탑출판사.

홍종선 2017, 《국어문법사》(대우학술총서 618), 아카넷.

제2부 문법범주의 변화

|제3장| 문장종결법 변화

문장종결법은, 언어내용 전달과정에서 청자에 대하여 화자가 지니는 태도 또는 의향을 실현하는 문법범주이다. 역사적으로 보면, 문장종결법 가운데 의문법이 가장 큰 변화를 거쳤다. 의문문이 의문어의 존재 여부에 따라 '-ㄴ-고', '-ㄹ-고'와 같은 'ㅗ'형 의문어미와 '-ㄴ-가', '-ㄹ-가'와 같은 'ㅏ'형 의문어미로 달리 쓰였음은 15세기 한국어의 큰 특징이다. 'ㅏ'형은 의문어가 없는 의문문에 사용되고, 'ㅗ' 형은 의문어가 있는 의문문에 사용되었다. 그리고 주어가 2인칭인 의문문에는 '-ㄴ-다'가 사용되었다.

    (1) 가. 西京은 편안흔가[=편안ㅎ-ㄴ-개 몯흔가[=몯ㅎ-ㄴ-개 (두
             시언해-초간 18:5)
        나. 故園은 이제 엇더흔고[=엇더ㅎ-ㄴ-괴 (두시언해-초간
             25:24)
        다. 네 엇데 안다[=알-ㄴ-대 (월인석보 23:74)

그러나 현대 한국어에서는 의문문에 의문어가 있든 없든, 주어의 인칭이 어떠하든 의문어미를 구분하지 않는다. 이러한 사실은 의문법, 더 나가서는 문장종결법이 역사적으로 변화했음을 보여 준다.

3.1. 문장종결법의 성격

문장종결법　문장종결법은, 언어내용 전달과정에서 화자가 청자에 대하여 지니는 태도를 실현하는 문법범주이다. 문법 기술에서, 양태(modality)를 화자의 주관적인 태도를 실현하는 문법 기능이라 할 때, 양태는 일(=동작과 상태)에 대한 화자의 태도를 나타내기도 하고, 청자에 대한 화자의 태도를 나타내기도 한다. 문장종결법은 그 가운데 청자에 대한 화자의 태도를 나타내는 양태이다. 청자에 대한 태도를 실현하기 때문에 한국어에서는 늘 청자높임법과 겹쳐 나타난다.

문장종결법의 하위범주　문장종결법은 다음과 같은 기준에 의해 하위범주로 나뉜다. 첫째, 화자가 청자에게 언어내용을 전달할 때 청자에게 무엇인가 요구하면서 언어내용을 전달하는 경우와 청자에게 특별히 요구하는 일이 없이 언어내용을 전달하는 경우가 있다. 이러한 관점에서 청자에 대하여 요구함이 있음과 없음이라는 기준을 설정한다. 둘째, 화자가 청자에게 언어내용을 전달할 때 어떠한 행동이 수행되는 경우와 그렇지 않은 경우가 있다. 이러한 관점에서 행동수행이 있음과 없음이라는 기준을 설정한다. 이 두 기준에 따라 문장종결법의 하위범주를 체계화하면 다음과 같다.

(2) 문장종결법의 하위범주와 그 기준
　　[기준] 1. 청자에 대하여 요구함이 있음/없음
　　　　　 2. 행동수행이 있음/없음
　　[체계]
　　요구함(−)　　　　　　　　　(1) 서술법(평서, 감탄, 약속)
　　요구함(＋)

행동수행(−)　　　　　　(2) 의문법

행동수행(+) : [청자　　　　(3) 명령법

　　　　　　　　　[청자+화자　(4) 청유법

　위와 같이 문장종결법의 기본 하위범주를 서술법, 의문법, 명령법, 청유법 등 네 가지로 체계화할 수 있으며, 서술법은 다시 그 통사와 의미 특성에 따라 평서법, 감탄법, 약속법으로 하위범주를 설정할 수 있다.[1]

　문장종결법은 주로 문장종결어미에 의해 실현된다. 그리고 문장종결법은 늘 청자높임법과 함께 실현되기 때문에 문장종결어미는 청자높임법의 등급에 따라 분화된다. 현대 한국어 서술법의 예를 들어 보면 다음과 같이 청자높임법의 높임 등급에 따라 문장종결어미가 '-다, -네, -으오, -습니다'로 분화된다.

　　(3) 가. 아람이가 책을 읽고 있-습니다.

　　　　나. 아람이가 책을 읽고 있-으오.

　　　　다. 아람이가 책을 읽고 있-네.

　　　　라. 아람이가 책을 읽고 있-다.

---

1 규범문법에서는 문장종결법의 하위범주를 평면적으로 평서법, 감탄법, 의문법, 명령법, 청유법 등을 세워 체계화한다. 즉, 감탄법을 평서법, 의문법, 명령법, 청유법과 대등하게 설정하고 있다. 그러나 감탄어미가 나타내는 통사 특성은 서술어미와 같아서 서술어미와 대등한 관계로 보는 것은 문법 기술에서 불합리하다. 이에 대한 논의는 권재일(1992:제5장, 권재일 2012:제9장) 참조.

3.2. 15세기 한국어의 문장종결법

문장종결법은 15세기 한국어에서도 현대 한국어와 같이 문장종결어미에 의하여 실현된다. 문장종결법은 청자높임법과 밀접한 관련을 맺고 있다. 형태의 관점으로는 용언의 형태적 구성에서 놓이는 위치가 서로 이웃하고 있어 청자높임어미는 문장종결어미 바로 앞에 놓인다. 그리고 기능의 관점으로는 이 두 범주가 모두 화자가 청자에 대해 지니는 의향을 실현한다. 이와 같은 형태와 기능의 관련성은 역사적으로 문장종결어미가 청자높임법을 함께 실현하는 범주로 변화하는 계기가 되었다.

3.2.1. 서술법

서술법은 청자에 대하여 특별한 요구를 하는 일이 없이, 청자에게 자기의 말을 해 버리거나, 감탄을 나타내거나, 청자에게 어떤 행동을 해 줄 것을 약속하면서, 화자가 청자에게 언어내용을 전달하는 문법범주이다. 이제 서술법을 실현하는 문장종결어미, 즉 서술어미를 하나씩 하나씩 살펴보자.

-다/라 가장 전형적인 서술어미이다. 청자높임어미와 결합하여 청자높임의 등급을 실현한다. (4가)는 [안높임], (4나)는 [약간높임], (4다)는 [높임]의 등급이다.

(4) 가. 내 혜여호니 이제 世尊이 큰 法을 니르시며 큰 法雨를 비호시며 法螺를 부르시며 큰 法鼓를 티시며 큰 法義를 펴려 ᄒ시ᄂ-다 (석보상절 13:26)

나. 三世옛 이를 아르실씨 부톄시다 ᄒᄂ닝-다 (석보상절 6:18)

다. 太子를 하늘히 굴히샤 兄ㄱ 쁘디 일어시늘 聖孫을 내시니이
　　-다 (용비어천가 8)

'-다'는 여러 선어말어미와 결합할 수 있다. (5)와 같이 선어말어미 '-오/
우-, -다/더-, -으라-, -으나-, -과-, -소-, -애-, -게-'가 결합하는데 이때
'-다'는 '-라'로 바뀐다. 그리고 (6)과 같이 '이다, 아니다'의 '-이-, 아니-'
아래에서도 '-다'는 '-라'로 바뀐다.

　　(5) 가. 호오사 내 尊호라[=尊호-오-라] (월인석보 2:34)
　　　　나. 오늜부니 아니라 녜도 이러호-다-라 (월인석보 7:14)
　　　　다. 이 法은 오직 諸佛이사 아른시리라[=알-으시-리-라] (석
　　　　　　보상절 13:48)
　　　　라. 그제 龍王들히 次第로 안즈니라[=앉-으니-라]² (월인석보
　　　　　　10:66)
　　　　마. 目連이 닐오딕 몰라 보-애-라 (월인석보 23:86)
　　(6) 가. 이 모미 주근 後에 그처 업수미 일후미 涅槃-이-라 호더니
　　　　　　(능엄경언해 2:2)
　　　　나. 업디 아니호미 스촘 아뇨미 아니-라 (월인석보 1:36)

-마 　약속을 표현하는 서술어미이다. 현대 한국어 '-으마/마'와는 달리
반드시 '-오/우-'를 앞세우는 것이 특징이다.

---

2 고영근(1987:12.5)에서는 '-다'와 별도로 '-니라'를 서술어미로 설정한다. '호-니라,
　호ᄂ-니라, 호더-니라, 호리-니라' 등으로 나타나는데, '-다'보다는 좀 더 보수적인
　표현에 사용된다고 하였다.

(7) 가. 이스레 누른 조히 니그니 느화 주마[=주-우-매 (두시언해
-초간 7:39)

나. ᄒ마 그리호마[=그리ᄒ-오-매 혼 이리 分明히 아니ᄒ면
(내훈 3:21)

-은뎌 감탄을 표현하는 서술어미이다. 여러 선어말어미가 결합할 수
있다.

(8) 가. 말ᄉ몰 安定히 ᄒ면 百姓을 便安케 ᄒ린뎌[=ᄒ-리-ㄴ뎌]
(내훈 1:7)

나. 슬프다 녯 사ᄅ미 마ᄅᆯ 아디 몯ᄒ논뎌[=몯ᄒ-ᄂ-오-ㄴ뎌]
(남명천선사계송 하 30)

-을쎠 감탄을 표현하는 서술어미이다. 선어말어미 '-으시-, -습-'이
결합할 수 있다.

(9) 가. 됴홀쎠[=됴ᄒ-ㄹ쎠] 오ᄂᆶ날 果報 ㅣ여 (월인석보 23:82)

나. 莊嚴이 뎌러ᄒ실쎠 快樂이 뎌러ᄒ실쎠[=뎌러ᄒ-시-ㄹ쎠]
(월인석보 8:4)

한편 문장 (10)에 나타난 '-니, -리, -뇌'와 같이 서술어미 없이 서술법을
실현하는 경우가 있다. 이들은 '-나-이-다, -라-이-다, -뇌-이-댜'에서 '-이
-댜'가 생략된 것으로 본다. 《용비어천가》나 《월인천강지곡》과 같은 시가
에서 나타난다.

(10) 가. 四海를 년글 주리려 ᄀᆞᄅ매 빈 업거늘 얼우시고 쏘 노기시

니[=녹-이-시-니] (용비어천가 20)

나. ᄒᆞ나홀 바ᄃᆞ면 네 ᄆᆞᅀᆞᆷ이 고ᄅᆞ디 몯ᄒᆞ-리 (월인천강지곡
상 기89)

다. 祥瑞도 하시며 光明도 하시나 ᄀᆞᆺ업스실ᄊᆡ 오늘 몯 ᄉᆞᆲ-뇌
(월인석보 2:45)

3.2.2. 의문법

의문법은 청자에게 대답을 요구하면서 화자가 청자에게 언어내용을
전달하는 문법범주이다. 그런데 15세기 한국어의 의문법은, 현대 한국어
와는 성격을 크게 달리한다. 첫째는 의문법 체계에 [인칭]과 [의문어]가
관여하는 특징이고, 둘째는 의문법이 의문어미뿐만 아니라, 의문조사에
의해서도 실현되는 특징이다.

먼저 의문법 체계에 [인칭]과 [의문어]가 관여하는 특징에 대하여 살펴
보자. 의문법은 우선 인칭이 관여하는 의문법과 인칭이 관여하지 않는
의문법으로 나눌 수 있다. 첫째, 인칭이 관여하는 경우는 다음과 같다.

(11) [인칭]이 관여하는 의문법 : 선어말어미 '-은-, -을-'이 선행하는
경우
가. 1·3인칭 의문법

-은-
-을-
-가 [-의문어]
-고 [+의문어]

나. 2인칭 의문법

-은-가, -을-가 주어가 1인칭이거나 3인칭이고, 문장에 의문어가 없는 경우에 나타난다. 문장 (12)의 두 문장은 모두 주어가 3인칭이고 의문어가 없다. 그래서 '몬흔가, 둘가, 몬홀가'로 나타났다.

> (12) 가. 西京은 편안흔가 몬흔가[=몬ㅎ-ㄴ-가] (두시언해-초간 18:5)
> 나. 두 사르믄 시러곰 님긊 겨틔 둘가[=두-ㄹ-가] 몬홀가[=몬 ㅎ-ㄹ-가] (두시언해-초간 25:10)

-은-고, -을-고 주어가 1인칭이거나 3인칭이고, 문장에 의문어가 있는 경우에 나타난다. 문장 (13)의 두 문장은 모두 주어가 3인칭이고, 의문어 '엇더, 어느'가 있다. 그래서 '흔고, 得홀고'로 나타났다.

> (13) 가. 故園은 이제 엇더흔고[=엇더ㅎ-ㄴ-고] (두시언해-초간 25:24)
> 나. 어느 法으로 어느 法을 得홀고[=得ㅎ-ㅭ-고] (월인석보 13:54)

-은-다, -을-다 주어가 2인칭(즉, 청자)인 경우이다. 문장에 의문어가 있고 없고는 관여하지 않고 '-다'로 나타난다. 문장 (14),(15)는 모두 주어가 '네'인데 2인칭이다. 그래서 '命終흔다, 드를따, 안다, 免케 홀다'로 나타났다. (14)와 같이 의문어가 없거나 (15)처럼 의문어가 있거나, 무관하다.

(14) 가. 究羅帝여 네 命終호다[=命終ᄒ-ㄴ-댜 (월인석보 9:36)

　　　나. 네 내 마를 다 드를따[=듣-ᇙ-댜 (석보상절 6:8)

(15) 가. 네 엇뎨 안다[=알-ㄴ-댜 (월인석보 23:74)

　　　나. 네 엇던 혜므로 나를 免케 홇다[=ᄒ-ᇙ-댜 (월인석보 21:56)

둘째는 인칭이 관여하지 않는 의문법이다.

(16) [인칭]이 관여하지 않는 의문법 : 선어말어미 '-으니-, -으리-',
　　　 '이다'의 '-이-'가 선행하는 경우

```
-으니-  ┐         ┌ -가 [－의문어]
-으리-  ┼─────┤
-이-   ┘         └ -고 [＋의문어]
```

-으니-가, -으리-가　　선어말어미 '-으니-, -으리-'와 '이다, 아니다'의
'-이-, 아니-'가 선행하고, 문장에 의문어가 없는 경우에 나타난다. 실제
청자높임어미 '-으이-'(-잇-)가 결합하여 '-으니-잇-가, -으리-잇-가'로
나타난다. 문장 (17)에는 선어말어미 '-으니-, -으리-', 그리고 '이다, 아니
다'의 '-이-, 아니-'가 선행하고 의문어가 없다. 그래서 '便安ᄒ시니잇가,
다ᄅ리잇가, 善心이니잇가'로 나타났다.

(17) 가. 瞿曇 安否ㅣ 便安ᄒ시-니-잇-가 (석보상절 6:20)

　　　나. 사라 이신ᄃᆞᆯ 주구메셔 다ᄅ-리-잇-가 (석보상절 24:28)

　　　다. 善心-이-니-잇-가 아니-잇-가 (법화경언해 7:20)

-으니/으리-아, -으니/으리-야, -으니/으리-여　　위의 '-으니-가, '-으리-
갸와 같으나, (18)처럼 '-갸'가 '-아, -야, -여'로 변이되어 나타난 경우이다.

이는 다시 축약되어 문장 (19)와 같이 '-으녀, -으려'로도 나타난다.

(18) 가. 슬후미 이어긔 잇디 아니ᄒᆞ-니-아 (두시언해-초간 7:14)

　　 나. 土木이 빗나ᄆᆞᆯ 구틔여 쇠ᄒᆞ-리-아 (두시언해-초간 6:36)

　　 다. 太子ㅣ 무로ᄃᆡ 앗가ᄫᆞᆫ ᄠᅳ디 잇ᄂᆞ-니-여 (석보상절 6:25)

　　 라. ᄂᆞ출 거우ᅀᅳ ᄫᅩᆯᄃᆞᆯ 므슴잇던 뮈우시-리-여 (월인천강지곡 상 기62)

(19) 가. 이 大施主의 功德이 하-녀 져그녀[=젹-으녀] (석보상절 19:4)

　　 나. 算師ㅣ어나 算師 弟子ㅣ ᄀᆞ술 能히 得ᄒᆞ야 그 數를 알-려 몯ᄒᆞ-려 (월인석보 14:8)

-으니-고, -으리-고　선어말어미 '-으니-, -으리-'와 '이다'의 '-이-'가 선행하고 문장에 의문어가 있는 경우에 나타난다. 실제 청자높임어미 '-으이-(-잇-)가 결합하여 '-으니-잇-고, -으리-잇-고'로 나타난다. 문장 (20)에는 선어말어미 '-으니-, -으리-' 그리고 '이다'의 '-이-'가 선행하고 의문어가 있다. 그래서 '나ᄊᆞᄫᆞ시니잇고, 나시리잇고, 物이잇고'로 나타났다.

(20) 가. 世尊하 摩耶夫人이 엇던 功德을 닷ᄀᆞ시며 엇던 因緣으로 如來를 나ᄊᆞᄫᆞ시-니-잇-고 (석보상절 11:24)

　　 나. 어누 나라해 가샤 나시-리-잇-고 (월인석보 2:11)

　　 다. 내 이젯 몸과 ᄆᆞᅀᆞᆷ과ᄂᆞᆫ ᄯᅩ 이 엇던 物-이-잇-고 (능엄경언해 2:45)

-으니/으리-오　위의 '-으니-고', '-으리-고'와 같으나, (21)처럼 '-고'가 '-오'로 변이되어 나타난 경우이다. 이는 다시 축약되어 문장 (22)와 같이

'-으뇨, -으료'로도 나타난다.

(21) 가. 다시 묻노라 네 어드러 가ᄂ-니-오 (두시언해-초간 8:6)

　　　나. 엇뎨 겨르리 업스리오[=없-으리-오] (월인석보 서 17)

(22) 가. 이 智慧 업슨 比丘ㅣ 어드러셔 오-뇨 (석보상절 19:30)

　　　나. 그에 精舍ㅣ 업거니 어드리 가-료 (석보상절 6:22)

한편 (23)과 같이 의문어미 없이 의문법을 실현하는 경우가 있다. 이들은 '-니-잇-가, -리-잇-가, -니-잇-고, -리-잇-고'에서 '-잇-가, -잇-고'가 생략된 것으로 본다.

(23) 가. 師는 蘊이 부요믈 得ᄒ여 겨시-니 (남명천선사계송 상 53)

　　　나. 주거 가는 거싀 일을 몯 보신ᄃᆞᆯ 매 모ᄅᆞ시-리 (월인천강지
　　　　　곡 상 기43)

　　　다. 하ᄂᆞᆳ 風流ㅣ 엇더ᄒ시-니 (월인천강지곡 상 기51)

　　　라. 俱夷 묻ᄌᆞᄫᆞᆯ샤ᄃᆡ 므스게 쓰시-리 (월인석보 1:10)

의문조사 　다음으로는 의문법이 의문조사에 의해서 실현되는 특징에 대하여 살펴보자. 체언 바로 뒤에 결합하는 '-가'와 '-고'가 의문조사이다.[3]

---

3 현대 한국어에서 체언 바로 뒤에 결합하는 다음의 '-냐, -니' 등은 의문어미이다. 이들이 의문조사가 아닌 것은 모음으로 끝난 체언 뒤에서 '이다'의 '-이-'가 생략된 것이기 때문이다.

　가. 이게 사과냐 배냐?

　나. 오늘 올 손님이 선배니 후배니?

현대 한국어에서 자음으로 끝난 체언 뒤에는 반드시 '이다'의 '-이-'가 실현된다.

　다. 이게 감이냐 밤이냐?

　라. 어제 온 손님이 대학생이니 직장인이니?

이들 의문조사 역시 문장에 의문어가 있고 없음에 따라 분화된다.

-가 문장에 의문어가 없는 경우에 나타난다. '-아'로도 변이되어 나타난다.

> (24) 가. 이 ᄯ리 너희 죵-가 (월인석보 8:94)
>
> 나. 이 두 사ᄅ미 眞實로 네 항것-가 (월인석보 8:94)
>
> 다. 呪術 힘-가 龍 鬼神-가 (월인석보 10:29)
>
> 라. 이는 賞-가 罰-아 (몽산법어언해 53)

-고 문장에 의문어가 있는 경우에 나타난다. '-오'로도 변이되어 나타난다.

> (25) 가. 어늬 이 봄-고 (능엄경언해 2:48)
>
> 나. 엇던 因緣으로 일후미 常不輕-고 (월인석보 17:82)
>
> 다. 얻논 藥이 므스 것-고 (월인석보 21:215)
>
> 라. 섯근 거시 므슴 얼굴-오 (능엄경언해 2:97)

3.2.3. 명령법

명령법은 청자만 어떤 행동하기를 요구하면서 화자가 청자에게 언어내용을 전달하는 문법범주이다.

-으라 [안높임]의 전형적인 명령어미이다. (27)과 같이 선어말어미 '-어-', '-거-, -나-'를 앞세울 수 있다.

(26) 가. 첫소리를 어울워 쓿 디면 굴밦쓰-라 (훈민정음-언해 12)

　　나. 그듸 이 굼긧 개야미 보-라 (석보상절 6:36)

　　다. 目連이 두 龍王ᄃᆞ려 닐오듸 너희 알-라 (월인석보 25:109)

(27) 가. 네 바리를 어듸 가 어든다 도로 다가 두-어-라 (월인석보 7:8)

　　나. 어셔 도라 니-거-라 (월인석보 8:101)

　　다. 내 니마해 블론 죰이 몯 믈랫거든 도로 오-나-라 (월인석보 7:7)

-고라, -오라, -고려　　주로 청자에 대한 화자의 탄원을 나타낸다.

(28) 가. 佛子 文殊아 모든 疑心을 決ᄒᆞ-고라 (석보상절 13:25)

　　나. 王이 너를 禮로 待接ᄒᆞ샳딘댄 모로매 願이 이디 말-오라 (석보상절 11:30)

　　다. 어듸사 됴ᄒᆞᆫ ᄯᆞ리 양ᄌᆞ ᄀᆞᄌᆞ니 잇거뇨 내 아기 위ᄒᆞ야 어더 보-고려 (석보상절 6:13)

-어쎠　　[약간높임]의 명령어미이다.[4]

(29) 가. 婆羅門이 닐오듸 내 보아져 ᄒᆞᄂᆞ다 슬바쎠[=ᄉᆞᆲ-아쎠] (석보

---

4 [약간높임]의 명령어미 '-어쎠'는 사회적으로 신분이 높은 사람끼리 비슷한 위치거나 좀 낮은 위치의 상대방에게 약간의 존중을 표시할 때 실현된다(염광호 1998:65-71). (29가)의 경우, 파라문은 사회적으로 높은 계층에 속하지만 수달이나 호미보다는 좀 낮은 계층이다. 호미의 딸은 신분있는 집 딸이므로 남들의 존중을 받는다. 그래서 파라문이 호미의 딸한테 너무 높이지도 낮추지도 않는 '-어쎠'를 쓴 것이다. (29나)의 경우, 수달과 호미는 대등하여 서로 존중하면서도 지나치게 높이는 것을 삼가하는 관계로 '-어쎠'를 쓴 것이다. 이에 대해서는 제4장 4.2. 참조.

상절 6:14)

　　나. 須達이 … 다시 무로디 엇뎨 부톄라 ㅎ ᄂ닛가 그 ᄠᄃᆯ 닐-
　　　　어쎠 (석보상절 6:16)

-으쇼셔　　[높임]의 명령어미이다. 높이는 대상이 되는 사람에게 청원함
을 나타낸다.

　　(30) 가. 님금하 아ᄅᆞ쇼셔[=알-ᄋᆞ쇼셔] (용비어천가 125)
　　　　　나. 王이 부텨를 請ㅎᅀᆞᇦ쇼셔[=請ㅎᅀᆞ-ᄋᆞ쇼셔] (석보상절 6:38)
　　　　　다. 世尊하 펴아 니르-쇼셔 (석보상절 13:44)

3.2.4. 청유법

　청유법은 화자와 청자가 함께 행동하기를 요구하면서 화자가 청자에게
언어내용을 전달하는 문법범주이다.

-져, -져라　　[안높임]의 청유어미이다.

　　(31) 가. 머리 셰ᄃ록 서르 ᄇ리디 마-져 (두시언해-초간 16:18)
　　　　　나. 우리 이제 안죽 出家 말오 지븨 닐굽 히를 이셔 五欲을 ᄆᆞᅀᆞᆷ
　　　　　　ᄀᆞ장 편 後에ᅀᅡ 出家ㅎ-져 (월인석보 7:1)
　　　　　다. 父王이 病ㅎ야 겨시니 우리 미처 가 보ᅀᆞᄫᅡ ᄆᆞᅀᆞ몰 훤히
　　　　　　너기시게 ㅎ-져라 (월인석보 10:6)

-사-이-　　[높임]의 청유어미이다.

(32) 가. 淨土애 흔듸 가 나-사-이-다 (월인석보 8:100)

　　나. 子息의 일홈을 아비 이시며 어미 이샤 一定ᄒ-사-이-다

　　　　(월인석보 8:83)

3.3. 문장종결법 체계의 변화

의문법의 변화　문장종결법 체계와 관련한 변화는 주로 의문법에서
일어났다. 서술법, 명령법, 청유법 체계에는 큰 변화가 없었다.

　앞에서 살펴본 바와 같이, 15세기 한국어 의문법은, 현대 한국어와는
그 성격을 크게 달리한다. 이는 곧 의문법이 역사적으로 크게 변화했음을
의미한다. 첫째, [인칭]과 [의문어]가 관여하여 분화되었던 의문법 체계가
단순화되었다. 둘째, 의문조사에 의한 실현방법은 소멸하고, 의문어미에
의해서만 실현되게 되었다.

　[인칭] 구분의 소멸　인칭에 따른 의문어미의 구분은 근대 한국어에까지
어느 정도 이어지지만 점차 '-은-다, -을-다' 형태의 사용은 줄어든다.
문장 (33)과 같이 16세기 한국어에서 주어가 청자인 경우, '-은-다, -을-
다' 형태가 그대로 쓰이는 경우도 있지만, 문장 (34)와 같이 주어가 청자임
에도 '-은/을-가, -은/을-고' 형태로 바뀌어 쓰이기도 한다.

(33) 가. 네 언제 王京의셔 떠난다[=떠나-ㄴ-다] (번역노걸대 상 1)

　　나. 네 삭슬 언메나 줄다[=주-ㄹ-다] (번역박통사 상 11)

　　다. 前後에 언메나 오래 머므는다[=머므-ᄂᆞ-ㄴ-다] (번역노걸
　　　　대 상 14)

　　라. 엇디 길 조차셔 더러운 말소믈 회피티 아니ᄒᆞᄂᆞᆫ다[=아니ᄒᆞ

-ᄂ-ᄂ-다 (번역노걸대 상 16)

(34) 가. 샹공하 이제 다 됴ᄒ야 겨신가[=겨시-ᄂ-개 몯ᄒ야 겨신
가=겨시-ᄂ-개 (번역박통사 상 38)

나. 네 몃히멧 화를 밍글이고져 ᄒ시ᄂ고[=ᄒ-시-ᄂ-ᄂ-괴
(번역박통사 상 59)

다. ᄆᆞᆷ 됴ᄒ신 원판 형님하 어듸 가시ᄂ고[=가-시-ᄂ-ᄂ-
괴 (번역박통사 상 7)

라. 형님네 언제 길 나실고[=나-시-ᄅ-괴 (번역박통사 상 8)

다음과 같이 17세기(문장 35), 18세기 한국어(문장 36)에서도 2인칭에
15세기 한국어처럼, '-은-다, -을-다' 형태가 나타나지만, 문장 (37),(38)
처럼 같은 문헌인데도 2인칭 문장에 이미 다른 형태가 나타난다.

(35) 가. 큰형아 네 이제 어듸 가는다[=가-ᄂ-ᄂ-다 (노걸대언해
상 6)

나. 형아 내 언제 起身ᄒ다[=起身ᄒ-ᄅ-다 (박통사언해 상 9)

(36) 가. 네 셔울 므슴 일로 가는다[=가-ᄂ-ᄂ-다 (몽어노걸대 1:10)

나. 네 어듸 무로라 갈짜[=가-ᇙ-다 (몽어노걸대 4:20)

(37) 가. 前後에 언메나 오래 머믈러-뇨 (노걸대언해 상 13)

나. 엇디 길흘 조차셔 더러온 말을 회피티 아니ᄒ-ᄂ-뇨 (노걸
대언해 상 15)

(38) 가. 네 므슴 아는 곳이 잇-ᄂ-뇨 (몽어노걸대 1:6)

나. 네 이 ᄃᆞᆯ 금음쯰 北京에 밋츨까[=밋-ᇙ-개 못 밋츨까[=밋
-ᇙ-개 (몽어노걸대 1:2)

이러한 '-은-다, -을-다' 형태의 소멸은 결과적으로 [인칭]이 관여하여

분화되었던 의문법 체계가 단순화되는 변화를 일으켰다. 그런데 여기에서 의문어가 있는 의문문과 의문어가 없는 의문문 사이에는 약간의 시대차이가 있었다. 의문어 없는 의문문에서 먼저 이러한 변화가 일어났다. 17세기 초기 《계축일기》(1613년)에 따르면 의문어가 있는 의문문에는 문장 (39)와 같이 여전히 '-은-다, -을-다' 형태가 보인다 (이현규 1978:319 참조).

> (39) 가. 므스 일노 우는다[=우-ᄂ-ㄴ-다: 의문] 뭇거늘 발 알포
>   운다[=우-ㄴ-다: 서술] ᄒ니
>   나. 네 나라흘 빈반ᄒ나 엇디 날을 저ᄇ리는다[=저ᄇ리-ᄂ-
>   ㄴ-다]
>   다. 네 엇디 드러온다[=드러오-ㄴ-다]

이러한 시대 차이와 함께, '-다' 형태 의문법의 소멸은 어디에서 근거한 것일까? 그것은 문법 내부에서 원인에서 찾을 수 있다. 결정적인 원인은, 다음에 살피게 될, 서술법의 '-ㄴ-다'의 발달에 있다. 16세기에 이르면 다음과 같이 서술법의 '-ㄴ-다' 형태의 사용이 확대된다.

> (40) 가. 可히 빈호기를 즐긴다[=즐기-ㄴ-다] 닐올디니라 (소학언
>   해 3:7)
>   나. 나는 들오니 君子는 黨티 아니ᄒ다[=아니ᄒ-ㄴ-다] ᄒ니
>   (논어언해 2:24)
>   다. 義를 아디 몯ᄒ다[=몯ᄒ-ㄴ-다] ᄒ노니 (맹자언해 3:15)

이와같이 서술어미와 의문어미의 형태가 같아지면서 동음충돌을 피하려는 작용이 일어난 것이다. 그 결과 의문어미가 다른 형태의 의문어미로

대치되기에 이른다. 또한 의문어가 있는 경우에는 그 문장이 의문문임을 드러내 주기 때문에 좀 더 오래 유지될 수 있었지만, 의문어가 없는 경우에는 더 일찍 소멸하게 된다. 15세기 이래 2인칭 의문법을 실현했던 '-은-다, -을-다' 형태는 이렇게 하여 '-은/을-가, -은/을-고', '-냐'로 바뀌었으며, 그 결과 [인칭] 구분에 의한 의문법 체계는 근대 한국어 시기에 소멸하고 만다.

[의문어] 구분의 소멸   의문어가 있고 없음에 의한 '-고, -가'의 구분의 의문법 체계도 근대 한국어 시기에 동요하고 있음을 볼 수 있다. 17세기 한국어 문장 (41)에는 '엇디, 언마'라는 의문어가 있음에도 'ㅏ' 형태인 '-가, -냐'가 나타나 있다. 물론 (42)와 같이 '-뇨, -료'가 나타나는 경우도 있다.

> (41) 가. 이 잔으란 브듸 다 자옵소 엇디 남기링잇-가 (첩해신어 3:5)
>   나. 흐암즉 홀만 혼 일이오면 엇디 얼현이 흐링잇-가 (첩해신
>   어 5:22)
>   나. 언마 모다 우은 거시라 녀기셔-냐 (첩해신어 9:4)
> (42) 가. 도적놈은 엇디 셜리 날을 주기디 아니 흐ᄂ-뇨 (동국신속
>   삼강행실도-열녀 4:87)
>   나. 우리 오늘 밤의 어듸 자고 가-료 (노걸대언해 상 9)

이러한 변화는 18세기 한국어에서도 계속된다. 다음 17세기의 《첩해신어》(1676년)와 18세기의 《개수첩해신어》(1748년)의 예를 대조해 보면, 《첩해신어》에서는 모두 '-고' 형태로 나타났으나 《개수첩해신어》에서는 '-고' 형태로도 나타나고 '-가' 형태로도 나타났다.

> (43) 가. 下人의게나 주시미 엇더흐올-고 (첩해신어 8:6)

나. 아래 사룸들의게나 주시면 얻더ᄒᆞ올-고 (개수첩해신어 8:8)

(44) 가. 振舞롤 ᄒᆞ고져 ᄒᆞ오니 엇더ᄒᆞ올-고 (첩해신어 9:1)

나. 振舞ᄒᆞ여 놀고쟈 ᄒᆞ오니 엇더ᄒᆞ오리잇-가 (개수첩해신어 9:1)

다음 문장들도 역시 그러한데, (45)와 같이 '-고' 형태가 나타나기는 하지만 극히 드물고, 의문어가 있더라도, (46)과 같이 거의 대부분 '-가' 형태로 나타난다.

(45) 가. 무슴 말슴을 알외리잇-고 (한듕만록 2:42)

나. 네 므슴 아ᄂᆞᆫ 곳이 잇ᄂᆞ-뇨 (몽어노걸대 1:6)

다. 우리 오늘 밤 어듸 자라 가-료 (몽어노걸대 1:13)

(46) 가. 누고 모ᄅᆞ옵노니잇-가 (한듕만록 2:43)

나. 동ᄉᆡᆼ들을 엇지 도라보디 아니시옵ᄂᆞ니잇-가 (한듕만록 2:61)

다. ᄆᆞ음이 엇더ᄒᆞ게습노잇-가 (한듕만록 3:8)

라. 엇디 ᄉᆡᆼ각ᄒᆞ여실가 보오니잇-가 (한듕만록 3:9)

마. 누고 왓ᄂᆞ-냐 (첩해몽어 2:15)

이러한 동요는 더 확산되어 결국 19세기에 이르러 [의문어] 구분에 의한 의문법 체계는 소멸하고 만다. 의문조사에 의한 실현방법이 소멸하여 오직 의문어미에 의해 실현된 것도 같은 시기이다.

3.4. 문장종결어미의 생성과 소멸

15세기 한국어의 문장종결어미는 현대 한국어에 이르는 동안 그대로 유지되는 것도 있지만, 소멸되거나, 새롭게 생성되기도 하였다.

3.4.1. 서술어미의 변화

평서의 서술어미 '-다/라'는 가장 전형적인 서술어미로 현대 한국어에 까지 이어지고 있다. 그러나 '-라'의 분포는 크게 줄어들었다.

15세기의 '-ᄂ-다'(현실법어미+서술어미)는 형태 변화를 겪어 현대 한국어에 이르렀다. 먼저 어간이 모음으로 끝나는 동사(예 : ᄒᆞ다)의 '-ᄂ-다'(예 : ᄒᆞᄂ다)는 16세기에 인용절 내포문에서 '-ㄴ-다' 형태로 바뀌기 시작하여 17세기에 들어와 변화가 완성된다. 17세기의 인용절 내포문에 '-ᄂ-다'는 더 이상 보이지 않는다. 다음 문장 (47)은 16세기의 예로, 인용절 내포문에서는 '-ㄴ-다'(예 : 謟ᄒ다, 안다) 형식이, 상위문에서는 '-ᄂ-다'(예 : ᄒᆞᄂ다, ᄒᆞᄂ니라) 형식이 나타난다.

> (47) 가. 子ㅣ ᄀᆞᆯᄋᆞ샤디 君을 셤굠애 禮를 다홈을 사ᄅᆞᆷ이 뻐 <u>謟ᄒ다</u>
> <u>ᄒᆞᄂ다</u> (논어언해 1:25)
> 나. 녯 사ᄅᆞ미 닐오디 ᄌᆞ셕 나하사 굿 부모의 은혜를 <u>안다</u> ᄒᆞᄂ
> <u>니라</u> (번역박통사 상 58)

17세기에는 인용절 내포문뿐만 아니라 상위문에서도 '-ᄂ-다'가 '-ㄴ-다'로 변화하기 시작한다. (48),(49)는 각각 17세기, 18세기의 예로 인용절 내포문(문장 48과 49의 가)과 상위문(문장 48나, 49나)에 모두 '-ㄴ-다' 형식이 나타나 있다.

(48) 가. 常言에 닐오딕 사름이 … 빗 지면 거즛말 니르기 잘흔다
　　　 흐느니라 (박통사언해 상 32)

　　 나. 이 물은 믈 잘 먹고 이 물은 믈 먹기 쟉게 흔다 (노걸대언해
　　　 상 31)

(49) 가. 두 分에 흔 斤 羊肉을 준다 흐드라 (몽어노걸대 1:12)

　　 나. 네 아지 못흔다 (몽어노걸대 3:17)

18세기 후기에 이르러서 '-느-다' 형태는 없어지고 이전부터 쓰이던 '-느-이-다'가 '-ㄴ-다'와 더불어 쓰이게 되었다. (50)은 그러한 예로 '-느-이-다'와 '-ㄴ-다'가 나타나 있다.

(50) 가. 좌우룰 죡히 금심홀 거시 업느이다 (한듕만록 3:18)

　　 나. 지친들과 원죡씯지라도 입궐 젼 본다 (한듕만록 1:11)

위와 같이 동사 어간이 모음으로 끝나는 '흐느다' 경우와는 달리, 동사 어간이 자음으로 끝나는 동사(예 : 먹다)의 '-느-다'(예 : 먹느다)는 17세기에 이르러 '-느-ㄴ-다' 형태가 나타난다. 이것은 다음과 같은 유추 작용의 결과이다. 15세기의 '흐느다 : 먹느다'의 형태는 잘 통일되어 있었으나, 16세기 이후에는 '흔다 : 먹느다'로 형태가 통일되어 있지 않아 현실법이라는 공통의 의미를 유지하기 어렵게 되었다. 그래서 '흔다'에 유추하여 '먹느다'가 '먹는다'로 변화하였다(허웅 1983:453- 참조).

15세기	16세기	17세기
흐느다	흔다	흔다
먹느다	먹느다	먹는다

문장 (51)은 동사 어간이 자음으로 끝나는 17세기 예이다.

(51) 가. 常믈에 닐오듸 ··· 믈을 ᄀᆞ음알면 믈엣 거슬 <u>먹ᄂᆞ다</u> ᄒᆞ니라
  (박통사언해 하 37)
  나. 이 믈이 쇠 거름 ᄀᆞ티 즈늑즈늑 <u>젓ᄂᆞ다</u> (노걸대언해 하 8)

이렇게 하여 '-ᄂᆞ-다' 형태는 현대 한국어에 이르러 '-ㄴ다, -는-다'
형태로 나타나게 되었다.

17세기 이후 새롭게 서술어미 '-늬, -쇠, -데, -외, -리' 등이 생성되었다.[5]

(52) 가. 나의 싱소ᄅᆞᆯ 나타나디 아닐 양으로 미덧습-늬 (첩해신어
  1:5)
  나. 우리 일홈은 아뫼옵도-쇠 (첩해신어 1:17)
  다. 긔별ᄒᆞ옵소 ᄒᆞ시ᄂᆞᆫ 일이옵-데 (첩해신어 5:7)
  라. 고디 듧든 아니ᄒᆞ-외 (첩해신어 1:19)
  마. 자ᄂᆡ네도 아르심도 겨시-리 (첩해신어 4:25)

현대 한국어에서 청자높임의 가장 높은 등급인 '-습니다'는 '-으이-다'

---

5 이들의 대체로 같은 방식으로 생성되었다. 예를 들어 '-늬'는 '-ᄂᆞ-이-다 〉 -ᄂᆞ이다
〉 -늬이다 〉 -늬다 〉 -늬'의 과정을 겪은 것으로 본다(이기갑 1978 참조). '-쇠'
역시 '-소-이-다 〉 -소이다 〉 -쇠이다 〉 -쇠다 〉 -쇠'로, '-데' 역시 '-더-이-다 〉
-더이다 〉 -데이다 〉 -데다 〉 -데'로 생성된 것으로 본다. 이들은 각각 다음과 같은
자료가 뒷받침한다.
  가. 이제 잠깐 와 서르 알외-<u>늬</u>-다 (권념요록 28)
  나. 황휘업이 노프샤 신령이 뎌 나라희 나미로-<u>쇠</u>-다 (권념요록 22)
  다. 덕을 감독호미 혜아림 업다 ᄒᆞ-<u>데</u>-다 (권념요록 23)
한편 이현희(1982나)에서는 '-ᄂᆞ이다 〉 -늬이다 〉 -닝이다 〉 -늬'로, 허웅(1989:144)에
서는 '-ᄂᆞ이다 〉 -늬이다 〉 -늬'로 생성 과정을 풀이하였다.

를 대치하여 생성되었다. 청자높임어미 '-으이-'는 이미 16세기부터 불안
정하기 시작하였다. '-으이-'의 변화형인 '-으이-'는 17세기에 이르러서
자주 생략되면서 그 기능도 약화되었다. 그 결과 청자높임법의 실현은
다른 데에 의지하려는 경향이 일어나게 되었다. 바로 여기에 관여하게
된 것이 객체높임어미 '-습-'이다(허웅 1983:450- 참조). 그래서 '-습-'이
17세기 한국어 청자높임법 실현에 관여하게 되었다.

(53) 가. 御懇勳ᄒ신 말ᄊᆞᆷ 겻티 도로혀 붓그럽ᄉᆞ왕이다[=붓그럽-ᄉᆞ
와-ㅇ이-다] (첩해신어 6:10)

나. 자ᄂᆡ도 單子를 써 보내-ᄋᆞᆸ소 (첩해신어 1:26)

다. 하 젓소이 너기ᄋᆞ와 다 먹-습-ᄂᆞ-이-다 (첩해신어 2:7)

이렇게 하여 객체높임어미 '-습-'과 그 다양한 변이형들(-ᄉᆞ오-, -ᄌᆞ오-,
-ᄋᆞ오-, -오오-, -오-)은 점차 청자높임법을 실현하는 기능으로 바뀌었다.
이러한 형태는 근대 한국어 후기에 '-습니다' 형태로 발전하게 된다.[6]

(54) -습-ᄂᆞ-이-다 〉 -습ᄂᆞ이다 〉 -습ᄂᆡ이다 〉 -습ᄂᆡ다 〉 -습니다

약속의 서술어미 약속을 실현하는 서술어미 '-마' 역시 현대 한국어까지
이어진다. 다만 17세기에 이르러 선행하던 '-오/우-'가 소멸하였다.

---

6 '-습니다'의 생성에 대하여 이현희(1982나)에서는 '-습ᄂᆞ니이다 〉 -습ᄂᆡ니이다 〉
-습ᄂᆞ니다 〉 -습ᄂᆡ다 〉 -습니다'의 과정으로, 윤용선(2006)에서는 '-습ᄂᆞ이다 〉 -습ᄂᆡ이
다 〉 -습ᄂᆡ다 〉 -습ᄂᆞ다 〉 -습니다'의 과정으로, 이승희(2007)에서는 '-습ᄂᆞ이다
〉 -습ᄂᆡ이다 〉 -습ᄂᆡ다 〉 -습니다'의 과정으로 풀이하였다(장윤희 2012:80- 참조).

(55) 가. 이스레 누른 조히 니그니 눈화 주마[=주-우-마] (두시언해
-초간 7:39)

나. ㅎ마 그리호마[=그리ㅎ-오-마] 혼 이리 分明히 아니ㅎ면
(내훈 3:21)

(56) 가. 이러면 이제 히여곰 가져 오게 호마[=ㅎ-오-마] (번역노걸
대 상 56)

나. 네 니ᄅ라 내 드로마[=듣-오-마] (번역노걸대 상 5)

다. 내 너ᄃ려 ᄀᄅ츄마[=ᄀᄅ치-우-마] (번역노걸대 상 35)

(57) 가. 이러면 이제 히여곰 가져 오게 ᄒ-ø-마 (노걸대언해 상 51)

나. 네 니ᄅ라 내 드ᄅ마[=듣-ø-ᄋ마] (노걸대언해 상 4)

다. 내 너ᄃ려 ᄀᄅ치-ø-마 (노걸대언해 상 32)

문장 (55)는 15세기 한국어의 약속을 실현하는 문장이다. 약속의 행동
주체는 화자이기 때문에 문장의 주어는 원칙적으로 1인칭이다. 15세기
한국어에는 인칭법이라는 문법범주가 실현되었기 때문에 인칭어미 '-오/
우-'가 결합해 있다(인칭법에 대해서는 제9장 참조). 이것은 (56)과 같은
16세기 한국어에서도 마찬가지이다. 그러나 17세기 문장 (57)에서 보면
'-오/우-'가 나타나 있지 않다. 이것은 인칭법이 17세기에 소멸하면서 나
타난 결과이다.

16세기, 17세기에는 약속을 실현하는 새로운 어미가 생성되었다. '-음
새'가 그것이다. '-마'보다는 더 높이는 [약간높임]의 표현이다. 현대 한국
어의 '-음세'로 이어진다.

(58) 가. 내 이리셔 가픔새[=갚-음새] (순천김씨묘편지글 20)[7]

---

7 '순천김씨묘편지글'은 1977년 충청북도 청주 외곽의 순천 김씨 묘에서 출토된 한글

나. 나죄 즈음 가 보고 옴새[=오-ㅁ새] (순천김씨묘편지글 160)

다. 브듸 내웁소 그리ᄒ옴새[=그리ᄒ-옴새] (첩해신어 1:17)

라. 이러나 뎌러나 니ᄅ시ᄂ 대로 ᄒ음새[=ᄒ-음새] (첩해신어 7:21)

감탄의 서술어미 감탄을 표현하던 '-은뎌, -을쎠'는 근대 한국어 이전에 소멸하였다. 16세기에는 감탄을 표현하는 '-고나, -고녀, -괴여, -매라' 등이 새로 생성되었다.[8]

(59) 가. 네 독벼리 모ᄅᄂ-고나 (번역노걸대 상 27)

나. 孔子ㅣ 글ᄋ샤ᄃᆡ 晏平仲은 사ᄅᆷ 더블어 사괴욤을 잘 ᄒ놋다 오라되 공경ᄒ-고녀 (소학언해 4:40)

다. 애 쏘 王가 형님이로-괴여 (번역노걸대 상 17)

라. 내 졀다ᄆᆞ리 … ᄒᆞᆫ 숨도 딥 먹디 아니 ᄒᄂ-매라 (번역박통사 상 42)

-오/소 16세기부터 보이기 시작한 문장종결어미 '-오'와 '-소'는 17세기까지는 명령어미로만 쓰였는데, 18세기에 이르러 여러 문장종결법에 두

편지를 말한다. 여기에서 인용하는 편지 자료는 조항범 교수가 제시한 판독문이다. 편지가 작성된 시기는 1550년대에서 임진왜란까지로 보고 있다. 조항범 1998, 《주해 순천김씨묘출토간찰》, 태학사.

8 '-고나'는 18세기에 이르러 '-고나, -구나'로 분화된다.

가. 兄아 왓-고나 (첩해몽어 4:6)

나. 낙안 세 가지니 붉고 희고 누ᄅ-구나 (일동장유가 2:8)

그리고 '-괴여'는 17세기에 이르러 '-괴여, -괴야'로 분화된다.

다. 애 쏘 王가 형님이로-괴여 (번역노걸대 상 17)

라. 애 쏘 王가 큰 형이로-괴야 (노걸대언해 상 15)

루 나타난다.[9] 문장 (60)은 서술법에 나타난 예이다.[10]

(60) 가. 부즈가 문임으로 젼후의 다 와시니 어렵다 홀 거시-오 (일
　　　　동장유가 3:6)
　　　나. 아츰의 브람 부니 빅년화 흔 송이가 반은 핀 모양이-오
　　　　(일동장유가 3:32)
　　　다. 됴영슌 일이 미양 여물지후ᄒ더니 오날은 프니 싀훤싀훤ᄒ
　　　　-오 (한듕만록 3:9)
　　　라. 제 아비를 논박ᄒ니 뎌럴 띄가 어이 이시리오 ᄒ면 션왕이
　　　　제 ᄆ음이 아니-오 (한듕만록 3:29)

-어, -지　19세기에 이르러 '-어'로 끝난 문장이 각 문장종결법에 두루
나타나게 되었다. 18세기에 '-지'(또는 '-제')로 끝난 문장이 보이기는 하지
만, 두루 나타난 것은 19세기 후기의 고대소설 자료에서이다. 이들 형태는
접속문 구성의 후행절이 절단된 형식에서 발달한 것으로 보인다.

고광모(2001:16-)에서, 이유를 나타내던 접속어미 '-어'가 후행절의 생
략으로 인해 문장조각 끝에 자주 놓으게 됨으로써 종결어미로 발달할
수 있었다고 해석한다. 중세 한국어 이래로 '-어'가 이끄는 절 가운데서
이유를 나타내는 것이 가장 쉽게 분리되어 쓰일 수 있었기 때문이라고

---

9 '-소'의 생성에 대하여, 이현희(1982나)와 이승희(2007)에서는 '-습/읍 〉 -숩/옵 〉
-소/오'(서술, 의문, 명령)의 과정을, 서정목(1994)에서는 '-오/소이다, -오/소잇가
〉 -소/오(평서, 의문), -으쇼셔 〉 -으소'(명령) 과정을 제시한 바 있다(장윤희 2012:76-
참조).
10 18세기에 '-오'와 '-소'가 서술법 외에 의문법으로 쓰인 예는 다음과 같다.
　　가. 이런 아들을 두어시니 무슨 근심이 이스리-오 (한듕만록 1:25)
　　나. 밤의 졍셩왕휘겨오셔 큰 병환 잇히 엇지 겨시리-오 (한듕만록 1:71)
　　다. 션비를 쳔ᄃ킈ᄒ면 청문이 엇터킷-소 (일동장유가 1:37)

보았다. 그리고 종결어미 '-어'는 서술법과 의문법에서 발달하여 명령법과 청유법으로 영역을 넓혔을 것으로 보았다.

그리고 '-지'는 종속 접속어미 '-디'에서 발달하였다.[11] 이렇게 하여 '-어'와 '-지'는 서술, 의문, 명령, 청유 등 모든 문장종결법을 두루 실현하며, 여기에 '-요'를 더 결합하여 높임을 실현한다. '-요'는 'NP-이-오'의 '이오'를 재분석하여 생성된 것일 가능성이 크다(고광모 2000).[12]

3.4.2. 의문어미의 변화

의문어미 앞에서 살펴본 바와 같이, 15세기의 한국어 대표적인 의문어미였던 '-다, -가, -고'는 먼저 [인칭] 구분의 소멸로 '-다'가 소멸하고, [의문어] 구분의 소멸로 '-가'와 '-고'가 하나 되는 변화를 겪었다.

15세기 한국어의 '-으니/으리-어/여'는 이미 15세기에서도 '-으녀, -으려'로 줄여서 나타났지만, 16세기 초기에는 문장 (61)처럼 주로 '-으녀, -으려'로 나타난다. 15세기 한국어의 '-으니/으리-오'는 16세기 초기에 '-으니/으리-오'도 나타나지만(문장 62가,나), 역시 '-으녀, -으려'나 '-으뇨, -으료'로 줄여서 나타난다(문장 62다,라).

> (61) 가. 네 밧긔 그려도 버디 잇ᄂ-녀 (번역노걸대 상 42)
>   나. 아랫 번당은 독벼리 아니 머그려[=먹-으려] (번역노걸대 하 39)
> (62) 가. 이젠 엇디 져그니오[=젹-으니-외 (번역박통사 상 4)

---

11 '-지'는 '-디비'의 변화형으로서, '-디비 〉 -디외/디위/디웨 〉 -디위/디 〉 -지웨/제/지'의 과정을 통해 생성된 것으로 본다(김종록 1997).

12 고광모(2000)에서는 이러한 '-요'의 생성과 같은 성격으로 '-(이)ㅂ쇼'가 있음을 밝히고 이는 'NP-이-ㅂ시오'의 '입시오'를 재분석한 결과로 풀이하였다.

나. 우리 이제 즐기디 아니ᄒ고 므스 일 ᄒ-리-오 (번역박통사
   상 7)
다. 글사김ᄒ기 뭇고 쏘 므슴 공부ᄒᄂ-뇨 (번역노걸대 상 3)
라. 우리 오ᄂᆞᆯ 바믜 어듸 가 자고 가-료 (번역노걸대 상 9)

그리고 16세기 후기에는 '-으녀'와 함께 '-으냐'가 나타나는데 17세기 이후에는 '-으냐'로 형태가 통일된다. 다음은 '-으녀'가 '-으냐'로 교체되는 예를 보여 준다. (가)는 16세기, (나)는 17세기 예이다.[13]

(63) 가. 그 듕에 글외ᄂ니 잇ᄂ-녀 (번역노걸대 상 7)
    나. 그 듕에 ᄀᆞ래ᄂ니 잇ᄂ-냐 (노걸대언해 상 6)
(64) 가. 네 어버싀 너를 ᄒ야 비호라 ᄒ시ᄂ-녀 (번역노걸대 상 6)
    나. 네 어버이 널로 ᄒ야 비호라 ᄒᄂ-냐 (노걸대언해 상 5)

현대 한국어의 '-습니까' 형태는, 앞에서 살핀 서술법의 '-습니다' 형태와 같이, '-습-ᄂ-니-잇-가'에서 생성하였다.

(65) -습-ᄂ-니-잇-가 〉 -습ᄂ닛가 〉 -습닛가 〉 -습니까

16세기 후기 한글 편지에서 나타나던 '-는가/-을가'가 17세기에는 중간 등급의 청자높임을 표시하는 의문어미로 자리 잡는다. 그러던 것이 18세기에 중간 등급이 분화되면서 새로 등장한 '-오'가 ᄒ오체를, 기존의 '-는가/-을가'는 ᄒ게체를 담당하게 되었다. 또한 18세기 후기에 이르러서는

---

13 안병희(1965:81)에서는 '-으녀 〉 -으냐'의 교체를 '-으려 〉 -으랴, -져 〉 -쟈'와 같이 문장끝 모음을 통일하려는 변화의 경향으로 풀이하였다.

'-ᄂᆞ니 〉-ᄂᆞ니 〉-느이 〉-늬 〉-니'의 변화 과정을 통하여 의문어미 '-니'가 생성되었다(이현희 1982나)[14].

(66) 가. 우물은 어ᄃᆡ 잇ᄂᆞ-니 (몽어노걸대 2:16)
     나. 줌은 엇디 자며 밥은 엇디 먹ᄂᆞ-니 (한듕만록 2:2)
     다. 네가 불한당이냐 불은 어이 지르-니 (한듕만록 1:68)

19세기 후기에 또 다른 의문어미 '-냐', '-노'가 나타났다. 의문어미 '-냐', '-노'는 '-는가〉-냐'와 '-는고〉-노'의 변화 과정을 통하여 생성되었다.

(67) 가. 안해 자식 길으기에 편히 놀고 ᄒᆞᆯ 수 잇-나 (노동야학독본 1:39)
     나. 三夏九秋가 ᄯᅩ 어느 겨를에 다 갓-노 (신찬초등소학 4:15)

3.4.3. 명령어미의 변화

명령어미 15세기 이래 가장 전형적인 명령어미는 '-으라'이다. 현대 한국어로 오는 동안 형태가 변화하지 않았다. 다만 중세 한국어와 근대 한국어에서는 '-으라'로 직접 대면하는 명령을 실현했으나, 현대 한국어에서는 직접 대면하는 명령에는 '-어라'가 나타나고, 매체를 통한 간접 대면하는 명령(신문기사의 제목, 구호, 책이름 등)에는 '-으라'가 나타난다. 또한 '오다'의 명령 형태 '오-너라'는 현대 한국어에서 보인다.

---

14 의문어미 '-니'의 생성에 대한 연구는 정경재(2020) 참조. '-니' 생성을 통해, 서로 다른 기원의 형태소가 통합하기도 하고 유추에 의해 새로운 형태를 만들어 내기도 하는 복잡한 과정을 겪으며 하나의 문법형태가 발달해 가는 과정으로 풀이하였다.

15세기 한국어 '-으쇼셔'는 '-으소셔'를 거쳐(문장 68) 현대 한국어의 '-으소서'로 이어지나, '-어쎠'는 16세기부터 잘 쓰이지 않다가 근대 한국어에서 소멸한다. 그리고 15세기 한국어 '-고라, -고려, -오라' 등은 근대 한국어에서 '-고려'로 형태가 통일되었다가(문장 69), 현대 한국어 '구려'로 이어진다.

(68) 가. 오날 밤 합친ᄒᆞ고 내 덕으로 아-오-소셔 (일동장유가 1:12)

　　나. 말ᄉᆞᆷ은 올ᄉᆞ오나 말초가지 싱각ᄒᆞ고 샹심ᄒᆞ여 ᄒᆞ-오-소셔 (일동장유가 1:39)

(69) 가. 小人을 부리디 아니커시든 모로매 지부로 오-고라 (번역노걸대 상 44)

　　나. 小人을 부리디 아니ᄒᆞ시면 모로매 집으로 오-고려 (노걸대언해 상 40)

16세기에 '-듸여', 17세기에 '-과댜', '-고'(‹ -고라, -고려) 등의 명령어미가 새롭게 생성되었다.[15]

(70) 가. 우리들 ᄒᆞ룻밤만 자게 ᄒᆞ-듸여 (번역노걸대 상 49)

　　나. 그저 혜아리실 얇피오니 잘 혜아려 ᄆᆞᄎᆞ시-과댜 (첩해신어 4:26)

　　다. 사발 잇거든 ᄒᆞ나 다-고 (노걸대언해 상 38)

---

15 '-고라'에 대해서는 이승희(2012:18-19) 참조. '-고라'와 '-라'의 차이를 청자높임 등급의 차이로 보는 견해와 '-라'는 명백한 '명령'을 표시하는 데 비해 '-고라'는 '청원'을 표시하는 양태 의미 차이로 보는 견해를 제시하였다.

명령어미 변화에서 가장 주목되는 것은 16세기에 '-소' 형태(-소, -소, -조)의 생성이다. 문장 (71),(72)는 16세기 예이다.[16]

(71) 가. 큰 형님 몬져 호 잔 자-소 (번역노걸대 상 63)

　　　나. 큰 형님 몬져 례 받-조 (번역노걸대 상 63)

(72) 가. 샹틱지 밧 망의 잇더니 그를 보내-소 (순천김씨묘편지글 2)

　　　나. 머글 거시나 조조 호여 보내고 더뎌 두디 마-소 (순천김씨 묘편지글 51)

　　　다. 자내 여히고 아무려 내 살 셰 업스니 수이 자내호틱 가고져 호니 날 드려가-소 (이응태묘편지글)[17]

　　　라. 이 유무 조셰 보시고 내 쑤메 조셰 와 뵈고 조셰 니릭-소 (이응태묘편지글)

　　　마. 비록 잠깐 편티 아니셔도 쏠리쏠리 셔울로부터 사름 브리-소 … 조로 사름 브려 아라셔 이루 알외-소 얼혀니 마-소 (편지글 4:정철,1571년이전)[18]

　　　바. 쏘 직산 잇던 오손 다 와시니 치이호고 이느가 분별 마-소

---

16 명령어미 '-소'의 생성에 대해서는 고광모(2001) 참조. 그리고 '-소'가 '-습/습/줍-'에서 생성된 것으로 보는 견해는 이기갑(1978:25), 김정수(1984:134), 허웅(1989:172-3), 고광모(2000) 참조. 고광모(2000)에서는 16세기 △의 소멸과 함께 ㄴ, ㅁ 뒤의 △은 ㅅ으로 변화하여 '-쇼〉-소'의 변화가 일어났고, 모음 뒤의 '-소'는 '-오'로 변화하기도 하지만 언중들이 형태를 보존하려는 태도에 따라 '-소'로 바뀌어 결과적으로는 '-소/쇼/조'가 '-소'로 단일화된 것으로 풀이하였다. '-쇼셔'에서 '-셔'가 삭제된 것으로 보는 견해는 서정목(1987), 장윤희 (2002) 참조. '-습-'이 결합한 명령형 '-수오쇼셔'에서 '-쇼셔'가 탈락한 '-수오'가 '-소'로 변화한 것으로 풀이하였다.

17 '이응태묘편지글'은 1998년 경상북도 안동의 고성 이씨 이응태(1558-1598) 묘에서 출토된 한글 편지를 말한다. 그의 부인이 쓴 편지이다.

18 여기서 인용하는 '편지글'은 김일근 교수의 언간 연구에서 제시한 자료이다. 16세기 후기부터 19세기 후기에 이르는 한글 자료이다. 김일근 1986/1991, 《언간의 연구 - 한글서간의 연구와 자료집성 -》, 건국대학교 출판부.

… 됴히 이시라 ᄒ-소 … 그리디 말오 편안히 겨-소 (편지
글 9:김성일,1592년)

16세기에 명령어미 '-소'는 자음 뒤나 모음 뒤 모든 환경에서 쓰였는데
수의적 변이형태로 모음 뒤에서 '-오'가 쓰였는데 다음 (73)과 같은 몇
예에 지나지 않는다. 그러나 이 '-오'는 '-소'에 밀려 소멸하고, 문장 (74)와
같이 17세기에는 '-소'만 쓰인다.

(73) 가. 아니 와시니 급급이 보내-오 … 스월 초다엿쇄 젼으로 들
　　　　게 보내-오 (편지글 5:정철,1573년이후)
　　나. 모든 직샹 됴관의 가쇽이 다 이리 오니 게 적셔롤 듣보아
　　　　ᄒ오 (편지글 6:정철,1593년)
　　다. 내의 ᄆᆞᅀᆞᆷ대로 몯 샹면될가 슬슬 셜워ᄒ노라 다시금 됴히
　　　　겨-오 다시 보쟈 (순천김씨묘편지글 3)
(74) 가. 자녀도 單子롤 써 보내-ᄋᆢᆸ-소 (첩해신어 1:26)
　　나. 자네 … 아므리커나 나 ᄒ는 대로 ᄒ-소 (첩해신어 7:7)
　　다. 그 아히 일홈으란 남녀라 ᄒ-소 … 몸조심ᄒᆞ야 됴히 잇-소
　　　　셰후면 인마 보냄새 느려오게 ᄒ-소 (편지글 보 3:신면,1640
　　　　년대)

18세기 문헌에 다시 '-오'가 나타나 모든 문장종결법의 [약간높임] 등급
에 쓰인다. 그러나 중요한 사실은 18세기 명령법에 나타나는 새로운 '-오'
는 16세기에서 쓰이던 문장 (73)의 '-오'와는 다르다는 점이다. 그리고
18세기의 새로운 '-오'는 지금까지의 명령어미 '-소'보다 높이는 단계가
한 단계 높은 등급에 속한다.[19] 이렇게 하여 높임의 등급이 '-오'와 '-소'가
분화한 것이다.

이를 이기갑(1978:63)에서는 '-소'를 예사낮춤, '-오'를 예사높임으로 기술하였다. 《일동장유가》(1764년)를 보면, 통신사 서기인 김인겸이 통신사 정사인 조엄에게는 '-오'를 쓴다.

(75) 가. 어져 그 말 마-오 … 용녈흔 이 션비를 무어시 쓰오릿가
　　　　（일동장유가 1:38）
　　　나. 좌우의 빵견 마-오 흔 놈은 우산 밧고 두 놈은 부축호고
　　　　（일동장유가 3:27）
　　　다. 선두의 빅별호고 연회 투비호려 호-오 … 일즉이 나가와셔
　　　　먹을 도리 호스이다 （일동장유가 1:39）
　　　라. 죽을 죄 잇사오니 스칙하여 쳐치호-오 （일동장유가 4:14）

그러나 통신사 정사인 조엄이 통신사 서기인 김인겸에게는 '-소'를 쓴다.

(76) 가. 손목 잡고 닉 흔 말 드러 보-소 （일동장유가 1:35）
　　　나. 닉 말을 시힝하-소 （일동장유가 1:38）
　　　다. 오늘 밤 내 집의 와 날과 흔듸 자고 가-소 （일동장유가 2:32）
　　　라. 큰 일이 나게 되엿닉 이후는 그리 마-소 （일동장유가 4:16）

---

19 종결어미 '-오'의 기원 문제에 대해서는 이승희(2012:21-22) 참조. 이기갑(1978)에서는 '-오체의 서술형, 의문형, 명령형 어미를 모두 '-오/소'로 파악하고 이것은 '호닉'체의 명령어미 '-소'의 기능이 확대되어 나타나게 된 것으로 풀이하였다. 이승희(2007)에서는 근대 한국어 시기의 '호-습/옵-느이다'에서 '-습/옵' 다음 부분이 탈락하여 '-습/옵-'이 서술형, 의문형, 명령형으로 기능하였음을 근거로 '-옵 〉 -오'의 변화 과정을 거쳐 생성된 것으로 풀이하였다.

이러한 한 단계 높음의 '-오/소'('-오'는 모음 뒤, '-소'는 자음 뒤)와 한 단계 낮음의 '-소'는 19세기에 이르러, 자음 뒤에서 두 등급이 구분되지 않게 되었다. 즉, 자음 뒤에는 같은 형태 '-소'로 나타났다. 그러자 이러한 동음충돌을 해소하기 위하여 대체로 19세기 후기에 다음과 같은 변화가 일어난다(고광모 2001가 참조).

> (77) 'ᄒ오'체와 'ᄒ소'체의 '-소'의 변화
> 가. 'ᄒ오'체의 '-소' 〉 -으오
> ('-으오'는 1920년대에 다시 '-으우 〉 -우'로 변화하여 서술법, 의문법으로 확산)
> 나. 'ᄒ소'체의 -소 〉 -게

결과적으로 명령어미 '-게'가 새롭게 생성된 것이다.[20] 명령어미 '-게'가 처음 나타나는 것은 19세기인데[21], 19세기 후기 이후 점차 '-소'가 '-게'로

---

20 명령어미 '-게'의 기원과 생성 과정에 대해서는 고광모(2002), 이승희(2004, 2012) 참조. '하게체'의 '-네, -데, -세'가 '-ᄂ-이-다, -더-이-다, -사-이-다'에서 발달한 것에 비추어 '-게'도 '-거-이-다'로 볼 수 있지만 고광모(2002)와 이승희(2004)에서는 이를 받아들이지 않는다. '-게'는 '-게'와 'ᄒ-'의 주어가 일치하는 '-게 ᄒ' 구성의 반말체 '-게 ᄒ-여'로부터 발달한 것으로 보았다. 이 과정은 '추측/의도'의 '-겠-'이 겪은 '-게 ᄒ-엿 〉 -게엿- 〉 -겟-' 발달 과정과 같다고 하였다. 고광모(2002, 2006)에서는 반말의 종결어미 '-어'가 결합한 '게 ᄒ여'에서 '-게 ᄒ여 〉 -게어 〉 -게'와 같은 탈락과 축약을 거친 것으로 파악하였다. 이승희(2004, 2007)에서는 사동 구문이 아닌 '-게 ᄒ-' 구문이 '-게 ᄒ쇼셔, -게 ᄒ오, -게 ᄒ소, -게 ᄒ라'와 같이 주로 명령문으로 나타난 점에 주목하여 아예 'ᄒ쇼셔, ᄒ오, ᄒ소, ᄒ라'가 탈락을 거친 것으로 파악하였다.

21 한편 16세기말 편지글에서 다음과 같이 '-게'가 보인다. '오직 닉월 초싱의 곳 가면 시월로 올 거시니 치위예 오술 다 가져 갈쇠 이리 오게 슌홰 가드니 엇디 ᄒ는고(편지글 6:정철,1593년). 이에 대해 허웅(1989:176)에서는 '이리 오라'는 뜻으로 보이지만, 그렇게 풀이하기에는 약간 불안하다고 하였다. 이에 대해 고광모(2002:각주15)에서는 '오도록'을 뜻하는 접속어미으로 보았다.

교체되었다.[22] 다음 문장 (78)은 명령어미 '-게'가 쓰인 20세기 초기 한국어 예이다.[23]

(78) 가. 來日 다시 뵙깃습니다, 安寧히 가십시오, 平安히 가시오, 平安히 가-게, 잘 가거라 (국어독본 1:34)

나. 어서어서 니러나세, 밤이 발셔 시엿네, 衣服을 갈어닙-게 아춤밥이 다 되엿네 (국어독본 5:49)

다. 늙고 쓰고 외일 졔 다른 무음 두지 말-게 (국어독본 5:50)

라. 官爵도 고만 두고 私計도 고만 ᄒ-게 (유년필독 4:45)

그리고 이 무렵 명령어미 '-렴(-으나)'도 새로 생성되었으며(문장 79), 또한 19세기 후기, 20세기 초기에 '-으시오', '-으십시오'도 생성되었다(문장 80).

(79) 큰 兄아 됴흔 銀을 주-려무나 (몽어노걸대 4:13)

(80) 가. 여보 도련임 늬 손의 술리나 망종 잡수-시오 (열녀춘향수절가)

나. 여러분도 즈기 일만 힘쓰고 남을 웃지 마-시오 (신정심상소

---

22 다음 문장은 고광모(2002:132)에서 제시하는 신소설 작품에 보이는 '-소'와 '-게'가 함께 나타나는 예이다.

가. <u>여보소</u> 자네가 필경 집을 헷일넛거나 … 다시 찬찬히 싱각을 ᄒ야 <u>보게</u> (산천초목)

나. <u>안심ᄒ소</u> 병든다고 사람이 다 죽는다던가 … 잘 쳐리홀 싱각을 ᄒ게 (홍도화)

다. <u>여보게</u> 쥬인 아모 의심 말고 어서 문 좀 <u>열소</u> (치악산)

23 문장 (78가)를 보면, 명령어미의 높임 등급이 '-십시오, -시오, -게, -어라(-거라)'의 순서임을 알 수 있다. 그리고 (78나)를 보면, '-게'는 서술의 '-네'와 청유의 '-세'와 같은 등급임을 알 수 있다.

학 2:21)

다. 安寧히 가-십시오 平安히 가-시오 (국어독본 1:34)

라. 어머니 저녁 잡습시다 아버지 진지 잡습시오[=잡스-십시
오] (국어독본 1:20)

3.4.4. 청유어미의 변화

청유어미　15세기 청유어미 '-져'는 16세기에 '-쟈'로 나타나기 시작하는
데 17세기에는 '-쟈'로 형태가 통일되어, 현대 한국어에서 '-쟈'로 이어진
다. 다음 (81)은 16세기 예인데 '-져'와 '-쟈'로 각각 나타난다.

(81) 가. 우리 그저 뎨 드러 자고 가-져 (번역노걸대 상 10)
　　 나. 우리 모든 사르미 에워 막-쟈 (번역노걸대 상 46)

그러나 17세기에는 '-쟈'로만 나타난다.

(82) 가. 이러면 우리 홈씌 가-쟈 (노걸대언해 상 7)
　　 나. 우리 … 그저 뎌긔 자고 가-쟈 (노걸대언해 상 9)
　　 다. ᄀ장 날을 보숩피라 우리 모다 홈씌 가-쟈 (박통사언해
　　　　 상 9)

'-져라'는 17세기 초기에 소멸한다. 16세기 자료 (83가)에서 '-져라'가
나타난 자리에 17세기 자료 (83나)에서는 '-쟈'가 나타났다.

(83) 가. 모든 형뎨들히 의론ᄒ-져라 (번역박통사 상 1)
　　 나. 모든 弟兄들히 혜하리-쟈 (박통사언해 상 1)

16세기에는 '-새'가 새롭게 생성된다. '-새'는 '-사이다 〉-새이다〉-새이다 〉-새'의 과정을 통해 생성되었다. '-새'는 18세기에 'ᄒ게'체의 청유어미로 자리잡아 현대 한국어 '-세'로 이어진다.

(84) 가. 나도 완ᄂᆞ니 타자기나 무스히 ᄒᆞ여 가-새 (순천김씨묘편지글 49)

나. 사ᄅᆞᆷ 브려 진촉ᄒᆞ-새 (순천김씨묘편지글 52)

현대 한국어의 '-읍시다'는 15세기 한국어의 '-사-이-다'에 뿌리를 둔 근대 한국어 '-읍싀다'에서 생성된 것이다. '-읍-사-이-다 〉 읍싀다 〉 읍시다'의 과정이다.

(85) 가. 날과 말 좀 하여 봅시다[=보-ㅂ시다] (열녀춘향수절가)

나. 우리들은 暫時도 게어르게 마시-읍시다 (신정심상소학 3:5)

다. 此後에 이 法딕로 地圖를 그려 보-읍시다 (신정심상소학 3:30)

라. 어머니 저녁 잡-읍시다 (국어독본 1:20)

▌참고 문헌

고광모 2000, 16세기 국어의 명령법 어미 '-소/소/조'의 기원에 대하여, 《언어학》 27: 3-20, 한국언어학회.

고광모 2001가, 중부 방언과 남부 방언의 '-소/오'계 어미들의 역사 – 명령법을 중심으로 –, 《한글》 253: 135-167, 한글학회.

고광모 2001나, 반말체의 등급과 반말체 어미의 발달에 대하여, 《언어학》 30: 3-27, 한국언어학회.

고광모 2002, 명령법 어미 '-게'의 기원과 형성 과정, 《한글》 257: 129-165, 한글학회.

고광모 2006, '-게 하-'로부터 발달한 종결어미들, 《언어학》 46: 61-79, 한국언어학회.

고영근 1987, 《표준 중세국어문법론》, 탑출판사.

고은숙 2011, 《국어 의문법 어미의 역사적 변천》, 한국문화사.

권재일 1992, 《한국어 통사론》(대우학술총서 인문사회과학 67), 민음사.

권재일 2012, 《한국어 문법론》, 태학사.

김병건 2011, 서술법씨끝의 변화 유형 연구 – 근대 국어를 중심으로 –, 《한말연구》 28: 5-25, 한말연구학회.

김정수 1984, 《17세기 한국말의 높임법과 그 15세기로부터의 변천》, 정음사.

김종록 1997, 중세국어 접속어미 '-디비'의 통시적 변천과 기능, 《문학과 언어》 19: 29-54, 문학과언어학회.

서정목 1987, 《국어 의문문 연구》, 탑출판사.

서정목 1994, 국어 경어법의 변천, 《국어 통사 구조의 연구 I》 253-290, 서강대학교 출판부.

서태룡 2019, 어말어미의 변화, 국어사대계간행위원회 (편) 《국어사 연구 2 (문법·어휘)》 185-243, 태학사.

안병희 1965, 후기중세국어의 의문법에 대하여, 《학술지》 6: 59-82, 건국대학교 건국학술연구원.

염광호 1998, 《종결어미의 통시적 연구》, 박이정.

윤용선 2006, 국어대우법의 통시적 이해, 《국어학》 47: 321-376, 국어학회.

이금영 2015, '-니' 통합형 어미의 문법화 양상, 《어문연구》 85: 25-52, 어문연구학회.

이기갑 1978, 우리말 상대높임 등급 체계의 변천 연구, 서울대학교 대학원 언어학과 석사학위논문.

이승희 2004, 명령형 종결어미 '-게'의 형성에 대한 관견,《국어학》44: 109-131, 국어학회.

이승희 2007,《국어 청자높임법의 역사적 변화》, 태학사.

이승희 2008, 후기 근대국어의 시제 체계 변화에 따른 종결어미의 재편,《국어국문학》150: 29-51, 국어국문학회.

이승희 2012, 명령형 종결어미의 역사적 변화,《국어사연구》14: 7-28, 국어사학회.

이유기 2001,《중세국어와 근대국어 문장종결형식의 연구》, 역락.

이유기 2012, 서술문 종결형식의 변천 과정,《국어사연구》14: 29-62, 국어사학회.

이태영 1999, 근대국어 '-네'형 종결어미의 변화과정과 '-이-'의 상관성,《한국언어문학》43: 653-670, 한국언어문학회.

이현규 1978, 국어 물음법의 변천,《한글》162: 299-331, 한글학회.

이현희 1982가, 국어의 의문법에 대한 통시적 연구,《국어연구》52, 서울대학교 대학원 국어연구회.

이현희 1982나, 국어 종결어미의 발달에 대한 관견,《국어학》11: 143-163, 국어학회.

장윤희 2002,《중세국어 종결어미 연구》, 태학사.

장윤희 2012, 국어 종결어미의 통시적 변화와 쟁점,《국어사연구》14: 63-99, 국어사학회.

장윤희 2018, 문법사 대계 기술의 선결 문제와 기술의 실제 – 문장종결법의 변화를 중심으로 –,《국어국문학》184: 53-84, 국어국문학회.

정경재 2020, 해라체 의문형 종결어미 {-니}의 형성,《국어사연구》31: 265-299, 국어사학회.

정언학 2006, 통합형 어미 "-습니다"류의 통시적 형성과 형태 분석,《국어교육》121: 317-356, 한국어교육학회.

정재영 2001, 국어 감탄문의 변화,《진단학보》92: 293-325, 진단학회.

허웅 1975,《우리 옛말본, 15세기 국어 형태론》, 샘문화사.

허웅 1983,《국어학 – 우리말의 오늘·어제 –》, 샘문화사.

허웅 1989,《16세기 우리 옛말본》, 샘문화사.

허재영 2012, 국어의 범용 어미 발달에 관한 연구,《한국언어문학》80: 5-28, 한국언어문학회.

| 제4장 | **높임법 변화**

　화자가 어떤 대상에 대하여 높임의 의향을 가지고 언어내용을 표현하는 문법범주가 높임법이다. 흔히 한국어의 특징을 말할 때 높임법이 발달되어 있는 점을 들 정도로, 높임법은 한국어의 특징적인 문법범주이다. 15세기 한국어 문장 (1)의 밑줄 친 선어말어미가 각각 높임법을 실현한다.

　　(1) 世尊하 摩耶夫人이 엇던 功德을 닷ᄀ시며 엇던 因緣으로 如來를
　　　나쓰ᄫ시니잇고[=낳-ᅀᆞ-으시-니-잇-고] (석보상절 11:24)

　문장 (1)에서 청자인 '世尊'에 대한 높임의 의향을 실현하기 위하여 '-잇-'[=-으이-]이 나타나 있고, 주어인 '摩耶夫人'에 대한 높임의 의향을 실현하기 위하여 '-ᄋᆞ시-'[=-으시-]가 나타나 있고, 목적어인 '如來'에 대한 높임의 의향을 실현하기 위하여 '-ᅀᆞ-'[=-ᅀᆞᆸ-]이 나타나 있다. 이와 같이 15세기 한국어에서는 높임의 의향을 실현하기 위하여 각각 선어말어미가 서술어에 결합해 있다. 그런데 이러한 선어말어미 가운데 '-으시-'만 현대 한국어로 이어지고, 나머지 선어말어미는 모두 소멸하였다. 그 가운데 '-ᅀᆞᆸ-'은 기능이 청자를 높이는 방향으로 변화하였다. 결과적으로 높임법이 역사적으로 변화했음을 보여 준다.

4.1. 높임법의 성격

높임법 언어활동에 나타나는 요소들은 화자, 청자, 전달되는 언어내용, 그리고 시간과 공간이다. 전달되는 언어내용은 구체적으로 문장으로 실현되는데, 문장은 서술어와 이 서술어에 관여하는 몇몇 문장성분으로 구성된다. 그러한 문장성분 가운데 서술어와 1차적인 관계를 맺는 것이 주어이다. 문장 가운데 주어로 지시되는 사람이 있을 때, 이를 '주체'라 한다. 그리고 주어가 아닌 다른 문장성분들, 즉 목적어나 부사어를 객어라 하는데 객어로 지시되는 사람이 있을 때, 이를 '객체'라고 한다. 이렇게 보면, 언어활동에 등장하는 사람은 화자, 청자, 주체, 객체 넷이다.

화자가 언어내용을 전달할 때에는 여러 가지 의향을 지니고 전달하는데, 위에서 제시한 대상, 곧 청자, 주체, 객체에 대하여 화자는 높임의 의향을 지니고 언어내용을 표현한다. 이와 같이 화자가 어떤 대상에 대하여 높임의 의향을 지니고 언어내용을 표현하는 문법범주가 높임법이다.[1]

높임법은 화자가 청자, 주체, 객체에 대하여 높임의 의향을 실현하는 문법범주이기 때문에, 높임의 대상이 누구인가에 따라 청자높임법, 주체높임법, 객체높임법으로 체계화된다. 위 문장 (1)에서, '-으시-'는 주체높임법을, '-습-'은 객체높임법을, '-으이-'는 청자높임법을 실현하고 있다.

높임법의 실현방법 문장 (1)과 같이 높임법은 주로 선어말어미에 의해 실현된다. 그러나 조사나 파생접미사, 또는 특정 동사에 의해 실현되기도 한다. 현대 한국어의 다음 문장을 살펴보자.

---

1 한국어 문법 연구에서 높임법에 대한 술어는 다양하게 사용되어 왔다. 높임법, 존대법, 대우법, 경어법(존경법, 겸양법, 공손법) 등이 대표적이다.

(2) 가. 동생이 그 책을 읽었다.

　　 나. 선생님-께서 그 책을 읽으셨다[=읽-으시-었-다].

　　 다. 선생님-께서 학교에 계십니다[=계시-ㅂ니다].

　문장 (2나)는 주어인 '선생님'에 대해 화자가 높임의 의향을 실현하고 있다. (2가)와 대조해 보면, '읽-었-다'에 선어말어미 '-으시-'가 결합하여 '읽-으시-었-다'로 주체높임법을 실현하며, 그뿐만 아니라 주격조사 '-이'에 대해 '-께서'가 주체높임법을 실현한다. 또한 '선생'에 '-님'이라는 파생 접미사가 결합한 것도 마찬가지이다. 그리고 (2다)와 같이 '있다'에 대하여 '계시다'라는 특정 동사를 통해서도 주체높임법을 실현한다.

(3) 가. 나는 이 책을 동생-에게 주-었다.

　　 나. 나는 이 책을 아버님-께 드렸다[=드리-었-다].

　문장 (3)에서는 객체로 '동생'과 '아버님'이 나타나 있는데, (3가)에는 부사격조사 '-에게'와 '주-었-다'가, (3나)에는 부사격조사 '-께'와 '드리-었-다'가 각각 나타나 있다. 이렇게 보면 현대 한국어에서 객체높임법은 부사격조사 '-께'와 '드리다'와 같은 특정 동사에 의해 실현된다고 하겠다. 주체높임법은 '-으시-'가 어떠한 동사, 형용사에서나 자유롭게 실현되는 데 비해, 객체높임법은 일정한 문법형태가 따로 없고 다만 몇몇 동사에 의해 실현될 뿐이다.

　현대 한국어에서 청자높임법은 주로 문장종결어미에 의해 실현된다. 문장 (4가)에 대하여 (4나)는 청자에 대하여 높임의 의향을 실현하고 있다.

(4) 가. (청자=동생) 아람이는 어제 그 책을 다 읽었-다.

　　 나. (청자=어른) 아람이는 어제 그 책을 다 읽었-습니다.

그리고 문장 (5)와 같이 청자높임조사 '-요'를 더 결합하여 [높임]을 실현
한다.

> (5) 가. 아람이는 어제 그 책을 다 읽었-어.
>   나. 아람이는 어제 그 책을 다 읽었-어-요.

4.2. 15세기 한국어의 높임법

주체높임법　주체높임법은 화자가 언어내용 가운데 등장하는 주체에
대하여 높임의 의향을 실현하는 문법범주이다. 15세기 한국어에서 주체
높임법은 다른 높임법과 마찬가지로 선어말어미에 의해서 실현되었다.
다음과 같이 '-으시-'에 의하여 실현되었다. 문장 (6)에서 주어로 나타난
'王', '世尊'에 대한 높임의 의향을 실현하기 위하여 각각 서술어에 '-(으)시
-'가 결합해, '흐시다', '니르시며, 비흐시며, 부르시며, 티시며, 흐시ᄂ다'로
나타났다.

> (6) 가. 王이 … 그 蓮花ᄅᆞᆯ ᄇᆞ리라 ᄒᆞ-시-다 (석보상절 11:31)
>   나. 내 혜여ᄒᆞ니 이제 世尊이 큰 法을 니르-시-며 큰 法雨를
>   비흐-시-며 法螺ᄅᆞᆯ 부르-시-며 큰 法鼓ᄅᆞᆯ 티-시-며 큰
>   法義ᄅᆞᆯ 펴려 ᄒᆞ-시-ᄂ다 (석보상절 13:26)

'-으시-'는 동사, 형용사, 그리고 '이다'에 두루 결합할 수 있다.
(7),(8),(9)는 각각 동사, 형용사, '이다'에 결합한 예이다. 그리고 (가)는
서술문, (나)는 의문문, 그리고 (다)는 접속문 구성에서 나타난 예이다.[2]

(7) 가. 이제 부톄 … 이런 祥瑞를 뵈-시-ᄂ니라 (석보상절 13:27)

　　 나. 世尊이 엇던 젼ᄎ로 이런 光明을 펴-시-ᄂ뇨 (석보상절 13:25)

　　 다. 聖子ㅣ 나샤 … 出家ᄒ시면[=出家ᄒ-시-면] 正覺을 일우시리로소이다 (월인석보 2:23)

(8) 가. 太子ㅅ 모미 傷ᄒ야 命이 머디 아니ᄒ-시-이다 (월인석보 21:218)

　　 나. 엇뎨 이에ᄭᅡᆫ 天子ㅣ 업스시뇨[=없-ᄋ시-뇨] (월인석보 7:11)

　　 다. 大菩薩 아니-시-면 能히 證知 몯ᄒ실[=몯ᄒ-시-ㄹ] 젼ᄎ라 (법화경언해 4:70)

(9) 가. 佛은 부톄시니라[=부텨-이-시-니-라] (석보상절 서:1)

　　 나. 스승닚 어마니미 姓은 므스기시고[=므슥-이-시-고] 일후믄 므스기신고[=므슥-이-시-ㄴ-고] (월인석보 23:82)

　　 다. 世尊ㅅ 일 술보리니 萬里 外ㅅ 일-이-시-나 눈에 보논가 너기ᄉᆞᆸ쇼셔 (월인석보 1:1)

'-ᄋ시-'는 '-아/어-'나 '-오/우-'와 결합할 때 '-ᄋ샤-'로 변이된다. 이 때 '-아/어-'와 '-오/우-'는 생략된다.

(10) 가. 出家ᄒ샤[=出家ᄒ-시-어 → 出家ᄒ-샤-어 → 出家ᄒ-샤-

---

2 주체높임어미 '-ᄋ시-'가 용언에 결합하는 순서는, 객체높임어미 '-ᄉᆞᆸ-'보다는 뒤며, 청자높임어미 '-이-'보다는 앞이다. 다음 문장들은 세 높임법이 다 실현되어 있는데, 이러한 결합 순서를 보여 준다.
　　가. 阿難이 다시 술ᄫᅩ딕 大愛道ㅣ 善ᄒᆞᆫ ᄠᅳ디 하시며 부톄 처섬 나거시ᄂᆞᆯ 손소 기르ᄉᆞᆸ시니이다[=기르-ᄉᆞᆸ-ᄋ시-니-이-다] (월인석보 10:19)
　　나. 世尊하 摩耶夫人이 엇던 功德을 닷ᄀᆞ시며 엇던 因緣으로 如來를 나ᄊᆞᄫᅵ시니잇고 [=낳-ᄉᆞᆸ-ᄋ시-니-잇-고] (석보상절 11:24)

øl (석보상절 6:17)

나. 느르샤[=놀-ᄋ시-어→놀-ᄋ샤-어→놀-ᄋ샤-øl] (용비
어천가 1)

다. 놀라샤미[=놀라-시-오-ㅁ-이→놀라-샤-오-ㅁ-이→놀
라-샤-ø-ㅁ-이]] (용비어천가 17)

비록 겉으로 주어가 드러나지 않더라도, 높임의 대상이면 '-ᄋ시-'가
나타난다. 문장 (11)과 같은 관형절 구성에서 그러한데, '分身ᄒ신, 濟渡ᄒ
시ᄂ'의 주체는 수식 받는 말 '地藏菩薩, 사름'으로 높임의 대상이다.

(11) 가. 世界예 잇ᄂ 地獄애 分身ᄒ신[=分身ᄒ-시-ㄴ] 地藏菩薩 (월
인석보 21:30)

나. 부텻 道理로 衆生 濟渡ᄒ시ᄂ[=濟渡ᄒ-시-ᄂ-ㄴ] 사르ᄆᆯ
菩薩이시다 ᄒᄂ니 (월인석보 1:5)

주체높임법은 특정 동사의 대립에 의해서도 실현된다. 문장 (12)는 '잇
댜에 대하여 '겨시다', '먹댜에 대하여 '좌시댜가 각각 주체높임을 실현하
고 있다. 이것은 현대 한국어와 같다.[3]

(12) 가. 太子ㅣ 므슷 罪 겨시-관ᄃᆡ 이리 ᄃ외어시뇨 (석보상절
24:51)

나. 하ᄂᆯ해셔 飮食이 自然히 오나ᄃᆫ 夫人이 좌시-고 (월인석보
2:25)

---

3 다만 현대 한국어에 나타나는 '자다 : 주무시댜의 대립은 15세기 한국어에서는 없다.

높임법은 일반적으로 높여야 할 대상인 청자, 주체, 객체 등에 대해 높임의 의향을 실현하는 것이지만, 그렇지 않고 높여야 할 대상의 신체 부분, 소유물, 생각 등을 나타내는 명사를 통하여 높임의 의향을 실현하기도 한다. 이 때 앞의 것을 직접높임법이라 하고, 뒤의 것을 간접높임법이라고 한다. 주체높임법의 경우, 높임의 대상이 되는 주체와 관계되는 물건이나 일을 주어로 하는 서술어에 '-으시-'가 결합하는데, 이것이 간접높임법이다. 다음 문장 (13)은 모두 간접높임법이 실현된 예이다. '至極ᄒᆞ샤ᄉᆞ', 'ᄀᆞᄐᆞ실씨', 'ᄲᆞᄅᆞ신고'에 '-으시-'가 나타나 '부텻 德', '부텻 뎡바깃쎠'(=정수리뼈), '부텨 滅度ᄒᆞ샴'을 통해 간접적으로 '부텨'를 높이고 있다.

(13) 가. 부텻 德이 至極ᄒᆞ샤-ᄉᆞ (석보상절 6:25)

　　 나. 부텻 뎡바깃쎠 노프샤[=높-ᄋᆞ샤 ᄲᆞᆫ머리 ᄀᆞᄐᆞ실씨 (월인석보 8:34)

　　 다. 부텨 滅度ᄒᆞ샤미 엇데 ᄲᆞᄅᆞ신고[=ᄲᆞᄅᆞ-시-ㄴ-고] ᄒᆞ더니 (법화경언해 1:122)

한편 의존용언 구문에서 주체높임어미 '-으시-'는 의존용언에만 결합하는 것이 일반적이다. (14)에서 보면, 본용언 '듣디, 니ᄅᆞ고져'에는 결합해 있지 않고, 의존용언 '아니ᄒᆞ샨, ᄒᆞ시ᄂᆞ니잇가'에만 결합해 있다.

(14) 가. 우리 父母ㅣ 듣디 아니ᄒᆞ샨[=아니ᄒᆞ-샤-ㄴ] 고ᄃᆞ (석보상절 6:7)

　　 나. 부톄 … 得ᄒᆞ샨 妙法을 이룰 니ᄅᆞ고져 ᄒᆞ-시-ᄂᆞ니잇가 (법화경언해 1:88)

객체높임법　 객체높임법은 화자가 언어내용 가운데 등장하는 객체에

대하여 높임의 의향을 실현하는 문법범주이다. 15세기 한국어에서 객체
높임법은 다른 높임법과 마찬가지로 선어말어미에 의해서 실현되었다.
다음과 같이 '-솝-'에 의하여 실현되었다. 문장 (15)에서 목적어로 나타난
'님금', '부텨'에 대한 높임의 의향을 실현하기 위하여 각각 서술어에 '-솝
-'(=-숩-, -슬-)이 결합해, '돕스바', '請ㅎ스바'로 나타났다.[4]

> (15) 가. 벼슬 노폰 臣下ㅣ 님그믈[=님금-을] 돕스바[=돕-슬-아]
> (석보상절 9:34)
>
> 나. 그 王이 … 부텨를 請ㅎ스바[=請ㅎ-슬-아] (월인석보
> 7:37)

객체는 목적어뿐만 아니라, 부사어로도 등장한다. 다음 문장 (16)은
객체가 목적어로 등장한 경우이고, (17)은 객체가 부사어로 등장한 경우
이다. 이것은 객체높임법의 실현 영역은 넓다는 것을 의미한다.

> (16) 가. (須達이) 世尊 뵈-숩-고져 너겨 (석보상절 6:45)
>
> 나. 우리 훈가짓 百千萬億 世世예 ㅎ마 부텨를 졷ㅈ바[=졷-즐-
> 아] (석보상절 13:45)
>
> (17) 가. 그 大臣이 이 藥 밍ㄱ라 大王의 받ㅈ톨대[=받-즐-온 대]

---

4 객체높임법은 서술어가 동사인 경우에 실현되는 것이 일반적이지만 다음과 같이
형용사와 '이다'에서도 실현된다. 다음에서 '버릇 업숩던'에서 '-숩-'이 쓰인 것은
부처에 대하여 버릇이 없기 때문이고, '請이스 ᄫ니'에서 '-슬-'이 쓰인 것은 부처에
대한 請이기 때문이다.
  가. 大慈悲 世尊ㅅ긔 버릇 업-숩-던 일을 魔王이 뉘으츠니이다 (월인천강지곡
  상 기75)
  나. 七寶 바리예 供養을 담ᄋ샤미 四天王이 請이스 ᄫ니[=請-이-슬-ᄋ니] (월인천강
  지곡 상 기87)

(월인석보 21:218)

나. 世尊하 내 … 如來씌 묻즈ᄫᅥ며[=묻-즙-ᄋᆞ며] (월인석보 21:100)

다. 곧 如來와 ᄀᆞᆮ-즙-ᄂᆞ니라 (능엄경언해 2:45)

라. 우린 다 佛子ㅣ ᄀᆞᆮ즈오니[= ᄀᆞᆮ-ᄌᆞ오-니] (법화경언해 2:227)

'-습-'은 음운 조건에 따라 형태가 다양하게 나타난다. '-습-, -즙-, -ᅀᅳᆸ-, -ᅀᅳᆸ-, -ᅀᅮᆸ-, -ᅀᅳᆸ-' 등이 그것이다. 그 조건은 (18)과 같다. 이것은 객체높임법의 형태가 다양하다는 것을 의미한다.

(18) '-습-'의 결합 조건

　가. 후행 요소가 자음으로 시작할 경우

　　1. ㄱ, ㅂ(ㅍ), ㅅ, ㅎ 뒤에서 : -습- (돕습고)

　　2. ㄷ, ㅌ, ㅈ, ㅊ 뒤에서 　 : -즙- (묻즙더니)

　　3. ㄴ, ㅁ, ㄹ, 모음 뒤에서 　 : -ᅀᅳᆸ- (보ᅀᅳᆸ건댄)

　나. 후행 요소가 모음으로 시작할 경우

　　1. ㄱ, ㅂ(ㅍ), ㅅ, ㅎ 뒤에서 : -ᅀᆞᇦ- (돕ᄉᆞᄫᅡ〉돕ᄉᆞ와)

　　2. ㄷ, ㅌ, ㅈ, ㅊ 뒤에서 　 : -ᄌᆞᇦ- (묻ᄌᆞᄫᅡ니〉묻ᄌᆞ오니)

　　3. ㄴ, ㅁ, ㄹ, 모음 뒤에서 　 : -ᅀᆞᇦ- (보ᅀᆞᄫᅡ라〉보ᅀᆞ오라)

비록 겉으로 객어가 드러나지 않더라도, 객체가 높임의 대상이면 '-습-'이 나타난다. 문장 (19)와 같은 관형절 구성에서 그러한데, '보ᅀᆞᆸᄂᆞ, 듣ᄌᆞᆸᄂᆞ'의 객체는 각각 관형절의 피수식어인 '부텨, 法'으로 높임의 대상이다.

(19) 가. 佛影은 그 窟애 ᄉᆞᄆᆺ 보-ᅀᆞᆸ-ᄂᆞ 부텻 그르메라 (월인석보 7:55)

나. 다시 듣-즙-ᄂᆞᆫ 法 得호ᄆᆞᆯ 깃그니라 (법화경언해 6:127)

객체높임법은 선어말어미 '-ᄉᆞᆸ' 뿐만 아니라, 격조사에 의해서도 실현된다. 다음 문장 (20)에서 '大王', '如來'를 높이기 위하여 '받ᄌᆞᆸ다', '묻ᄌᆞᄫᆞ며'뿐만 아니라, '大王', '如來'에 높임의 조사 '-ᄭᅴ'가 결합해 있다. 이것은 (21)의 격조사 '-ᄃᆞ려'와 대조된다.

(20) 가. 그ᄢᅴ 大臣이 이 藥 밍ᄀᆞ라 大王-ᄭᅴ 받ᄌᆞᆸ대 (월인석보 21:218)

나. 世尊하 내 … 如來-ᄭᅴ 묻ᄌᆞᄫᆞ며 (월인석보 21:100)

(21) 가. 世尊이 ᄯᅩ 文殊師利-ᄃᆞ려 니ᄅᆞ샤ᄃᆡ (석보상절 9:11)

나. 부톄 地藏菩薩-ᄃᆞ려 니ᄅᆞ샤ᄃᆡ (월인석보 21:48)

객체높임법은 특정 동사의 대립에 의해서도 실현된다. 문장 (22)의 '숩다, 엳줍다, 뵈다, 뫼시다' 등이 그러하다. 이는 현대 한국어와 같다.

(22) 가. 道士ᄂᆞᆫ 道理 빈호ᄂᆞᆫ 사ᄅᆞ미니 菩薩ᄋᆞᆯ 술ᄫᆞ니라 (월인석보 1:7)

나. 須達이 깃거 波斯匿王ᄭᅴ 가아 말ᄆᆡ 엳줍고 천량 만히 시러 (석보상절 6:15)

다. 朝ᄂᆞᆫ 아ᄎᆞ미 님금 뵈ᅀᆞᄫᆞᆯ 씨오 (월인석보 2:69)

라. 媄女ㅣ 하ᄂᆞᆳ 기ᄫᅩ로 太子ᄅᆞᆯ ᄭᅴ려 안ᅀᆞᄫᅡ 夫人ᄭᅴ 뫼셔 오니 (월인석보 2:43)

객체높임어미 '-ᄉᆞᆸ' 역시 높임의 대상이 되는 객체와 관계되는 물건이나 일을 객어로 하는 서술어에도 나타나 간접높임법을 실현한다. 다음

문장 (23)은 모두 간접높임법이 실현된 예이다. '짓ᄉᄫᆞ니, 듣ᄌᆞᆸ고, 信受ᄒᆞ
ᅀᅩ리이다'에 '-ᄉᆸ-'이 나타나 '精舍, 부텻 뵈야 ᄀᆞᄅᆞ치샴, 부텻 말'을 통해
간접적으로 각각 '世尊, 부텨'를 높이고 있다.

(23) 가. 내 世尊 위ᄒᆞᅀᄫᅡ 精舍를 ᄒᆞ마 짓ᄉᄫᆞ니[=짓-ᄉᄫ-오-니]
王이 부텨를 請ᄒᆞᅀᄫᆞ쇼셔 (석보상절 6:38)

나. 阿難과 모든 大衆이 부텻 뵈야 ᄀᆞᄅᆞ치샤ᄆᆞᆯ 듣-ᄌᆞᆸ-고 (능엄
경언해 4:75)

다. 우리 반ᄃᆞ기 부텻 마ᄅᆞᆯ 信受ᄒᆞᅀᅩ리이다[=信受ᄒᆞ-ᅀᅩ-
리-이-다] (법화경언해 5:128)

한편 객체높임어미 '-ᄉᆸ-'은 의존용언 구문에서 결합하는 방식이 다양
하다. 부정문 구성 '-디 아니ᄒᆞ/몯ᄒᆞ-'에서는 (24)처럼 세 가지 유형으로
나타나며, 다른 의존용언 구문에서는 (25)와 같이 본용언에 결합한다.

(24) 가. 본용언, 의존용언 모두에 결합
비록 佛法을 맛나ᅀᆞ와도 그 化를 좃-ᄌᆞᆸ-디 아니ᄒᆞ-ᄉᆸ-고
(법화경언해 2:65)

나. 본용언에만 결합
부톄 ᄌᆞ로 니ᄅᆞ샤도 從ᄒᆞ-ᄉᆸ-디 아니ᄒᆞ더니 (석보상절
6:10)

다. 의존용언에만 결합
부텨를 전혀 念티 아니 ᄒᆞᅀᅩ면[=아니ᄒᆞ-ᅀᅩ-면] (능엄
경언해 5:88)

(25) 가. 如來ᄭᅴ 어셔 가ᅀᄫᅡᅀᅡ[=가-ᅀᆞᆯ-아] ᄒᆞ리로다 (석보상절
23:40)

나. 당다이 이런 希有혼 相을 보슨바[=보-슬-아] 잇느니 (석보
상절 13:15)

청자높임법　청자높임법은 화자가 청자에 대하여 높임의 의향을 실현하
는 문법범주이다. 15세기 한국어의 청자높임법의 실현도 다른 높임법과
마찬가지로 선어말어미에 의하여 실현되었다. 다음 문장 (26)은 부처와
그 아우(難陀)의 대화인데(월인석보 7:10-11), 부처가 아우에게 한 말에는
'-으이-'가 없으나, 아우가 부처에게 한 말에는 '-으이-'가 나타났다. 이와
같이 청자높임법은 '-으이-'로 실현되었다.

(26) 부처 : 네 겨집 그려 가던다
    아우 : 實엔 그리ᄒᆞ야 가다-이-다
    부처 : 네 겨지비 고ᄫᅵ니여
    아우 : 고ᄫᅵ니-이-다
    부처 : 네 겨지븨 양지 이 獼猴와 엇더뇨
    아우 : 내 겨지븨 고보미 사륦 中에도 ᄲᅡᆨ 업스니 부톄 獼猴의그
        에 가줄비-시-ᄂᆞ-니-잇-고

현대 한국어와 같이 15세기 한국어에도 청자높임법은 높임의 정도에
따라 몇 가지 등급으로 분화되어 있다. 15세기 한국어의 청자높임의 등급
은 크게 [높임]과 [안높임]으로 나뉘는데, 높임은 다시 [높임]과 [약간높임]
으로 나뉜다. '-으이-'가 [높임]의 등급이고, 'ᄒᆞᄂᆞᆼ다'(서술법), 'ᄒᆞ노닛
가'(의문법)로 나타난 경우가 [약간높임]인데, 이는 [높임]보다는 높임의
의향이 약간 낮다. 다음은 수달(須達)과 호미(護彌)의 대화인데(석보상절
6:16-19), 수달과 호미는 상층인들로서 모두 대신이고 부자이며 또 사돈
관계까지 맺어서 그들은 서로 대등한 위치로 서로 존중하면서도 또 지나

치게 높이는 것을 삼가하여 자신의 존엄을 지키려는 관계이다(허웅 1975:668-669, 염광호 1998:65-71 참조).

> (27) 수달 : 大臣을 請ᄒ야 이바도려 <u>ᄒ노닛가</u>
>   호미 : 그리 <u>아닝다</u>
>   수달 : 엇뎨 부톄라 <u>ᄒᄂ닛가</u> 그 ᄠ들 닐어쎠
>   호미 : 그듸는 아니 <u>듣ᄌᄫᆡ더시닛가</u> … 三世옛 이를 아ᄅ실ᄊᆡ
>   부톄시다 <u>ᄒᄂ닝다</u>

이렇게 보면 15세기 한국어의 청자높임 등급은 셋으로 나뉘는데, [높임](-으이-), [약간높임](-ㅇ-), [안높임](-ø-)이 그것이다. 다음 (28),(29)는 각각 서술법과 의문법의 청자높임 세 등급의 예이다.

> (28) 가. 太子를 하ᄂᆲ히 ᄀᆯᄒ샤 兄ㄱ ᄠ디 일어시ᄂᆞᆯ 聖孫을 내시니이
>   다[=내-시-니-이-대 (용비어천가 8)
>   나. 三世옛 이를 아ᄅ실ᄊᆡ 부톄시다 ᄒᄂ닝다[=ᄒ-ᄂ-니-ㅇ-
>   대 (석보상절 6:18)
>   다. 내 혜여호니 이제 世尊이 … 큰 法義를 펴려 ᄒ시ᄂ다[=ᄒ-
>   시-ᄂ-ø-대 (석보상절 13:26)
> (29) 가. 내 이젯 몸과 ᄆᆞᅀᆞᆷ과ᄂᆞᆫ ᄯᅩ 이 엇던 物이잇고[=物-이-잇-
>   괴 (능엄경언해 2:45)
>   나. 그딋 아바니미 잇ᄂ닛가[=잇-ᄂ-니-ㅅ-개 (석보상절 6:14)
>   다. 늚 줈 ᄠ디 이실ᄊᆡ 가져가니 엇뎨 잡ᄂᆫ다[=잡-ᄂ-ᄂ-ø-
>   대 (월인석보 2:13)

그런데 명령법의 청자높임은 선어말어미 '-으이-'에 의지하지 않고, 명

령어미에 의해서 실현한다. 명령어미 '-으라', '-어쎠', '-으쇼셔'가 그러하다. '-으라(-고라, -고려)'가 [안높임]의 등급이고, '-어쎠'가 [약간높임]의 등급이며, '-으쇼셔'가 [높임]의 등급이다. (30다)의 '님금-하에 나타난 호격조사 '-하'도 청자높임을 실현한다.

(30) 가. 첫소리를 어울워 뽊 디면 굴밦쓰-라 (훈민정음-언해 12)
    나. 엇뎨 부톄라 ᄒᆞᄂᆞ닛가 그 ᄠᅳ들 닐-어쎠 (석보상절 6:16)
    다. 님금-하 아ᄅᆞ쇼셔[=알-ᄋᆞ쇼셔] (용비어천가 125)

한편 청유법의 청자높임은 두 등급으로만 실현되는데, 청유어미 '-져, -져라'가 [안높임]의 등급이고, '-사-이-'가 [높임]의 등급이다.

(31) 가. 우리 이제 안죽 出家 말오 지븨 닐굽 ᄒᆡ를 이셔 五欲을 ᄆᆞᅀᆞᆷ
     ᄀᆞ장 펴 後에ᅀᅡ 出家ᄒᆞ-져 (월인석보 7:1)
    나. 淨土애 ᄒᆞᆫ틱 가 나-사-이-다 (월인석보 8:100)

이와 같이 15세기 한국어의 청자높임법은 선어말어미와 일부 문장종결어미에 의하여 실현된다. 이를 문장종결별로 살펴보면 다음과 같다.

(32) 15세기 한국어의 청자높임법

	서술법	의문법	명령법	청유법
높임	-으이-	-으잇-	-으쇼셔	-사-이-
약간높임	-ᅌ-	-ㅅ-	-어쎠	
안높임	-ø-	-ø-	-으라	-져,-져라

높임법의 겹침 청자높임법, 주체높임법, 객체높임법이 함께 겹쳐 실현

될 수 있다. 화자가 높임의 의향을 가지는 대상에 따른 것이다. 다음 문장 (33)에서 (가)는 주체-청자, (나)는 객체-청자, (다)는 객체-주체, (라)는 객체-주체-청자 높임이 함께 실현되어 있다.

(33) 가. 世尊이 ᄒᆞᄅ 몃里를 녀-시-ᄂᆞ-니-잇-고 (석보상절 6:23)
　　나. 大王하 나도 如來 겨신 ᄃᆡ를 모ᄅᆞᅀᆞᆸ이다[=모ᄅᆞ-ᅀᆞᆸ-ᄋᆡ이-다] (월인석보 21:192)
　　다. 文殊ㅣ 摩耶의 請ᄒᆞᅀᆞᄫᅡᄃᆡ[=請ᄒᆞ-ᅀᆞᆸ-ᄋᆞ샤-ᄃᆡ]] (월인석보 21:1)
　　라. 阿難이 다시 ᄉᆞᆲᄫᅩᄃᆡ 大愛道ㅣ 善ᄒᆞᆫ 뜨디 하시며 부톄 처섬 나거시ᄂᆞᆯ 손소 기르ᅀᆞᄫᆞ시니이다[=기르-ᅀᆞᆸ-ᄋᆞ시-니-이-다] (월인석보 10:19)

그 밖의 높임 표현　15세기 한국어에서 높임법은 주로 선어말어미에 의해 실현됨을 살펴보았다. 그리고 격조사에 의해서(객체높임의 부사격 조사 '-ᄭᅴ', 청자높임의 호격조사 '-하')[5], 문장종결어미(명령법과 청유법의 청자높임)에 의해서, 또는 특정 동사의 대립(주체높임동사, 객체높임동사)에 의해서 실현될 수 있음도 살펴보았다.

명사, 대명사, 파생접미사 등에 의해서도 높임의 의향을 실현하기도 한다. '진지, 뫼'는 '밥'에 대한 높임명사이고, '그듸, ᄌᆞ걔'는 '너, 저'에 대한 높임대명사이다.[6], '스승님, 믈ᅌᅡ다님'의 '-님'은 높임의 접미사이다.

---

5 '-ㅅ'은 관형사격조사로서 높임의 유정명사에 결합하여 유정물의 높임을 실현한다. '부텻 法 즐ᄌᆞᄫᆞᆫ 德, 부텻 功德을 듣줍고, 英主ㅿ 알픽'. 관형사격조사 '-ㅅ'에 대해서는 제11장 11.2. 참조.
6 다음 예에서 보면, '그듸'는 '잇ᄂᆞ닛가'에 호응하고, 'ᄌᆞ걔'는 '다히시고'에 호응하고 있어 높임대명사임을 확인할 수 있다.

4.3. 높임법의 변화

높임법의 세 하위범주 가운데 주체높임법은 큰 변화 없이 현대 한국어에 이르렀다. 객체높임법은 '-습-'이 기능이 변화하면서 소멸하였으며, 청자높임법은 체계가 다원화되었다.[7] 이제 이러한 높임법의 변화를 하나씩 하나씩 살펴보자.

4.3.1. 주체높임법의 변화

주체높임법의 변화　15세기 한국어 이래 주체높임법은 큰 변화 없이 현대 한국어에 이르렀다. 현대 한국어에서, 15세기 한국어처럼 선어말어미로 높임법을 실현하는 유일한 경우가 주체높임법이다. 따라서 현대 한국어에서 주체높임법은 15세기 한국어와 같이 '-으시-'와 '-ø-'의 대립으로 [높임]과 [안높임]을 실현한다. 다만 다음과 같은 몇 가지 변화를 살펴볼 수 있다.

15세기 한국어에서 '-으시-'와 '-으샤-' 두 형태로 실현되던 것이 '-으시-'로 형태가 통일되어 현대 한국어에 이르렀다. 다음 16세기, 17세기 자료를 보면, '-어/아' 그리고 '-ㅁ' 앞에서 '-으샤-'는 소멸하였다.

　　가. 그딋 아바니미 잇ᄂ닛가 (석보상절 6:14)
　　나. 淨班王이 깃ᄀ샤 부텻 소늘 손소 자ᄇ샤 조갯 가ᄉ매 다히시고 (월인석보 10:9)
　　1인칭 대명사 '나'에 대한 '저'는 15세기 한국어에서 나타나지 않는다. 다음 문장은 현대 한국어라면 '저'로 표현될 것이다.
　　다. 大王하 엇더 나를 모ᄅ시ᄂ니잇고 (월인석보 8:92)
7 높임법의 변화 방향에 대해서는 허웅(1981, 1983)을 비롯하여, 윤용선(2006), 김태우 (2018) 등 참조. 높임법의 변화 방향에 대해서는 한결같이 (1) '-습-'의 기능 변화, (2) 청자높임법 등급의 다원화에 주목하였다.

(34) 가. 16세기

父母ㅣ … 깃거ᄒᆞ셔든[=깃거ᄒᆞ-시-어-든] 다시 諫홀디니라 (소학언해 2:21)

나. 17세기[8]

ᄆᆞᄋᆞᆷ 브티시믈[=브티-시-ㅁ-을] 미더 (첩해신어 1:4)

극진ᄒᆞ시믈[=극진ᄒᆞ-시-ㅁ-을] 미더 (첩해신어 1:5)

太守 드르셔도[=들-으시-어도] 過分타 ᄒᆞ셔[=ᄒᆞ-시-어] (첩해신어 7:5)

그리 아ᄅᆞ셔[=알-ᄋᆞ시-어] 죵용히 ᄒᆞ쇼셔 (첩해신어 8:10)

17세기에 이르면 객체높임어미 '-ᄉᆞᆸ-'의 기능이 약화되면서 이것이 '-으시-'에 결합하여 주체를 더욱 높이는 표현으로 사용된다.[9] 문장 (35)는 '-ᄉᆞᆸ-시-'[=-ᄉᆞ오-시-, -ᄋᆞᆸ-시-]의 예이고, (36)은 '-시-ᄉᆞᆸ-'[=-시-ᄋᆞᆸ-]의 예이다.

(35) 가. 그 후의 영정대왕 업-ᄉᆞ오-시-니 삼년을 쥭만 머그니라 (동국신속삼강행실도-효자 3:82)

나. 여가 잇거든 에보와 못 오-ᄋᆞᆸ-시-리잇가 (편지글 127:현

8 궁중 언어를 반영한 17세기 자료 《인조대왕행장》(1688년)에는 '-으샤-'가 쓰인 예가 보인다.

가. 대비 ᄀᆞᆯᄋᆞ샤ᄃᆡ (인조대왕행장 5)

나. 근졀이 간ᄒᆞ샤 (인조대왕행장 13)

다. 샹이 감히 어그롯디 못ᄒᆞ샤 (인조대왕행장 15)

라. 샹이 ᄡᅥ ᄒᆞ샤되 (인조대왕행장 54)

9 김정수(1984)에서 이를 덧높임이라는 개념으로 해석한 바 있는데, 이미 있는 높임법 형태에 다른 형태를 덧붙임으로써 높임의 정도를 조금 더 높이는 효과를 빚어내는 것이라 하였다. '-ᄉᆞᆸ-'에 의한, 주체높임법의 덧높임과 청자높임법의 덧높임을 제시하였다.

종,1660년이후)

다. 自由히 너기옵신가[=너기-옵-시-ㄴ-개 민망ᄒᆞ여이다 (첩
　　해신어 3:9)

라. 의 므스 일이옵관듸 이대도록 어렵사리 니ᄅᆞ-옵-시-ᄂᆞᆫ고
　　(첩해신어 5:21)

(36) 가. 쏘 회례라 일홈 지어 므스 일을 ᄒᆞ려 ᄒᆞ-시-옵-ᄂᆞᆫ고 (첩해
　　　신어 9:8)

나. 正官은 어듸 겨시온고[=겨시-오-ㄴ-괴 (첩해신어 1:15)

　한편 현대 한국어에 나타나는 주체높임의 격조사 '-께서, -께옵서'는
15세기 한국어에는 아직 존재하지 않았다. 이들은 17세기에 생성되어 현
대 한국어에 이르렀다(홍윤표 1985:87-). '-께서, -께옵서'는 '-끠-셔, -겨
셔, -겨오셔'에서 발달한 것으로 본다.

(37) 가. 大坂留守 아므가히 아므가히 兩人-끠셔 예셔 四五日이나
　　　무그셔 쉬여 出船ᄒᆞ실 양으로 大君끠셔 닐러 왓다 ᄒᆞ고 (첩
　　　해신어 8:9)

나. 東萊-겨셔-도 어제는 일긔 사오나온듸 언머 슈고로이 건
　　너시도다 념녀ᄒᆞ시고 問安ᄒᆞ옵시데 (첩해신어 1:21)

4.3.2. 객체높임법의 소멸

객체높임법의 소멸　앞에서 살펴본 바와 같이 음운 조건에 따라 객체높
임어미 '-습-'은 그 형태가 다양하게 변이하여 한 범주를 실현하기에 적당
하지 않은 데다가, 또 객체의 실현 영역도 넓어 목적어, 부사어 등에 걸쳐
있어 객체라는 개념을 정의하기도 매우 어렵게 되었다. 이런 까닭으로

17세기 이후에는 점차 '-습-'의 기능이 불분명하게 되어, 주체높임법을 실현하는 데에도 나타나고, 청자높임법을 실현하는 데에도 나타나게 되었다. 즉, 객체의 개념이 모호해지면서 '-습-'은 본래 기능을 잃고, 그 흔적을 다른 높임법으로 넘겨 주게 되었다.[10]

17세기 한국어를 반영하는 《인조대왕행장》(1688년)에서 '-습-'이 다음과 같은 세 가지 기능을 하고 있음을 볼 수 있다(허웅 1981 참조). 다음 문장에서 '-ᄌᆞ오-, -ᄉᆞ오-, -오-'로 나타난 '-습-'이 문장 (38)에서는 객체높임법을, (39)에서는 주체높임법을, (40)에서는 청자높임법을 실현한다.

(38) 가. 제궁이 대가를 좃ᄌᆞ와[=좃-ᄌᆞ오-아] (인조대왕행장 1)
    나. 내 일즙 엄친을 일-습-고 다만 편모만 밋ᄌᆞ와더니[=밋-ᄌᆞ와-더-니] (인조대왕행장 8)

(39) 가. 혼궁의 가오셔 곡님ᄒᆞ려 ᄒᆞ오시거늘[=ᄒᆞ-오-시-거-늘] (인조대왕행장 9)
    나. 샹이 하늘히 삼기신 텬직 만ᄉᆞ오샤[=만-ᄉᆞ오-샤] (인조대왕행장 51)

(40) 가. 대비 명ᄒᆞ야 드-오-쇼셔 ᄒᆞ고 (인조대왕행장 5)
    나. 대비 그치-오-쇼셔 ᄒᆞ여 (인조대왕행장 5)

이러한 변화는 이미 16세기부터 나타난다.[11] 다음 (41)의 '-습-'은 청자

---

10 이를 윤용선(2006)에서는 '-습-'의 기능 변화로 보고서, 객체의 모호성이 청자로 정착되는 과정, 구조내적인 불안정성을 극복하여 효율적인 문법 체계를 지향하는 변화라고 규정하였다. 김태우(2018)은 객체높임의 '-습-'이 청자높임의 기능을 획득한 시기와 변화 기제를 밝히는 연구로서, 청자높임의 '-습-'의 발달 초기 단계에 보이는 여러 통사 제약에서 '-습-'의 기능 변화의 원인을 찾고, 나아가서 청자높임 '-습-'에 의해 한국어 청자높임법 체계가 재편되었다고 하였다.

11 김태우(2018:72-)에서는 '-습-'은 이미 16세기 초기에 청자높임 용법이 확립되어 있었던

높임법을 실현하고 있다. 오히려 객체높임의 대상임에도 불구하고 (42)에는 '-숩-'이 나타나 있지 않았다(이현규 1985).

(41) 가. 동싱님네씌 대되 요亽이 엇디 계신고 긔별 몰라 분별ᄒᆞ-ᄋᆞᆸ-뇌 우리는 대되 무사히 뫼니와 인뇌 (순천김씨묘편지글 53)

나. 문안ᄒᆞᄋᆞᆸ고 요亽이는 엇디ᄒᆞ신고 온 후의는 긔별 몰라ᄒᆞ-ᄋᆞᆸ-뇌이다 … 약 갑슨 술와건마는 보내신디 몰라 ᄒᆞ-ᄋᆞᆸ-뇌 (순천김씨묘편지글 191)

(42) 가. 남진 겨집븨 화동호미 집븨 됴홀 쑨 아니라 진실로 어버싀 ᄆᆞᄉᆞ믈 깃길거시로다 (정속언해 6)

나. 효도홈으로뻐 님금을 셤기면 튱셩이오 (소학언해 2:31)

17세기 한국어에도 객체높임의 대상인 경우, (43)처럼 '-숩-'이 나타나기도 하고, (44)처럼 나타나지 않기도 한다.

(43) 가. 祠版을 納ᄒᆞ-ᄋᆞᆸ-고 나와서 올디니라 (가례언해 1:28)

나. 월망의는 음食을 빅設티 아니ᄒᆞ며 祠版을 내-ᄋᆞᆸ-디 아니ᄒᆞ고 (가례언해 1:28)

다. 초ᄒᆞᄅᆞ 보름의 반ᄃᆞ시 무덤의 가 뵈-ᄋᆞᆸ-고 쓰레질 ᄒᆞ더라 (동국신속삼강행실도-열녀 2:66)

것으로 보았다. 다만 이 시기의 청자높임의 '-숩-'은 17세기 이후의 청자높임의 '-숩-'과는 문법 성격에 차이가 있었다고 보았다. 화계 제약으로, 청자높임의 '-숩-'은 'ᄒᆞᄂᆞ다' 체의 문장에서 나타나지 않는다. 인칭 제약으로, 청자높임의 '-숩-'이 사용된 서술어의 주어는 2인칭이 아니다. 어미 제약으로, 청자높임의 '-숩-'은 종결어미 앞에서 나타나지 않는다. 시간이 지나면서 이러한 제약들은 점차 느슨해져 17세기에 들어서면 화계 제약을 제외한 모든 제약이 소멸한다.

라. 손가락을 버혀 약의 ⾎ 뼈 받-ᄌ�--니 됴ᄒᄆᆯ 엇다 (동국
신속삼강행실도-효자 5:68)

(44) 가. 葬을 行ᄒᆯ 제ᄂᆫ 다시 반ᄃ시 신主ᄅᆯ 내디 아니ᄒᆯ 거시어니
와 (가례언해 10:47)

나. 새볘 어올ᄆᆡ 반ᄃ시 ᄉ당의 가 뵈고 츌입에 반ᄃ시 고ᄒᄃᆞ
라 (동국신속삼강행실도-효자 6:21)

17세기 자료 《첩해신어》(1676년)에서도, (45)와 같이 '-습-'이 객체높임
법을 실현하는 예가 있는가 하면, (46)과 같이 청자높임법을 실현하는
예가 있다.

(45) 가. 正官은 셤으로셔 올 적브터 東萊 극진ᄒ시믈 듣-ᄌᆸ-고 언
제 건너가 말ᄉᆷᄒ올고 너기�더니 (첩해신어 2:4)

나. 그 ᄢᅵᄂᆫ 병이 됴ᄒᆯ 일도 잇ᄉ올[=잇-ᄉ오-리] ᄭᅥ시니, 아니
뵈오링잇가 (첩해신어 2:5)

다. 終日 아름다온 御離談 듯-ᄌᆸ-고 ᄌᆞᄆᆺ 거륵ᄒᆫ 술을 ᄒ고
(첩해신어 6:5)

(46) 가. 東萊 니르심은 … 다 無事히 渡海ᄒ시니 아름답다 니르시-
�-니 (첩해신어 2:1)

나. 먹기ᄅᆞᆯ 과히 혓-ᄉ오-니 그만ᄒ야 마ᄅᆞ쇼셔 (첩해신어
2:6)

다. ᄇᄃᆡ 거스르디 말고 아래 사름들의게나 주실 양으로 ᄒ-으
-쇼셔 (첩해신어 8:2)

이렇게 하여 '-습-'과 다양한 변이형들(-ᄉ오-, -ᄌ오-, -으오-, -오오-,
-오-)은 점차 청자높임법을 실현하는 기능으로 바뀌었으며, 객체높임어

미 '-숩-'은 소멸하게 되었다.

'-숩-'과 다양한 변이형들이 주로 청자높임을 실현하는 기능으로 변화한 것은, 높임의 대상 가운데 가장 현실성이 강한 청자높임법을 보강하려는 의식에서 일어난 것으로 보인다(허웅 1983, 김정수 1984, 서정목 1994). 특히 청자와 객체가 같은 사람인 문맥에서부터 이러한 변화가 일어난 것이다.[12]

이러한 변화의 결과, 현대 한국어의 객체높임법은 더 이상 일정한 문법 형태에 의해 실현되지 않고, 높임의 격조사 '-께'와, 객체높임동사 '드리다, 모시다, 여쭈다' 등에 의해 실현될 뿐이다.

4.3.3. 청자높임법의 강화

청자높임법은 청자높임을 강화하고 높임의 등급을 다변화하는 변화를 수행하였다.[13]

청자높임법의 강화 청자높임어미 '-으이-'(= -으잇-)는 16세기 문헌에서부터 '-으이-'(= -으잇-)로 나타나기 시작하여 두 형태가 공존한다.

  (47) 가. 고렷 싸호로 가노-이-다 (번역박통사 상 8)
      나. 날회여 말호리-이-다 (번역박통사 상 59)

---

12 청자높임 '-숩-'의 발생 동기를 김태우(2018:제4장)에서는 '화자의 표현론적 전용'으로 풀이하였다. 표현론적 전용이란 화자가 언어생활을 하는 데 있어 표현의 필요성을 감지하였을 때 현재 자신이 사용할 수 있는 언어 요소 중 그 기능에 완벽히 부합하지 않더라도 기능적 유사성이나 인접성을 가진 요소를 부분적으로 이용하여 표현적 필요성을 충당하는 언어 행위를 의미한다.

13 청자높임법 변화에 대한 다양한 연구는 남미정(2011), 이승희(2007), 양영희(2000), 황문환(2002) 등 참조.

(48) 가. 령공하 왕오 왓ᄂ-이-다 (번역박통사 상 59)

　　나. 싱심이나 그러ᄒ리-잇-가 (번역박통사 상 58)

그러나 17세기에 이르러서는 '-ㅇ이-'(=-ㅇ잇-)을 거쳐 '-으이-'(=-으
잇-)으로 굳어진다.

(49) 가. 御慇懃ᄒ신 말ᄉᆞᆷ 겻티 도로혀 붓그럽ᄉ왕이다[=붓그럽-ᄉ
　　　　와-ㅇ이-다] (첩해신어 6:10)

　　나. 엇디 얼현히 ᄒ링잇가 (첩해신어 5:22)

(50) 가. 自由히 너기ᅌᅳᆸ신가 민망ᄒ여이다 (첩해신어 3:9)

　　나. 싱심이나 어이 남기고 머그리잇가 (첩해신어 3:11)

이렇게 보면 '-으이-'는 이미 16세기부터 불안정하기 시작하여, 17세기
에 이르러서는 '-으이-'가 자주 생략되면서 그 기능도 약화되게 되었다.
이것은 청자높임법 실현의 변화를 예고하는 것이다. 청자는 항상 화자의
눈 앞에 있기 때문에 청자높임법은 다른 어떤 높임법보다 현실성이 강하
다. 따라서 형태가 불안정해지고 기능이 약화되는 것을 그대로 둘 수 없게
된다. 여기서 청자높임법의 수단을 강화할 필요가 있게 되었는데, 그 결과
청자높임법의 실현은 다른 데에 의지하려는 경향이 일어나게 되었다. 바
로 여기에 관여하게 된 것이 객체높임어미 '-ᄉᆞᆸ-'이다(허웅 1983:450-).
이 때 '-ᄉᆞᆸ-'이 주체높임을 더 높이는 데에도 나타나기는 했지만, 주체높임
법의 '-으시-'는 확고한 형태를 유지하고 있었기 때문에 더 강화할 필요가
절실치 않았다. 그래서 '-ᄉᆞᆸ-'은 주로 청자높임법 강화에 관여한 것으로
보인다. 이러한 결과, 17세기 한국어에는 청자높임법을 실현하는 형태가
첫째, '-으이-' 둘째, '-ᄉᆞᆸ-' 셋째, '-ᄉᆞᆸ- ~ -으이-'와 같은 세 가지 유형으로
공존하게 되었다. 다음은 《첩해신어》(1676년)에 나타난 각각의 예이다.[14]

(51) 가. 自由히 너기웁신가 민망ᄒ여-이-다 (첩해신어 3:9)

　　　나. 엇디 얼현히 ᄒ링잇가 (첩해신어 5:22)

　　　다. 싱심이나 어이 남기고 머그리잇가 (첩해신어 3:11)

(52) 가. 므슴 빗 어이ᄒ여 ᄲᅥ뎔-습-ᄂ-고 (첩해신어 1:11)

　　　나. 수이홀 양으로 ᄒ웁소 (첩해신어 1:26)

　　　다. 나ᄂ 所任으로 왓습거니와 처음이웁고 (첩해신어 1:3)

(53) 가. 하 젓소이 너기ᄋ와 다 먹-습-ᄂ-이-다 (첩해신어 2:7)

　　　나. 病이 더 重홀까 너기웁닝이다 (첩해신어 2:5)

　　　다. 예셔 죽ᄉ와도 먹ᄉ오리이다 (첩해신어 2:5)

　이렇게 하여 '-습-'과 그 다양한 변이형들은 점차 청자높임법을 실현하는 기능으로 바뀌었다. 기능이 약화된 객체높임어미 '-습-'과 그 다양한 변이형들이 주로 청자높임법을 실현하는 기능으로 변화한 것은 청자높임법이 높임법의 다른 어떤 것보다 현실성이 강한 데서 기인한 것이라 하겠다.

　그런데 위의 셋째 유형은 첫째나 둘째 유형보다는 청자높임의 정도를 더해 준다. 이러한 형태는 근대 한국어 후기에 '-습니다' 형태로 발전하게 된다(제3장 3.4. 참조).

청자높임법 등급의 분화　15세기 한국어의 청자높임법에는 세 등급이 있었다. 근대 한국어에서도 세 등급이 유지되었다. 15세기의 [약간높임] 형태인 '-ᅌᅵ-, -ㅅ-'이 소멸하고, 새로운 중간 등급이 형성되어 다시 세 등급을 형성한 것이다. 서술법, 청유법은 '-으이-'를 포함한 '-ᄂ(-데, -외, -쇠)'와 '-새', 의문법은 '-은가/고', 명령법은 '-오', '-소'가 중간 등급으로 나타났다.

---

14 앞에서 살펴본 문장 (41)과 같이, 16세기에 이미 '-습-'은 청자높임법 기능을 수행하였다.

18세기 이후에는 중간 등급이 다시 둘로 분화되었다(이기갑 1978, 서정목 1994). '-으오'와 '-네'가 그 둘이다. 이로써 청자높임법은 '-습니다, -으오, -네, -다'와 같은 네 등급 체계가 형성되어, 현대 한국어에 이르렀다.

한편 청자높임을 실현하던 높임의 호격조사 '-하'는 18세기 초기부터 소멸되기 시작하여 현대 한국어에는 나타나지 않는다(홍윤표 1985:83)

(54) 가. 하늘-아 하늘-아 左右 l 아 뎌 婦人이 므서슬 솖ᄒᆞᄂᆞ뇨 (오류전비언해 1:45)

나. 先生-아 내 니를 여러 니름을 기드리쇼셔 (오류전비언해 1:27)

'-어'와 '-어-요'의 등장　제3장에서 이미 살펴보았듯이, 19세기에 이르러 '-어'로 끝난 문장이 각 문장종결법에 두루 나타나게 되었다. 18세기에 '-지'(또는 '-제')로 끝난 문장이 보이기는 하지만, 두루 나타난 것은 (55)와 같은 19세기 후기의 고대소설 자료에서이다(서정목 1994). 이들 형태는 접속문 구성의 후행절이 절단된 형식에서 발달한 것이다.

(55) 가. 무엇이 북그러워[= 북그러우-어]

나. 어디 갓다 인제 와[=오-아]

다. 제 아히 일쇠이-제 … 그 아히 미우 어여쁘-제 … 저러흔 어여쁜 아히보고 돈 두푼도 주엇-제

여기에 다시 '-요'가 결합하여 높임의 등급을 형성해서, '-어-요'와 '-어'로 대립하여 현대 한국어에 이른다.[15] 위에서 제시한 '-습니다, -으오, -네,

---

15 '-요'의 기원에 대해서는 아직 분명하게 밝혀진 바 없지만, 서정목(1994)에서는 '-으오'체

-다'가 격식체라면, '-어-요, -어' 형식은 비격식체이다.

지금까지의 논의를 바탕으로 하면, 청자높임법은 15세기 한국어에서 선어말어미 '-으이-'로 실현되다가, 현대 한국어에 이르러서는 문장종결어미에 의해, 즉 '-습니다, -으오, -네, -다'와 그리고 '-어-요, -어'로 등급이 분화, 실현된다고 할 수 있다.[16]

4.3.4. 현대 한국어의 청자높임법 강화와 '-으시-'

현대의 청자높임법 강화 언어내용의 표현과 이해를 위해 필요한 상황이면 인간은 언어 변화를 통해 새로운 의사소통의 도구를 만든다. 기존에 있던 것을 활용하기도 하고 전혀 새로운 것을 만들기도 한다.[17]

최근 현대 한국어 높임법에서 청자높임을 강화하려는 변화가 보인다. 청자를 높여야 하는 상황에서 기존의 문법 장치로는 부족하다고 느낄

에서 그 연원을 찾으려 하였다. 이에 대한 구체적인 논의는 김용경(1997), 고광모(2000) 등 참조.

16 윤용선(2006)에서 청자높임법 체계는 이원적 체계에서 다원적 체계로 분화되었다고 풀이하였다. '-이-'의 약화, '-습-'의 기능 변화, 중간 등급 형태의 출현으로 다원화되었는데, 청자높임법은 다른 높임법과는 달리 화용적 상황이 직접 반영되기 쉬워 다원적 체계로 변화할 수 있었다고 보았다. 김태우(2018:제5장)에서는 '-습-'이 약 4세기에 걸쳐 서서히 청자높임 체계로 편입해 들어옴으로써 한국어의 청자높임 체계를 다음 표와 같이 '-으이-'의 유무 대립 체계에서 '-습-'의 유무 대립 체계로 재편된 것으로 풀이하였다.

	15세기~		19세기~	
높임	(-으이-)	ᄒᆞᄂᆞ이다 ᄒᆞᆼ다	(-습-)	합니다 해요 하오
안높임	(-∅-)	ᄒᆞᄂᆞ다	(-∅-)	하네 한다 해

17 앞서 각주 12)에서 밝힌 바와 같이, 김태우(2018:제4장)에서는 이와 같은 현상을 '화자의 표현론적 전용'으로 풀이한 바 있다.

때 기존에 있던 다른 문법 장치를 활용하려는 변화이다. 그런데 이러한 청자높임의 강화라는 변화는 이미 근대 한국어 시기에 경험한 바 있다. 앞서 4.3.에서 살펴본 객체높임법이 소멸하고 청자높임법을 강화하는 변화가 그것이다. 객체높임의 '-습-'은 17세기 이후에는 점차 '-습-'의 기능이 불분명하게 되어, 주체높임법을 실현하는 데에도 나타나고, 청자높임법을 실현하는 데에도 나타나게 되었다. 객체의 개념이 모호해지면서 '-습-'은 본래 기능을 잃고, 그 흔적을 다른 높임법으로 넘겨주게 되었다. 이렇게 하여 '-습-'이 주로 청자높임을 실현하는 기능으로 변화한 것은, 높임의 대상 가운데 가장 현실성이 강한 청자높임법을 보강하려는 의식에서 일어난 것이다. '-으이-'는 이미 16세기부터 불안정하기 시작하여 17세기에 이르러서는 '-으이-'가 자주 생략되면서 그 기능도 약화되게 되었다. 이것은 청자높임법 실현의 변화를 예고하는 것이다. 청자는 항상 화자의 눈앞에 있기 때문에 청자높임법은 다른 높임법보다 현실성이 강하다. 따라서 형태가 불안정해지고 기능이 약화되는 것을 그대로 둘 수 없게 된다. 여기서 청자높임법의 수단을 강화할 필요가 있게 되었는데, 그 결과 청자높임법의 실현은 다른 데에 의지하려는 경향이 일어나게 되었다. 화자가 어떤 표현의 필요성을 감지하였을 때 현재 자신이 사용할 수 있는 언어요소 가운데 그 기능에 완벽히 부합하지 않더라도 기능이 비슷하거나 이웃하는 요소를 활용하여 그 필요성을 충당하는 것이다. 바로 여기에 관여하게 된 것이 객체높임의 선어말어미 '-습-'이다. 그 결과 '-습-ᄂᆞ-이-다, -ᄋᆞᆸ닝이다' 등은 현대 한국어에서 청자를 가장 높이는 어말어미인 '-습니다'로 발전하였다.

'-으시-'와 청자높임법   다음 문장에서 보는 바와 같이, 사람이 아닌, 사물이 주어인 서술어에 주체높임의 선어말어미 '-으시-'를 남용한다. 최근 사회적으로 널리 퍼져나가는 이와 같은 표현, 즉 사람이 아닌 사물인 상품, 상품의 가격 등을 높이는 표현이 그 예다(김은혜 2016, 목정수 2017

참조).[18]

(56) (판매사원이 청자인 손님에게)

　　결제 도와 드릴게요. 모두 만 오천 원이세요.

(57) (판매사원이 청자인 손님에게)

　　바로 이 블라우스가 방금 신상품으로 나오신 거예요.

　물론 현대 한국어의 규범문법, 교육문법에서는 이를 허용하지 않는다. 그래서 바른말 쓰기인 언어 순화의 측면에서 이런 표현을 쓰지 못하게 교육하고 있다. 학교, 방송, 언어정책기관, 시민단체 등에서 바로잡으려고 무던히 교육에 힘쓰고 있다. 물론 당연히 그렇게 교육해야 할 것이다. 그러나 표현을 강화하기 위한 필요성에 의해서 언어 변화가 일어나는 것을 인위적으로 막기란 쉽지 않다. 언어 현장에서 이러한 변화의 속도는 바른말 쓰기 교육의 속도를 훨씬 앞서가고 있기 때문이다. 이러한 언어 사용은 앞으로의 언어 변화를 예고한다. 비록 지금 단계에서는 규범이 아니지만 이러한 변이가 쌓이고 쌓여 굳어지고 언어 사회에서 채택되면 변화가 이루어지는 것이다.[19]

---

18 기존에 있던 언어 요소를 이용하여 새로이 발생한 표현 강화의 필요성을 해소하는 예이다(권재일 2020) 참조. 이정복(2010)에서는 '-으시-'의 기능을 상황주체높임이라고 보았다. 상황주체는 결국 청자를 의미하는 것이다. 김태우(2018:157-)에서는 현대 한국어에서 일어나고 있는 '-으시-'가 범용 높임으로 기능하는 것을 표현론적 전용의 대표적인 예로 들었다.

19 구현정(2019), 장소원(2019), 김태우(2021)에서도 비슷한 견해를 밝힌 바 있다. 구현정(2019)에서는 "변화를 일으키는 기제에는 언어 사용자의 창조성과 사용빈도의 증가이며, 구조 확장을 일으키는 것에는 유추적 변화와 계열 맞추기와 같은 기제가 사용되고 기능을 확장시키는 책략으로는 정보성이 높고 상황성이 넓은 고맥락적 형태를 상호주관화하는 인지적 동기들이 작용한다."고 하였으며, 장소원(2019)에서는 "인간은 시대에 따라 변화하는 언어를 사용하여 의사소통을 하고 협력 관계를 형성하며 추상적이고

실제 이런 일이 있었다. 언어정책기관에서 유통업체 인사교육 담당자들에게 판매직원들의 이런 표현을 바로 잡자고 협조를 요청하였다. 즉, 위의 문장을 '만 오천 원이에요, 신상품으로 나온 거예요'로 쓰라고 말이다. 그러나 바로 실패하였다는 결과를 듣게 되었다고 한다. 왜냐하면 상품이나 가격에 '-으시-'를 쓰지 않은 표현을 들은 고객들이 판매사원으로부터 제대로 대접을 못 받았다는 표정으로 불쾌해 했다고 한다. 언어 순화도 좋지만 영업을 망칠 수는 없다는 것이었다.

이러한 표현을 사용하는 판매사원들의 의식에는 결코 상품이나 가격을 높일 의향은 전혀 없다. 판매사원들의 '-으시-'의 남용과 의도적인 오용은, 판매를 증진시키기 위한, 고객에 대한 공손 전략인 것이다. 오직 기존의 청자높임 방식으로는 고객들을 예우하기에 무엇인가 부족한 것으로 느껴, 좀 더 강하게 청자를 높이려는 의향이 필요한 것이었다. 그래서 이웃에 있는 주체높임의 선어말어미 '-으시-'를 통해서 청자높임의 기능을 보강하게 된 셈이다. 마치, 앞에서 살펴본, 근대 한국어에서 객체높임의 선어말어미 '-습-'으로 청자높임을 강화하여 실현하려 했던 것처럼 말이다. 따라서 현대 한국어 구어에서 주체높임의 '-으시-'가 본래의 주체높임의 기능은 물론 청자높임의 기능까지 담당하는 형태로 변화하는 과정에 있다고 하겠다. 이처럼 표현과 이해를 위해 필요한 상황이 되면 인간은 언어 변화를 통해 새로운 의사소통의 도구를 사용한다. 전혀 새로운 도구를 만들기도 하고, 위의 청자높임법의 예처럼, 이웃하는 기존에 있던 도구를 활용하기도 한다. 여기에서 인간은 의사소통의 필요에 의해, 창조하는 인간의 본성에 따라, 언어를 변화시킨다는 것을 확인하게 된다.

논리적인 사고를 하면서 오늘날의 찬란한 문명을 이룩할 수 있었다. 그러니 내가 배운 말만 정확하고 이대로 유지되어야 한다고 주장할 필요는 없다."고 하였다.

▌참고 문헌

고광모 2000, 상대높임의 조사 '-요'와 '-(이)ㅂ쇼'의 기원과 형성 과정, 《국어학》 36: 259-282, 국어학회.

고광모 2001, 반말체의 등급과 반말체 어미의 발달에 대하여, 《언어학》 30: 3-27, 한국언어학회.

고광모 2013, 중세 국어 선어말어미 '-습-'의 발달에 대하여, 《언어학》 65: 39-59, 한국언어학회.

구현정 2019, '-음' 명사형 종결문의 확장에 반영된 문법 의식 연구, 《한글》 80-4(326): 863-890, 한글학회.

권재일 2020, 언어를 통해 본 인간의 창조성, 서울대학교 인문대학 (편) 《인간을 다시 묻는다》 279-294, 서울대학교출판문화원.

김동식 1984, 객체높임법 '습'에 대한 검토, 《관악어문연구》 9: 81-99, 서울대학교 국어국문학과.

김용경 1997, 높임의 토씨 '요'에 대한 연구, 《한말연구》 3: 11-28, 한말연구학회.

김용경 1998, 상대 높임씨끝 '-오/소'의 발달 과정에 대한 연구, 《한말연구》 4: 29-52, 한말연구학회.

김은혜 2016, 한국어 선어말 어미 '-시-'의 사물 존대 기능: 백화점, 대형마트, 재래시장 판매원의 발화를 중심으로, 《사회언어학》 24-1: 91-113, 한국사회언어학회.

김정수 1984, 《17세기 한국말의 높임법과 그 15세기로부터의 변천》, 정음사.

김태엽 2007, 선어말어미 '-습-'의 통시적 기능 변화, 《어문연구》 54: 165-185, 어문연구학회.

김태우 2018, ㅣ-습-ㅣ의 기능 변화에 대한 연구, 서울대학교 대학원 국어국문학과 박사학위논문.

김태우 2021, 높임법의 변화와 화자의 창의성, 《624돌 세종날 기념 전국 국어학 학술대회》 111-131, 한글학회.

김현주 2014, 선어말어미 ㅣ-습-ㅣ의 연구 성과와 쟁점, 《국어사연구》 19: 65-99, 국어사학회.

남미정 2011, 《근대 국어 청자 경어법 연구》, 태학사.

목정수 2017, 높임말을 다시 생각한다, 이른바 사물 존대 현상에 대한 상념, 《새국어생활》 27-1: 31-50, 국립국어원.

박부자 2005, 선어말어미 '-습-' 통합순서의 변화에 대하여 - '-시-'와의 통합을 중심으로 -,《국어학》46: 227-254, 국어학회.

서정목 1994, 국어 경어법의 변천,《국어 통사 구조의 연구 I》253-290, 서강대학교 출판부.

서정목 2019, 경어법 선어말 어미의 변화, 국어사대계간행위원회 (편)《국어사 연구 2 (문법·어휘)》71-120, 태학사.

안귀남 1996, 언간의 경어법 연구, 경북대학교 대학원 국어국문학과 박사학위논문.

안병희 1961, 주체겸양법의 접미사 ㅏ-습-ㅣ에 대하여,《진단학보》22: 105-126, 진단학회.

양영희 2000, 15세기 국어의 존대체계 연구 - 불경언해를 중심으로, 전남대학교 대학원 국어국문학과 박사학위논문.

양영희 2007, 16세기 국어 공손법 등분 설정을 위한 시론,《사회언어학》15-2: 85-115, 한국사회언어학회.

염광호 1998,《종결어미의 통시적 연구》, 박이정.

윤용선 2006, 국어대우법의 통시적 이해,《국어학》47: 321-376, 국어학회.

이경우 1990, 최근세 국어에 나타난 경어법 연구 - 개화기 신소설 자료를 중심으로 -, 이화여자대학교 대학원 국어국문학과 박사학위논문.

이기갑 1978, 우리말 상대높임 등급 체계의 변천 연구, 서울대학교 대학원 언어학과 석사학위논문.

이숭녕 1962, 겸양법연구,《아세아연구》5-2: 134-184, 고려대학교 아세아문제연구소.

이숭녕 1964, 경어법연구,《진단학보》25·26·27: 311-366, 진단학회.

이승희 2007,《국어 청자높임법의 역사적 변화》, 태학사.

이정복 2010 상황 주체 높임 '-시-'의 확산과 배경, 언어과학연구 55: 217-246, 언어과학회.

이현규 1985, 객체존대 '-습-'의 변천,《배달말》10: 55-86, 배달말학회.

장소원 2019, 마음을 다스리는 말, 말을 다스리는 사람들,《한글새소식》568: 2-3, 한글학회.

장요한 2004, 문장 종결형 '습'에 대하여,《국어국문학》136: 135-161, 국어국문학회.

한재영 1998, 16세기 국어의 대우 체계 연구,《국어학》31: 120-164, 국어학회.

허웅 1954, 존대법사: 국어문법사의 한 토막,《성균학보》1: 139-207, 성균관대학교.

허웅 1961, 서기 15세기 국어의 존대법과 그 변천, 《한글》 128: 133-190, 한글학회.

허웅 1975, 《우리 옛말본, 15세기 국어 형태론》, 샘문화사.

허웅 1981, (국어사의 측면으로 본) '인조대왕행장'의 언어 분석, 《애산학보》 1: 159-203, 애산학회.

허웅 1983, 《국어학 – 우리말의 오늘·어제 –》, 샘문화사.

홍윤표 1985, 조사에 의한 경어법 표시의 변천, 《국어학》 14: 75-98, 국어학회.

황문환 2002, 《16,17세기 언간의 상대경어법》, 태학사.

황문환 2010, 근대국어 '하옵'체의 형성 과정과 대우 성격, 《국어학》 58: 29-60, 국어학회.

| 제5장 | 시제법 변화

시제법은 언어내용 전달에서 시간과 관련을 맺는 문법범주이다. 언어내용은 동작이나 상태를 나타내는데, 이는 시간 표시의 대상이 된다. 15세기 한국어 문장 (1)의 밑줄 친 부분이 시제법을 실현한다.

> (1) 가. 이 두 사ᄅ미 福德이 어늬ᅀ가 하-<u>리</u>-잇고 (석보상절 23:4)
> 나. 大愛道ㅣ 드르시고 흔 말도 몯ᄒᆞ-<u>야 잇</u>-더시니 (석보상절 6:7)

문장 (1)의 자연스러운 현대 한국어 표현은 다음과 같다. 문장 (1)과 (2)를 견주어 보면 시제법의 실현방법이 역사적으로 변화했음을 보여 준다.

> (2) 가. 이 두 사람 가운데 복덕이 어느 쪽이 더 많<u>겠</u>습니까?
> 나. 大愛道가 들으시고 한 말씀도 못하셨더니[=못하-시-<u>었</u>-더-니]

15세기 한국어에서 추정을 표현하던 '-으리'가 현대 한국어에서는 '-겠'으로 나타났으며, 15세기 한국어에서 상태지속을 표현하던 '-어 잇-'이 현대 한국어에서 '-었-'이라는 문법형태로 나타났다.

5.1. 시제법의 성격

시제법 시제법은 언어내용 전달에서 시간과 관련을 맺는 문법범주이다. 일반적으로 시간과 관련을 맺는 문법 기능에는 다음과 같은 것이 있다.

첫째는 시제이다. 언어내용이 전달되는 시점을 발화시라 하고, 동작이나 상태가 일어나는 시점을 사건시라 할 때, 발화시를 기준으로 보면 사건시가 앞서는 경우, 사건시와 발화시가 같은 경우, 사건시가 뒤서는 경우가 있다. 이를 각각 과거, 현재, 미래라 한다. 이러한 발화시에 대한 사건시의 시간적인 위치를 나타내는 문법 기능을 시제(tense)라고 한다.

둘째는 양상이다. 시간과 관련을 맺는 관념에는 시간의 흐름 속에서 동작이나 상태가 일어나는 모습을 나타내는 것이 있다. 발화시를 기준으로 해서 일이 일어나는 모습에는, 계속 이어지는 모습, 막 끝난 모습, 막 일어나는 모습, 되풀이되는 모습 등이 있다. 이를 각각 진행, 완료, 기동, 반복이라고 하는데, 발화시를 기준으로 사건의 일어나는 모습을 양상(aspect)이라고 한다.

셋째는 양태이다. 동작이나 상태에 대한 화자의 심리적인 태도를 나타내는 것 가운데 시간과 관련한 것이 있다. 동작이나 상태를 지금-이곳의 현실 세계에서 인식하기도 하고, 현실과 단절된 그때-그곳의 세계에서 인식하기도 한다. 또한 동작이나 상태에 대한 추정이나 그것에 대한 의지를 실현하기도 한다. 이를 각각 현실, 회상, 추정, 의지라고 하는데, 이들이 양태(modality)이다.

시제법의 실현방법 시제법의 주된 실현방법은 문법형태에 의한 방법이다. 현대 한국어의 예를 들면, 첫째는 '-었-, -겠-, -리-, -느-, -더-'와 같은 시제어미에 의한 것이고, 둘째는 '-은, -을, -느-은, -더-은'과 같은 관형사형어미에 의한 것이다. 이들 시제어미와 관형사형어미들은 모두 시제법을 실현한다. (3),(4)의 밑줄 친 것이 각각 시제어미와 관형사형어미이다.

(3) 가. 나는 지금 신문을 읽-는-다.
　　나. 아람이는 비가 오는 날에는 꼭 호숫가에 나가-더-라.
　　다. 이번 대회에서는 꼭 우승해야-겠-다.
　　라. 이 일은 내가 하-리-라고 마음 먹-었-다.
(4) 가. 이 책을 읽-은 사람들은 모두 감탄하였다.
　　나. 이 책을 읽-는 사람들은 대체로 젊은이들이다.
　　다. 이 책을 읽-을 사람들은 미리 주문을 하기 바랍니다.
　　라. 이 책을 읽-던 사람들은 모두 문의해 왔다.

시제법은 또한 둘 이상의 형태적 구성이 통합한 통사적 구성에 의해서도 실현된다. 문장 (5가)에서 '-고 있-' 구성이 진행상을, (5나)의 '-어 있-' 구성이 상태지속상을 실현하는데, 이들이 통사적 실현방법이다. 시제법을 실현하는 통사적 구성은 대부분 의존용언 구문이다.

(5) 가. 아람이는 책을 읽-고 있-다.
　　나. 아람이는 집에 와[=오-아] 있-다.

시제법 파악의 어려움　위에서 살펴본 시제, 양상, 양태는 모두 동작이나 상태의 시간을 표시하는 범주로서, 이들을 묶어 시제법이라는 문법범주로 설정하였다. 그런데 한 언어에서 시제법을 실현하는 모습은 다양하다.

(6) 가. 나는 어제 서울에 갔다[=가-았-다].
　　나. 나는 오늘 서울에 갔다가[=가-았-다가] 올 거야.

(7) 가. 하늘을 보니 내일은 날씨가 좋-겠-다.

　　 나. 그는 어제 꽤 힘들었-겠-구나.

　　 다. 이번 한국어 겨루기 한마당에서는 꼭 우승해야-겠-다.

　문장 (6)에서 '-었-'이 (가)에서는 [과거], (나)에서는 [완결]을, 문장 (7)에서 '-겠-'이 (가)에서는 [미래], (나)에서는 [추정], (다)에서는 [의지]를 실현하고 있다. 즉, 시제어미가 시제, 양상, 양태의 세 관념 가운데 어느 것을 실현하는지 파악하기란 대단히 어렵다. 이 세 관념이 서로 별개로 작용하는 것이 아니고 늘 관련성을 가지고 시제법 체계를 형성하고 있기 때문이다. 한국어의 시제법 체계를 파악하기 어려운 이유가 바로 여기에 있다.

5.2. 15세기 한국어의 시제법

　시제법 체계　15세기 한국어의 선어말어미 '-ᄂ-'는 어떤 동작이나 상태가 방금 눈 앞에 나타나 있는 것을 기술하거나, 또는 그런 것으로 생각되는 사실을 실현하며, '-더-'는 지난 어느 때에 기준을 두고, 그때에 되어가던 일, 따라서 현실과는 이미 관련을 끊게 된 일, 또는 그때에 경험한 일을 실현하며, '-으니-'는 이미 확정된 일로 화자에게 파악되어 이를 확언하는 것을 실현하며, '-으리-'는 장차 일어날 일을 나타내거나, 또는 추정하는 일을 실현한다. 이러한 네 가지 관념은 대립되는 두 관념의 짝으로 풀이할 수 있다. 곧 '-ᄂ-'와 '-더-'는 현실적인 것과 그렇지 않은 것, '-으니-'와 '-으리-'는 확정적인 것과 그렇지 않은 것의 대립으로 풀이할 수 있다. 이를 [현실성]과 [확정성]이라는 관념으로 기준을 설정해 보면, 15세기 한국어는 [현실성]의 대립으로 현실법과 회상법, [확정성]의 대립

으로 확정법과 미정법으로 시제법 체계를 세울 수 있다.[1] 이들은 모두
시제와 관련을 가진다. 현실법은 시간의 현재와, 회상법과 확정법은 시간
의 과거와, 미정법은 시간의 미래와 관련된다.

(8) 15세기 한국어의 시제법의 체계
　　[현실성] 있음 : 현실법　(-ᄂᆞ-)
　　　　　　없음 : 회상법　(-더-)
　　[확정성] 있음 : 확정법　(-으니-)
　　　　　　없음 : 미정법　(-으리-)

5.2.1. 현실법

현실법　어떤 동작이나 상태가 방금 눈앞에 나타나 있는 것을 기술하거
나, 또는 그런 것으로 생각되는 사실을 실현하는 시제법이다. 시간적으로
는 현재와 관련을 맺는다. 서술어가 동사일 때는 선어말어미 '-ᄂᆞ-'로 실
현되며, 형용사나 '이다'일 때는 '-ø-'로 실현된다.

다음 문장은 문장종결에서 현실법이 실현된 문장이다. (9)는 서술어가
동사인 경우로 '-ᄂᆞ-'가 결합해 있으며, (10)은 형용사와 '이다'인 경우로
'-ø-'로 나타나 있다.

(9) 가. 네 어미 … 이제 惡趣예 이셔 至極 受苦ᄒᆞ-ᄂᆞ-다 (월인석보
　　　21:53)

---

1 이와 같은 시제법 체계는 전적으로 허웅(1975:877-922)의 '때매김법' 체계에 바탕을
둔 것이다. 15세기 한국어의 시제법 체계에 대해서는 한재영(1986), 김용경(2009),
이남순(2019), 한재영(2002), 허원욱(2011) 등 참조.

나. 이 모미 주근 後에 오ᅀᆞ로 滅ᄒᆞ-ᄂᆞ-다 (능엄경언해 2:10)

(10) 가. 내 오ᄂᆞᆯ 實로 無情호라[=無情ᄒᆞ-ø-오-라] (월인석보 21:219)

나. 天眼ᄋᆞᆫ 하ᄂᆞᆳ 누니라[=눈-이-ø-라] (월인석보 1:7)

접속문 구성의 경우, '-ᄂᆞ-'가 결합할 수 있는 것은 접속어미 '-으니'뿐이다.[2]

(11) 가. 金輪王 아ᄃᆞ리 出家ᄒᆞ라 가-ᄂᆞ-니, 그듸내 各各 ᄒᆞᆫ 아ᄃᆞᆯ옴 내야 (석보상절 6:9)

나. 이제 ᄯᅩ 내 아ᄃᆞᆯ를 ᄃᆞ려 가려 ᄒᆞ시-ᄂᆞ-니, 眷屬 ᄃᆞ외ᅀᆞᄫᅡᅠ셔 셜ᄫᅳᆫ 일도 이러ᄒᆞᆯ쎠 (석보상절 6:5)

관형절 구성의 경우, 역시 서술어가 동사일 때 '-ᄂᆞᆫ'[=-ᄂᆞ-은]으로 실현된다.

(12) 가. 이 지븨 사ᄂᆞᆫ[=살-ᄂᆞ-은→사-ᄂᆞᆫ] 얼우니며 아히며 現在 未來 百千歲 中에 惡趣를 기리 여희리니 (월인석보 21:99)

나. 神通 잇-ᄂᆞᆫ 사ᄅᆞ미ᅀᅡ 가ᄂᆞ니라 (석보상절 6:43)

5.2.2. 회상법

회상법 지난 어느 때에 기준을 두고, 그때에 되어 가던 일, 따라서

---

2 접속어미와 시제어미의 결합 제약에 대해서는 제13장 참조. 시제어미 '-ᄂᆞ-, -더-, -으라-'와 모두 결합 가능한 접속어미는 '-으니'이다. 한편 '-으면, -을씨, -어/아, -은대, -은들, -고져, -오/우-려, -으라, -다가' 등은 어떠한 시제어미와도 결합하지 않는다.

현실과는 이미 관련을 끊게 된 일, 또는 그때에 경험한 일을 실현하는 시제법이다. 시간적으로는 과거와 관련을 맺는다.

회상법은 주어의 인칭에 따라 달리 실현된다. 주어가 화자 자신, 즉 1인칭일 경우에는 '-다-'로 실현되며, 그렇지 않은 경우에는 '-더-'로 실현된다. 그리고 '이다, 아니다'의 '-이-, 아니-'와 시제어미 '-으리-' 다음에는, '-더-'는 '-러-'로, '-다-'는 '-라-'로 변이된다.

다음 문장은 주어가 1인칭이다. (13가)는 문장종결의 경우, (13나,다)는 접속문 구성의 경우이다. 그리고 (13다)는 '이다'의 '-이-' 다음이기 때문에 '-라-'로 실현되었다.

(13) 가. 내 지비 이싫 저긔 受苦ㅣ 만타라[=많-다-라] (월인석보 10:23)

나. 몯 보아 슬웃 우니다니[=울-니-다-니] 님하 오눐나래 넋시라 마로리어다 (월인석보 8:102)

다. 내 … 舍衛國 사르미라니[=사람-이-라-니] 父母ㅣ 나를 北方 싸르 믈 얼이시니 (월인석보 10:23)

다음 문장은 주어가 3인칭이다. (14가)는 문장종결의 경우, (14나,다)는 접속문 구성의 경우이다. 그리고 (14다)는 '이다'의 '-이-' 다음이기 때문에 '-러-'로 실현되었다.

(14) 가. 病혼 사르미 잇거든 夫人이 머리를 문지시면 病이 다 됴터라[=둏-더-라] (월인석보 2:30)

나. 子息돌히 … 가슴 닶겨 짜해 그우-더-니 (월인석보 17:16)

다. 長者ㅣ 닐굽 아드리러니[=아들-이-러-니] 여슷 아들란 ᄒᆞ마 갓 얼이고 (석보상절 6:13)

다음 문장 (15)는 '-시-'와 '-더-'가 함께 나타날 때의 배열 순서를 보여준다. 현대 한국어와 같은 방식인 (15가)도 나타나지만, 현대 한국어와는 다른 방식인 (15나)도 나타난다.

(15) 가. 如來 큰 光明 펴샤 … ᄂᆞ려오-시-더-라 (월인석보 21:202)
　　나. 길헤 사름 濟渡ᄒᆞ샤미 그지 업-더-시-다 (석보상절 6:38)

관형절 구성에서 회상법은 '-던-'[= -더-ㄴ]으로 실현된다.

(16) 가. 내 ᄒᆞ-던 이리 甚히 외다스이다 (석보상절 24:18)
　　나. 이ᄂᆞᆫ 菩薩 行ᄒᆞ-던 衆生ᄋᆞᆯ 니르시니라 (석보상절 13:51)

5.2.3. 확정법

확정법　이미 결정적인, 확정된 사실로 화자에게 파악되어서 그것을 확언하는 것을 실현하는 시제법이다. 시간적으로 주로 과거와 관련을 맺는다. '-으니-'(또는 '-은-')로 실현되는데,[3] '-과-'를 비롯한 선어말어미 '-어-, -거/가-, -나-' 등도 확정법을 실현하는 선어말어미이다.

-으니-　문장종결에서 서술어미 '-라'와[4] 의문어미 '-아, -야, -여, -오'

---

3 '-으니-'를 확정법을 실현하는 시제법(때매김법)으로 기술하고 그 근거를 제시한 것은 허웅(1975:882-886)에서이다. 그러나 고영근(1981)에서는 이를 시제로 보지 않고, 원칙법을 실현하는 서법(이 책에서 말하는, 양태)으로 기술한다. 한편 '-으니-'의 다양한 기능에 대해서는 이유기(2013) 참조.

4 물론 청자높임어미 '-으이-'와 결합할 때에는 '-다'가 온다.
예. 諸佛 니르시논 마른 乃終내 달옳 주리 업스시니이다[= 없-으시-니-이-다] (석보상절 9:27)

앞에서 실현된다.

(17) 가. 그제 龍王들히 次第로 안즈니라[=앉-ᄋ니-라] (월인석보
10:66)

나. 늘구메 帷幄ᄒ얌직 ᄒ-니-아 (두시언해-초간 6:31)

다. 宗門 中에 하나한 公案이 도ᄅᆑᅘᅧ 조ᄉᆞᄅᆸᅴ요미 이 無ᇹ 字
애셔 너므니 잇ᄂ니야 업스니야[=없-으니-야] (몽산법어
언해 62)

라. 如來ㅣ 阿耨多羅三藐三菩提ᄅᆯ 得ᄒ-니-여 (금강경언해 40)

마. 萬里옛 戎王子ㅣ 어느 희예 月支ᄅᆯ 여희여 오-니-오 (두시
언해-초간 15:8)

'-으니-'와 의문어미가 결합한 '-으니-여, -으니-오'는 각각 '-으녀, -으
뇨'와 같은 줄인 형태로 나타나기도 한다(제3장 3.2.2. 참조).

(18) 가. 아디 몯ᄒ리로다 天下앳 사ᄅᆞ미 至極흔 性이 이러ᄒ니 잇ᄂ
-녀 업스녀[=없-으녀] (두시언해-초간 22:2)

나. 이 智慧 업슨 比丘ㅣ 어드러셔 오-뇨 (석보상절 19:30)

'-은-'은 의문어미 '-다, -고, -가' 앞에서 확정법을 실현한다.

(19) 가. 눌 爲ᄒ야 가져 간다[=가-ㄴ-다] (월인석보 2:13)

나. 故園은 이제 엇더ᄒ고[=엇더ᄒ-ㄴ-고] (두시언해-초간 25:24)

다. 西京은 便安ᄒ가[=便安ᄒ-ㄴ-가] 몯ᄒ가[=몯ᄒ-ㄴ-가] (두
시언해-초간 18:5)

-과-   주어가 화자 자신, 즉 1인칭일 때 확정법을 실현한다.[5]

(20) 가. 阿難과 모든 大衆이 … 아래 잇디 아니혼 거슬 得-과-라
         (능엄경언해 4:75)
     나. 내 이제 훤히 즐겁-과-라 (법화경언해 2:137)
     다. 내 이제 ᄉᆞ랑ᄒᆞ니 ᄒᆞᆫ 고대 잇ᄂᆞᆫ 들 알와이다[=알-와-이-
         다 (능엄경언해 1:56)
     라. 곳 디는 時節에 ᄯᅩ 너를 맛보-과-라 (두시언해-초간 16:52)

-어-, -거/가, -나   이들도 확정법을 실현한다.[6] 다음 문장에서 각각
(가)는 문장종결에, (나)는 접속문 구성에 나타난 예이다.

(21) 가. 모다 닐오ᄃᆡ 舍利弗이 이긔-여-다 (석보상절 6:31)
     나. 四海를 平定ᄒᆞ샤 길 우희 糧食 니저니[=닞-어-니] 塞外北
         狄인ᄃᆞᆯ 아니 오리잇가 (용비어천가 53)
(22) 가. 뎌 즁아 닐웨 ᄒᆞ마 다ᄃᆞᆫ-거-다 (석보상절 24:15)
     나. 내 仁義禮智信을 아라 行ᄒᆞ-가-니 不合敬爾라 ᄒᆞᄂᆞ니 名人
         相이오 (금강경언해 20)
(23) 가. 내 本來 求홀 ᄆᆞᄉᆞᆷ 업다니 오늘 寶藏이 自然히 오-나-다

---

5 '-과-'의 기능에 대해서는 허웅(1975:887-888), 장요한(2006) 참조.
6 허웅(1975:923-956)에서 이들은 '풀이의 힘을 더 한층 세게하고 다짐하는 씨끝인데,
  그 결과 이미 확정되고 완료된 상황을 표현하기도 한다'고 기술하면서, 시제법을
  실현하지 않은 경우도 있어, 강조-영탄법의 범주에 포함하였다. 그러나 그 이후
  논저에서는 이들은 시제법의 범주에서 기술하였다. 이러한 '-거-'와 그 변화에 대해서
  는 고영근(1981), 이금영(2000), 이래호(2005), 하정수(2013), 이병기(2014) 등 참조.
  특히 이병기(2014)에서 '-거-'의 기능을 기본적으로 '완료상'의 관점에서 다양한 논의
  를 전개하였다.

(월인석보 13:32)

　　나. 無憂樹ㅅ 가지 절로 구버 오-나-놀 夫人이 올ᄒᆞᆫ 소ᄂᆞ로
　　　　가질 자ᄇᆞ샤 곳 것고려 ᄒᆞ신대 (월인석보 2:36)

　그런데 '-거/가-'는 인칭의 대립을 실현한다. 주어가 화자 자신, 즉 1인
칭일 때 '-가-'가 나타나고, 그렇지 않을 때 '-거-'가 나타난다. 문장 (22나)
를 보면, 주어가 '내'이기 때문에, '-거-'가 아닌, '-가-'가 나타나 있다.
관형절 구성에서 확정법은 '-은'으로 실현된다.

　(24) 가. 아기 나흔[=낳-은] 겨집들홀 보고 (월인석보 21:143)
　　　　나. 네 디나건 녜 녯 時節에 盟誓發願혼[=盟誓發願ᄒᆞ-오-ㄴ] 이
　　　　　　를 혜ᄂᆞᆫ다 모ᄅᆞᆫ다 (석보상절 6:8)

　15세기 한국어에서, 서술어가 동사일 경우, 과거 시제가 확정법으로
실현되기도 하지만, '-ø-'로 실현되기도 한다. 다음 문장의 밑줄 친 부분
은 각각 '왔습니다, 지었으니'의 의미로 해석되어 모두 과거 시제를 실현
한다.[7]

　(25) 가. 나는 齊米ᄅᆞᆯ 求ᄒᆞ야 온 디 아니라 大王을 보ᅀᆞ ᄫᆞ라 오-이-
　　　　　　다 (월인석보 8:90)
　　　　나. 내 世尊 위ᄒᆞᅀᆞᄫᅡ 精舍ᄅᆞᆯ ᄒᆞ마 짓ᄉᆞᄫᅩ니[=짓-ᅀᆞᄫᆞ-오-니]

---

7 이러한 특성을 고려하여, 15세기 한국어의 시제 체계를 고영근(1981), 최동주(1995)에
　서는 다음과 같이 제시한 바 있다.

	[과거]	[현재]	[미래]
동사	-ø-/-더-	-ᄂᆞ-	-으리-
형용사, '이다'	-더-	-ø-	-으리-

王이 부텨를 請ᄒᆞᅀᆞᄫᆞᆼ쇼셔 (석보상절 6:38)

확정법의 겹침   확정법 '-으니-'는 다른 시제어미와 겹쳐 나타나기도
한다. 그러나 이 경우, '-으니-'는 [확정]의 의미를 잃고, [다짐]의 의미를
지닌다. 겹침에 의해서 새로운 시제법 체계를 형성하지는 않는다.

(26) 가. '-ᄂᆞ-'와 겹침 : -ᄂᆞ-니-
　　　　　이 고즈로 香油 밍그-ᄂᆞ-니-라 (월인석보 18:53)
　　　　　사르미 살면 주그미 이실씨 모로매 늙-ᄂᆞ-니-라 (석보상
　　　　　절 11:36)
　　　나. '-더/다-'와 겹침 : -더/다-니-
　　　　　둘히 힘이 달오미 업-더-니 (월인천강지곡 상 기39)
　　　　　衆生이 곧고대 着ᄒᆞᆯ씨 혀나게 ᄒᆞ-다-니-라 (법화경언해
　　　　　1:158)
　　　다. '-으리-'와 겹침 : -으리-니-
　　　　　孔門을 당다이 ᄇᆞ료미 몯ᄒᆞ-리-니-라 (두시언해-초간 6:21)
　　　라. '-으리-러-'와 겹침 : -으리-러-니-
　　　　　ᄒᆞ다가 셜운 ᄆᆞᅀᆞ미 겨시면 卽生嗔恨ᄒᆞ시-리-러-니-라
　　　　　곧 嗔心ᄒᆞ야 믜요믈 내시-리-러-니-라 (금강경언해 80)

5.2.4. 미정법

미정법   장차 일어날 일을 기술하거나, 또는 추정하는 일, 의지적인
일을 실현하는 시제법이다. 시간적으로는 미래와 관련을 맺는다. 선어말
어미 '-으리-'(또는 '-을-')로 실현된다. (27)은 서술문에서, (28)은 의문문
에서 실현된 예이다.

(27) 가. 이 後 닐웨예 城 밧 훤훈 싸해 가 沙門과 ᄒ야 지조 겻구오-
　　　리-라 (석보상절 6:27)

　　나. 아들ᄯ를 求ᄒ면 아들ᄯ를 得ᄒ-리-라 (석보상절 9:23)

　　다. 내 願을 아니 從ᄒ면 고즐 몯 어드리라[=얻-으리-라] (월
　　　인석보 1:12)

　　라. 내 이제 分明히 너ᄃ려 닐오-리-라 (석보상절 19:4)

(28) 가. 구틔여 蘇門엣 됫ᄑ라믈 ᄒ-리-아 (두시언해-초간 25:5)

　　나. 뉘 ᄯᆯ을 굴히야ᅀᅡ 며늘이 ᄃ외야 오-리-야 (월인천강지곡
　　　상 기36)

　　다. 舍利弗아 十方 世界예 二乘도 업거니 ᄒ믈며 세히 이시-리
　　　-여 (석보상절 13:56)

　　라. 어듸썬 … 이런 功德 됴ᄒ 利를 어드리오[=얻-으리-오]
　　　(석보상절 9:27)

'-으리-'와 의문어미가 결합한 '-으리-여, -으리-오'는 각각 '-으려, -으
료'와 같은 줄인 형태로 나타나기도 한다(제3장 3.2.2. 참조).

(29) 가. 이 聚落애 다시 迷惑을 내려 아니ᄒ-려 (능엄경언해 4:35)

　　나. 므스 거스로 道를 사ᄆ-료 (월인석보 9:22)

'-을-'(-읋-, -욿-)은 의문어미 '-다, -고, -가'와 결합하여 미정법을 실
현한다.

(30) 가. 네 내 마를 다 드를따[=듣-읋-다] (석보상절 6:8)

　　나. 어느 法으로 어느 法을 得홇고[=得ᄒ-ᇙ-고] (월인석보
　　　13:54)

다. 두 사루미 시러곰 님금 겨틔 둘가[=두-ㄹ-개 몯홀가[=몯
ㅎ-ㄹ-개 (두시언해-초간 25:10)

접속문 구성에서도 미정법은 '-으리-'로 실현되며, 관형절 구성에서는
'-린[= -으리-은' 또는 '-을'로 실현된다. 문장 (31)은 접속문 구성의 예,
(32)는 관형절 구성의 예이다.

(31) 가. 舍衛國에 도라가 精舍 이르ᅀᆞ보-리-니 弟子 ᄒ나홀 주어
        시든 (석보상절 6:22)
     나. 阿逸多아 그 쉰 차힛 善男子 善女人의 隨喜 功德을 내 닐오-
        리-니 네 이대 드르라 (석보상절 19:2)
(32) 가. ᄒ마 命終홇[=命終ᄒ-ㅭ 사루믈 善惡 묻디 말오 (월인석보
        21:125)
     나. 아직 ᄀᆞᄅ쵸ᄃᆡ ᄀᆞᄅ치디 몯ᄒ-린 後에ᅀᅡ 怒ᄒ고 怒를 몯ᄒ
        -린 後에ᅀᅡ 틀디니 (내훈 3:4)

미정법 '-으리-'와 회상법 '-더-'가 겹쳐 '-으리-러-'로 나타나기도 한
다. 이를 미정회상법이라 할 수 있다. 왜냐하면 이 경우, 두 관념이 모두
그대로 실현되기 때문이다. 이 점은 앞 (26)에서 본 확정법 '-으니-'의
겹침과는 다르다.

(33) 가. 내 아랫 뉘예 이 經을 바다 디녀 닐그며 외오며 눔ᄃ려 니르
        디 아니ᄒ더든 阿耨多羅三藐三菩提를 ᄲᆞ리 得디 몯ᄒ-리-
        러-니-라 (석보상절 19:34)
     나. 光有聖人이 五百 弟子 ᄃ려 겨샤 … 敎化ᄒ더시니 그 數ㅣ
        몯내 혜-리-러-라 (월인석보 8:89)

다. 이 經典을 닐어 功德이 이러 당다이 부톄 드외-리-러-라
(석보상절 19:34)

라. 이러트시 고텨 드외샤미 몯 니르혜-리-러-라 (월인석보
1:21)

5.2.5. 양상 표현

양상 표현 현대 한국어처럼 둘 이상의 형태적 구성이 통합한 통사적
구성에 의해서 양상이 실현된다. 문장 (34)의 '-어 잇/이시/겨시-' 구성이
상태지속상을, (35)의 '-고 있-' 구성이 진행상을 실현한다.

(34) 가. 또 菩薩이 便安히 줌줌ᄒ-야 잇-거든 (석보상절 13:21)

나. 三千世界時常 볼가[=붉-아] 이시-며 (월인석보 2:25)

다. 摩耶ㅣ 드리시고 싸해 것므르 주거디-여 겨시-다가 (석보
상절 23:27)

(35) 가. 네 … 됴ᄒᆞᆫ 차반 먹-고 이쇼ᄃᆡ[=이시-오-ᄃᆡ] 엇뎨 몯 듣고
몯 보노라 ᄒᆞᄂᆞᆫ다 (석보상절 24:28)

나. 됴ᄒᆞᆫ 平床 우희 옷도 무슴 난 조초 ᄀᆞ라닙고 됴ᄒᆞᆫ 香 퓌우-
고 잇-거니 (석보상절 24:26)

이와 같이 양상 표현을 실현하는 통사적 구성은 다음과 같이 대부분
의존용언 구문이다.

(36) 가. 상태지속상 : -어 잇/이시/겨시-, -어 디-, -어 브리-, -어
내-, -어 두-, -어 놓-

나. 진행상 : -고 잇/이시/겨시-, -어 잇/이시/겨시-, -어 가-,

　　　　　-어 오-

　　다. 기동상: -게 드외-, -게 ᄒᆞ-

　　라. 반복상: -곰 ᄒᆞ-

　　이 가운데 '-어 잇/이시-' 구성은, 현대 한국어와는 달리, 모든 용언에 걸쳐 폭넓게 쓰였다. 이러한 사실은 이 구성에서 생성된 시제어미 '-었-'이 현대 한국어에서 폭넓은 분포를 보이는 것을 보면 알 수 있다. 그러나 이 구성은 역사적으로 점차 타동사, 형용사, 그리고 자동사 일부에서는 분포가 제약되었다.

　　그리고 원래 진행상의 '-고 잇/이시-' 구성은 '-어 잇/이시-' 구성보다 덜 활발했는데, 점차 분포를 넓혀 현대 한국어에서는 '-고 있-'이 주로 진행상을 실현한다.[8]

5.3. 시제법의 변화

　　시제법은 시제어미의 형태 변화, 소멸, 생성의 과정을 거쳤다. 현실법과 회상법은 형태 변화를 거쳤으며, 확정법의 '-으니-'가 소멸하고 완결법 '-었-'이 생성되었으며, 미정법의 '-으리-'는 새롭게 생성된 '-겠-'으로 교체되었다. 이제 이러한 시제법의 변화를 하나씩 하나씩 살펴보자.[9]

---

8 '-어 잇-'과 '-고 잇-'의 역사적 교체에 대해서는 이기갑(1981가, 1981나) 참조. '-어 잇-' 분포의 축소, 시제어미 '-엇-'의 생성에 대해 기술하고, '-고 잇-'의 확대 과정을 해석하였다. '-고 잇-'에 대해서는 정언학(2004), '-어 잇-'에 대해서는 우창현(2005), 정언학(2007) 등 참조.

9 이와 같은 시제법 변화에 대한 서술은 허웅(1982, 1987)에 바탕을 둔 것이다.

5.3.1. 현실법 '-ᄂᆞ-'와 회상법 '-더-'의 형태 변화

현실법 '-ᄂᆞ-'의 변화　15세기 한국어에서 현실법은 '-ᄂᆞ-'에 의해 실현되었다. '-ᄂᆞ-'의 'ᄒᆞᄂᆞ다'(동사 어간이 모음으로 끝난) 형태는 16세기부터 인용절 내포문에서 'ᄒᆞᆫ다' 형태로 바뀌기 시작하여 17세기에 들어와 변화가 완성되어 17세기의 인용절 내포문에 'ᄒᆞᄂᆞ다'는 더 이상 보이지 않는다. 또 17세기에는 인용절 내포문뿐만 아니라 상위문에서도 같은 변화가 나타나기 시작하여 18세기 후기에 이르러서 'ᄒᆞᄂᆞ다' 형태는 없어지고 이전부터 쓰이던 'ᄒᆞᄂᆞ이다'가 'ᄒᆞᆫ다'와 더불어 쓰이게 되었다. 이에 대해서는 이미 제3장 3.4.1. '서술어미의 변화'에서 살펴본 바와 같다. 다음 문장 (37)은 16세기의 예로, 인용절 내포문에서는 'ᄒᆞᆫ다' 형식, 상위문에서는 'ᄒᆞᄂᆞ다' 형식이 나타나 있지만, 문장 (38)은 17세기의 예로 인용절 내포문과 상위문에 모두 'ᄒᆞᆫ다' 형식이 나타나 있다.

> (37) 가. 子ㅣ 글ᄋᆞ샤딕 君을 셤굠애 禮를 다홈을 사룸이 뻐 諂ᄒᆞᆫ다
> ᄒᆞᄂᆞ다 (논어언해 1:25)
> 　　나. 녯 사룸미 닐오딕 즈셕 나하사 곳 부모의 은혜를 안다 ᄒᆞᄂᆞ
> 니라 (번역박통사 상 58)
> (38) 가. 常言에 닐오딕 사룸이 … 빗 지면 거즛말 니룬기 잘ᄒᆞᆫ다
> ᄒᆞᄂᆞ니라 (박통사언해 상 32)
> 　　나. 이 물은 믈 잘 먹고 이 물은 믈 먹기 쟉게 ᄒᆞᆫ다 (노걸대언해
> 상 31)

위와 같은 동사 어간이 모음으로 끝나는 'ᄒᆞᄂᆞ다' 경우와는 달리, 동사 어간이 자음으로 끝나는 '먹ᄂᆞ다' 경우는 17세기에 이르러 '먹는다' 형태가 나타난다. 15세기의 'ᄒᆞᄂᆞ다 : 먹ᄂᆞ다'는 그 형태가 잘 통일되어 있었으나,

16세기 이후에는 '혼다' : '먹ᄂᆞ다'로 형태가 서로 다르게 되자 결국 '혼다'에 유추하여 '먹ᄂᆞ다'가 '먹는다'로 변화하였다(제3장 3.4.1. 참조).

그 이후 '-ᄂᆞ-'는 모음 /ㆍ/의 소멸로 인해 '-느-'로 형태가 변화하여 현대 한국어에 이른다. 현대 한국어에서 '-느-'는 '-느-, -는-, -ㄴ-' 등으로 형태 변이가 심하여, 의미의 약화와 더불어 문법형태로서의 지위가 대단히 약화되어 가고 있다.[10]

회상법 '-더-'의 단순화　15세기 회상법은 네 가지 형태로 실현되었다. 주어의 인칭에 따라, 1인칭일 경우에는 '-다-'로 실현되며, 그렇지 않을 경우에는 '-더-'로 실현되었다. 그리고 '이다, 아니다'의 '-이-, 아니-'와 시제어미 '-으리-' 다음에는 인칭에 따라 각각 '-라-'와 '-러-'로 실현되었다. 그러나 17세기에 이르러 한국어 문법 체계에서 인칭법이 소멸하면서, 회상법의 인칭 대립도 소멸하여 '-더-' 형태로 단순화되어 현대 한국어에 이르렀다.[11]

다음 (39)는 16세기의 예인데, '-다-'와 '-더-'가 대립하고 있음과 '-라-, -러-'의 변이 조건도 15세기와 같음을 보여 준다.

10　시제어미 '-ᄂᆞ-'와 그 변화에 대해서는 이기갑(1985)을 비롯하여 박진호(2010), 남미정(2014), 문현수·허인영(2018) 참조.

11　시제어미 '-더-'와 그 변화에 대해서는 최동주(1995), 이지영(1999), 박부자(2018) 참조. 특히 '-다'의 비동일주어 제약과 관련하여 '-더'는 본래 1인칭 주어의 평서문이나 2인칭 주어의 의문문에도 실현될 수 있었는데 현대 한국어의 '-더-'는 이와 같은 환경에서는 실현되지 못하는 제약이 있는데, 박부자(2018)에서는 비동일주어 제약의 성립 시기, 원인을 기술하였다. 제약이 나타난 시기에 대해 최동주(1995)에서는 19세기 후기 이전에, 이지영(1999)에서는 19세기 후기에는 싹이 터서 20세기 초기에 완성된 것으로 보았다.

(39) 가. 1인칭

이러툿 ᄒᆞ면 내 니건 ᄒᆡ 셔울 잇-다-니 갑시 다 ᄒᆞᆫ 가지로
다 (번역노걸대 상 9)

내 요ᄉᆞ이 믈보기 어려셔 믈 ᄐᆞ기 몯ᄒᆞ-다-라 (번역박통사
상 37)

내 나그내-라-니 오늘 졈그러 네 지븨 잘 ᄃᆡ 어더지이다
(번역노걸대 상 47)

나. 3인칭

뎌긔 ᄒᆞᆫ 고라ᄆᆞ리 이쇼ᄃᆡ 직조는 됴커니와 오직 뒷지페디-
더-라 (번역박통사 상 62)

우리 어버ᅀᅵ 다 모미 편안ᄒᆞ시던가[=편안ᄒᆞ-시-더-ㄴ-가]
(번역박통사 상 51)

그저긔 아비 병 비르션디 이트리러니[=이틀-이-러-니]
(번역소학 9:31)

다음 (40)은 17세기의 예인데, '-다-'와 '-더-'의 대립이 소멸하였음을
보여 준다.[12] 그러나 아직 '-더/러-'의 형태 대립은 존재한다.[13]

(40) 가. 1인칭

이러툿ᄒᆞ면 내 前年에 셔울 잇-더-니 갑시 다 ᄒᆞᆫ가지로다

---

[12] 18세기 자료에서 1인칭에서 '-다-'가 쓰인 예가 《어제내훈》(1736년)에 있으나, 이것은
궁중에는 예스런 표현이 남아 있었던 것으로 볼 수 있다(허웅 1987).
　가. 네 놀며 즐겨홀 제는 내 희롱ᄒᆞ-다-니 (어제내훈 2:25)
　나. 곳이 ᄑᆞ生애 병이 업-다-니 (어제내훈 2:99)

[13] '-ᄃᆞ-'와 '-ᄃᆞ-'도 17세기에서 '-더-'의 변이형태로 함께 쓰인다.
　가. 이러트시 ᄉᆞ졀을 조차 오슬 닙-ᄃᆞ-라 (노걸대언해 하 46)
　나. 내 일즙 드르니 … 도로혀 님자 어듬이 쉰ᄅᆞ다 ᄒᆞ-ᄃᆞ-라 (노걸대언해 하 60)

(노걸대언해 상 8)

내 요ᄉᆞ이 病疾 알하 일즙 믈을 ᄐᆞ디 못ᄒᆞ-더-니-라 (박통사언해 상 34)

나ᄂᆞᆫ 나그내-러-니 오ᄂᆞᆯ이 졈그러시니 네 집의 잘 ᄃᆡ를 어더지라 (노걸대언해 상 42)

나. 3인칭

이 ᄒᆞᆫ 등엣 믈은 열 량 우흐로 ᄑᆞ리라 ᄒᆞ-더-라 (노걸대언해 상 8)

앒픠 길히 머흐다 ᄒᆞ-더-라 (노걸대언해 상 24)

둘흔 믈 살 나그내오 ᄒᆞ나흔 즈름이-러-라 (노걸대언해 하 7)

5.3.2. 확정법의 소멸과 완결법 '-었-'의 생성

확정법의 소멸   15세기 한국어에서 확정법을 실현하던 '-으니-'는 분포, 형태, 의미로 보아 불안정한 편이었다. 분포상 상당히 제한적이었으며, 형태로 볼 때 '-으니-여, -으니-오'는 각각 '-으녀, -으뇨'와 같은 줄인 형태로 나타나기도 했다(문장 18 참조). 그리고 의미로 볼 때 다른 시제 어미와 결합할 때는 [확정]의 의미를 잃고 [다짐]의 의미만 나타냈다(문장 26 참조).

16세기에는 15세기의 '-으니-아, -으니-야, -으니-여, -으니-오' 가운데 '-으니-오'만이 나타나고, 주로 줄인 형태 '-으녀, -으뇨'가 나타났다.

(41) 가. 이젠 엇디 져그니오[=젹-으니-오] (번역박통사 상 4)

나. 나히 언메나 ᄒᆞ-뇨 설흔 다ᄉᆞ시라 (번역노걸대 상 6)

그리고 16세기 후기부터는 '-으녀'가 '-으냐'로 나타났다. (42)는 16세기 초기의 예이며, (43)은 17세기 초기의 예이다.[14] 결국 '-으니-'는 문장종결어미와 함께 축약되어 '-으냐, -으뇨' 형태로 남게 되었다.

(42) 가. 또 아니 내게 셜우-녀 (번역박통사 상 11)

나. 또 아니 됴ᄒᆞ-녀 (번역박통사 상 39)

다. 수리 됴ᄒᆞ-녀 (번역노걸대 상 63)

(43) 가. 또 내게 셟디 아니ᄒᆞ-냐 (박통사언해 상 12)

나. 또 됴티 아니ᄒᆞ-랴 (박통사언해 상 35)

다. 술이 됴ᄒᆞ-냐 (노걸대언해 상 57)

'-으니-'는 이렇게 형태의 동요뿐만 아니라, 의미로도 동요되었다. 15세기 후기부터 싹트기 시작한 완결법은 [완결]의 관념과 아울러 [확정]의 관념을 함께 가졌는데, 완결법의 발달은 '-으니-'의 의미 영역을 침범하였다. 그래서 확정법 '-으니-'는 점차 그 기능을 소멸하면서 18세기에 이르러서 완결법에 흡수되고 말았다.

15세기 한국어에서 확정법을 실현하던 '-과-' 역시 18세기에 이르러 소멸하였다. (44)는 16세기, (45)는 17세기의 예이다.

(44) 가. 내 맛보-과-라 (번역노걸대 상 22)

나. 두워두워 내 알-와-라 (번역박통사 상 33)

---

14 문장종결에서 '-으니-'의 쓰임은 17세기 이후 세력이 점차 줄어들지만, 어느 정도로는 이어졌다. 《어제내훈》은 1736년, 《오륜행실도》는 1797년 간행이다.

가. 져므니 얼운 셤기며 賤ᄒᆞ니 貴ᄒᆞ니 셤기믈 다 이롤 조촐 씨-니-라 (어제내훈 1:41)

나. 법대로 술을 민ᄃᆞ라 드리니 병이 나-으니-라 (오륜행실도 1:37)

(45) 가. 내 명이 됴티 아니믈 위호여 너를 만나-과-라 (박통사언해
　　　　하 25)
　　 나. 내 이 혼 글월 쓰-과-라 (노걸대언해 하 14)

　15세기 한국어에서 확정법을 실현하던 '-어-, -거/가-, -나-'도 18세기
에 이르러 '-엇-'에 합류되어 소멸하였다. (46)은 16세기, (47)은 17세기의
예이다.

(46) 가. 우리 밥도 머거다[=먹-어-대 (번역노걸대 상 57)
　　 나. 이 고기 닉-거-다 네 맛보라 (번역노걸대 상 22)
　　 다. 흐마 너희 츠즈라 가려 흐다니 네 쏘 오-나-다 (번역노걸
　　　　대 상 68)
(47) 가. 우리 밥도 먹-어-다 (노걸대언해 상 51)
　　 나. 이 고기 닉-거-다 (노걸대언해 상 20)
　　 다. 흐마 너희 츠즈라 가려 흐더니 네 쏘 오-나-다 (노걸대언
　　　　해 상 62)

완결법 '-었-'의 생성　　현대 한국어에서 '-었-'으로 실현되는 완결법은
15세기 한국어에서는 통사적 구성 '-어 잇/이시-'에서 문법화하여 생성되
었다(허웅 1987 참조). 문장 (48)과 같이 15세기 한국어에서 '-어 잇/이시
-' 구성은 원래 상태지속상으로, 어떤 동작이나 상태가 완결되어 그것의
모습이 지속됨을 실현했다[제1형].

(48) 가. 네 이제 사르미 모믈 得호고 부텨를 맛나-아 잇-느니 (석
　　　　보상절 6:11)
　　 나. 大愛道ㅣ 드르시고 혼 말도 몯호-야 잇-더시니 (석보상절

(6:7)

다. 善慧 니버[=닙-어] 잇-더신 鹿皮 오슬 바사 싸해 신르시고

　　　(월인석보 1:16)

라. 須達이 지븨 도라와 띡 무든 옷 닙고 시름ᄒ-야 잇-더니

　　　(석보상절 6:27)

　그런데 15세기에는 '-어 잇/이시-' 구성에서 모음이 축약하여 이중모음 형태가 된 '-엣/에시-'가 나타났다[제2형].

　(49) 가. 둘기 소리 서르 들여 흔 ᄀ새 니셋고[=닛-엣-고] (월인석보 1:46)

　　　나. 須達이 病ᄒ-얫-거늘 (석보상절 6:44)

　　　다. 님금이 나갯더시니[=나가잇-더-시-니] (용비어천가 49)

　또한 15세기에는 '-엣/에시-'의 이중모음이 단모음으로 바뀌어 '-엇/어시-'가 나타났다[제3형].

　(50) 가. 빅는 고기 낛는 그르시 ᄃ외-얏-고 (금강경삼가해 3:60)

　　　나. 고지 니예 ᄀ득하-얏-ᄂ니 (두시언해-초간 18:7)

　　　다. 비록 싸홀 어더시나[=얻-어시-나] (두시언해-초간 18:12)

　이리하여 새로운 문법형태 '-엇/어시-'가 발달하기에 이르렀으니, 이것이 새로운 완결법이 생성되는 싹이 된 것이다.[15] 16세기에서도 이 세 형태

---

15 그러나 '-어 겨시-'는 음소 연결의 안정성 때문에 축약되지 않았다. 결국 '-엇/어시-' 생성은 '잇다'의 음성적 특성과 관련된 것으로 볼 수 있다.

는 공존하였다.

(51) 가. 제1형

사른믠 일셰만 사라[=살-아] 잇고 프른 흔 マ술신장 사라[=
살-아] 잇느니 (번역박통사 상 1)

가프리 다 マ자[=곳-아] 잇고 (번역박통사 상 27)

나. 제2형

믄득 주겟다가[=죽-엣-다가] 씌더니 (번역소학 9:32)

쥬신니 오슬 고텨 닙디 아니ᄒ-얫-거든 고텨 닙디 말며
(여씨향약 27)

다. 제3형

내 몰 자바쇼마[=잡-앗-오-매] 네 뒤 보라 가라 (번역노걸
대 상 37)

그 사름미 왼 풀독애 살 마자 샹ᄒ-얏-고 (번역노걸대
상 30)

16세기에 이 세 형태가 공존한 것은 15세기와 같은데, 15세기에 비해
제2형이 현저히 줄어들어 제3형으로 대치되었으며, 제1형도 제3형으로
대치되었다. 《번역소학》(1518년)과 《소학언해》(1588년)를 대조해 보면
그러한 변화를 알 수 있다.

(52) 가. 됴히 비수믈 빙화[=빙호-아] 잇-거늘 (번역소학 9:59)

아름다온 단장을 니겨시니[=니기-어시-니] (소학언해 6:54)

가. 부텨 나[=나-아] 겨시던 時節이 더 멀면 (석보상절 9:2)
나. 미친 사름 マ티 묏고래 수머[=숨-어] 겨샤 (석보상절 6:4)

나. 뫼ᅀᅩ와[=뫼-ᅀᅩ오-아] 잇ᄂᆞᆫ 어딘 션ᄇᆡ (번역소학 9:12)

뫼ᅌᅩ완ᄂᆞᆫ[=뫼-ᅌᅩ오-앗-ᄂᆞᆫ] 어딘 션ᄇᆡ (소학언해 6:11)

다. 뫼셔[=뫼시-어] 잇ᄂᆞᆫ 사ᄅᆞᆷᄃᆞ려 ᄀᆞ마니 무러 (번역소학 9:85)

뫼션ᄂᆞᆫ[=뫼시-엇-ᄂᆞᆫ] 이ᄃᆞᆯ여 ᄀᆞ만이 무러 (소학언해 6:79)

17세기에서는 제1형은 여전히 쓰이고 있으나, 제2형은 보이지 않고, 그 대신 제3형이 우세함을 볼 수 있다. 그런데 제1형은 [상태지속]의 의미가, 제3형은 [완결]의 의미가 두드러지는 것을 볼 수 있다. 따라서 제1형은 비록 분포가 축소되었지만 상태지속상을 유지하여 현대 한국어로 이어졌고, 제3형은 분포가 확대되면서 완결법이라는 새로운 시제법을 생성하여 현대 한국어로 이어지게 되었다.

(53) 가. 뎌 놈이 셩이 급ᄒᆞ여 곳 입힐 홈ᄒᆞ여 싸홧더니[=싸호-앗-더-니] (박통사언해 하 16)

나. 그 오ᄅᆞᄂᆞ릴 제 관이 當당 平平ᄒᆞ-엿-게 ᄒᆞ고 (가례언해 7:30)

19세기 후기에 이르러서 완결법은 문장 (54)와 같이 '-어시-'가 '-엇시-'로 바뀌었다. 이것은 다시 문장 (55)와 같이 '-엇ᄉ-'으로 분석되기에 이르렀다. 그래서 현대 한국어의 '-었-'으로 형태 통일이 이루어졌다(허웅 1987 참조).

(54) 가. 직믈은 어듸셔 낫시며[=나-앗시-며] (긔희일긔 7)

나. 셩인픔에 오ᄅᆞ지는 아니ᄒᆞ엿시나[=아니ᄒᆞ-엿시-나] (긔희일긔 범례)

(55) 가. 우리가 오날 신문에 죠칙을 긔록ᄒᆞ엿스니[=긔록ᄒᆞ-엿ᄉ-

으니] (독닙신문 1896.4.9.)

　　나. 무법훈 빅셩의게는 법관이라고 ᄒᆞ엿슴즉[= ᄒᆞ-엿ᄉ-은즉]

　　　　(독닙신문 1896.4.16.)

　이와 같이 새롭게 문법 안에 자리잡게 된 시제어미 '-었-'의 생성 과정
은 다음과 같이 정리된다. 통사적으로 실현되던 상태지속상이 형태적으
로 실현되게 되면서 완결법을 생성하고, 18세기에 이르러 완결법은 확정
법을 흡수하여, 현대 한국어에 이르러 '-었-'으로 자리잡게 되었다.

　(56) -어/아 잇/이시- 〉 -엣/에시/앳/애시- 〉 -엇/어시/앗/아시- 〉
　　　 -었/았-

　한편 '-엇-'이 겹친 '-엇엇-'이 1900년 전후에 나타난다. 이미 끝난 사실
이 오래전에 이루어졌음을 나타내는데, 그 결과 이미 완결된 상태가 유지
되어 있지 않은 일을 나타내기도 한다(허웅 1987 참조).

　(57) 그 마당을 씰-엇엇-다 (주시경, 국어문법)[16]

5.3.3. 미정법 '-으리-'와 '-겠-'의 교체

미정법 '-으리-'의 쇠퇴　15세기 한국어에서 미정법을 실현하는 '-으리-'

---

16 주시경(1910:100)에서 '-엇엇-'에 대해 다음과 같이 풀이한다. 앞의 '엇'은 '씰'이 다
됨을 보임이요 아래의 '엇'은 그것이 없어짐을 보이는 것이다. 즉, 앞의 '-엇-'은 그
움직임을 다했다는 뜻이며, 아래의 '-엇-'은 그 움직임의 다한 결과가 다시 없어졌다는
뜻으로 풀이된다. 한편 '-었었-'을 언어유형론적 관점에서 [단절과거]로 보는 것은
박진호(2016) 참조.

는 현대 한국어와는 비교할 수 없을 정도로 매우 넓은 분포를 보인 것이 특징이다.

16세기부터 미정법 '-으리-'는 형태에 있어서 큰 변화가 일어난다. 즉, '-으리-'가 '-을-'로 줄어드는 현상이 나타난다. 문장 (58)은 16세기 한국 어에서(-으리-로- 〉 -을-로-), (59)는 17세기에서(-으리-로/라- 〉 -을-러/라-) 보인 현상이다.[17]

> (58) 이 四端을 두디 스스로 能히 몯홀로다[=몯ᄒ-ㄹ-로-다 닐ᄋ는 者는 스스로 賊ᄒ는 者ㅣ오 (맹자언해 3:32)
> (59) 져제는 됴흔 믈을 엇디 못홀러라[=못ᄒ-ㄹ-러-라] (박통사언해 상 55)

17세기에서는 한걸음 더 나아가 '-으리-로- 〉 -을-로- 〉 (-로-) 〉 -ㄹ-'로 변화한다.

> (60) 가. 내 아디 못ᄒ-리-로-다 (노걸대언해 상 33)
> 나. 내 뎌를 디기디 못홀로다[=못ᄒ-ㄹ-로-다] (박통사언해 하 6)
> 다. 詔書 開讀혼 후의 高麗 싸히 갈다[=가-ㄹ-다] (박통사언해 상 9)

---

17 16세기 이후 이러한 형태 변화는 점차 확산되었는데, 뒤에 오는 어미들이 모두 'ㄹ'로 시작하는 것으로 미루어 보아 '-으리-'의 끝모음 'ㅣ'의 탈락은 'ㄹ' 앞이라는 순수한 음운 환경에서 이루어진 것이라 하겠다. 물론 '-으라'도 함께 쓰이는 경우도 있는데, '-을-'이 입말투의 표현인 반면, '-으라'는 글말투의 표현으로 공존했을 것이다 (허웅 1987). '-으리-'와 그 변화에 대해서는 이병기(2006, 2018) 참조.

관형절 구성에 실현되던 '-으린'[= -으리-은] 형태는 '-을'에 합류되고, 16세기 문헌에서부터 보이지 않는다.[18]

15세기 한국어에서 다양한 분포를 보였던 '-으리-'는 점차 사용이 제한되는 변화를 겪는다. '-으리-'의 다른 형태와의 결합력은 현대 한국어에 이르는 동안 매우 약화되었다. 결합이 약화되었다는 것은 '-으리-'의 문법 지위가 그만큼 약해졌음을 의미한다. 문법형태의 지위는 다른 문법형태와의 결합력에 의해 확립되기 때문이다. 15세기에서 '-으리-'와 결합이 가능했던 다음 어미 가운데 현대 한국어에까지 가능한 것은 (61다)에 그친다(이기갑 1987 참조).

(61) 15세기에 '-으리-'와 결합이 가능했던 어미
　　가. -관딕, -으나, -고, -으며, -다가, -은
　　나. -은뎌, -을씨, -은대, -은댄, -곡, -곤
　　다. -라, -오, -아, -으니, -이, -은마른

15세기 한국어에서 '-으리-'는 주로 [추정]과 [의지]를 의미하였다. 16세기에서도 그러하다. (62가)는 추정, (62나)는 의지를 나타낸다.

(62) 가. 恩義 다 폐ᄒ면 夫婦ㅣ 離行ᄒ-리-라 (여사서언해 1:10)
　　나. 아니 가면 다ᄅ니 블로-리-라 (번역박통사 상 12)

그러나 17세기에 이르면서 점차 의지의 의미는 줄어들고 추정의 의미

---

18 18세기에 보이는 '-으린'은 원간의 말씨를 그대로 옮긴 때문이라 하겠다.
　　예. 만일 可히 ᄀᄅ치디 못ᄒ-린 後에 怒ᄒ고 만일 可히 怒롤 못ᄒ-린 後에 틸띠니
　　(어제내훈 3:4)

만 남게 된다.[19] 16세기 문헌 《번역박통사》(1510년쯤)와 17세기 문헌 《박통사언해》(1677년)를 대조하면, 추정은 그대로 실현하고 있지만, 의지는 16세기 문헌에서 '-으리-'로 실현했으나, 17세기 문헌에서는 청유어미 '-쟈'를 통해서 또는 의도를 나타내는 '-으려 ᄒᆞ노라'를 통해서 실현하고 있다(이기갑 1987 참조).

> (63) 가. [추정]
> 16세기 : 쉰 ᄒᆡ라도 믈어디디 아니ᄒᆞ-리-라 (번역박통사 상 10)
> 17세기 : 五十年이라도 믄허디디 아니ᄒᆞ-리-라 (박통사언해 상 11)
> 나. [의지]
> 16세기 : 아니가면 다ᄅᆞ니 블로-리-라 (번역박통사 상 12)
> 17세기 : 가디 아니면 다ᄅᆞ니롤 브ᄅᆞ-쟈 (박통사언해 상 12)
> 16세기 : 스므량 은에 볼모 드료-리-라 (번역박통사 상 20)
> 17세기 : 二十兩銀에 典當ᄒᆞ-려 ᄒᆞ노라 (박통사언해 상 19)

이와 같이 미정법 '-으리-'는 형태, 분포, 의미 모든 면에 있어서 약화되어 점차 쇠퇴해 갔다.

미정법 '-겠-'의 생성 미정법 '-으리-'의 쇠퇴는 새로운 미정법 '-겠-'을 생성하게 한다. 현대 한국어의 '-겠-'은 사동을 실현하는 통사적 구성 '-게

---

19 현대 한국어에 남아 있는 '-으리-'도 추정의 의미가 강하다(이기갑 1987 참조).
  가.*내가 가리라고 약속하였다. (의지)
  나. 내가 가리라고 생각도 못 하였다. (추정)

ㅎ-'의 완결법인 '-게 ㅎ엿-'에서 문법화하였다(나진석 1953, 허웅 1987 참조).[20]

다음 문장 (64)의 '-게 ㅎ엿-' 구성은 사동을 실현하고 있지만, (65)는 그리 분명하지가 않다.

(64) 가. 아모조록 쳐치를 ㅎ시-게 ㅎ-야시-니 (한듕만록 3:8)
    나. 이 나라히 오날이 잇-게 ㅎ-야시-니 (한듕만록 3:55)
(65) 가. 나곳 업스면 궐 닉의셔는 알 니 업셔 인ㅎ여 모르-게 ㅎ-야시-니 (한듕만록 1:40)
    나. 마누하님 월츌을 못 보시-게 ㅎ-엿-다 ㅎ고 소래ㅎ여 흔ㅎ니 (의유당집 동명일긔)

특히 (65나)의 '마누하님'을 목적어로 보면 [사동]의 의미로, 주어로 보면 [추정]의 의미로 해석된다. 그리하여 다음 (66)에서 '-게 ㅎ엿-' 구성은 사동의 의미보다는 추정의 의미가 두드러져 미정법을 실현하기에 이른다.[21]

───────────

20 고광모(2002)에서는 '용언-게'와 'ㅎ엿-'의 주어가 일치하는 '-게 ㅎ엿-'으로부터 '-겠-'이 발달했다고 해석한다. 그러한 '-게 ㅎ엿-'은 오늘날의 '-도록 하였-'에 대응하는바 그대로 '-도록 하였-'의 의미를 가졌다고 본다. '-게 ㅎ엿-'은 축어적으로 '-도록 하였-'을, 즉 '-기로 정하였-'을 의미했다고 보고, 문법화하기 전의 '-게 ㅎ엿-'의 기원 의미는 [작정]이라고 하였다. 문법화한 '-게 ㅎ엿-'의 최초 의미는 [예정]이며, [예정]에서 [예측]이 파생하고 [예측]에서 [추측]과 [가능]이 파생하였고, [예정]에서 [의도]도 파생했다고 보았다. 한편 '-게 ㅎ엿-'이 문법화하기 전에 '-게 되엿-'의 의미를 가졌다는 임동훈(2001) 등에 비판은 고광모(2017) 참조.

21 1882년 자료인 《정정인어대방》에서도 역시 그러하다(이현희 1994:70 참조).
    가. 다시 날을 바더 <u>가게 힛쓰니</u> 무고흔 날을 아러 주시게 허시요 (정정인어대방 8:6)
    나. 집 닉외를 소쇄흔 후에야 <u>쳥허게 허엿슴네</u> (정정인어대방 5:7)
    다. 나갈 슈 업기에 내가 <u>딕힝허게 허엿슴네다</u> (정정인어대방 8:8)

(66) 가. 친히 무슨 글을 쎠 나리오셔 보장ᄒᆞ야 집의 길니 뎐ᄒᆞ면
　　　미스가 되-게 ᄒᆞ-엿-다 ᄒᆞ니 (한듕만록 1:1)

　　　나. 아마도 고이ᄒᆞ니 ᄌᆞᄂᆡᄂᆞᆫ 됴히 살-게 ᄒᆞ-엿-ᄂᆡ (한듕만록 2:29)

　　　다. 가례 긔약이 미츠니 막듕 인눈의 일을 폐치 못ᄒᆞ-게 ᄒᆞ-야
　　　시-니 (한듕만록 2:20)

　　　라. 그 딕신의 뉴강이ᄅᆞᆯ 보닉고 국영이ᄅᆞᆯ 아니 가-게 ᄒᆞ-야시-
　　　니 (한듕만록 3:15)

　그러나 이미 이전의 자료에서도 '-게 ᄒᆞ엿-' 구성이 추정의 의미로 쓰임
을 볼 수 있다(이기갑 1987, 이현희 1994 참조).

(67) 가. ᄉᆞ연도 보고 부매 가셔 니ᄅᆞ면 뎌 됴킈[=둏-게] ᄒᆞ-엿-다
　　　(편지글 74:인선왕후,1659년쯤)

　　　나. 네 아바니믄 … 닉월 초싱의 셔울로 가-게 ᄒᆞ-여시-니 (순
　　　천김씨묘편지글 57)

　이렇게 미정법을 실현하게 된 '-게 ᄒᆞ엿-' 구성은 형태 축약이 일어나
18세기에 '-게엿-'의 형태로 나타났다. '-엿-' 앞에서 'ᄒᆞ-'의 탈락이 일어
난 것이다.[22]

(68) 가. 내일이야 가-게엿-습마ᄂᆞᆫ (편지글 193:이희국,18세기)

　　　나. 쎠나도 잇지 못ᄒᆞ-게엿-습 (편지글 193:이희국,18세기)

---

22 15세기에서는 ㄱ,ㄷ 앞에서 'ᄒᆞ-'의 'ㆍ' 탈락이 가능했고, 16세기에서는 비음의 어미
　앞에서 'ᄒᆞ-' 탈락이 가능했고, 18세기에 와서는 어미 첫소리에 상관없이 자유롭게
　일어났다. 이 결과로 '-게 ᄒᆞ엿-' 구성이 '-게엿-'으로의 변화를 겪을 수 있게 되었다(이
　기갑 1987 참조).

이 구성은 다시 축약하여, 문장 (69)와 같이 18세기 후기에 드디어 '-겟-' 형태가 완성되어, 문장 (70)과 같이 19세기에는 일반화되었다.

(69) 가. 져러흐고 이시니 굿득흔디 울거 흐-겟-다 흐시고 (한듕만록 1:74)

나. 션친이 요란흐니 못흐-겟-다 흐시고 (한듕만록 3:7)

다. 모년 다시 나-겟-다 말이 춤마 무셥고 (한듕만록 3:6)

라. 느라히 깃거흐시고 우리 아바님 어마님이 다 됴화흐-시-겟-다 흐고 (한듕만록 1:28)[23]

(70) 가. 남(藍)은 업셔 다 흰 거시라 흐오니 여긔셔 남을 드리면 죠흘 듯흐읍마는 뉘고더러 드리라 흐개슙[= 흐-갯-읍] (편지글 부III 3:김정희,1818년)

나. 두 고을 공스 (오)즉 다스흐시고 왕닉흐여 둔니시기 오즉 괴로우시게슙[= 괴로우시-겟-읍] (편지글 보 34:풍양조씨 부인,1894년)

다. 살해흐-겟-기에 못 드히노라 (긔히일긔 7)

라. 엇더케 흐여야 관찰스와 원 노릇슬 잘흐-겟-느냐고 흐기에 (독닙신문 1896.4.16.)

마. 남의게 의지흐랴는 사롬을 쳔히 넉이는 풍속이 싱겨야 흐-겟-더-라 (독닙신문 1897.1.5.)

이와 같이 생성된 '-겟-'은 '-으리-'와 기능이 충돌하게 되자, 형태, 분포, 의미가 약화된 '-으리-'와 교체하여 미정법의 시제어미로 자리를 굳히

---

23 《한듕만록》(1795년~1805년)에 보이는 '-겟-'은 대부분 인용절에서 나타난다. 비교적 인용이 구어를 반영하기 때문일 수 있다.

게 되었다. '-겠-'의 문법화 과정은 다음과 같이 정리된다.

(71) -게 ᄒ엿- 〉 -게엿- 〉 -겟- 〉 -겠-

한편 어미 '-겠-'과 함께 현대 한국어에서는 통사적 구성 '-을 것이-'가
미정법을 실현하고 있으며, 그 쓰임은 점차 확대되고 있다.

(72) 가. 그 일은 내가 할 것이다. (의지)
    나. 내일이면 알게 될 것이다. (추정)

현대 한국어의 시제법 체계　지금까지 살펴본 시제법의 역사적 변화의
결과, 현대 한국어의 시제법 체계는 다음과 같이 정리된다.

(73) 현대 한국어의 시제법 체계

		〈문장종결〉	〈관형절〉
[현실성] 있음 : 현실법	-ᄂ/ø-	-는/-ø-은
없음 : 회상법	-더-	-더-은
[확정성] 있음 : 완결법	-었-	-은[24]
없음 : 미정법	-겠-, -으리-	-을

---

24 현대 한국어에서 '-은'이 쓰일 자리에 '-었-는'이 나타나는 경향이 있다. 권재일
(1992:148)에서는 동사의 경우 관형절에 '-었-는'도 나타나는데, '모두가 그 책을
읽-었-는 모양이더라'와 같이 의존명사 구문에서 자연스럽다고 하였다. '-었-는'의
앞선 형태인 '-엇는'에 대해서는 안예리(2013), 김태우(2019) 참조. 김태우(2019)에서
는 15세기부터 20세기 초기에 이르기까지 '-었는'은 기능 변화 없이 [결과상태]로
사용되었으며, 현대 한국어에서는 화자의 표현적 필요성에 의해 재문법화하여 추정
구문의 내포절에 주로 사용되고 있다고 밝혔다.

또한 현대 한국어에서 미정법, 완결법, 상태지속상, 진행상, 기동상, 반복상 등을 실현하기 위해서는 통사적 구성이 쓰인다. 이것은 현대 한국어 시제법의 통사적 실현방법이다.

(74) 가. 미정법 : -을 것이-
　　　나. 완결법 : -어 버리-, -어 두-, -어 내-
　　　다. 상태지속상 : -어 있-
　　　라. 진행상 : -고 있-, -어 가-, -어 오-
　　　마. 기동상 : -게 되-
　　　바. 반복상 : -고-는 하-, -어 대-, -어 쌓-

▌참고 문헌

고광모 2002, '-겠-'의 형성 과정과 그 의미의 발달, 《국어학》 39: 27-47, 국어학회.

고광모 2017, '-겠-'의 발달에 대한 재론 - '-게 ᄒ엿-'을 '-게 되엿-'으로 해석하는 견해들에 대한 비판, 《언어학》 79: 53-72, 한국언어학회.

고영근 1981/1997, 《중세국어의 시상과 서법》, 탑출판사.

권재일 1992, 《한국어 통사론》(대우학술총서 인문사회과학 67), 민음사.

김용경 2009, 《한국어 문법범주에 대한 통시적 연구》(제6장 때매김 체계의 변화 양상), 대학서림.

김정대 1997, '-ᄂ-'의 변화와 경남 방언, 《연구원논집》 3: 7-59, 경남대학교 경남지역 문제연구원.

김차균 1990, 《우리말 시제와 상의 연구》, 태학사.

김태우 2019, '-었는'의 발달에 대한 관견, 《국어학》 92: 163-202, 국어학회.

나진석 1953, 미래시상 보간 '리'와 '겠'의 교체, 《국어국문학》 6: 6-8, 국어국문학회.

나진석 1971, 《우리말의 때매김 연구》, 과학사.

남미정 2014, 선어말어미 '-ᄂ-'의 변화, 《한말연구》 34: 45-71, 한말연구학회.

문현수·허인영 2018, 문법 형태 '-ᄂ-'의 통시적 변화, 《국어사연구》 27: 7-52, 국어사학회.

박부자 2018, 시상형태 {-더}의 쟁점과 전망, 《국어사연구》 27:53-79, 국어사학회.

박재연 2003, 과거시제를 나타내는 '-엇더-'에 대하여, 《어문연구》 31-4: 85-109, 한국어문교육연구회.

박진호 2010, 선어말어미 '-ᄂ-' 다시 보기, 《국어학논총》(최명옥선생 정년퇴임기념) 763-778, 태학사.

박진호 2011, 시제, 상, 양태, 《국어학》 60: 289-322, 국어학회.

박진호 2016, '-었었-'의 단절과거 용법에 대한 재고찰 - 함축의 관습화와 유형론의 관점에서 -, 《한글》 311: 89-121, 한글학회.

안예리 2013, '-엇난'의 통시적 연구, 《형태론》 15-2: 170-185, 형태론학회.

우창현 2005, 중세 국어에서의 상 해석에 대하여 - '-아/어 잇'을 중심으로 -, 《한국어학》 29: 137-158, 한국어학회.

이금영 2000, 선어말어미 '-거/어'의 통시적 연구, 충남대학교 대학원 국어국문학과 박사학위논문.

이기갑 1981가, 15세기 국어의 상태 지속상과 그 변천, 한글 173·174: 401-422, 한글학회.

이기갑 1981나, 씨끝 '-야'와 '-고'의 역사적 교체, 《어학연구》 17-2: 227-236, 서울대학교 어학연구소.

이기갑 1985, 현실법 표지 「-ᄂᆞ-」의 변천: 중앙어와 전남방언에서, 《역사언어학》(김방한선생 회갑기념논문집) 241-261, 전예원.

이기갑 1987, 미정의 씨끝 '-으리-'와 '-겠'의 역사적 교체, 《말》 12: 161-197, 연세대학교 한국어학당.

이남순 2019, 시상의 변화, 국어사대계간행위원회 (편) 《국어사 연구 2 (문법·어휘)》 121-139, 태학사.

이래호 2005, 후기중세국어의 "거" 통합형 연결어미에 대한 연구, 한국학중앙연구원 한국학대학원 박사학위논문.

이병기 2006, 한국어 미래성 표현의 역사적 연구, 서울대학교 대학원 국어국문학과 박사학위논문.

이병기 2014, 선어말어미 ㅏ-거ㅓ의 연구 성과과 쟁점, 《국어사연구》 19: 31-63, 국어사학회.

이병기 2018, 시상 형태 '-(으)라'의 쟁점과 전망, 《국어사연구》 27: 79-107, 국어사학회.

이유기 2013, 선어말 형태소 '-나-'의 기능, 《국어사연구》 16: 173-204, 국어사학회.

이지영 1999, 선어말어미 '-더-'의 통시적 연구, 《국어연구》 159, 서울대학교 대학원 국어연구회.

이현희 1994, 19세기 국어의 문법사적 고찰, 《한국문화》 15: 57-81, 서울대학교 한국문화연구소.

이효상 1991, Tense, Aspect, and Modality: a Discourse-Pragmatic Analysis of Verbal Affixes in Korean from a Typological Perspective, Ph.D. Dissertation, University of California, Los Angeles.

임동훈 2001, '-겠-'의 용법과 그 역사적 해석, 《국어학》 37: 115-147, 국어학회.

장요한 2006, 어미 "-과-"의 의미 기능에 대한 고찰, 《한민족어문학》 49: 95-118, 한민족어문학회.

정언학 2004, '-고 잇다' 구성에서의 '진행' 의미 발전 양상, 《어문연구》 44: 125-160, 어문연구학회.

정언학 2007, '-어 잇다' 구성의 분포와 의미의 역사적 변화, 《어문연구》 35-4: 79-108, 한국어문교육연구회.

주시경 1910, 《국어문법》, 박문서관.

최동주 1995, 국어 시상체계의 통시적 변화에 관한 연구, 서울대학교 대학원 언어학과 박사학위논문.

하정수 2013, 국어 어미 '-거-' 연구, 동국대학교 대학원 국어국문학과 박사학위논문.

한재영 1986, 중세국어의 시제체계에 대한 관견: 선어말어미 (더)의 위치정립을 중심으로, 《언어》 11-2: 258-284, 한국언어학회.

한재영 2002, 16세기 국어의 시제체계와 변화 양상 연구, 《진단학보》 93: 199-219, 진단학회.

허웅 1975, 《우리 옛말본, 15세기 국어 형태론》, 샘문화사.

허웅 1982, 한국말 때매김법의 걸어온 발자취, 《한글》 178: 3-52, 한글학회.

허웅 1987, 《국어 때매김법의 변천사》, 샘문화사.

허원욱 2011, 중세국어 때매김법의 통어적 결합 제약, 《한말연구》 29: 377-399, 한말연구학회.

홍종선 2017, 《국어문법사》(대우학술총서 618), 아카넷.

|제6장| 사동법 변화

　다음 문장 (1)은 15세기 한국어의 사동법을 실현하는데, 문장 (1)의 자연스러운 현대 한국어 표현은 문장 (2)와 같다. 이를 통해서 보면, 사동법의 실현방법이 역사적으로 변화했음을 보여 준다.

> (1) 가.　혼 菩薩이 王 두외야 겨샤 나라홀 아ᅀᆞ 맛디시고[=맜-이-시-고] (월인석보 1:5)
>
> 　　　나.　녀토시고[=녙-오-시-고] 쏘 기피시니[=깊-이-시-니] (용비어천가 20)
>
> (2) 가.　한 菩薩이 王이 되어 계시어 나라를 아우에게 맡기시고[=맡-기-시-고]
>
> 　　　나.　얕게 하시고 또 깊게 하시니

　(1가)의 '맛디시고[=맜-이-시-고]'는 사동접미사 '-이-'로 사동법을 실현하고 있으나, 현대 한국어에서는 (2가)처럼 '-기-'로 실현하고 있다. (1나)의 '녀토시고[=녙-오-시-고], 기피시니[=깊-이-시-니]'는 사동접미사 '-오-, -이-'로 사동법을 실현하고 있으나, 현대 한국어에서는 (2나)와 같이 통사적 구성 '-게 하-'로써 사동법을 실현하고 있다.

6.1. 사동법의 성격

사동법   다음 문장 (4)는 (3)에 대한 사동 표현이다.

(3) 가. 아람이가 간다.
   나. 아람이가 책을 읽는다.
(4) 가. 나는 아람이를 가게 한다.
   나. 나는 아람이에게 책을 읽게 한다.

전통적으로 '다른 것(객체)으로 하여금 그 움직임을 하게 하는 것', 또는 '월의 임자가 직접으로 실질적 움직임을 하지 아니하고, 남에게 그 움직임을 하게 하는 형식적인 움직임'을 사동으로 정의하고 있다(최현배 1971:350,410). 이러한 개념을 달리 표현하면, 사동으로 표현되는 상황은 두 상황이 하나되어 나타나는 상황이라고 할 수 있다. 즉, 원인과 결과라는 두 개의 상황을 하나의 복합 상황으로 표현하는 것을 사동 상황이라고 한다. 이러한 사동 상황을 실현하는 문법범주가 사동법이다. 위 문장 (4)가 사동법이 실현된 문장인데, (5)와 같은 두 상황을 하나의 상황으로 표현한 것이다.

(5) 가. 아람이가 간다.
      나는 아람이에게 시킨다.
   나. 아람이가 책을 읽는다.
      나는 아람이에게 시킨다.

그런데 (4)를 (3)과 대조해 보면, 격이 바뀌었음을 볼 수 있다. 다시 말하여 (3)의 '아람이'가 주격에서 (4)에서는 다른 격으로 바뀌었으며, 또한 (3)에 대해서 (4)에는 '나'라는 주격이 새로 만들어졌다. 대응하는 비-사동, 즉 주동 표현보다 한 개의 격을 사동 표현이 더 가지고 있다. 다음 문장들이 각각 이러한 예이다.

　(6) 물이 맑다.
　　　나는 물을 맑게 한다.
　(7) 아람이가 간다.
　　　나는 아람이를 가게 한다.
　(8) 아람이가 책을 읽는다.
　　　나는 아람이에게 책을 읽게 한다.
　(9) 아람이가 친구에게 책을 준다.
　　　나는 아람이에게 친구에게 책을 주게 한다.

한 자리 서술어인 형용사의 경우, 문장 (6)과 같이 주격인 '물'이 목적격으로 바뀌고, 새로운 주격 '나'가 만들어졌다. 역시 한 자리 서술어인 자동사의 경우도 문장 (7)과 같이 '아람이'가 목적격으로 바뀌고, 새로운 주격 '나'가 만들어졌다. (8)과 같은 두 자리 서술어인 타동사의 경우, 주격인 '아람이'가 부사격으로 바뀌고, 새로운 주격 '나'가 만들어졌다. 세 자리 서술어인 (9)도 역시 그러하다. 결국 사동 표현은 어떤 상황의 주격을 다른 격으로 바꾸고, 새로운 동작주를 새 주격으로 끌어들여 자리수를 늘이는 표현인 셈이다.

사동법의 실현방법　사동법은 일반적으로 어휘적, 파생적, 통사적 방법으로 실현된다. 그러나 가장 주된 사동법은 '파생적 사동법'과 '통사적 사동법'이다. 문장 (10)은 '보내다, 주다' 등과 같은 동사에 의한 현대 한국어의 어휘적 사동법이며, (11)은 사동접미사 '-추-, -히-' 등에 의한 현대 한국어의 파생적 사동법이며, (12)는 통사적 구성 '-게 하-'에 의한 현대 한국어의 통사적 사동법이다.

(10) 가. 나는 아람이를 <u>보냈다</u>.
　　나. 나는 아람이에게 즐거움을 <u>준다</u>.
(11) 가. 상대방에게 자신을 낮-<u>추</u>-는 것이 예의이다.
　　나. 아버지께서는 아기를 의자에 앉혔다[=앉-<u>히</u>-었-다].
　　다. 어머니께서는 아기에게 과일을 먹이셨다[=먹-<u>이</u>-시-었-다].
(12) 가. 아버지께서는 아들에게 운동을 하게 하신다[=하-<u>게 하</u>-시
　　　-ㄴ다].
　　나. 독서는 우리가 생활의 지혜를 얻게 한다[=얻-<u>게 하</u>-ㄴ다].

　파생적 사동법은 사동접미사에 의해 실현된다. 동사나 형용사에 사동접미사 '-이-, -히-, -리-, -기-, -우-, -구-, -추-' 등이 결합하여 실현된다. 통사적 사동법은 두 형태적 구성, 즉 두 서술어가 통합해서 통사적 구성으로 실현된다. 통사적 구성 '-게 하-'가 대표적이며 그밖에도 '-게 만들-, -도록 하-, -도록 만들-' 등이 이에 속한다. 그런데 통사적 사동법은 분포에 제약이 없어 모든 용언에 두루 실현되지만, 파생적 사동법은 분포에 크게 제약이 있어, 사동법을 실현하지 못하는 동사, 형용사가 많다.

6.2. 15세기 한국어의 사동법

　사동법의 주된 실현방법은 파생적 방법과 통사적 방법인데, 15세기 한국어의 사동법 실현방법도 이와 같다. 문장 (13가)는 파생적 방법으로, (13나)는 통사적 방법으로 '앉다' 동사의 사동법이 실현된 경우이다.

(13) 가. 제 座를 느호아 안치면[=앉-히-면] (석보상절 19:6)

　　　나. 座를 느호아 앉-긔 ᄒ-면 (월인석보 17:51)

문장 (14)의 '묽다' 역시 그러하다. (14가)는 파생적 방법, (14나)는 통사적 방법이다.

(14) 가. 흐린 므를 몰교ᄃᆡ[=묽-이-오ᄃᆡ] ᄀᆞᄆᆞ니 잇ᄂᆞᆫ 그르세 돔 ᄃᆞᆺ
　　　　ᄒᆞ니 (능엄경언해 4:89)

　　　나. 므레 ᄃᆞ마 묽-게 ᄒᆞ-야 (월인석보 10:119)

어휘적 사동법　동사 자체의 특성으로 사동 표현이 실현되는 경우이다. 동사 'ᄇᆞ리다, 시기다' 등에 의하여 사동 표현이 실현된다.[1]

(15) 가. ᄒᆞᄅᆞᆺ나래 두 번 죵 ᄇᆞ리고 사ᄋᆞ래 ᄒᆞᆫ 번 돗글 다믓ᄒᆞ라
　　　　(두시언해-초간 22:53)

　　　나. 부톄 阿難 일 시기샤 羅睺羅ᄋᆡ 머리 갓기시니 (석보상절
　　　　6:10)

---

1 현대 한국어 '시키다'는 15세기 한국어 '시기다'에서 '시기다〉식이다〉식히다〉시키다'와 같이 형태 변화를 겪었다. '시기다'는 원래 아래 문장 (가)와 같이 '명령' 의미의 주동사로 쓰이다가, 점차 (나)처럼 선행명사 뒤에서 '명령' 의미의 어근으로서 합성동사를 형성하는 데 참여하였으며, 나중에는 파생접미사로 바뀌어 (다)처럼 '사동'의 의미를 지니는 파생동사를 형성하였다. 문장 (가),(나),(다)는 각각 15세기, 15세기, 18세기 자료이다. 이에 대한 구체적인 자료는 강명순(2014) 참조.
　가. 一千 阿羅漢이 虛空애 ᄂᆞ라와 부텻긔 머리 좃ᅀᆞᆸ고 술ᄫᅩᄃᆡ 부텨하 우리를 아못 이리나 시기쇼셔 (월인석보 10:13)
　나. 이에 오래 이시면 시혹 우기눌러 일시기로다 ᄒᆞ고 ᄲᆞᆯ리 ᄃᆞ라가거늘 (월인석보 13:13)
　다. 派出 구실식이다 (역어유해보 9)

파생적 사동법   15세기 한국어에서도 사동접미사에 의해 사동법이 실현
된다. 사동법을 실현하는 사동접미사는 '이'-계열과 '오/우'-계열로 나뉜다
(허웅 1975:150). '이'-계열에는 '-이-, -히-, -기-'가, '오/우'-계열에는 '-오/
우-, -호/후-, -고-'가 있다. 이들은 대체로 음운 조건에 따라 나타난다.[2]
먼저 사동접미사 '-이-' 의한 파생적 사동법을 살펴보자. '긏다, 살다,
먹다, 깊다' 등은 다음 문장 (16)에서와 같이 주동 표현에 나타난다.

>   (16) 가. 싀미 기픈 므른 ㄱㅁ래 아니 그츨씨[=긏-을씨] (용비어천
>   가 2)
>   나. 우리 始祖 ㅣ 慶興에 사ᄅ샤[=살-ᄋ샤] (용비어천가 3)
>   다. 그 龍ᄋᆞᆯ 자바 쯔저 머거늘[=먹-어-늘] (석보상절 6:32)
>   라. 녀트며 기푸미[=깊-우-ㅁ-이] 곧디 아니커늘 (월인석보
>   17:22)

이들 동사, 형용사에 사동접미사 '-이-'가 결합하면 사동사가 되어 다음
과 같이 사동법을 실현하는 문장들이 된다.

>   (17) 가. 한 비를 아니 그치샤[=긏-이-샤] (용비어천가 68)
>   나. 城 밧긔 닐굽 덜 일어 중 살이시고[=살-이-시-고][3] (월인

---

2 사동접미사의 음운 조건에 대한 구체적인 분석은 김형배(1997), 구본관(1998), 조일규
(2011), 장윤희(2015), 양정호(2018) 참조. 특히 '알외다, 일우다' 등과 같이 분철한
사동사의 경우, 사동접미사는 단순한 '-이-'나 '-오/우-'가 아닌 자음 성격의 '-이-'나
'-오/우-'으로 분석하기도 한다(김주필 1988, 구본관 1998, 장윤희 2015 참조).
  가. 부텻 知見으로 衆生ᄋᆞᆯ 알외오져 ᄒᆞ시며 (석보상절 13:55)
  나. ᄒᆞ논 일 이쇼미 비록 거츠나 ᄇᆞ리면 큰 業이 몯 일우고 (월인석보 8:31)
3 '살다'의 사동 표현은 두 가지로 나타난다. 첫째 '살-이-다'는 현대 한국어의 '살게
하다'의 의미이다. 문장 (가)의 '살이시고'는 현대 한국어로 '살게 하시고'의 뜻이다.

석보 2:77)

다. 醫를 맛나고도 왼 藥을 머겨[=먹-이-어] 아니 주긂 저긔
곧 橫死ᄒᆞ며 (석보상절 9:36)

라. 바ᄅᆞ래 비 업거늘 녀토시고 ᄯᅩ 기픠시니[=깊-이-시-니]
(용비어천가 20)

이와 같이 사동접미사 '-이-'에 의해 사동법을 실현하는 동사, 형용사
몇 예를 더 들면 다음과 같다.

(18) 가. 녹다→녹-이-다

두려이 노겨[=녹-이-어] 비취유미 (능엄경언해 2:18)

나. 울다→울-이-다

興心이 … 白玉珂를 울요매[=울-이-오-ㅁ-애] 잇도다 (두
시언해-초간 21:17)

다. 듣다→들-이-다

法을 닐어 沙彌를 들-이-니 (월인석보 7:21)

라. 긷다→길-이-다

林淨寺애 가샤 聖人 뵈ᅀᆞ바시ᄂᆞᆯ ᄀᆞ장 깃거 믈을 길-이-시-
니 (월인석보 8:84)

마. 븕다→븕-이-다

마초아 블교리라[=븕-이-오-리-라] (능엄경언해 2:87)

둘째, '살-ᄋᆞ-다'는 현대 한국어의 '살리다'의 의미이다. 문장 (나)의 '사ᄅᆞ샤'는 현대
한국어로 '살리시어'의 뜻이다.
가. 城 밧긔 닐굽 델 일어 줌 살이시고[=살-이-시-고] (월인석보 2:77)
나. ᄂᆞᆷ 주규려커늘 天地之量이실ᄊᆞᆯ 다시 사ᄅᆞ샤[=살-ᄋᆞ-시-어] 爵祿을 주시니
(용비어천가 77)

사동접미사 '-히-'에 의한 파생적 사동법은 다음과 같이 나타난다.

(19) 가. 앉다→앉-히-다

請ᄒᆞ야 宮中에 드르샤 比丘란 노피 안치시고[=앉-히-시-고] 王ᄋᆞᆫ 놋가비 안ᄌᆞ샤 (월인석보 8:90)

나. 돋다→돋-히-다

文身ᄋᆞᆫ 모매 文 도틸[=돋-히-ㄹ] 씨오 (법화경언해 5:14)

다. 잡다→잡-히-다

제 法에 샹녜 門 자펴[=잡-히-어] 두고 ᄒᆞ다가 ᄠᅩ쳐 오거든 ᄲᆞᆯ리 門을 열라 ᄒᆞ옛더니 (월인석보 10:25)

라. 긁다→긁-히-다

아히로 훤히 둥어리 글키고[=긁-히-고] (두시언해-초간 15:4)

마. 넙다→넙-히-다

阿彌陀佛ㅅ 變化로 法音을 너피실ᄊᆡ[=넙-히-시-ㄹᄊᆡ] (월인석보 7:58)

사동접미사 '-기-'에 의한 파생적 사동법의 예를 들면 다음과 같다.

(20) 가. 싯다→싯-기-다

나죗 서늘호매 ᄆᆞᆯ 시교ᄆᆞᆯ[=싯-기-오-ㅁ-ᄋᆞᆯ] 보니 (두시언해-초간 15:27)

나. 옮다→옮-기-다

우리나랏 말로 옮겨[=옮-기-어] 쎠 펴며는 (월인석보 서 23)

다. 밧다→밧-기-다

투구 아니 밧-기-시-면 (용비어천가 52)

라. 빗다→빗-기-다

솔로 빗-기-면 (월인석보 1:27)

사동접미사 '-오/우-'에 의한 파생적 사동법은 다음과 같이 나타난다.

(21) 가. 일다→일-우-다

太子ㅣ 道理 일-우-샤 (석보상절 6:5)

나. 메다→메-우-다

큰 흰 쉬 슬지고 壯코 힘 하며 양지 고ᄋ니로 寶車 메-우-고 (법화경언해 2:140)

다. 오올다→오올-오-다

衆生둘히 ᄆᆞᅀᆞᄆᆞᆯ 오올와[=오올-오-아] (월인석보 8:5)

라. 헐다→헐-우-다

돌쎈른 오ᄉᆞᆯ 걸위여 헐-우-고 (두시언해-초간 15:6)

마. 녈다→녈-오-다

바ᄅᆞ래 빈 업거늘 녀토시고[=녈-오-시-고] ᄭᅩ 기피시니 (용비어천가 20)

사동접미사 '-호/후-'와 '-고/구-'에 의한 파생적 사동법의 예를 들면 다음과 같다.

(22) 가. 낟다→낟-호-다

神通力을 나토샤[=낟-호-샤 (월인석보 서 6)

나. 맞다→맞-호-다

合掌ᄋᆞᆫ 솑바당 마촐[=맞-호-리] 씨라 (월인석보 2:29)

다. 솟다→솟-고-다

佢羅ᄂᆞᆫ 닐오매 너븐 엇게니 바룴 므를 솟-고-ᄂᆞ-니-라
(법화경언해 1:52)

그런데 파생적 사동법은 현대 한국어에서는 그 분포가 대단히 제한된
다. 그러나 이와는 달리 15세기 한국어에서 파생적 사동법은 그 분포가
비교적 넓은 것이 특징이다. 이에 대해서는 6.3. 참조.

통사적 사동법 두 서술어가 통합해서 통사적 구성을 이루는 통사적
방법으로 사동 표현이 실현된다.

(23) 가. 慈悲ᄂᆞᆫ 衆生ᄋᆞᆯ 便安케 ᄒᆞ시ᄂᆞᆫ[=便安ᄒᆞ-게 ᄒᆞ-시ᄂᆞᆫ] 거시어
늘 (석보상절 6:5)

나. 一切 有情이 나와 다ᄅᆞ디 아니케 호리라[=아니ᄒᆞ-게 ᄒᆞ-오
-리-라] (석보상절 9:4)

다. 菩薩이 어느 나라해 ᄂᆞ리시-게 ᄒᆞ-려뇨 (월인석보 2:10)

라. 내 아ᄃᆞ리 목수믈 일케 ᄒᆞ야뇨[=잃-게 ᄒᆞ-야뇨] (월인석보
21:219)

마. 므레 ᄃᆞᆷ마 ᄆᆞᆰ게 ᄒᆞ-야 (월인석보 10:119)

문장 (23)과 같이 '便安ᄒᆞ게, 아니ᄒᆞ게, ᄂᆞ리시게, 일케, ᄆᆞᆰ게'라는 서술
어와 'ᄒᆞ-'라는 서술어에 의해서 사동법을 실현한다. 15세기 한국어 통사
적 사동법에는 '-게 ᄒᆞ-' 구성 외에도 문장 (24)와 같은 '-긔 ᄒᆞ-'와 (25)와
같이 'ㄹ' 모음과 반모음 '이', '-으리-', '이다'의 '-이-' 아래서 나타나는
'-에 ᄒᆞ-, -의 ᄒᆞ-'가 더 있다.

(24) 가. 如來 … 모ᄃᆞᆫ ᄆᆞᅀᆞᆷ믈 즐기-긔 ᄒᆞ-ᄂᆞ-니 (석보상절 13:40)

나. 罪 무촌 사루미 도로 道果룰 得-긔 ᄒ-시-니 (석보상절 19:36)

(25) 가. 衆生ᄋ로 一切 世間앳 信티 어려본 法을 다 듣ᄌᆞ바 알에
　　　　ᄒ오리라[=알-에 ᄒ-오-리-래 (석보상절 13:27)

　나. 이제 도로혀 ᄂᆞ미 어싀아ᄃᆞᆯ룰 여희-에 ᄒ-시ᄂᆞ니 (석보상
　　　절 6:5)

　다. 四面에 各各 靑幡 닐굽곰 ᄃᆞ로ᄃᆡ 기릐 혼 丈이-에 ᄒ-고
　　　(월인석보 10:119)

　라. 化人ᄋᆞᆫ 世尊ㅅ 神力으로 ᄃᆞ외-의 ᄒ-샨 사ᄅᆞ미라 (석보상
　　　절 6:7)

　문장 (23),(24),(25)를 보면, 사동법이 실현되기 이전 주동문의 주어였던
성분이 사동문에서 주격조사를 그대로 유지하는 경우가 있는가 하면, 다
른 격조사를 취하는 경우도 있다. 다음 (26)은 주격조사를 그대로 유지하
는 경우이고, (27),(28)는 각각 '-을, -ᄋ로'를 취하는 경우이다.[4]

(26) 가. 菩薩이 어느 나라해 ᄂᆞ리시-게 ᄒ-려뇨 (월인석보 2:10)

　나. 내 아ᄃᆞ리 목수믈 일케 ᄒ-야뇨[=잃-게 ᄒ-야뇨] (월인석
　　　보 21:219)

　다. 罪 무촌 사ᄅᆞ미 도로 道果룰 得-긔 ᄒ-시니 (석보상절
　　　19:36)

(27) 가. 慈悲ᄂᆞᆫ 衆生-을 便安케 ᄒ-시ᄂᆞᆫ[=便安ᄒ-게 ᄒ-시ᄂᆞᆫ] 거시

---

4 현대 한국어에서는 마찬가지인데 다른 격조사를 취할 경우에는 아래 (나),(다)처럼
　주로 '-에게'를 취한다.
　가. 아기-가 약을 먹는다.
　나. 어머니가 아기-에게 약을 먹인다.
　다. 어머니가 아기-가/에게 약을 먹게 한다.

어늘 (석보상절 6:5)

나. 이제 도로혀 느미 어싀아ᄃᆞ릴[=어싀아들-읠] 여희-에 ᄒᆞ-시ᄂᆞ니 (석보상절 6:5)

다. 王ㅅ 病을 내 어루 고티ᅀᆞᄫᅳ리니 나-ᄅᆞᆯ 닐웨만 王이 ᄃᆞ외-에 ᄒᆞ-쇼셔 (석보상절 24:50)

(28) 가. 衆生-ᄋᆞ로 一切 世間앳 信티 어려ᄫᅳᆫ 法을 다 듣ᄌᆞᄫᅡ 알에 호리라[=알-에 ᄒᆞ-오-리-라] (석보상절 13:27)

나. 化人ᄋᆞᆫ 世尊ㅅ 神力-으로 ᄃᆞ외-의 ᄒᆞ-샨 사ᄅᆞ미라 (석보상절 6:7)

6.3. 사동법의 변화

15세기 한국어에서 현대 한국어에 이르는 동안 사동법의 큰 변화는 바로 파생적 사동법의 축소와 통사적 사동법의 확대이다. 거기에다가 파생적 사동법에서 사동접미사가 다른 것으로 교체된 것도 변화의 한 특징이다. 먼저 사동접미사가 교체된 변화에 대해 살펴보자.

사동접미사의 교체　15세기 한국어의 사동접미사는 현대 한국어에 이르는 동안 대체로 유지된다. 그러나 동사나 형용사에 따라 변화없이 같은 접미사가 결합하는 경우도 있고, 다른 접미사로 교체되어 결합하는 경우도 있다. 다음 (29)는 현대 한국어에 이르는 동안 변화가 없는 예이다.

(29) 가. 먹-이-다, 녹-이-다, 속-이-다, 죽-이-다 …

나. 앉-히-다, 잡다→잡-히-다, 읽다→읽-히-다, 넙다→넙-히-다 …

다. 홀-리-다 …

라. 싯-기-다, 감-기-다, 옮-기-다, 밧-기-다, 숨-기-다 …

마. 드리-우-다, 띄-우-다(띄우다), 맞-호-다(맞추다), 메-
우-다, 일-우-다(이루다) …

이 가운데 예를 들어 '먹다'의 사동사 '먹-이-다'의 예를 시대별로 보면
다음 (30)과 같다.

(30) 가. 16세기

혼번 버므린 딥 머거든 기들워 믈 머기라[=먹-이-라] (번
역노걸대 상 24)

나. 17세기

괴롭고 브즈러니 졋 머기시며[=먹-이-시-며] 갓가스로 길
러내시니 (경민편언해-중간 1)

다. 20세기

여관으로 드러가셔 급히 약을 먹인다[=먹-이-ㄴ다] 우유
를 먹인다[=먹-이-ㄴ-다] 후야 (츄월식 60)

그러나 다음 예는 역사적으로 다른 사동접미사로 교체된 경우이다.

(31) 가. -이- 〉 -리-

울-이-다 〉 울-리-다, 늘-이-다 〉 날-리-다, 놀-이-다
〉 놀-리-다, 돌-이-다 〉 돌-리-다, 말-이-다 〉 말-리-다,
셜-이-다 〉 빨-리-다 …

나. -이- 〉 -히-

누(눕)-이-다 〉 눕-히-다, 묵-이-다 〉 묵-히-다, 붉-이-

다 〉 밝-히-다, 닉-이-다 〉 익-히-다, 넑-이-다 〉 읽-히
-다 …

다. -이- 〉 -기-
웃-이-다 〉 웃-기-다 …

라. -오/우-, -으- 〉 -리-
믈-오-다 〉 말리다, 살-으-다 〉 살-리-다, 얼-우-다 〉
얼-리-다 …

이 가운데 '울-이-다 〉 울-리-다'와 '닉-이-다 〉 익-히-다'의 변화를
시대별로 보면 다음과 같다.

(32) 울-이-다 〉 울-리-다

가. 16세기
방울 소-릿를 듣고 둔니면 찬눈 玉을 울-이-ᄂ-니 (소학
언해 3:18)

나. 17세기
긔를 두르고 붑을 울려[=울-리-에] 날 사라실 적ᄀ티 ᄒ라
ᄒ야늘 (동국신속삼강행실도-충신 1:90)

다. 18세기
수천빅 말숨이 가히 ᄌᄌ히 귀신을 울닐지라[=울-리-르
지-래 (명의록언해 수 하 44)

(34) 닉-이-다 〉 익-히-다

가. 16세기
미양 긴 밤의 빈혼 것 니길[=닉-이-리 제 머굼어 뼈 브즈
런코 고로옴을 돕게 ᄒ더라 (소학언해 6:99)

나. 17세기

아므려나 무음을 다ᄒᆞ여 니기읍소[=닉-이-읍-쇼] (첩해신
어 9:17)

다. 19세기
돈 싱기면 사 모와셔 손으로 만드러셔 눈의 익고 손의도
익키랴고[=익-히-랴괴] (열녀춘향수절가)
우리들이 이믜 익킬[=익-히-ㄹ] 쩝이란 글ᄌᆞ롤 빅왓거니
와 (신정심상소학 2:13)

파생적 사동법의 축소와 통사적 사동법의 확대　이미 위에서 살펴본 바와
같이 15세기 한국어에서나 현대 한국어에서나 사동법은 주로 파생적 방
법과 통사적 방법으로 실현된다. 그런데 파생적 사동법의 실현은 15세기
한국어와 현대 한국어 사이에 큰 차이가 있다. 즉, 다음과 같이 15세기
한국어에서는 사동접미사의 결합이 가능하여 사동법을 실현하였던 동사
나 형용사들이 현대 한국어에서는 사동접미사의 결합이 불가능하여 파생
적 사동법을 실현하지 못한다.

(35) 주동사　　　　15세기 한국어　　　현대 한국어
긴다　　　　　길-이-다　　　　　*길-이-다
그리다　　　　그리-이다　　　　　*그리-이-다
닛다　　　　　닛-우-다　　　　　*이-우-다
딩굴다　　　　딩굴-이-다　　　　*만들-이-다
살다　　　　　살-이-다　　　　　*살-이-다
열다　　　　　녈-오-다　　　　　*얕-이-다
ᄒᆞ다　　　　　ᄒᆞ-이-다　　　　*하-이-다

몇 가지 예를 들어 보았으나, 실제 상당수의 동사나 형용사들이 15세기

한국어와 현대 한국어에서 다른 양상을 보인다. 그런데 위에 예를 든 경우, 현대 한국어에서 파생적 사동법이 실현되지 않지만, 다음과 같이 통사적 사동법으로는 실현된다.

(36) 긷다   : 긷-게 하-다
     그리다 : 그리-게 하-다
     잇다   : 잇-게 하-다
     만들다 : 만들-게 하-다
     살다   : 살-게 하-다
     얕다   : 얕-게 하-다
     하다   : 하-게 하-다

15세기 한국어와 현대 한국어를 대조하여 예를 들면 다음과 같다.

(37) 가. 林淨寺애 가샤 聖人 뵈ᅀᆞᄫᅡ시ᄂᆞᆯ ᄀᆞ장 깃거 믈을 길-이-시-니 (월인석보 8:84) 〉 (현대) 긷-게 하-시니

나. 노ᄑᆞᆫ 義ᄂᆞᆫ 雲臺예 그리-이-고져 호매 잇ᄂᆞ니 (두시언해-초간 22:46) 〉 (현대) 그리-게 하-고자

다. ᄯᅩ 五色 幡 밍ᄀᆞᆯ며 燈 혀아 닛-위-여 븕게 ᄒᆞ며 (석보상절 9:35) 〉 (현대) 잇-게 하-여

라. 집 아래 어루 받이럼 밍ᄀᆞ릴식[=밍ᄀᆞᆯ-이-ㄹ식] (두시언해-초간 16:66) 〉 (현대) 만들-게 하-니

마. 城 밧긔 닐굽 뎔 일어 즁 살-이-시고 (월인석보 2:77) 〉 (현대) 살-게 하-시고

바. 바ᄅᆞ래 비 업거늘 녀토시고 ᄯᅩ 기피시니 (용비어천가 20) 〉 (현대) 얕-게 하-시고, 깊-게 하-시니

사. 太子 羅睺羅 ㅣ 나히 ᄒ마 아호빌씨 <u>出家ᄒ여</u>[=出家ᄒ-이-
여] 聖人ㅅ 道理 빈화사 ᄒ리니 (석보상절 6:3) 〉 (현대)
出家하-게 하-여

　이러한 특징으로 보면 사동법은 파생적 방법에서 통사적 방법으로 실
현방법이 변화했다고 할 수 있겠다. 이와 같은 변화는 문법범주 실현방법
의 변화 유형으로 보면, '파생적 방법 〉 통사적 방법'의 유형에 해당한다.[5]

　사동법 변화의 원인　이와 같이 사동법의 실현방법은 현대 한국어로
오면서 파생적 방법은 줄어들고, 통사적 방법이 확대되었다. 그런데 한국
어의 문법범주 실현방법 변화의 일반적인 경향은 통사론에서 형태론으로
의 변화이다. 제5장에서 살펴본 시제법의 '-었-, -겠-'의 생성이 그 대표
적인 예가 될 것이다.

　그러면 이러한 일반적인 변화와 달리 사동법과 피동법은 그 변화의
방향이 오히려 반대 방향인 것이 해명되어야 할 것이다. 이 문제에 대한
해명은 피동의 기원을 밝힌 이향천(1990)에서 그 실마리를 찾을 수 있다.
피동의 역사를 다룬 자리에서 피동법과 사동법의 역사적 관련성을 언급하
고 있는데, '사동접미사에서 피동접미사가 발전되어 나왔다'라는 가설을
세운다. 여기에서 사동접미사에서 피동접미사가 나왔다는 가설을 받아들
인다면 사동법 실현방법의 변화 원인을 밝힐 수 있을 것이라고 생각한다.

5　강명순(2001나)에서는 주동사/능동사에서 사동사만을 파생시키는 유형, 피동사만을
　파생시키는 유형, 사동사와 피동사를 동일 접미사로 파생시키는 유형은 변화한 비율이
　낮아 현대 한국어에서도 파생이 생산적인 반면, 주동사/능동사에서 다른 접미사로
　사동사와 피동사를 파생시키는 유형은 변화한 비율이 높아 현대 한국어에서 파생이
　생산적이지 못하다고 하였다. 중세 한국어에서 형태적 사동법이던 것이 현대 한국어로
　오면서 통사적 사동법으로 변화한 동사의 비율은 전체 동사의 12.77% 정도라는
　통계를 제시하였다.

역사적으로 파생적 사동법과 피동법이 줄어들고 통사적 사동법과 피동법이 확대된 것은 다음과 같은 설명이 가능하다. 동일한 파생접미사가 어느 단계에서 사동접미사와 피동접미사로 기능하게 되면서, 사동법과 피동법을 변별해야 할 필요성이 생기게 되었을 것이다. 이렇게 되자 결국 파생접미사로 실현되던 사동법과 피동법이 줄어들고 결과적으로 다른 실현방법인 통사적 사동법과 피동법이 확대되었다고 할 수 있다. 따라서 이러한 근거로 사동법과 피동법의 실현방법이 통사적 방법으로 변화했다고 볼 수 있다.[6]

두 문법범주가 어떤 사정으로 동일한 방법으로, 구체적으로 동일 형태로 실현되는 경우가 있을 때, 어느 한 형태가 다른 형태에서 유래했다고 생각해 볼 수 있다. 사동법과 피동법이 같은 파생접미사에 의해 실현되는 경우에 다음과 같은 두 가지 가정이 가능하다. 첫째는 사동접미사가 피동접미사로 확대되었을 것이고, 둘째는 피동접미사가 사동접미사로 확대되었을 것이다. 그런데 피동접미사에서 사동접미사가 발전하였을 가능성은 드물다. 사동법이 피동법보다 더 기본적인 범주이기 때문이다. 언어에 따라서는 피동사가 없는 언어는 있을 수 있으나, 사동사가 없는 언어는 발견되지 않는다고 한다. 따라서 사동접미사에서 피동접미사가 나왔다는 가정을 입증할 수 있다. 더욱이 15세기 한국어에서 사동사의 분포는 이러한 가정을 뒷받침해 준다. 15세기 한국어에서 사동사만 발견되고 피동사는 발견되지 않은 것들의 수가 많으며, 또한 서로 다른 형태를 취하는 사동사와 피동사는 그 수가 매우 적다는 사실도 사동사가 본질적인 것이

---

6 파생적 사동법의 실현 제약에 대한 다른 해석은 류성기(1992) 참조. 류성기(1992)에서는, 파생적 사동법은 15세기 한국어에서는 기본용법의 직접, 간접사동과 확대용법의 간접, 직접사동을 모두 허용하였으나, 현대 한국어로 오면서 기본용법의 직접사동과 확대용법의 간접사동은 지속적으로 사용되고, 기본용법의 간접사동과 확대용법의 직접사동은 점차 소멸되어 실현방법이 변화하였다고 설명하고 있다.

며, 피동사는 사동사에 기대어 실현되었다고 할 수 있다.

이와 같이 사동법과 피동법이 동일한 형태로 실현되면서, 다음 단계에서 두 범주를 변별해야 하는 필요성이 대두된 것이라 볼 수 있다. 이러한 변별의 필요 때문에 통사적 사동법과 피동법이 확대하게 된 것이다. 그것은 사동접미사와 피동접미사의 동음충돌로 인한 의미를 변별하고자 하는 동기 때문이라고 본다. 만일 피동접미사와의 충돌이 없었다면 구태여 통사적 사동법을 사용할 이유가 없었을 것이다. 같은 이유로 피동법도 통사적 구성 '-어 지-'에 의한 피동법이 확대되었다. 결론적으로 15세기 한국어에서는 생산적이었던 사동접미사와 피동접미사가 역사적으로 그 분포가 축소된 것은 사동접미사와 피동접미사 사이의 동음충돌로 인한 변별을 위해서였다고 해석할 수 있다.

이러한 설명의 타당성은 경상방언의 사동법과 피동법에서 찾아볼 수 있다. 경상방언에서는 사동법와 피동법의 차이는 성조에 의해 실현된다.

(38)　　굽다　　날다　　입다　　추다　　잡다
　　가.　**굽**히다　**날**리다　**입**히다　**추**이다　**잽**히다
　　나.　굽**히**다　날**리**다　입**히**다　추**이**다　잽**히**다

위 문장의 (가)는 사동법이고, (나)는 피동법이다. 즉, 경상방언에서 동일 형태의 파생적 사동법과 파생적 피동법을 구분하는 변별 기능을 성조가 맡고 있다. 즉, 성조가 관여하지 않은 방언에서는 통사적 사동법을 확대해 갔지만, 경상방언에서는 성조 체계를 통해 두 범주를 변별하고 있다.

▌참고 문헌

강명순 2001가, 국어 '태'의 통시적 연구, 충남대학교 대학원 국어국문학과 박사학위
논문.

강명순 2001나, 국어 사·피동법의 역사적 변화 방향 및 그 원인에 관한 새로운
고찰, 《한글》 254: 119-160, 한글학회.

강명순 2014, ㅣ시키ㅓ의 변화 과정과 ㅣ히이ㅓ와의 관련성, 《한글》 304: 31-59, 한글
학회.

구본관 1998, 《15세기 국어 파생법에 대한 연구》, 태학사.

권재일 1991, 사동법 실현방법의 역사, 《한글》 211: 99-124, 한글학회.

김용경 1995, 피동법과 사동법의 역사적 상관성, 《건국어문학》 19·20: 637-655,
건국대학교 국어국문학연구회.

김주필 1988, 15세기 피동접미사의 이형태와 그 분화과정에 대하여, 《관악어문연구》
13: 45-71, 서울대학교 국어국문학과.

김형배 1997, 《국어의 사동사 연구》, 박이정.

남광우 1961, 사동·피동형의 역사적 고찰: "-이-·-우-"보조어간이 붙는 것을 중심으
로, 《학술원논문집: 인문사회과학편》 3: 165-212, 대한민국 학술원.

류성기 1992, 사동사 사동법의 변화와 사동사 소멸, 《국어학》 22: 237-258, 국어학회.

류성기 1998, 《한국어 사동사 연구》, 홍문각.

송창선 1992, 15세기 국어의 사동·피동 표현 양상, 《어문학》 53: 209-235, 한국어문
학회.

송창선 1993, 16세기 국어의 사동·피동 표현 양상, 《어문학》 54: 373-392, 한국어문
학회.

송창선 1994, 국어 ㅣ이ㅓ계 접미사의 타동화 기능 연구, 경북대학교 대학원 국어국문
학과 박사학위논문.

송창선 1996, 근대국어의 사동·피동 표현 양상 연구, 《문학과 언어》 17: 5-42, 문학과언
어연구회.

송철의 1992, "국어의 파생어형성 연구", 태학사.

양정호 2018, 중세국어 피동과 사동 접미사에 대하여, 《어문연구》 98: 73-95, 어문연구
학회.

유경종 1995, 근대 국어 피동과 사동 표현 연구, 한양대학교 대학원 국어국문학과

박사학위논문.

이정택 1993, 15세기 국어 입음법과 하임법 – 통어론적 절차를 중심으로 –, 연세대학교 대학원 국어국문학과 박사학위논문.

이정택 1994, 15세기 국어의 입음법과 하임법: '드외-'와 '흐-'의 통어·의미 현상을 중심으로, 《한글》 233: 7-48, 한글학회.

이정택 1996, 16세기 국어의 피·사동법 연구, 《국어교육》 91: 213-245, 한국국어교육 연구회.

이향천 1990, 피동의 의미와 기원, 서울대학교 대학원 언어학과 박사학위논문.

장윤희 2015, 중세국어 피·사동사 파생법 연구의 성과와 쟁점, 《국어사연구》 21: 33-68, 국어사학회.

조일규 2011, 《파생법의 변천》, 역락.

최현배 1971, 《우리 말본》(네번째 고침판), 정음사.

허웅 1975, 《우리 옛말본, 15세기 국어 형태론》, 샘문화사.

| 제7장 | 피동법 변화

다음 문장 (1)은 15세기 한국어의 피동법을 실현하는데, 문장 (1)의 자연스러운 현대 한국어 표현은 문장 (2)와 같다. 이를 통해서 보면, 피동법의 실현방법이 역사적으로 변화했음을 보여 준다.

(1) 가. 그 남기 虛空애 들이니[= 들-이-니] 難陁ㅣ 숨디 몯ㅎ니라
　　　　(월인석보 7:10)

　　나. 이 네 罪롤 犯ㅎ면 중의게 ㅂ리일[= ㅂ리-이-ㄹ] 씨니라
　　　　(능엄경언해 6:85)

(2) 가. 그 나무가 허공에 들-리-니 難陁가 숨지 못하였다.

　　나. 이 네가 죄를 범하면 중에게 버리어질[= 버리-어 지-ㄹ] 것이다.

(1가)의 들이니[= 들-이-으니]는 피동접미사 '-이-'로 피동법을 실현하고 있으나, 현대 한국어에서는 '-이-' 대신 '-리-'로 실현하고 있다. (1나)의 'ㅂ리일[= ㅂ리-이-ㄹ]'는 피동접미사 '-이-'로 피동법을 실현하고 있으나, 현대 한국어에서는 피동접미사에 의하지 않고 통사적 구성 '-어 지-'로써 피동법을 실현하고 있다.

7.1. 피동법의 성격

피동법의 개념　다음 문장 (3나)는 문장 (3가)에 대한 피동 표현의 실현이다.

> (3) 가. 사냥꾼이 토끼를 잡았다.
> 　　나. 토끼가 사냥꾼에게 잡히었다.

전통적으로 피동은 '월의 임자가, 남의 힘을 입어서, 그 움직임을 하는 것'(최현배 1971:420)으로 정의되는, 능동과 대립하는 태의 표현이다.[1] 어떤 동작이, 주어로 나타난 사람이나 사물이 제힘으로 행하는 것이 아니라, 남에 의해서 되는 동작을 피동이라 하는데, 이러한 피동 표현의 문법범주가 피동법이다. 즉, 피동문은 피동작주를 주어로 하는 문장이다. 피동에 대하여 스스로 행하는 동작주를 주어로 하는 것을 능동이라 한다.

한국어의 피동법은 서술어를 피동 표현으로 바꾸면서, 능동 표현의 타동사의 목적어를 주어로 바꾸고, 원래의 주어를 다른 문장성분으로 바꾸거나 없애는 과정이다. 사동법은 서술어의 자릿수를 늘리는 것이라면, 피동법은 자릿수를 줄이는 과정이라 하겠다. 문장 (3가)와 같은 능동 표현에서 '사냥꾼'이라는 주어가 피동 표현인 문장 (3나)에서 부사어로 바뀌었고, 문장 (3가)의 타동사 목적어 '토끼'가 피동 표현인 문장 (3나)의 새로운 주어로 바뀌었다. 그리고 서술어가 피동 표현으로 전환되었다.

한편 동일한 언어내용을 능동 표현과 피동 표현으로 실현할 수 있는데, 여기에는 표현의 차이가 있다. 일반적으로 동작주보다 피동작주의 주제

---

[1] 태는 동작주와 피동작주 사이의 관계에서 화자의 관점에 따라 선택되는 동사의 표현을 말한다.

성이 더 강할 때는 피동 표현을 쓰고, 피동작주보다 동작주의 주제성이 더 강할 때는 능동 표현을 쓴다. 다시 말하면 동작주에 초점을 두어 동작주를 주어로 표현하는 것이 능동이고, 피동작주에 초점을 두어 피동작주을 주어로 표현하는 것이 피동이다.[2]

피동법의 실현방법　피동법은 어휘적 방법, 파생적 방법, 통사적 방법으로 실현된다. 어휘적 방법으로는 '되다, 받다, 당하다' 등의 동사에 의하여, 파생적 방법으로는 피동접미사 '-이-, -히-, -리-, -기-' 등에 의하여, 그리고 통사적 방법으로는 통사적 구성 '-어 지-'(표기는 붙여 써서 '-어지-')에 의하여 실현된다. 그러나 가장 주된 피동법은 '파생적 피동법'과 '통사적 피동법'이다. 문장 (4)는 현대 한국어의 어휘적 피동법이며, (6)은 파생적 피동법이며, (8)은 통사적 피동법이다. 문장 (5),(7),(9)는 각각 이에 대응하는 능동 표현이다.

(4) 가. 교장 선생님께서는 학생들에게 존경을 받는다.

　　나. 그 일은 용서가 될 수 있었다.

　　다. 그는 모든 사람들로부터 주목을 받았다.

(5) 가. 학생들은 교장 선생님을 존경을 하였다.

---

2 피동법에 의해 실현되는 의미에는 전형적 피동과 자발적 피동이 있다. 위 문장 (3나)가 전형적 피동이다. 문장 구조에 피동작주는 물론이고 동작주가 분명히 존재하는 경우이다. 그러나 문장 구조에 명시적으로 동작주가 존재하지 않은 경우가 있다. 이것을 자발적 피동(절로 되는 입음, 최현배 1971:420-)이라 할 수 있다. 다음 (가)는 중세 한국어, (나) 근대 한국어, (다)는 현대 한국어의 자발적 피동의 예이다. 모두 동작주 없이 저절로 동작이 일어났다.

　가. 地獄門 알픽 가 錫杖을 세 번 후늘면 獄門이 절로 열이고[=열-이-고] (월인석보 23:83)

　나. 블그며 흰 련곳치 크며 져그미 서르 섯기되[=섯-이-되] (권념요록 24)

　다. 내가 다가가자 현관문이 스르르 열렸다[=열-리-었다].

나. (우리들은) 그 일을 용서를 할 수 있었다.

다. 모든 사람들은 그를 주목을 하였다.

(6) 가. 방 안에 있던 장난감이 아기에 의해서 이것저것 섞이었다.

나. 뇌물을 받았던 공무원이 사정당국에 의해 드디어 잡혔다.

다. 동물원에서 아기의 팔이 호랑이에게 물렸다.

라. 정 선생님과 소식이 끊긴 지 오래되었다.

(7) 가. 아기가 방 안에 있던 장난감을 이것저것 섞었다.

나. 사정당국은 뇌물을 받았던 공무원을 드디어 잡았다.

다. 동물원에서 호랑이가 아기의 팔을 물었다.

라. 정 선생님과 소식을 끊은 지 오래되었다.

(8) 가. 최근 우리 사이는 카카오톡이라는 사회연결망으로 이어졌다.

나. 이 프로그램은 민재홍 박사에 의해서 만들어졌다.

(9) 가. 최근 카카오톡이라는 사회연결망이 우리 사이를 이었다.

나. 민재홍 박사가 이 프로그램을 만들었다.

7.2. 15세기 한국어의 피동법

앞에서 피동법의 주된 실현방법은 파생적 방법과 통사적 방법이라 하였다. 15세기 한국어의 피동법 실현방법도 이와 같다. 문장 (10가)는 파생적 방법으로, (10나)는 통사적 방법으로 '실다' 동사의 피동법이 실현된 경우이다.

(10) 가. 金剛摩尼花ㅣ 一切예 ᄀᄃ기 실-이-ᄂ-니 (월인석보 8:36)

　　나. ᄀ숲 ᄇ라미 싣라뎌[=실-아 디-어] 부ᄂ니 (두시언해-초
　　　간 23:29)

어휘적 피동법　동사 자체의 특성에 의하여 피동법이 실현되는 경우이다. 예를 들어 문장 (11)의 '것다, 보다, 박다, 뻬다'의 주어 '갈ㅎ, 東門, 살, 雙鵲'은 피동작주로서 피동 표현이다. 이들은 자동사-타동사 양용동사가 자동사 구문으로 피동법을 실현한 것이다. 결과적으로 능동 표현과 피동 표현에 같은 형태의 동사가 쓰인 것이다.

> (11) 가. 묀이 디여 뵈니 衆賊이 좇거늘 재 ᄂᆞ려 티샤 두 갈히 <u>것그니</u>
>   (용비어천가 36)
>   나. 東門이 열어든 <u>보고</u> (월인석보 23:80)
>   다. 뫼해 살이 <u>박거늘</u> (월인천강지곡 상 기41)
>   라. 雙鵲ㅣ 흔 사래 <u>뻬니</u> (용비어천가 23)

이들 동사들의 피동 표현은 각기 다음에 기술할 파생적 피동법과 통사적 피동법으로도 실현된다. '것다'의 경우, 문장 (12가)에서는 동사 형태 그대로 피동을 실현하였는데, (12나)에서는 '-어 디-'라는 통사적 구성으로도 피동을 실현하였다.

> (12) 가. 쏜 밧목 것그며[=것-으며] 四肢 쎠 볏아디며 (구급방언해-하 27)
>   나. 네 활기 것거디여[=것-어 디-여] 긔우니 답답ᄒᆞ야 (구급간이방언해 1:79)

동사 '헐다'의 경우, 문장 (13가)에서는 동사 형태 그대로, (13나)에서는 피동접미사 '-이-'에 의해, 문장 (13다)에서는 통사적 구성 '-어 디-'에 의해 피동이 각각 실현되어 있다.

(13) 가. 쏘 갈해 헐-며 도치예 버흔 들헷 瘡을 고툐디 (구급방언해-
　　　상 82)

　　나. 毒흔 가시 발 허료믈[=헐-이-오-ㅁ-올] 아디 몯ᄒᆞ야 (능엄
　　　경언해 5:48)

　　다. 사는 밧 집이 허러데[=헐-어 디-에] (소학언해 6:30)

한편 이들 동사들은 다음 문장에서는 모두 타동사로서 능동 표현을
실현한다.

(14) 가. 이 塵勞ᄅᆞᆯ 덧거니 엇뎨 널로 그 고ᄃᆞᆯ 것거[=져-에]를 헐에
　　　ᄒᆞ료 (능엄경언해 9:47)

　　나. 山林과 白衣ᄅᆞᆯ 바가[=박-애] 주라 命ᄒᆞ노니 (능엄경언해
　　　발 4)

　　다. 힛 光明을 ᄢᅦ-시-니-이-다 (월인천강지곡 상 기14)

파생적 피동법　　15세기 한국어에서도 피동접미사에 의해 피동법이 실현
된다. 타동사인 능동동사인 타동사에 피동접미사 '-이-', '-히-', '-기-'
등이 결합하여 실현된다.[3]

---

3 현대 한국어와는 달리 15세기 한국어의 피동접미사는 음성적 조건으로 이 세 형태
　의 변이가 설명된다(허웅 1975:181). 좀 더 구체적인 분석은 한재영(1984:45), 구
　본관(1998:227), 정승철(2007), 김주필(2011:66), 장윤희(2015:33-68), 신승용(2019)
　등 참조.
　　-기-: ㅁ, ㄹㅁ, ㅅ
　　-히-: ㄱ, ㄷ, ㅂ, ㅈ, ㄹㄱ, ㄹㅈ
　　-이-: 그밖
　한편 '굿이다, 걸이다'와 같이 분철한 피동사의 경우, 피동접미사는 피동접미사는
　단순한 '-이-'가 아닌 자음 성격의 '-이-'나 '-오/우-'으로 분석하기도 한다(김주필
　1988, 구본관 1998, 장윤희 2015 참조).

먼저 파생접미사 '-이-'에 의한 파생적 피동법을 살펴보자. 타동사 '닛다, ㅂ리다, 넓다, 실다' 등은 다음 문장 (15)에서와 같이 능동 표현에 나타난다.

(15) 가. 外江과 三峽괘 서르 닛-건마른 (두시언해-초간 21:18)

　　　나. 迦葉이 世間 ㅂ리고 뫼해 드러 닐오ᄃᆡ (석보상절 6:12)

　　　다. 부톄 블바[=넓-아] 디나시고 (월인석보 1:16)

　　　라. 善慧 니버 잇-더신 鹿皮 오ᄉᆞᆯ 바사 ᄶᅡ해 ᄭᆞᄅᆞ시고[=실-ᄋᆞ시-고] (월인석보 1:16)

이들 타동사에 피동접미사 '-이-'가 결합하면 피동사가 되어 다음과 같이 피동법을 실현하는 문장이 된다.

(16) 가. 여러 히 닛-위-여 ᄀᆞᄆᆞ니 모시 홀기 ᄃᆞ외어늘 (월인석보 2:50)

　　　나. 이 네 罪를 犯ᄒᆞ면 즁의게 ㅂ리일[=ㅂ리-이-ㄹ] 씨니라 (능엄경언해 6:85)

　　　다. 崑崙과 虞泉괘 ᄃᆞᆯ 바래 드러 블-이-니-라 (두시언해-초간 17:10)

　　　라. 金剛摩尼花ㅣ 一切예 ᄀᆞᄃᆞ기 실-이-ᄂᆞ-니 (월인석보 8:36)

따라서 문장 (16)은 피동접미사 '-이-'에 의해서 피동법을 실현한 경우

가. 앞이 文章이 나ᅀᅡ가믈 깃노니 내이 여희ᄂᆞᆫ 興이 굼여 나미 더으ᄂᆞ다 (두시언해-초간 8:46)

나. 光明이 히 곤ᄒᆞ며 설픗 옷들히 화예 나아 걸이며 (월인석보 2:33)

이다. 이와 같이 '-이-'에 의해 피동법을 실현하는 동사들을 몇 예만 들면
다음과 같다.

(17) 가. 믈다→믈-이-다

　　　　여슷차힌 모딘 즁싱 믈여[=믈-이-어] 橫死홀 씨오 (석보상

　　　　절 9:37)

　　나. 열다→열-이-다

　　　　혼 부체를 다ᄃ니 혼 부체 열-이-곰 홀씨 (월인석보 7:9)

　　다. 듣다→들-이-다

　　　　일후미 너비 들여[=들-이-어] (석보상절 13:4)

　　라. 븟다→븣-이-다

　　　　므리 어느 方ᄋᆞᆯ 브터 이에 흘러 븣-이-뇨 (능엄경언해

　　　　3:80)

　　마. 믈리좇다→믈리좇-이-다

　　　　스ᄀᆞᄫᆞᆯ 軍馬를 이길씨 ᄒᆞᄫᅡ 믈리조치샤[=믈리좇-이-샤]

　　　　(용비어천가 35)

　　바. 브리다→브리-이-다

　　　　나는 브리윯[=브리-이-우-ㄹᆡ] 배 업스니 (월인석보 18:43)

　　사. 둪다→둪-이-다

　　　　七寶ㅣ 이러 싸 우희 차 두피고[=둪-이-고] (월인석보 8:18)

　　아. 앗다→앗-이-다

　　　　내 아ᄃᆞ리 비록 ᄆᆞ디라도 사오나ᄫᆞᆯ씨 나라홀 앗-이-리-니

　　　　(월인석보 2:5)

　　자. ᄧᅵ르다→ᄧᅵ르-이-다

　　　　畢凌이 가시예 ᄣᅵᆯ여[=ᄧᅵ르-이-어] 모ᄆᆞᆯ 브리며 (능엄경언

　　　　해 6:78)

다음으로 피동접미사 '-히-'에 의한 파생적 피동법의 예를 들어 보면 다음과 같다.

(18) 가. 막다→막-히-다

　　　　　 무츠매 마쿄미[=막-히-오-ㅁ-이] 몯 흐리라 (능엄경언해 7:18)

　　　 나. 먹다→먹-히-다

　　　　　 世間애 나 해 머킬[=먹-히-ㄹ] 類 드외ᄂ니라 (능엄경언해 8:120)

　　　 다. 박다→박-히-다

　　　　　 밠바닸 그미 짜해 반ᄃ기 바키시며[=박-히-시-며] (월인석보 2:57)

　　　 라. 얽다→얽-히-다

　　　　　 나리 못ᄃ록 어려운 이리 모매 얼켯ᄂ니라[=얽-히-엇-ᄂ-니-라] (두시언해-초간 16:27)

　　　 마. 엱다→엱-히-다

　　　　　 뎌 남기 내 무ᅀ매 연쳐셰라[=엱-히-어-셰라] (두시언해-초간 15:3)

　　　 바. 잡다→잡-히-다

　　　　　 ᄒ다가 有情이 나랏 法에 자펴여[=잡-히-어] 미여 (석보상절 9:8)

　　　 사. 닫다→닫-히-다

　　　　　 東門이 도로 다티고[=닫-히-고] (월인석보 23:80)

다음으로 피동접미사 '-기-'에 의한 파생적 피동법의 예를 들어 보면 다음과 같다.

(19) 가. 담다→담-기-다

　　　브르미 아니 닐면 믈 담긇[=담-기-오-ㄹ히 거시 업스릴씨]
　　　(월인석보 1:39)

　　나. 둠다→둠-기-다

　　　못 우묵흔 딕 둠기놋다[=둠-기-놋-대 (두시언해-초간
　　　6:42)

　　다. 줌다→줌-기-다

　　　줌겨[=줌-기-어] 저저 하뉬 ㄱ므리 업도다 (두시언해-초
　　　간 7:36)

　　라. 숨다→숨-기-다

　　　衆生이 글난 鑊 소배 드러 므리 솟글허 숨-기-더-니 (월인
　　　석보 23:81)

통사적 피동법　두 서술어가 통합한 통사적 구성을 이루어 통사적 방법
으로 피동 표현이 실현된다.

(20) 가. 드트리 드외이 븟아디거늘[=븟-아 디-거늘] (석보상절 6:30)

　　나. ㄱ롭애 드르시니 믉결이 갈아디거늘[=갈-아 디-거늘] (월
　　　인천강지곡 상 기107)

　　다. 뫼히여 돌히여 다 노가디여[=녹-아 디-여] (월인석보 1:48)

　　라. 발로 갏山을 드듸니 즈믄 무딕 다 글희여디거늘[=글희-여
　　　디-거늘] (월인석보 23:79)

　　마. 北녀긔 흐러디고[=흘-어 디-고] (두시언해-초간 20:16)

　　바. ㄱ숤 브르미 싯라데[=싯-아 디-에] 부느니 (두시언해-초간
　　　23:29)

문장 (20)은 통사적 구성 '-어 디-'에 의하여 피동법이 실현된 것이다. 이는 현대 한국어의 통사적 피동법 '-어 지-' 구성과 같다. 그러나 15세기 한국어의 '-어 디-' 구성은 현대 한국어와 대조하여 그 빈도가 현저히 낮다. 즉, 15세기 한국어에는 파생적 피동법이 통사적 피동법보다 더 많이 쓰였다.

7.3. 피동법의 변화

피동접미사의 교체　파생적 피동법은 현대 한국어로 올수록 쓰임이 줄어든다. 다음은 각각 근대 한국어인 17세기, 18세기, 그리고 20세기 초기 한국어의 파생적 피동문이다.

(21) 가. 믈 톤 官人들히 흔 볼 衣裳을 다 즌흙에 더러엿더라[=더러-이-엇-더-라] (박통사언해 중 51)

나. 블그며 흰 련곳치 크며 젹그며 서르 섯기되[=섟-이-되] (권념요록 24)

다. 셩니예 모옴을 즘겨[=즘-기-어] 호딕 (동국신속삼강행실도-충신 1:72)

(22) 가. 괴이타 어제 밤의 文星이 뵈더니[=보-이-더-니] (오륜전비언해 3:12)

나. 아룸다온 샹셰 夫子끠 닙히이고[=닙-히이-고] (여사서언해 3:39)

다. 세 가지 진실노 일흐면 엇디 名稱이 가히 들-니-며 (여사서언해 1:4)

(23) 가. 沙漠에 단녀도 馬蹄갓치 파-이-는 念慮없고 (국민소학독

본 13)

나. 새 짓거리는 소리도 들-니-도-다 (국어독본 2:48)

피동접미사 '-이-'는 분포가 줄어들어, '-리-, -히-, -기-'로 교체됨을 볼 수 있다.

(24) 가. 들-이-다 〉 들-리-다

多聞은 만히 들일[=들-이-ㄹ] 씨니 (월인석보 1:30)

그듸 한어버이로브터 튱셩으로뻐 시져릐 들-리-다가 (동국신속삼강행실도-충신 1:5)

나. 걸-이-다 〉 걸-리-다

설긧 옷들히 화예 나아 걸-이-며 (월인석보 2:33)

낙시예 걸-리-여 보내니 (태평광기언해 1:2)

다. 볼-이-다 〉 밟-히-다

몰바래 드리 불-이-니라 (두시언해-중간 17:10)

어듸 흔 지차리 볼펴[=볿-히-어] 죽엇└뇨 (박통사언해 하 2)

15세기 한국어에서 피동접미사 '-이-, -히-, -기-' 가운데 '-이-'가 가장 대표적이고, '-기-'는 아주 적었다. 그리고 아직 '-리-'는 나타나지 않았다. 16세기 한국어에는 '-기-'가 나타나지 않는다. 17세기 한국어에 이르러 '-리-'의 예가 한둘 보인다. 18세기 한국어에는 '-기-'가 다시 보이면서 19세기 한국어로 이어진다.

파생적 피동법의 축소와 통사적 피동법의 확대 파생적 피동법은 현대 한국어로 올수록 쓰임이 줄어들며, 통사적 피동법은 쓰임이 확대된다.

다음은 각각 근대 한국어인 17세기, 18세기, 그리고 20세기 초기 한국어의 통사적 피동문이다.

> (25) 가. 後世애 宗法이 임의 廢홈애 흐터뎌[=흩-어 디-어] 統흔 배
>   업서 (가례언해 도 20)
>   나. 눈이 브어 알파 독흔 긔운이 흐터[=흩-어] 아니 디거든[=디
>   -거든] (마경초집언해 상 69)
> (26) 가. 빗줄이 슨어지니[=슨-어 지-니] (일동장유가 3:10)
>   나. 싱각홈애 네 肝腸이 슨처디리니[=슨-처 디-리니] (오륜전
>   비언해 2:29)
>   다. ㅂ람애 네 眼睛이 쑤러디고[=쑬-어 디-고] (오륜전비언해
>   2:29)
> (27) 가. 버들가지는 느러젓다[=늘-어 지-엇-대] (국어독본 1:25)
>   나. 拍手喝采ㅎ는 소리가 山岳이 문허지는[=문-허 지-는] 듯ㅎ
>   더라 (국어독본 4:21)
>   다. 믈이 밋그러져서 水中에 너머지니 그 소금이 다 믈에 풀어
>   젓더라[=풀-어 지-엇-더-라] (국어독본 2:23)

이미 위에서 살펴본 바와 같이 15세기 한국어에서나 현대 한국어에서나 피동법은 주로 파생적, 통사적 방법으로 실현된다. 그런데 파생적 피동법의 실현은 15세기 한국어와 현대 한국어 사이에 큰 차이가 있다. 즉, 15세기 한국어에서는 피동접미사의 결합이 가능하여 피동법을 실현하였던 동사들이 현대 한국어에서는 피동접미사의 결합이 불가능하여 피동법을 실현하지 못한다. 그렇다면 피동법은 현대 한국어로 올수록 파생적 방법에 의한 실현은 줄어들고, 통사적 방법에 의한 실현은 보편화되었다고 가정할 수 있을 것이다. 현대 한국어에까지 이어지는 어휘를 대상으로

이를 제시해 보면 다음과 같다.

(28)

능동사	15세기 한국어	현대 한국어
그리다	그리이다	*그리-이-다
ᄀᆞ리다	ᄀᆞ리ᅇᅵ다	*가리-이-다
꺼리다	꺼리이다	*꺼리-이-다
닛다	니ᇫ위다	*잇-이-다
달애다	달애이다	*달래-이-다
마초다	마초이다	*맞추-이-다
보내다	보내이다	*보내-이-다
브리다	브리이다	*부리-이-다
븟다	브ᇫ이다	*붓-이-다
ᄇᆞ리다	ᄇᆞ리이다	*버리-이-다
얻다	얻티이다	*얻-히-다
일ᄏᆮ다	일ᄏᆯ이다	*일컫-히-다
잃다	일히다	*잃-이-다
지다(倚)	지이다	*지-이-다

몇몇 동사의 예를 들어 보았으나, 실제 상당수의 동사들이 15세기 한국어와 현대 한국어에서 다른 양상을 보인다. 그런데 위에 예를 든 경우, 현대 한국어에서 피동접미사에 의해서는 피동법이 실현되지 않지만, 통사적으로는 피동법이 실현된다.

(29)

그리다	그리-어 지-다
가리다	가리-어 지-다
꺼리다	꺼리-어 지-다

잇다	잇-어 지-다(→이어 지다)
달래다	달래-어 지-다
맞추다	맞추-어 지-다
보내다	보내-어 지-다
부리다	부리-어 지-다
붓다	붓-어 지-다(→부어 지다)
버리다	버리-어 지-다
얻다	얻-어 지-다
일컫다	일컫-어 지-다(→일컬어 지다)
잃다	잃-어 지-다
지다	지-어 지-다

이러한 특징으로 보면 피동법은 파생적 방법에서 통사적 방법으로 실현방법이 변화했다고 할 수 있다. 이와 같은 변화는 문법범주 실현방법의 변화 유형으로 보면, '파생적 방법 〉 통사적 방법'이라는 유형에 해당한다고 하겠다.

피동법 변화의 원인   지금까지 논의해 온 바와 같이 피동법의 실현방법은 현대 한국어로 오면서 파생적 방법으로의 실현은 줄어들고, 통사적 방법으로의 실현이 확대되었다. 이에 대한 원인은 제6장에서 밝힌 사동법의 역사적 변화와 설명을 같이 한다. 역사적으로 파생적 사동법과 피동법이 줄어들고 통사적 사동법과 피동법이 보편화된 것은 사동접미사와 피동접미사의 동음충돌을 해소하여 두 범주를 변별하고자 하는 동기 때문이다. 만일 사동접미사가 피동접미사와의 동음충돌이 없었다면 구태여 통사적 피동법을 사용할 이유가 없었을 것이다. 이러한 근거로 피동법의 실현방법이 변화했다고 볼 수 있다.

중첩 실현의 피동법　한편 피동 표현이 중복으로 실현되는 피동문의
예가 있다. 첫째는 피동접미사를 겹쳐 피동법이 실현되는 경우이고, 둘째
는 피동접미사로 실현된 피동 표현에 다시 통사적 피동 표현이 겹쳐서
피동법이 실현되는 경우이다.

먼저 피동접미사를 겹쳐 피동법이 실현되는 경우이다. 다음 문장 (30)
은 15세기 한국어의 피동문이다. (30가)의 '뽀치이-'는 '뽗-이-이'로 분석
되며 (30나)의 '잇기 이-'는 '잇-이-이'로 분석되는데, 피동접미사 '-이-'
가 둘 겹쳐 실현되었다.

> (30) 가. 胡騎ㅣ 뽀치이다[=뽗-이-이-다] 호물 듣논 돗호요니 너무
> 　　　　깃거서 셔옮 이룰 묻노라 (두시언해-초간 3:27)
>
> 　　　나. 므렛 荇이 ㅂㄹ매 잇기이니[=잇-이-이] 프른 씌 긴 돗 ㅎ도
> 　　　　다 (두시언어해-초간 11:21)

이러한 '-이-이-' 겹침의 피동법은 중세 한국어에서보다 근대 한국어에
이르러 훨씬 더 많이 나타나 현대 한국어까지 이어진다. 그리고 '-이-이-'
겹침뿐만 아니라 근대 한국어에서는 '-이-우-' 겹침도 실현된다.[4] 이러한

---

4 피동접미사 겹침에 의한 피동법 실현에 대해서는 백채원(2017:167-) 참조. 근대
　한국어에는 '-이이-'형이 중세 한국어에 비해 많이 늘어나고, 19세기 이후에는 '-이우
　-'형도 보이기 시작한다고 하면서, 피동접미사 겹침의 피동사를 다음과 같이 제시하
　였다.
　가. '-이-이-' 형
　　　가티이다(囚), 갈니이다(分), 걸리이다(滯), 것기이다(切), 굴니이다(磨), 내
　　　조 치이다(逐), 노히이다(放), 눌리이다(壓), 니치이다(忘), 닙히이다(加),
　　　다티이다(閉), 덜리이다(減), 두피이다(蓋), 들리이다(聞), 둘리이다(懸), 마
　　　키이다(防), 몰리이다(驅), 무티이다(埋), 믈리이다(咬), 믜이이다(憎), 믹이
　　　이다(繫), 믹치이다(結), 바키이다(拓), 븓들리이다(拘), 볼피이다(踏), 뽀치
　　　이다(追), 섯 기이다(混), 슨히이다(絶), 잘이이다(席), 쑬리이다(鑿), 앗기이

중첩 실현의 피동법은 피동의 의미를 더 뚜렷하게 하거나 불분명한 피동 의미를 강화하려는 화자의 표현 의도가 반영된 것으로 볼 수 있다.[5]

다음으로 피동접미사로 실현된 피동 표현에 다시 통사적 피동 표현이 겹쳐서 피동법이 실현되는 경우이다. 앞에서 파생적 피동법은 현대 한국어로 올수록 쓰임이 줄어들며, 통사적 피동법은 쓰임이 확대된다고 하였다. 이와 관련하여 파생적 피동법에 다시 통사적 피동법이 겹쳐 실현되는 현상이 현대 한국어의 구어 표현에서 확대되는 변화가 일어나고 있다.[6] 예를 들어 '보다'의 피동 표현이 '보-이-다'인데, 여기에 다시 '-어 지-다' 피동이 겹쳐 '보여지다(=보-이어 지-다)'로 나타났다. 물론 (31나)처럼 '보-이-다'만 나타나는 것이 규범문법의 피동 표현이다.

> (31) 가. 면접 과정에서 보여지는[=보-이-어 지-는] 심리상태는 각양각색이었다.
>
> 　　　 나. 면접 과정에서 보-이-는 심리상태는 각양각색이었다.

　　다(奪), 언치이 다(載), 얼키이다(構), 열리이다(開), 울리이다(響), 잇글리이 다(牽), 자피이다 (拘), 겹히이다(疊), 줌기이다(沈), 펴이이다(伸), 플니이다 (解), 폴리이다

　나. '-이-우-'형

　　덥히오다(蓋), 몰니우다(驅), 밀니우다(推), 발피우다(踏), 슬리우다(牽), 잡 피우다(拘), 팔니우다(賣)

5 현대 한국어 구어에서, 중첩 실현으로, 표현하려는 의미를 더 뚜렷하게 하거나 불분명한 의미를 강화하려는 화자의 의도가 반영된 것으로 [시도] 표현의 예를 들 수 있다. '이 떡갈비 좀 먹어 봐 봐', '사실대로 말해 봐 봐'는 '이 떡갈비 좀 먹어 봐', '사실대로 말해 봐'와 같은 규범 표현의 의미를 더 뚜렷하게 강화하기 위해 [시도]의 보조동사 '보다'를 겹쳐 실현하고 있다.

6 백채원(2021)에서 '그 못된 일 ㅎ던 원의 허물은 다 덥혀지고'(《독닙신문》 1897.8.12.)와 같이 '덮-이-'에 '-어 지-'가 결합한 겹침 피동의 예를 제시한 바 있다. 그래서 20세기를 전후로 하여 이러한 겹침 피동이 사용되었을 가능성을 제시하였다.

이러한 예는 다음 문장 (32)에서도 볼 수 있다. '닫다'의 피동 표현은 '닫히다'인데, 여기에 다시 '-어 지다' 피동이 겹쳐서 '닫혀진'으로 나타났으며, '쓰다'의 피동 표현은 '쓰이다'인데, 여기에 다시 '-어 지다' 피동이 겹쳐서 '쓰여진'으로 나타났으며, '자르다'의 피동 표현은 '잘리다'인데, 여기에 다시 '-어 지다' 피동이 겹쳐서 '잘려져'로 나타났으며, '짜다'의 피동 표현은 '짜이다'인데, 여기에 다시 '-어 지다' 피동이 겹쳐서 '짜여진'으로 나타났다. 이러한 겹침의 피동 표현은 물론 규범문법에서는 허용하지 않고 (33)과 같은 표현을 규범문법으로 하고 있다. 그러나 (32)와 같은 겹침의 피동 표현은 피동의 의미를 강화하려는 화자의 의도가 반영되어 현대 한국어 구어에서 자연스럽게 확산하고 있다.

(32) 가. 닫혀진[=닫-히-어 지-ㄴ] 창문 틈 사이로 불빛이 흘러나왔다.

　　 나. 다음에서 잘못 쓰여진[=쓰-이-어 지-ㄴ] 문장을 고르시오.

　　 다. 무참히 잘려져[=자르-리-어 지-에] 나간 나무가 널브러져
　　　　 있다.

　　 라. 잘 짜여진[=짜-이-어 지-ㄴ] 계획에 따라 휴가를 보냈다.

　　 마. 잊혀지지[=잊-히-어 지-지] 않는 하나의 눈짓이 되고 싶다.[7]

(33) 가. 닫힌 창문 틈 사이로 불빛이 흘러나왔다.

　　 나. 다음에서 잘못 쓰인 문장을 고르시오.

　　 다. 무참히 잘려 나간 나무가 널브러져 있다.

　　 라. 잘 짜인 계획에 따라 휴가를 보냈다.

　　 마. 잊히지 않는 하나의 눈짓이 되고 싶다.

---

7 김춘수 시인의 시 '꽃'의 한 구절. 참고로 현대 한국어에서 빈도수를 검색해 보면 '잊힌'(예 : 잊힌 계절)과 '잊혀진'(예 : 잊혀진 계절)은 대략 1:10의 비율로 나타난다.

'요구하다'의 피동 표현은 (34나)처럼 '요구되다'인데, 여기에 다시 '-어 지다' 피동이 겹쳐서 (34가)처럼 '요구되-어 지다'로 실현된 것도 역시 위의 예와 마찬가지 중첩 실현의 피동 현상이다.

(34) 가. 오늘날 젊은이들에게는 진취적인 사고와 적극적인 행동이
　　　요구되어진다[=요구되-어 지-ㄴ다].
　　나. 오늘날 젊은이들에게는 진취적인 사고와 적극적인 행동이
　　　요구된다.

▌참고 문헌

구본관 1998, 《15세기 국어 파생법에 대한 연구》, 태학사.

권재일 1993, 한국어 피동법의 역사적 변화, 《언어학》 15: 25-43, 한국언어학회.

김용경 1995, 피동법과 사동법의 역사적 상관성, 《건국어문학》 19·20: 637-655, 건국대학교 국어국문학연구회.

김윤신 2000, 파생동사의 어휘의미구조, 서울대학교 대학원 언어학과 박사학위논문.

김주필 1988, 15세기 피동접미사의 이형태와 그 분화과정에 대하여, 《관악어문연구》 13: 45-71, 서울대학교 국어국문학과.

남광우 1961, 사동·피동형의 역사적 고찰: "-이-·-우-"보조어간이 붙는 것을 중심으로, 《학술원논문집: 인문사회과학편》 3: 165-212, 대한민국 학술원.

남수경 2011, 《한국어 피동문 연구》, 월인.

박소영 2010, 한국어 소유 피동문의 두 유형: 소유물 격 교체와 피동화의 유형론, 《국어학》 59: 67-101, 국어학회.

박진완·전성희 1998, 근대국어의 피동법, 홍종선 (엮음) 《근대국어 문법의 이해》 275-301, 박이정.

배희임 1988, 《국어피동연구》, 고려대학교 민족문화연구소.

백채원 2016, 중세한국어 피동 표지의 다의성과 그 변화, 《국어학》 78: 221-250, 국어학회.

백채원 2017, 한국어 피동문의 역사적 연구, 서울대학교 대학원 국어국문학과 박사학위논문.

백채원 2021, 국어 문법사 기술에서 피동 표현 연구의 성과와 과제, 《624돌 세종날 기념 전국 국어학 학술대회》 147-161, 한글학회.

송창선 1992, 15세기 국어의 사동·피동 표현 양상, 《어문학》 53:209-235, 한국어문학회.

송창선 1993, 16세기 국어의 사동·피동 표현 양상, 《어문학》 54: 373-392, 한국어문학회.

송창선 1994, 국어 ㅓ-이ㅓ계 접미사의 타동화 기능 연구, 경북대학교 대학원 국어국문학과 박사학위논문.

송창선 1996, 근대국어의 사동·피동 표현 양상 연구, 《문학과 언어》 17: 5-42, 문학과언어연구회.

송철의 1992, "국어의 파생어형성 연구", 태학사.

신승용 2019, 중세국어 피동접사 '-이-, -히-, -기-, -리-'의 분포적 특성과 성격, 《우리말연구》 58: 1-22, 우리말학회.

양정호 2018, 중세국어 피동과 사동 접미사에 대하여, 《어문연구》 98: 73-95, 어문연구학회.

우인혜 1993, 국어의 피동법과 피동 표현 연구, 한양대학교 대학원 국어국문학과 박사학위논문.

유경종 1995, 근대 국어 피동과 사동 표현 연구, 한양대학교 대학원 국어국문학과 박사학위논문.

이정택 1993, 15세기 국어 입음법과 하임법 – 통어론적 절차를 중심으로 –, 연세대학교 대학원 국어국문학과 박사학위논문.

이정택 1996, 16세기 국어의 피·사동법 연구, 《국어교육》 91: 213-245, 한국국어교육연구회.

이정택 2004, 《현대국어 피동 연구》, 박이정.

이향천 1990, 피동의 의미와 기원, 서울대학교 대학원 언어학과 박사학위논문.

이현희 2010, 근대한국어의 잉여적 파생접미사 덧붙음 현상, 《한국문화》 52: 3-22, 서울대학교 규장각한국학연구원.

장윤희 2015, 중세국어 피·사동사 파생법 연구의 성과와 쟁점, 《국어사연구》 21: 33-68, 국어사학회.

전영철 2008, 소위 이중피동문에 대하여, 《언어학》 52: 79-101, 한국언어학회.

정승철 2007, 피동사와 피동접미사, 《진단학보》 104: 127-146. 진단학회.

조일규 2011, 《파생법의 변천》, 역락.

한재영 1984, 중세국어 피동구문의 특성에 대한 연구, 《국어연구》 61, 서울대학교 대학원 국어연구회.

한정연 2019, 국어 피동 표현과 일본어 영향설에 대하여, 《한글》 80-2(324), 321-351, 한글학회.

|제8장| 부정법 변화

부정법은 주어진 언어내용을 의미상으로 부정하는 문법범주이다. 부정법의 실현방법은 역사적으로 그리 변화하지 않았다. 문장 (1)은 15세기 한국어의 예이고, (2)는 현대 한국어의 예이다.

(1) 가. 그듸는 아니 듣즈뱃더시닛가 (석보상절 6:17)
    나. 耶輸ㅣ 순지 듣-디 아니ᄒᆞ-시고 (석보상절 6:6)
(2) 가. 그대는 안 들으셨나요?
    나. 耶輸가 끝내 듣-지 아니하-시고

15세기 한국어이든 현대 한국어이든, (가)와 같은 '용언-디/지 + 아니하다' 형식과 (나)와 같은 '아니 + 용언' 형식이 모두 나타남을 볼 수 있다. 이는 부정법의 실현방법은 역사적으로 큰 변화가 없었음을 보여 준다. 다만 두 형식의 부정문은 늘 공존하고 있지만, 점차 (나) 형식이 확대되어 제한 없이 쓰이게 되었다.

그리고 음운 변화로 15세기에 쓰이던 부정어미 '-디'는 18세기에 이르러 '-지'로 교체되었으며, 15세기에 쓰이던 부정어미 '-돌, -들, -돈, -든, -드란, -드란' 등은 점차 '-디'로, 나아가 '-지'로 교체되었다.

8.1. 부정법의 성격

부정법의 개념　주어진 언어내용을 의미상으로 부정하는 문법범주를 부정법이라고 한다. 부정법은 단순 부정과 능력 부정으로 나뉜다. 단순 부정은 어떤 상태가 그렇지 않음을 나타내거나 동작주의 의지에 의해서 어떤 일이 일어나지 않음을 나타내는 부정이다. 능력 부정은 동작주의 의지가 아닌 그의 능력이나 그 외의 다른 외적인 원인 때문에 그 일이 일어나지 못함을 나타내는 부정이다. 이들은 각각 부정부사 '아니'와 '몯' 과 부정서술어 '아니ᄒ다, 몯ᄒ다'로 대표된다.

(3) 가. 世尊이 아니 오실씨 (월인석보 21:188)

　　　나. 世尊이 몯 오실씨

(4) 世尊이 오실씨

문장 (4)에 대해서 문장 (3가)는 단순 부정이고, 문장 (3나)는 능력 부정 이다.

부정법의 실현방법　부정법은 부정부사를 서술어 앞에 통합하는 '아니/ 몯 + 용언' 유형[제1유형 부정문], 서술어에 부정어미 '-디'를 결합하고 뒤에 부정서술어를 통합하는 '용언-디 아니ᄒ다/몯ᄒ다/말다' 유형[제2유형 부정문]과 같은 통사적 방법으로 실현된다.[1]

---

1 15세기 한국어의 부정부사 '아니'는 '아니, 안이, 안늬' 등의 형태를 보이다가 19세기에 이르러 '안'으로 정착되었으며, '몯'은 17세기부터 '못'으로도 쓰이며, 18세기부터 '못'이 우세하다가 19세기부터는 '못'으로 정착되었다. 부정서술어 '아니ᄒ다'는 역사적으로 '안ᄒ'를 거쳐 19세기에 이르러 '않-'으로 정착되었다. 이들 형태의 구체적인 변화 과정에 대한 논의는 이지영(2005:29,83) 참조.

(5) 가. 불휘 기픈 남ᄀᆞᆫ ᄇᆞᄅᆞ매 아니 뮐ᄊᆡ (용비언천가 2)

　　나. 부텨를 몯 맛나며 法을 몯 드르며 法을 몯 드르며 쥬을 몯
　　　　보아 (석보상절 19:34)

(6) 가. ᄯᅩ 佛子ㅣ 자-디 아니ᄒᆞ-야 수프레 두루 ᄃᆞᆫ녀 佛道 브즈러
　　　　니 求ᄒᆞ논 양도 보며 (석보상절 13:21)

　　나. 부텨 맛나-디 몯ᄒᆞ-며 法 듣-디 몯ᄒᆞ-며 즁 보-디 몯ᄒᆞ-야
　　　　(월인석보 17:91)

　　다. 너희 브즈러니 지서 게으르-디 말-라 (법화경언해 2:209)

　문장 (5)는 부정부사 '아니, 몯'을 서술어 앞에 통합하여 부정법을 실현
하는 문장이고, (6)은 부정어미 '-디'에 의한 내포절을 상위문 용언 '아니ᄒᆞ
다, 몯ᄒᆞ다, 말다'에 내포하여 부정법을 실현하는 문장이다. 흔히 단순하
게 표현하여 문장의 길이에 근거하여 이를 짧은 부정문, 긴 부정문이라
하기도 한다.[2]

8.2. 15세기 한국어의 부정법

단순 부정　단순 부정은 체언 부정과 용언 부정으로 나누어 볼 수
있다. 다음과 같이 '체언-이 아니다' 형식이 체언 부정이다.

(7) 가. 업슨 ᄃᆞᆺᄒᆞ되 업디 아니호미 스촘[=스치-오-ㅁ] 아뇨미[=아

---

2 이기갑(2003:518)에서는 제1유형을 직접 부정, 제2유형을 간접 부정 또는 대용 부정이
　라 하였다. 대용 부정이라 한 것은 일단 대용어 '하-'로 바뀌고 이 대용어를 부정어가
　부정하는 절차를 가졌기 때문이라 하였다.

니-오-ㅁ-이] 아니라 (월인석보 1:36)

나. 本來 ㅂ라오미[= ㅂ라-오-ㅁ-이] 아니러라 (법화경언해 2:77)

다. 이는 우리 허므리라 世尊ㅅ 다시[= 닷-이] 아니시다ㅅ이다 (법화경언해 2:5)

라. 妙法이 둘 아니며 세 아닐씨 ㅎ나히라 (석보상절 13:48)

용언 부정은 앞에서 밝힌 것처럼 두 가지 유형이 있다. 그러나 출현 빈도로 보면 제2유형, 즉 '용언-디 아니ㅎ다/몯ㅎ다/말다' 형식이 일반적이며, 또한 역사적으로도 제2유형으로 확대되었다. 다음 문장은 15세기 한국어의 제1유형 부정문이다. (8)은 동사의 예, (9)는 형용사의 예이다.

(8) 가. 그듸는 아니 듣ㅈ뱃더시닛가 (석보상절 6:17)

나. 世尊이 아니 오실씨 (월인석보 21:188)

(9) 가. 내 이제 아니 오라[=오라-아] 주그리로소이다 (월인석보 21:22)

나. 아바닚 목수미 아니 한[=하-ㄴ] ㅅ이시니 (월인석보 21:217)[3]

제1유형 부정문은 특히 《용비어천가》나 《월인천강지곡》과 같은 시가 문헌에서 압도적으로 나타난다 (고영근 1987:350-1).

(10) 가. 酒路내 赤心이시니 뉘 아니 ㅅ랑ㅎㅅ뱡리 (용비어천가 78)

---

3 《석보상절》, 《월인석보》에서 형용사의 제1유형 부정문은 '오라다, 하다'에 국한된다. '오라다'가 《법화경언해》에서는 제2유형 부정문으로 나타난다.
   예. 쟝ᄎ 주구미 오라-디 아니ㅎ-리-니 (법화경언해 6:8)

나. 塞外北狄인들 아니 오리잇가 (용비어천가 53)

다. 一毫도 아니 뮈시니 (월인천강지곡 상 기69)

라. 호번도 아니 도라놀 (월인천강지곡 상 기151)

마. 긔 아니 어엿브니잇가 (월인천강지곡 상 기103)

다음 문장은 15세기 한국어 제2유형 부정문이다. (11)은 동사의 예, (12)는 형용사의 예이다.

(11) 가. 느믜 쁘들 거스-디 아니ᄒᆞ-고 (월인석보 23:72)

　　나. ᄯᅩ 佛子ㅣ 자-디 아니ᄒᆞ-야 수프레 두루 둔녀 佛道 브즈러니 求ᄒᆞ논 양도 보며 (석보상절 13:21)

　　다. 이승과 업슘괘 다ᄅᆞ-디 아니홀씩[=아니ᄒᆞ-ㄹ씩] (월인석보 2:53)

(12) 가. 誠實은 거츠-디 아니ᄒᆞ-야 實홀 씨니 (월인석보 7:74)

　　나. 닐웻사 머-디 아니ᄒᆞ-다 (월인석보 7:2)

제2유형 부정문에서 부정어미 '-디'가 생략되는 경우가 있다. 보조조사 '-도'가 결합할 때에 그러하다. 다음 문장을 보면 '-디'가 생략되었다.

(13) 가. 킈 젹도[=젹-(디)-도] 크도[=크-(디)-도] 아니ᄒᆞ고 슬히 지도[=지-(디)-도] 여위도[=여위-(디)-도] 아니ᄒᆞ니라 (월인석보 1:26)

　　나. 寂滅은 사도[=살-(디)-도] 아니ᄒᆞ며 죽도[=죽-(디)-도] 아니홀 씨니 (월인석보 2:16)

그리고 문장 (14)와 같이 '-디' 자리에 '-들'이나 '-들'이 쓰이기도 한다.

(14) 가. 法 듣-들 아니ᄒ리라 (월인석보 2:36)

　　나. 나는 난 後로 ᄂᆞᆷ 더브러 ᄃᆞ토-들 아니ᄒ노이다 (석보상절 11:34)

　　다. 내 너희들ᄒᆞᆯ ᄀᆞ장 恭敬ᄒᆞ야 업시오-들 아니ᄒ노니 (석보상절 19:29)[4]

　　라. 내 너희를 업시오들 아니ᄒ노니 너희들히 다 당다이 부톄 ᄃᆞ외리라 ᄒᆞ더라 (석보상절 19:31)

　　마. 鸞과 鳳凰괘 서르 기들우-들 아니ᄒ니 모ᄀᆞᆯ 기우려 노ᄑᆞᆫ 하ᄂᆞᆯᄒᆡ ᄒᆞ놋다 (두시언해-초간 16:70)

그런데 'ᄒ다' 의존용언 구문의 부정문 구성인 'ᄒ-디 아니ᄒ-'에서 'ᄒ-디'가 생략되는 구문이 흔히 나타난다. 문장 (15)는 문장 (16)에서 'ᄒ-디'가 생략된 것으로 볼 수 있다.

(15) 가. 이 比丘이 經典 닐거 외오ᄆᆞᆯ 專主ᄒᆞ야 아니ᄒᆞ고 (석보상절 19:29)

　　나. 貔虎 ᄀᆞᆮᄒᆞᆫ 士卒은 鳳凰城에 ᄀᆞᄃᆞᆨ게 아니ᄒᆞ니라 (두시언해-초간 25:25)

　　다. 地獄과 鬼와 畜와ᄂᆞᆫ 어드운 ᄃᆡ 뵈야ᄒᆞ로 즈마 得道ᄒᆞ얌직 아니ᄒᆞᆯᄊᆡ (법화경언해 7:79)

　　라. 네 功德을 千佛이 모다 닐어도 能히 다ᄋᆞ게 몯ᄒᆞ리라 (법화경언해 6:177)

---

4 같은 구문에서 '-들' 자리에 '-디'가 쓰인 예는 다음과 같다.

　가. 내 너희들ᄒᆞᆯ 기피 恭敬ᄒᆞ야 업시우-디 아니ᄒ노니 (월인석보 17:83)

　나. 내 너희ᄅᆞᆯ 기피 恭敬ᄒᆞ야 업시우-디 아니ᄒ노니 (법화경언해 6:77)

(16) 가. 이 比丘ㅣ 經典 닐거 외오ᄆᆞᆯ 專主ᄒᆞ야 ᄒᆞ-디 아니ᄒᆞ고

나. 貔虎 ᄀᆞᆮᄒᆞᆫ 土卒은 鳳凰城에 ᄀᆞ둑-게 ᄒᆞ-디 아니ᄒᆞ니라

다. 地獄과 鬼와 畜와ᄂᆞᆫ 어드운ᄃᆡ 뵈야ᄒᆞ로 ᄌᆞ마 得道ᄒᆞ-얌직
ᄒᆞ-디 아니ᄒᆞᆯᄊᆡ

라. 네 功德을 千佛이 모다 닐어도 能히 다ᄋᆞ-게 ᄒᆞ-디 몯ᄒᆞ리라

다음과 같은 구문도 'ᄒᆞ-디'가 생략된 것으로 볼 수 있다. 즉, 문장 (17)
은 (18)의 '疑心ᄒᆞ-디, 시름ᄒᆞ-디, 布施ᄅᆞᆯ ᄒᆞ-디, 절ᄒᆞ시ᄂᆞ다 ᄒᆞ-디'에서
'ᄒᆞ-디'가 생략된 것으로 본다.[5]

(17) 가. 信根이 力을 得ᄒᆞ면 一定히 디녀 疑心 아니ᄒᆞ고 (월인석보
7:45)

나. 나도 現在 未來 一切 衆生을 시름 아니호리라 (월인석보
21:130)

다. 이 모ᄆᆞ로 布施ᄅᆞᆯ 아니ᄒᆞ면 어드리 阿耨多羅三藐菩提ᄅᆞᆯ 일
우료 ᄒᆞ야 (월인석보 20:35)

라. 魔王이 닐오ᄃᆡ 누느로 보매 尊者ㅣ 날 爲ᄒᆞ야 절ᄒᆞ거시니
어드리 내그에 절ᄒᆞ시ᄂᆞ다 아니ᄒᆞ리잇고 (월인석보 4:36)

(18) 가. 信根이 力을 得ᄒᆞ면 一定히 디녀 疑心-ᄒᆞ-디 아니ᄒᆞ고

나. 나도 現在 未來 一切 衆生을 시름-ᄒᆞ-디 아니호리라

다. 이 모ᄆᆞ로 布施ᄅᆞᆯ ᄒᆞ-디 아니ᄒᆞ면 어드리 阿耨多羅三藐菩
提ᄅᆞᆯ 일우료 ᄒᆞ야

라. 魔王이 닐오ᄃᆡ 누느로 보매 尊者ㅣ 날 爲ᄒᆞ야 절ᄒᆞ거시니

---

5 이러한 구문을 어근과 접사 '-ᄒᆞ-' 사이에 '아니'를 두는 것으로 해석하기도 한다.
고영근(1987:304-308) 참조.

어드리 내그에 절호시ᄂ다 호-디 아니호리잇고

    다음과 같은 부정 표현 '아니홇 아니호-' 구성은 15세기 한국어 이후에
는 사라진 표현이다. 15세기 한국어 자료 (19)와 같은 표현이 18세기 한국
어 자료 (20)에서는 '-디 아니호-' 또는 '-ㄹ+이+없-'의 표현으로 바뀌었다.

    (19) 가. ᄆᆞᅀᆞ매 서늘히 너기디 아니홇 아니호노라 (내훈 서:6)
          나. 소니 오나ᄃᆞᆫ 수를 排置 아니홇 아니호ᄃᆡ (내훈 3:61)
          다. 儉朴호ᄆᆞ로브터 이러셔디 아니홇 아니호고 (내훈 1:34)
    (20) 가. 서늘ᄒᆞ디 아니티[=아니ᄒᆞ-디] 아니ᄒᆞ-노라 (어제내훈 서:5)
          나. 손이 오나ᄃᆞᆫ 일즉 술을 두디 아니티[=아니ᄒᆞ-디] 아니ᄒᆞ-더
             시니 (어제내훈 3:50)
          다. 儉박홈으로 말믜아마 뻐 成立디 아니리[=아니-ㄹ 이] 업-
             고 (어제내훈 1:27)

    능력 부정   능력 부정에는 체언 부정이 없다. 용언의 능력 부정 역시
두 유형이 있다. 제1유형 부정문보다는 제2유형 부정문이 더 일반적이다.
다음 문장은 15세기 한국어의 제1유형의 능력 부정문이다.

    (21) 가. 부텨를 몯 맛나며 法을 몯 드르며 (석보상절 19:34)
          나. 그 中 一切를 어딀 몯 보료 (월인석보 17:59)

    제1유형의 능력 부정문은 역시 《용비어천가》나 《월인천강지곡》과 같
은 시가 문헌에서 많이 나타난다.

    (22) 가. 東征에 功이 몯 이나 所掠을 다 노ᄒᆞ샤 (용비어천가 41)

나. 太子ㅅ긔 말을 몯 슬ᄫᅵ니 (월인천강지곡 상 기35)

다음 문장은 15세기 한국어 제2유형의 능력 부정문이다. (23)은 동사의 예, (24)는 형용사의 예이다.

(23) 가. 부텨 맛나-디 몯ᄒᆞ-며 法 듣-디 몯ᄒᆞ-며 즁 보디 몯ᄒᆞ야 (월인석보 17:91)

나. 그 中 一切를 므스글 보-디 몯ᄒᆞ-리오 (법화경언해 6:29)

다. 부톄 니ᄅᆞ샨 經엣 기픈 ᄠᅳ들 아-디 몯ᄒᆞ-며 (석보상절 9:13)

(24) 가. 믈읫 됴ᄐᆡ[=둏-디] 몯ᄒᆞᆫ[=몯ᄒᆞ-니] 이리 다 업서 (석보상절 9:24)

나. 美커나 美ᄐᆡ[=美ᄒᆞ-디] 몯-거나 (법화경언해 6:51)

부정어미 '-디'가 생략되는 경우가 있다. 보조조사 '-도'가 결합할 때 그러하다. 다음 문장에서 보면 '-디'가 생략되었다.

(25) 가. 보도[=보-(디)-도] 몯ᄒᆞ며 듣도[=듣-(디)-도] 몯거니 (석보상절 24:28)

나. 빅 골ᄑᆞ고 목 몰라 사도[=사-(디)-도] 몯ᄒᆞ며 죽도[=죽-(디)-도] 몯ᄒᆞ야 漸漸 거러 利師跋王 나라해 가니 (월인석보 22:50)

그리고 문장 (26)과 같이 단순 부정에서와 같이 '-디' 자리에 '-들'이나 '-들'이 쓰이기도 한다. '몯ᄒᆞ다'의 경우에는 드물게 '-ᄃᆞ란'이나 '-ᄃᆞ란'도 쓰인다.

(26) 가. 훗量앳 혜믈 그치-들 몯ᄒᆞ야 (월인석보 7:45)

　　나. 늘근 노미 ᄀᆞ장 즐기-들 몯ᄒᆞ노니 나그내로 머므러 이쇼매
　　　　온 시르믈 兼호라 (두시언해-초간 10:21)

　　다. 목수믈 머믈우-들 몯ᄒᆞ시니 (월인석보 10:15)

　　라. 치마옛 아기를 ᄲᅡ디오 소ᄂᆞ로 얻다가 얻-드란 몯고 어분
　　　　아가를 조쳐 디오 믈 아가는 버미 므러 머거늘 (월인석보
　　　　10:24)

그런데 'ᄒᆞ다' 의존용언 구문의 부정문 구성 'ᄒᆞ-디 몯ᄒᆞ-'에서 'ᄒᆞ-디'가
생략되는 구문이 흔히 나타난다. 문장 (27)은 (28)에서 'ᄒᆞ-디'가 생략된
것으로 본다.

(27) 가. 비록 三惡趣ㅣ 보야ᄒᆞ로 어드운 듸 ᄃᆞ마 得産ᄒᆞ-얌직 몯ᄒᆞ
　　　　야도 (법화경언해 7:93)

　　나. 五年을 改過 몯ᄒᆞ야 (용비어천가 12)

(28) 가. 비록 三惡趣ㅣ 보야ᄒᆞ로 어드운 듸 ᄃᆞ마 得産ᄒᆞ-얌직 ᄒᆞ-
　　　　디 몯ᄒᆞ야도

　　나. 五年을 改過-ᄒᆞ-디 몯ᄒᆞ야

말다 부정　'-디 아니ᄒᆞ다/몯ᄒᆞ다'는 서술법과 의문법에만 허용되고,
명령법, 청유법의 부정은 '아니ᄒᆞ다/몯ᄒᆞ다' 대신 '말다'가 쓰인다.[6]

---

6 '말다'는 '말-' 또는 '마-'로 실현된다.
　가. 求호믈 말오
　나. 자최롤 두디 마오
　다. 것게 ᄒᆞ디 말오라
　라. ᄇᆞ리디 마오라

(29) 가. 邪曲흔 마리 이셔도 받고 갑-디 마라 (월인석보 10:20)

　　 나. 이 뜨들 닛-디 마른쇼셔 (용비어천가 110)

　　 다. 너희 브즈러니 지어 게으르-디 말라 (법화경언해 2:209)

　　 라. 그Ꙋ 부톄 舍利弗ㄷ려 니른샤ᄃᆡ 말라 말라 다시 니르-디
　　　　마라사 ᄒᆞ리니 (석보상절 13:44)

이 경우에도 'ᄒᆞ다' 의존용언 구문의 부정문 구성 'ᄒᆞ-디 말-'에서 'ᄒᆞ다'
가 생략되는 구문이 흔히 나타난다. 문장 (30)은 (31)에서 'ᄒᆞ-디'가 생략된
것으로 본다.

(30) 가. 사른미 ᄒᆞ오사 滅度 得게 마라 (법화경언해 2:99)

　　 나. 너희 두리여 말며 믈러 도라가디 말라 (월인석보 14:77)

(31) 가. 사른미 ᄒᆞ오사 滅度 得게 ᄒᆞ-디 마라

　　 나. 너희 두리여 ᄒᆞ-디 말며 믈러 도라가-디 말라

8.3. 부정법의 변화

체언 부정　부정법의 실현방법과 문법 특성은 역사적으로 큰 변화가
없었다. 우선 체언 부정을 보면, '명사구-이 아니ᄒᆞ-'와 같은 형식은 현대
한국어에 이르기까지 변화가 없다. 다음 (32가,나,다,라)는 각각 16세기,

그리고 '말다'가 쓰인 다음 문장은 명령어미가 나타나지 않았지만, 의미적으로 부정
명령이다.

　마. 서리와 이슬로 히여 사른미 오슬 저지게 마롤디니라 (두시언해-초간 15:44)

　바. 그지 잇는 뜨드로 스랑ᄒᆞ며 議論ᄒᆞ디 마롤 디어다 (능엄경언해 6:42)

　사. 곧 橫邪애 즐어 디디 마오져 ᄇᆞ라미오 (법화경언해 5:155)

17세기, 18세기, 그리고 20세기 초기 한국어의 예이다.

> (32) 가. 쏘 여라믄 사ᄅᆞ미 머글 쑨니[=쑨-이] 아니라 (번역노걸대
>   하 39)
> 나. 뎌 놈이 사ᄅᆞᆷ-이 아니라 (박통사언해 중 3)
> 다. 伍倫備ᄂᆞᆫ 모롬이 네 친히 나흔 ᄌᆞ식-이 아니라 (오륜전비
>   언해 2:2)
> 라. ᄉᆞᄅᆞᆷ은 먹기를 爲ᄒᆞ야 ᄉᆞᄂᆞᆫ 것시[=것-이] 아니라 살기를
>   위ᄒᆞ야 먹는 쥴을 (신정심상소학 1:12)

용언 부정 용언 부정의 경우, 제1유형 부정문과 제2유형 부정문이 현대 한국어에 이르기까지 함께 사용되었다. 다음 (33가,나,다,라)는 각각 16세기, 17세기, 18세기, 그리고 20세기 초기 한국어의 제1유형 부정법의 예이다.

> (33) 가. 우리 이 ᄆᆞᆯ들히 믈 아니 머것더니 (번역노걸대 상 31)
> 나. 내옴 나는 걸 아니 머거 ᄡᅥ 그 모믈 주그니라 (동국신속삼강
>   행실도-열녀 2:43)
> 다. 사ᄅᆞᆷ이 허믈 업슴을 貴히 아니 너기고 (오륜전비언해 8:8)
> 라. 녀ᄌᆞ의 나히 졈졈 ᄌᆞ라미 쟝ᄎᆞ 시집 갈 이니 지금 아니 비오
>   면 셰월이 날을 쥬지 안ᄂᆞ니 (초등녀학독본 4)

다음은 각각 16세기, 17세기, 18세기, 그리고 20세기 초기 한국어의 제2유형 부정법의 예이다. 문장 (34)는 단순 부정의 예, (35)는 능력 부정의 예, 그리고 (36)은 '말다' 부정의 예이다.

(34) 가. 우리 이제 즐기-디 아니ᄒᆞ-고 므스 일 ᄒᆞ리오 (번역박통사
　　　상 7)

　　나. 믈잇 遼東으로셔 가는 나그네들히 다른 데 브리오-디 아니
　　　ᄒᆞ-고 (노걸대언해 상 10)

　　다. 덥-도[=덥-(디)-도] 아니ᄒᆞ-고 ᄎᆞ-도[=ᄎᆞ-(디)-도] 아니
　　　ᄒᆞ-니 (오륜전비언해 1:2)

　　라. 正直ᄒᆞ야 남을 속이-지 아니홈을[=아니ᄒᆞ-ㅁ-을] 信이라
　　　ᄒᆞ며 (신찬초등소학 3:69)

(35) 가. 내 요ᄉᆞ이 눈보기 어더셔 믈 ᄐᆞ-디 몯ᄒᆞ-다라 (번역박통사
　　　상 37)

　　나. ᄒᆞ다가 다시 사슬 ᄲᅢ혀 외오-디 몯ᄒᆞ-여도 免帖 내여 해여
　　　ᄇᆞ리고 (노걸대언해 상 4)

　　다. 네 다 能히 아ᄂᆞ냐 아-지 못ᄒᆞ-ᄂᆞ냐 (중간노걸대언해
　　　상 5)

　　라. 어려셔 배호-지 못ᄒᆞ-야시나 디금브터라도 배호기만 ᄒᆞ면
　　　될 터인데 (노동야학독본 1:46)

(36) 가. 일란 네 구틔여 니르-디 말-라 (번역박통사 상 17)

　　나. 네 이리 간대로 갑슬 바드려 (ᄒᆞ-디) 말-라 (노걸대언해 하 9)

　　다. 모로미 모로미 고디 듯-디 마-옵소 (첩해신어 9:12)

　　라. 사름은 먹기를 爲ᄒᆞ야 ᄉᆞ는 것시 아니라 살기를 위ᄒᆞ야 먹
　　　는 쥴을 이져 ᄇᆞ리-지 말 것시오이다 (신정심상소학 1:12)

부정어미　위의 문장에서 보는 바와 같이, 부정어미는 음운 변화 결과로
'-디'가 '-지'로 교체되는 변화가 일어난다. 17세기부터 '-지'가 나타난다.
18세기에 들어와서 점차 늘어나서 19세기에 이르러 교체가 이루어진다.
다음 17세기 자료인 《노걸대언해》(1670년)와 18세기 자료인 《중간노걸대

언해》(1795년)의 대조를 통해 이를 확인해 볼 수 있다.

(37) 가. 쏘 엇디 브리오-디 몯ᄒ리라 니ᄅᆞᄂᆞ다 (노걸대언해 상 42)

나. 네 이런 갑시 ᄑᆞ-디 아니ᄒ고 (노걸대언해 하 11)

다. 다만 두 냥만 니ᄅᆞ-디 말고 (노걸대언해 하 20)

라. 편안ᄒᆞᆫ 적의 즐기-디 아니ᄒᆞ면 진짓 어린 사ᄅᆞᆷ이라 (노걸
대언해 하 37)

(38) 가. 쏘 엇지 집이 좁아 브리오-지 못ᄒ리라 니ᄅᆞᄂᆞ뇨 (중간노
걸대언해 상 43)

나. 너를 이런 갑슬 주되 ᄑᆞ-지 아니ᄒ고 (중간노걸대언해
하 12)

다. 네 그저 두 냥을 니ᄅᆞ-지 말고 (중간노걸대언해 하 21)

라. 能히 편안ᄒ고 편벽되이 快活ᄒᆯ 줄을 아-지 못ᄒ면 진실로
이 어린 사ᄅᆞᆷ이라 (중간노걸대언해 하 40)

《첩해신어》(1676년)와 《개수첩해신어》(1748년), 《중간첩해신어》(1781
년)의 대조를 통해서도 역시 확인된다.

(39) 가. 엇디ᄒᆞᆫ디 日本 사ᄅᆞᆷ은 肉食 톄윗 거슬 먹-디 아니ᄒᆞ오니
(첩해신어 3:8)

나. 이제 오ᄂᆞᆫ 법도 잇건마ᄂᆞᆫ 밤이 드러 뵈-디 몯ᄒ니 (첩해신
어 1:14)

다. 젼의ᄂᆞᆫ 격기엣 거시 이러티[=이러ᄒ-디] 못ᄒ웁더니 (첩해
신어 2:8)

(40) 가. 엇지ᄒᆞᆫ지 肉食 톄엣 거슬 먹-지 아니ᄒᆞ오니 (개수첩해신어
3:11)

나. 힝혀는 이직 왐즉도 흐건마는 밤 드도록 뵈-지 아니흐니
(개수첩해신어 1:20)

다. 이젼은 격기엔 거시 이러치[=이러흐-지] 몯흐웁더니 (개수
첩해신어 2:11)

(41) 가. 언지혼지 肉食 테엔 거술 먹-지 아니흐오니 (중간첩해신어
3:11)

나. 힝혀는 흐마 왐즉도 흐건마는 밤 드도록 뵈-지 아니흐매
(중간첩해신어 1:18)

다. 이젼은 격기엔 거시 이러치[=이러흐-지] 몯흐웁더니 (중간
첩해신어 2:16)

15세기에 쓰이던 '-둘'이나 '-들'은 16세기 한국어에도 쓰였다. 그러나
이는 점차 '-디'로 합류된다. 다음 문장과 같이 《번역소학》(1518년)에서는
'-둘'이 쓰였으나, 《소학언해》(1588년)에서는 '-디'가 쓰였다. 그러나 문장
(43)과 같이 18세기 한국어에도 '-들'이 쓰였다.

(42) 가. 나리 다ᄋ도록 쉬-둘 몯흐야 (번역소학 9:99)

나. 나리 다ᄋ도록 시러곰 쉬-디 몯흐야 (소학언해 6:92)

(43) 가. 나와 보-들 아니흐니 과연 無情흐외 (인어대방 4:13)

나. 춤아 눕-들 몯흐웁늬 (인어대방 1:14)

또한 15세기에 쓰이던 '-둔'이나 '-든'도 16세기 이후에 계속 쓰였다.

(44) 가. 앗기-든 아녀도 너도 몯 브리고 나도 몯 브리니 우여니
속졀 업스나 (순천김씨묘편지글 78)

나. 짓-든 몯흐니 그제나 보내마 (순천김씨묘편지글 18)

다. 몸이 フ장 덥-든 아니ᄒᆞ딕 대쇼변이 구드면 이ᄂᆞ 열이 안해
인ᄂᆞ디니(언해두창집요 하 25)

보조조사 '-도'가 결합하는 경우, 부정어미 '-디'가 생략되는 예가 16세
기 이후에도 나타난다.

(45) 가. 진실로 날ᄃᆞ려 묻도[=묻-(디)-도] 아니ᄒᆞ시며 (번역소학
9:46)
나. 진실로 臣ᄃᆞ려 묻도[=묻-(디)-도] 아니ᄒᆞ시며 (소학언해
6:42)
다. 빗나디 아니코 븓도[=븓-(디)-도] 아니코 자리 붉도[=붉-
(디)-도] 아니코 (언해두창집요 상 67)
라. 덥도[=덥-(지)-도] ᄎᆞ도[=ᄎᆞ-(지)-도] 아니ᄒᆞᆯ 째에 (부녀
필지 25)

15세기 한국어에서 흔히 나타났던 'ᄒᆞ-디'의 생략 현상도 계속 이어졌
다. 다음은 각각 16세기, 17세기, 18세기, 그리고 20세기 초기 한국어의
예이다.

(46) 가. ᄌᆞ손이 이런 힝뎍 이슈믈 듣-고져 (ᄒᆞ-디) 아니ᄒᆞ노라 (번
역소학 6:13)
나. ᄒᆞ다가 몬져 므르ᄂᆞᆫ 이란 구의 나기 은 닷 량을 벌ᄒᆞ야 므르
-쟈 (ᄒᆞ-디) 아니ᄒᆞᄂᆞᆫ 사ᄅᆞᆷ 주어 (노걸대언해 하 15)
다. 진실로 죽기를 저퍼[=젛-어] (ᄒᆞ-디) 아니ᄒᆞᄂᆞᆫ고나 (오륜전
비언해 7:21)
라. 이 약속은 므ᄉᆞᆷ 일이든지 되는 대로 ᄒᆞ고 時限으로 작뎡-

(ᄒᆞ-디) 아니ᄒᆞ는 쟈이니 (노동야학독본 1:66)

그러나 다음 예를 보면 이러한 'ᄒᆞ-디'의 생략은 점차 줄어 든다.[7] 15세기 한국어 자료인 《내훈》(1475년)과 18세기 한국어 자료인 《어제내훈》(1736년)을 대조해 보면, '恭敬 아니ᄒᆞ면, 孝道 아니호미랴'가 '공경티[=공경ᄒᆞ-디] 아니ᄒᆞ면, 孝도티[=孝도ᄒᆞ-디] 아니호미랴'로 변화하였다.

> (47) 가. 힝뎌글 도타이ᄒᆞ며 恭敬 아니ᄒᆞ면 (내훈 1:18)
>   나. 이 사ᄅᆞ미 子息 ᄃᆞ외야 孝道 아니호미라 (내훈 3:27)
> (48) 가. 힝실이 독실ᄒᆞ고 공경티[=공경ᄒᆞ-디] 아니ᄒᆞ면 (어제내훈 1:15)
>   나. 이 사람의 子식 되여 孝도티[=孝도ᄒᆞ-디] 아니홈이라 (어제내훈 3:23)

제1유형 부정문에서 제2유형 부정문으로   역사적으로 보면 제1유형 부정문이 축소되고 제2유형 부정문이 더욱 확대되는 변화를 보인다. 다음 예는 《내훈》(1475년)과 《어제내훈》(1736년)의 차이이다(김문웅 1991 참조). 즉, 《내훈》에서 제1유형으로 실현되었던 부정법이 《어제내훈》에서는 제2유형으로 실현된다.

> (49) 가. 아니 ᄀᆞᄅᆞ쳐도 善호미 聖人 아니라 엇더니며 (내훈 1:23)
>   나. 몃 사ᄅᆞ미 能히 婦人의 마리 惑홀 배 아니 ᄃᆞ외ᄂᆞ뇨 (내훈

---

7 1518년 간행의 《번역소학》과 달리 1588년 간행의 《소학언해》에서는 'ᄒᆞ-디'가 쓰이고 있다.
  가. ᄆᆞᅀᆞ믈 줌가디여 힘서 힝ᄒᆞ야 벼슬 아니ᄒᆞ고 (번역소학 10:26)
  나. ᄆᆞ음을 줌가 힘뻐 行ᄒᆞ야 다시 벼슬-ᄒᆞ디 아니ᄒᆞ고 (소학언해 6:125)

3:44)

(50) 가. ᄀᆞ르치-디 아니ᄒᆞ-야셔 어디롬이 聖人 아니오 므서시며
    (어제내훈 1:19)

  나. 몃 사ᄅᆞᆷ이 能히 婦人의 말의 惑ᄒᆞᆫ 배 되-디 아니ᄒᆞ-료 (어제
    내훈 3:37)

이러한 현상은 16세기 초기의 《번역소학》과 16세기 후기의 《소학언
해》의 대조에서도 확인된다. 1518년의 《번역소학》의 문장 (51가,나,다)에
서는 '아니 ᄀᆞ르쳐도, 몯 미츠리오, 몯 도라와도'로 나타난데 비해, 1588년
의 《소학언해》의 문장 (52가,나,다)에서는 'ᄀᆞ르치디 아니ᄒᆞ야셔, 밋디 몯
ᄒᆞ리오, 도라오디 몯ᄒᆞᆯ디라도'로 나타났다.

(51) 가. 아니 ᄀᆞ르쳐도 어디ᄂᆞ닌 聖人 아녀 엇더니며 (번역소학
    6:29)

  나. 그 모믈 아름답게 ᄒᆞ면 엇디 녯 사ᄅᆞᄆᆡ게 몯 미츠리오 (번역
    소학 8:24)

  다. 내 몯 도라와도 네 내 어미를 효양ᄒᆞ다 (번역소학 9:55)

(52) 가. ᄀᆞ르치디 아니ᄒᆞ야셔 어디롬이 聖人 아니오 므서시며 (소
    학언해 5:27)

  나. 그 몸을 아름답게 ᄒᆞ면 엇디 녯사ᄅᆞᆷ의게 피히 밋디 몯ᄒᆞ리
    오 (소학언해 5:103)

  다. 내 도라오디 몯ᄒᆞᆯ디라도 네 즐겨 내 어미를 효양ᄒᆞ다 (소학
    언해 6:50)

마찬가지로 16세기의 《번역노걸대》(1510년쯤)와 17세기의 《노걸대언
해》(1670년)의 대비에서도 확인된다[8]

(53) 가. 우리 이 물들히 믈 아니 머것더니 (번역노걸대 상 31)

　　나. 아랫 번당은 독벼리 아니 머그려 (번역노걸대 하 39)

(54) 가. 우리 이 물들흘 일즙 믈 머기-디 아녓더니[=아니ᄒ-엇-더

　　　-니] (노걸대언해 상 28)

　　나. 아랫 번당은 독별이 먹-디 아니-랴 (노걸대언해 하 35)

　능력 부정에서도 제1유형 부정문이 축소되고 제2유형 부정문이 더욱
확대되는 변화를 보인다. 다음 예는 《내훈》(1475년)과 《어제내훈"(1736
년)의 차이이다. 《내훈》에서 제1유형으로 실현되었던 부정법이 《어제내
훈》에서는 제2유형으로 실현되어 있다(김문웅 1991 참조).

(55) 가. 처섬 주고매 皇皇ᄒ야 어두듸 몯 얻는 ᄃᆺᄒ며 (내훈 1:70)

　　나. 그 도라오믈 몯 밋는 ᄃᆺᄒ야 기드리더라 (내훈 1:70)

　　다. 이런ᄃ로 孝道ㅣ 몯 미추미 이시며 (내훈 3:42)

　　라. 能히 正히 드듸요믈 몯ᄒ더시니 (내훈 1:40)

(56) 가. 처엄 죽음애 皇皇ᄒ야 求홈이 이쇼듸 엇-디 못ᄒ-는 ᄃᆺᄒ

---

8 김완진(1976:166-172)에서는 《번역노걸대》와 《노걸대언해》를 대조하여, 제1유형과
제2유형의 교체를 네 가지 유형으로 제시하였다.

　가. 제1유형 = 제1유형

　　머구미 브르녀 아니 브르녀 (번역노걸대 상 42)

　　머금이 브르냐 아니 브르냐 (노걸대언해 상 38)

　나. 제2유형 = 제2유형

　　ᄯᅩ 엇디 브리디 몯ᄒ리라 니ᄅᆞᆫ다 (번역노걸대 상 47)

　　ᄯᅩ 엇디 브리오디 몯ᄒ리라 니ᄅᆞᆫ다 (노걸대언해 상 42)

　다. 제1유형 〉 제2유형

　　아랫 번당은 독벼리 아니 머그려 (번역노걸대 하 39)

　　아랫 반당은 독별이 먹디 아니랴 (노걸대언해 하 35)

　라. 제2유형 〉 제1유형

　　해당하는 예 없음

며 (어제내훈 1:58)

나. 그 도라옴을 밋-디 못ᄒ-여 기둘이는 둣ᄒ더라 (어제내훈 1:58)

다. 이러모로 孝홈이 밋-디 못홈이[=못ᄒ-오-ㅁ-이] 이시며 (어제내훈 3:35)

라. 能히 바ᄅ 드듸-디 못ᄒ더시니 (어제내훈 1:32)

한편 다음과 같은 변화도 주목된다. '-옴-이 몯ᄒ-리-' 구성이 점차 '-디 몯ᄒ-리-' 구성으로 변화한다.

(57) 가. 이 네히 겨지븨 큰 德이라 업수미[=없-우-ㅁ-이] 몯ᄒ-리-니 (내훈 1:15)

나. 고기 머그며 술 머고미[=먹-오-ㅁ-이] 몯ᄒ-리-니 (내훈 1:69)

다. 지븨 어루 ᄒ여 일 맛됴미[=맛디-오-ㅁ-이] 몯ᄒ-리-니 (내훈 2 상:17)

(58) 가. 이 네히 겨집의 큰 德이오 可히 업-디 못홀[=못ᄒ-리] 거시라 (어제내훈 1:12)

나. 술 먹으며 고기 먹-디 못ᄒ-리-니 (어제내훈 1:56)

다. 집의 可히 ᄒ여곰 일을 맛디-디 몯ᄒ-리-니 (어제내훈 2:14)

부정법 변화   결론적으로 부정법은 역사적으로 큰 변화가 없었던 문법 범주이다. 다만 다음과 같은 변화를 지적할 수 있다.

첫째, 제1유형 부정문과 제2유형 부정문은 늘 공존하고 있지만, 점차 제2유형이 확대되어 제한 없이 쓰이게 되었다.

둘째, 음운 변화로 18세기에 부정어미 '-디'는 '-지'로 교체되었다. 그리고 15세기에 쓰였던 '-돌, -들, -돈, -든, -ᄃ란, -ᄃ란' 등은 점차 '-디'로, 나아가 '-지'로 교체되었다.

셋째, 'ᄒ-디+아니ᄒ/몯ᄒ/말-' 구성의 'ᄒ-디' 생략 구문, '-디'에 보조조사 '-도'가 결합한 '-디-도'에서 '-디'가 생략되던 구문은 점차 소멸했는데, 그 흔적은 현대 한국어 방언에 남아 있다.

참고 문헌

김문웅 1991, 옛 부정법의 형태에 대하여 - 「내훈」과 「어제 내훈」을 중심으로, 《들메 서재극박사 환갑기념논문집》 79-103, 계명대학교 출판부.

김언주 1999, 15세기 국어 부정문 연구, 《부산한글》 10: 3-29, 한글학회 부산지회.

남풍현 1976, 국어부정법의 발달, 《문법연구》 3: 55-81, 문법연구회.

류광식 1990, 15세기 국어의 부정법 연구, 건국대학교 대학원 국어국문학과 석사학위 논문.

박정규 2001, 부정법 논의와 관련한 국어사적 몇 문제, 《시학과 언어학》 2: 307-328, 시학과언어학회.

박형우 2004, 《국어 부정문의 변천 연구》, 한국문화사.

박형우 2016, 후기 중세국어 부정문의 서법별 변천 양상 연구, 《한민족어문학》 74: 5-31, 한민족어문학회.

변정민 1998, 근대국어의 부정법, 홍종선 (엮음) 《근대국어 문법의 이해》 411-440, 박이정.

송재목 1990, 16세기 언해자료에 나타난 부정법의 특성 - '아니'를 중심으로 -, 《언어연구》 2, 서울대학교 대학원 언어연구회.

안병희 1959, 중기어의 부정어 「아니」에 대하여, 《국어국문학》 20: 72-78, 국어국문학회.

이기갑 2003, 《국어 방언 문법》, 태학사.

이지영 2005, 국어의 용언 부정문에 관한 역사적 연구, 서울대학교 대학원 국어국문학과 박사학위논문.

이태욱 2002, 《15세기 국어의 부정법 연구》, 보고사.

이태욱 2002, 《16세기 국어의 부정법 연구》, 보고사.

임동훈 2020, 장형 부정문의 생성과 '못' 부정문의 분화, 《국어학》 93: 19-56, 국어학회.

조은주 2003, 전기 중세국어의 부정법 연구, 단국대학교 대학원 국어국문학과 박사학위논문.

허재영 1999, 15세기 부정법 실현 방법과 부정문의 통사론적 특성, 《학술논문집》 48: 45-67, 건국대학교 대학원.

허재영 2002, 《부정문의 통시적 연구》, 역락.

홍종선 1980, 국어 부정법의 변천 연구, 고려대학교 대학원 국어국문학과 석사학위논문.

황병순 1980, 국어 부정법의 통시적 고찰, 《어문학》 40: 119-138, 한국어문학회.

| 제9장 | 인칭법 변화

15세기 한국어에서 문장의 주어가 1인칭일 경우에는 서술어에 '-오/우-'를 결합하며, 2/3인칭일 경우에는 서술어에 '-오/우-'를 결합하지 않았다.

(1) 가. 나는 난 後로 눕 더브러 두토들 아니ㅎ노이다[=아니ㅎ-ᄂᆞ-오-이-다 (석보상절 11:34)

　　 나. 이 모든 大衆이 … 쁘들 아디 몯ㅎᄂᆞ이다[=몯ㅎ-ᄂᆞ-ø-이-다 (능엄경언해 2:55)

문장 (1가)의 주어는 '나'로서 서술어 '아니ㅎ다'에 '-오-'가 결합해 있으며, (1나)의 주어는 '大衆'으로서 서술어 '몯ㅎ'에 '-오-'가 결합해 있지 않다. 그러나 문장 (1)의 자연스러운 현대 한국어 표현은 다음 (2)와 같다. 현대 한국어에서는 문장의 주어가 1인칭이든, 아니든, 상관없이 '-오/우-'가 결합해 있지 않아 인칭에 의한 대립은 존재하지 않는다. 이것은 인칭법이 역사적으로 소멸했음을 보여 준다.

(2) 가. 나는 태어난 후로 남과 더불어 다투지 아니합니다.
　　 나. 이 모든 대중이 … 뜻을 알지 못합니다.

9.1. 인칭법의 성격

인칭법　인칭법은 주어의 인칭에 의한 대립을 실현하는 문법범주이다. 15세기 한국어에서 전형적인 인칭법은 선어말어미 '-오/우-'에 의한 것이다. 앞의 문장 (1)과 같이 문장의 주어가 1인칭일 경우, 서술어에 '-오/우-'가 결합하는 반면, 1인칭이 아닌 경우는 서술어에 '-오/우-'가 결합하지 않는다. 여기서 1인칭은 인칭대명사로 실현되는 경우뿐만 아니라 화자를 지칭하는 일반명사도 포함한다.

그런데 다음과 같이 문장 (3)에서도 이러한 인칭의 대립을 볼 수 있다. (3가)처럼 주어가 1인칭일 경우에는 회상법의 시제어미 '-다-'가 결합해 있는 반면, 1인칭이 아닌 경우에는 회상법의 시제어미 '-더-'가 결합해 있다.

> (3) 가. 내 지븨 이싫 저긔 受苦ㅣ 만타라[=많-다-라] (월인석보 10:23)
>
> 나. 病ᄒᆞᆫ 사ᄅᆞ미 잇거든 夫人이 머리ᄅᆞᆯ ᄆᆞ지시면 病이 다 됴터라[=둏-더-라] (월인석보 2:30)

회상법의 '-다/더-'뿐만 아니라, 시제법의 다른 어미도 형태 대립으로 인칭법을 실현하기도 한다. 이렇게 보면, 15세기의 인칭법은 '-오/우-'의 있음과 없음의 대립과 몇몇 시제어미의 형태 대립으로 실현된다고 할 수 있다.

9.2. 15세기 한국어의 인칭법

15세기 한국어의 인칭법의 실현 양상을 먼저 '-오/우-'에 의한 인칭법부터 살펴보자.

-오/우- 15세기 한국어의 선어말어미 '-오/우-'는 현대 한국어에서는 그 기능이 소멸하였기 때문에 문법 기능을 추정하기가 쉽지 않다. 그래서 그동안 한국어 문법사 연구에서 '-오/우-'의 문법 기능이 무엇인가에 대한 논의가 많았었다. 우선 그 형태와 기능에 대하여 잠깐 살펴보자.

먼저 이 어미는 음운 조건, 양성모음이냐 음성모음이냐에 따라, '-오-'와 '-우-' 두 형태로 나타난다. 그리고 '이다'의 '-이-' 다음에서는 '-로-'로 나타난다. 문장 (4)를 보면 그러하다.

> (4) 가. -오- : ᄒᆞ오사 내 尊호라[=尊ᄒᆞ-오-라] (월인석보 2:34)
>   나. -우- : 나는 … ᄀᆞ룸 업수믈 어두이다[=얻-우-이-다] (능
>   엄경언해 5:52)
>   다. -로- : 나는 弟子 大木犍連이-로-라 (월인석보 23:82)

15세기 한국어에서 '-오/우-'는 대체로 다음과 같이 세 가지의 문법 기능을 갖는다. 첫째는 명사절 구성에 관여하는 기능이고, 둘째는 관형절 구성에 관여하는 기능이고, 셋째는 바로 인칭법에 관여하는 기능이다. 다음 (5),(6)이 각각 명사절 구성과 관형절 구성에 관여하는 경우인데, 이에 대해서는 제14장과 제15장에서 구체적으로 살펴보겠다.

> (5) 가. 이 諸佛ㅅ 甚히 기픈 힝뎌기라 信ᄒᆞ야 아로미[=알-오-ㅁ-
>   이] 어렵거늘 (석보상절 9:28)

나. 날로 뿌메[=ᄡᅳ-우-ㅁ-에] 便安킈 ᄒᆞ고져 ᄒᆞᇙ ᄯᄅᆞ미니라
　　　　(훈민정음-언해 3)
　(6) 겨집들히 子息을 낳다.
　　가. 주어인 경우 : 子息 나흔[=낳-ø-은] 겨집들
　　나. 객어인 경우 : 겨집들히 나혼[=낳-오-은] 子息

　문장 (5)에서 보면, 명사어미 '-ㅁ' 앞에는 반드시 '-오/우-'가 결합해
있다. 문장 (6)에서 보면, 관형절 구성이 이루어질 때, 수식 받는 명사가
주어인 경우와 객어(여기서는, 목적어)인 경우에 따라 대립을 보인다. 수
식 받는 명사가 객어인 경우(6나)에는 '-오/우-'가 결합해 있지만, 수식
받는 명사가 주어인 경우(6가)에는 그렇지 않다.

　서술문에서의 '-오/우-' 인칭법　'-오/우-' 인칭법은 서술문과 일부 접속
문 구성에서 실현된다. 먼저 서술어미 '-다'의 경우를 살펴보자. 다음 문장
(7)은 주어가 1인칭인 경우이며, (8)은 2/3인칭인 경우이다. 각각 '-오/우-
: -ø-'의 대립으로 나타나 있다.

　(7) 가. 나ᄂᆞᆫ 난 後로 ᄂᆞᆷ 더브러 ᄃᆞ토ᄃᆞᆯ 아니ᄒᆞ노이다[=아니ᄒᆞ-ᄂᆞ
　　　　-오-이-다] (석보상절 11:34)
　　나. 우리 다 좃ᄌᆞ와 깃습노이다[=깃-습-ᄂᆞ-오-이-다] (법화
　　　　경언해 2:48)
　　다. 우리 어싀아ᄃᆞ리 … 비록 사ᄅᆞ미 무레 사니고도 즁싱마도
　　　　몯호이다[=몯ᄒᆞ-오-이-다] (석보상절 6:5)
　　라. 나ᄂᆞᆫ 弟子 大木犍連이로라[=大木犍連-이-로-라] (월인석
　　　　보 23:82)
　(8) 가. 無色界옛 눖므리 ᄀᆞᄅᆞ비 ᄀᆞ티 ᄂᆞ리다[=ᄂᆞ리-ø-다] (월인

석보 1:36)

나. 이쁴 아들들히 아비 죽다[=죽-ø-다] 듣고 (월인석보 17:21)

다. 너도 쏘 이 ᄀᆞᆮᄒᆞ다[=ᄀᆞᆮᄒᆞ-ø-다] (능엄경언해 2:23)

라. 이 ᄯᅡ히 竹林國이라 혼 나라히이다[=나라ᄒᆞ-이-ø-이-다]
(월인석보 8:94)

앞에서도 언급하였듯이, 여기에서 문장의 주어가 1인칭이라 함은 넓게
해석하여 화자가 자기 자신을 화제의 주체로 등장시키는 경우를 포함한
다. 그러므로 화자 자신을 화제의 주인공으로 등장시켰을 경우에는, 그
주체의 표현은 반드시 1인칭대명사 '나, 우리'가 아니더라도 가능하다.
화자를 지칭하는 일반명사가 쓰인 문장 (9)가 그러하다. '네 한아비, 누른
새'는 모두 화자 자신 '두보'를 가리킨다.

(9) 가. 네 한아빈 게을오미 오라-오-니 (두시언해-초간 8:32)

　　나. 누른 새는 져기 ᄂᆞ로믈 任意로 ᄒᆞ노라[=ᄒᆞ-ᄂᆞ-오-래 (두
시언해-초간 20:10)

한편 '-오/우-'와 주체높임어미 '-으시-'는 함께 나타날 수 없다. 이것은
화자 자신에 대하여 주체높임을 나타낼 수 없기 때문이다.

다음은 서술어미 '-마'에 대하여 살펴보자. '-마'는 약속을 실현하는 서
술어미인데, 약속문의 주어는 반드시 화자 자신이다. 따라서 15세기 한국
어에서 문장 (10)과 같이 반드시 '-오/우-마'로 나타난다.

(10) 가. ᄒᆞ마 그리호마[=그리ᄒᆞ-오-매 혼 이리 分明히 아니ᄒᆞ면
(내훈 3:21)

　　나. 이스레 누른 조히 니그니 ᄂᆞ화 :주마¹ (두시언해-초간 7:39)

접속문 구성에서의 '-오/우-' 인칭법   '-오/우- : -ø-'의 대립에 의한 인칭법은 일부 접속문 구성에서도 나타난다. 접속어미 '-으니'의 경우, 문장 (11)과 같이, 주어가 1인칭인 경우, '-오/우-'가 결합하며, (12)와 같이 주어가 2/3인칭인 경우 '-오/우-'가 결합하지 않는다.

> (11) 가. 내 혜여호니[=혜여ㅎ-오-니] 이제 世尊이 큰 法을 니르시며
>   (석보상절 13:26)
>
>   나. 내 이제 … 니르노니[=니르-ᄂ-오-니] 네 슬퍼 드르라 (월
>   인석보 21:138)
>
>   다. 우리는 다 부텻 아들 곧호니[=곧ㅎ-오-니] (월인석보 13:32)
>
> (12) 가. 네 이제 사르미 모물 得ᄒ고 부텨를 맛나 잇ᄂ니[=잇-ᄂ-ø
>   -니] (석보상절 6:11)
>
>   나. 네 아드리 孝道ᄒ고 허믈 업스니[=없-ø-으니] 어드리 내티
>   료 (월인석보 2:6)
>
>   다. 舍利佛이 ᄒ 獅子ㅣ를 지서내니[=지서내-ø-니] 그 쇼롤 자
>   바 머그니 (석보상절 6:32)

접속어미 '-으니'뿐만 아니라, '-으니와, -으나, -은댄, -은딘' 등에서 역시 '-오/우-' 인칭법이 실현된다.[2] (가)는 1인칭 문장이고, (나)는 2/3인칭

---

1 성조 변동으로 '-우-'가 있음을 암시해 준다. 즉, '주-우-마'.
2 한편 접속어미 '-려'와 '-딘'는 반드시 '-오/우-'를 앞세우는데, 이는 인칭법에 관여하는 것이 아니다. 왜냐하면 다음과 같이 1인칭이 아닌 경우에도 모두 '-오/우-'를 앞세운다.
   가. 그듸 精舍 지수려[=짓-우-려] 터흘 ᄀ 始作ᄒ야 되어늘 (석보상절 6:35)
   나. 大迦葉이 五百 弟子 드려 와 부텻 모믈 보ᄉ보려[=보-ᄉ-오-려] 홀씨 브를
      아니 븓게 ᄒ시ᄂ니라 (석보상절 23:39)
   다. 入聲은 點 더우믄 ᄒ가지로딘[=ᄒ가지-이-로-딘] 쏜ᄅ니라 (훈민정음-언
      해 14)

문장이다.

(13) -으니와 (-리-어-니와, -려니와)

가. 내 나는 ᄂᆞᆷ믈 그츄믄 ᄆᆞᄎᆞᆷ내 고티디 아니ᄒᆞ려니와[=아니ᄒᆞ
-오-리-어-니와] 술 勸호맨 닐울 마리 업도다 (두시언해-
초간 23:54)

나. 須彌山도 어루 기울의 ᄒᆞ려니와[=ᄒᆞ-ø-리-어-니와] 諸佛
니르시논 마른 乃終내 달옳 주리 업스니이다 (석보상절 9:26)

(14) -으나

가. 내 비록 度티 몯ᄒᆞ나[=몯ᄒᆞ-오-나] (능엄경언해 6:82)

나. 구루멧 ᄒᆡ ᄇᆞᆯ ᄀᆞᆮᄒᆞ나[=ᄀᆞᆮᄒᆞ-ø-나] 더운 하ᄂᆞᆯ히 서늘ᄒᆞ도다
(두시언해-초간 6:35)

(15) -ㄴ댄

가. 내 이제 이를 본댄[=보-오-ㄴ댄] 覺性이 自然ᄒᆞ야 (능엄경
언해 2:64)

나. ᄒᆞ다가 보미 이 物인댄[=物이-ø-ㄴ댄] 네 ᄯᅩ 어루 내 보ᄆᆞᆯ
보리라 (능엄경언해 2:35)

(16) -은딘

가. 내 부텻 누느로 六道衆生ᄋᆞᆯ 본딘[=보-오-ㄴ딘] … 福과 智
慧왜 업서 (석보상절 13:56)

나. ᄒᆞ다가 眞慈로 한 方便으로 이대 달애디 아니ᄒᆞ시던딘[=아
니ᄒᆞ-시-더-ø-ㄴ딘] (법화경언해 2:226)

라. 大瞿曇이 … 문ᄌᆞᆸ오ᄃᆡ[=문-ᄌᆞᇦ-오-ᄃᆡ] 그ᄃᆡ 子息 업더니 므슷 罪오 (월인석보
1:6)

시제어미의 인칭법 '-오/우-'에 의하지 않고도 앞의 문장 (3)과 같이 15세기 한국어에서는 인칭법이 실현되기도 하였다. 시제어미가 그 예인데, 문장의 주어가 1인칭과 2/3인칭이냐에 따라 '-가- : -거-' 대립, '-과- : -으니-' 대립, '-다/라- : -더/러-' 대립이 실현된다. 먼저 확정법 '-가- : -거-' 대립의 예이다. 역시 (가)는 1인칭 문장이고, (나)는 2/3인칭 문장이다.

(17) -가-니와 : -거-니와
　가. 내 命 그추미ᅀᅡ 므더니 너기가니와[=너기-가-니와 내 아
　　돌 悉達이와 … 이 네흘 몯 보아 ᄒ노라 (월인석보 10:4)
　나. 네 모매논 ᄒ마 바톤 추미 구슬 ᄃᆞ외요믈 보앳거니와[=보-
　　앳-거-니와 네 아자비는 어느 말미로 머리터리 옷 ᄀᆞ트리
　　오 (두시언해-초간 8:31)

(18) -가-ㄴ마른 : -거-ㄴ마른
　가. 靑眼ᄋᆞ로 보간마른[=보-가-ㄴ마른] 오직 길히 窮迫ᄒᆞ애라
　　(두시언해-초간 8:61)
　나. 일훔도 업건마른[=없-거-ㄴ마른] 구쳐 法身이라 ᄒᆞ니라
　　(월인석보 2:53)

(19) -가-니 : -거-니
　가. 내 仁義禮智信을 아라 行ᄒᆞ-가-니 不合敬爾라 ᄒᆞᄂᆞ니 名人
　　相이오 (금강경언해 20)
　나. 大乘은 世界 밧긔도 오히려 法性色이 잇-거-니 이 四天이
　　흔갓 다 뷔리여 (월인석보 1:37)

다음은 확정법 '-과- : -으니-' 대립의 예이다. 문장 (20)은 1인칭 문장으로 '-과-'가[3], (21)은 2/3인칭 문장으로 '-으니-'가 쓰였다.

(20) 가. 阿難과 모든 大衆이 ⋯ 아래 잇디 아니흔 거슬 得-과-라
　　　(능엄경언해 4:75)

　　나. 내 이제 스랑호니 흔 고대 잇논둘 알-와-이-다 (능엄경언
　　　해 1:56)

　　다. 내 녜 아릭 供養호숩고 오늘 또 도로 親히 뵈-숩-과-이-다
　　　(법화경언해 6:149)

(21) 가. 네 釋譜롤 밍マ라 飜譯호미 맛당호-니-라 (월인석보 서:11)

　　나. 그제 龍王들히 次第로 안즈니라[=앉-ᄋ니-라] (월인석보
　　　10:66)

　　다. 부톄 涅槃호-시-니여 (석보상절 23:20)

　다음은 회상법 '-다/라- : -더/러-' 대립의 예이다. 문장 (22)는 1인칭
문장으로 '-다/라-'가 (23)은 2/3인칭 문장으로 '-더/러-'가 쓰였다. '-라-'
와 '-러-'는 '이다, 아니다'의 '-이-, 아니-'와 미정법 '-으리-' 다음에 나타
난다.

(22) 가. 내 지븨 이싫 저긔 受苦ㅣ 만타라[=많-다-라] (월인석보
　　　10:23)

　　나. 내 그저긔 됴흔 瓔珞을 가졧다니[=가지-엣-더-니] 흔 사ᄅ
　　　미 밦中 後에 파내야 (월인석보 10:25)

　　다. 내 ⋯ 舍衛國 사ᄅ미라니[=사롬-이-라-니] 父母ㅣ 나롤 北
　　　方 싸ᄅ물 얼이시니 (월인석보 10:23)

---

3 다음 예와 같이 화자 자신이 주어로 오는 경우에도 인칭법이 실현된다. 다음 문장에서
'늘근 놈'이 화자 자신을 가리키기 때문에 '-와-'[= -과-]가 결합한 것이다.
　예. 늘근 노미 이제 비르서 알-와-라 (두시언해-초간 15:55)

(23) 가. 病혼 사루미 잇거든 夫人이 머리를 문지시면 病이 다 됴터
라[=됴-더-라] (월인석보 2:30)

나. 五百 도즈기 이셔 길헤 나 사룸 티고 도족호-더-니 (월인
석보 10:27)

다. 本來 부라오미[= 부라-오-ㅁ-이] 아니러라 (법화경언해 2:77)

9.3. 인칭법의 변화와 소멸

16세기 인칭법　16세기에도 15세기 한국어와 마찬가지로 인칭법이
실현되었다. 차례로 그 내용을 살펴보면 다음과 같다.

먼저 '-오/우-' 인칭법이 서술문에 실현된 예이다. 다음과 같이 주어가
1인칭인 문장에는 '-오/우-'가 결합해 있으나, 주어가 2/3인칭인 문장에는
그렇지 않다. 문장 (24)는 1인칭 문장이고, (25)은 2/3인칭 문장이다.

(24) 가. 내 어제 춘 수울 만히 머고라[=먹-오-라] (번역노걸대
하 40)

나. 나는 그저 이리 닐오리라[=니르-오-리-라] (번역노걸대
상 18)

다. 우리 츠니 머구리라[=먹-우-리-라] (번역노걸대 상 63)

(25) 가. 네 닐오미 내 뜯과 곧-ø-다 (번역노걸대 상 11)

나. 이 느즌 되 히도 디느-ø-다 (번역노걸대 상 49)

다. 우리 스승이 셩이 온화호야 구장 즐겨 구르치-ㄴ-ø-다
(번역노걸대 상 6)

약속의 서술어미 '-마' 역시 당연히 '-오/우-'가 결합해 있다.

(26) 가. 네 니르라 내 드로마[=듣-오-매 (번역노걸대 상 5)

나. 그리호마[=그리ᄒ-오-매 나그내네 쉬라 (번역노걸대 상 26)

다. 내 너ᄃ려 ᄀᆞᄅ츄마[=ᄀᆞᄅ치-우-매 (번역노걸대 상 35)

접속어미 '-으니' 경우, 역시 '-오/우-∶-ø-'의 대립으로 인칭법을 실현하고 있다. (27)은 주어가 1인칭인 문장이고, (28)은 2/3인칭 문장이다.

(27) 가. 오늘 아ᄎ미 ᄀᆞᆺ 쥭 머구니[=먹-우-니] 져기 됴ᄒᆞ얘라 (번역노걸대 하 41)

나. 내 드로니[=듣-오-니] 앏픠 길 어렵다 ᄒᆞᄂ다 (번역노걸대 상 26)

다. (나는) 셩이 王개로니[=王가-이-로-니] 王 아뫼라 ᄒᆞ야 쓰라 (번역노걸대 하 16)

(28) 가. 사ᄅᆞᆷ믄 일셰만 사라 잇고 프른 흔 ᄀᆞ술 ᄉᆡ장 사라 잇ᄂ니[= 잇-ᄂ-ø-니] (번역박통사 상 1)

나. 올히 비므슬히 ᄀᆞ장 하-ø-니 므리 蘆溝橋ㅅ 란간앳 ᄉᆞ지 머리를 ᄌᆞ마 너머 (번역박통사 상 9)

다. 오늘 비 오-ø-니 졍히 바독 두미 됴토다 (번역박통사 상 22)

그러나 접속어미 '-으니'가 쓰인 문장 (29)에서와 같이 1인칭 주어임에도 불구하고, '-오/우-'가 결합해 있지 않다. 이는 16세기에 이미 인칭법이 동요되고 있음을 보여 준다.

(29) 가. 내 그 마ᅀᆞ래 가 댱샹의 니ᄅᆞ-니 … 즉재 인텨 날 주더라 (번역박통사 상 3)

나. 小人들히 뒤헤 쥭 쑤라 가고져 ᄒᆞ니 이 ᄢᅢ 어두은 ᄃᆡ 나ᄃᆞ 리 쉽사디 아니며 (번역노걸대 상 55)

다. 아ᄎᆞ미 ᄆᆞᄅᆞᆫ 것 머그니[=먹-으니] 목 ᄆᆞᄅᆞᆫ 줄 잇다 (번역노 걸대 상 62)

15세기 한국어에서 접속어미 '-으니와, -으나, -은댄, -은ᄃᆞᆫ'의 경우, '-오/우- : -ø-'에 의한 인칭법이 실현되었으나, 16세기에서는 더 이상 그러한 대립이 보이지 않는다.[4]

16세기 한국어 시제어미 경우, '-과- : -으니-', '-다/라- : -더/러-'에서 는 인칭법이 실현되나, '-가- : -거-'의 대립은 이미 소멸하였다. 다음 문장 (30),(31)은 인칭법의 대립을 보여 주나, (32)는 그렇지 않다. 이렇게 이미 16세기에 '-가- : -거-'의 대립은 소멸한 것으로 보인다.

(30) -과- : -으니-

가. 내 이 ᄒᆞᆫ 글월 쓰과라[=쓰-과-라] (번역노걸대 하 16)

나. 일쳔 ᄯᅳᆫ거시 ᄒᆞᆫ 무저비만 ᄀᆞᄐᆞ니 업스니라[=없-으니-라] (번역박통사 상 13)

(31) -다/라- : -더/러-

가. 이러틋 ᄒᆞ면 내 니건 ᄒᆡ 셔울 잇다니[=잇-다-니] 갑시 다 ᄒᆞᆫ가지로다 (번역노걸대 상 9)

나. 네 닐오ᄃᆡ 다 됴ᄒᆞ니라 ᄒᆞ더니[= ᄒᆞ-더-니] 엇디 ᄒᆞ나토 ᄣᅳ

---

4 다만 '-은ᄃᆞᆫ'의 경우에 몇몇 예가 보인다.

가. 만일에 民의게 施홈을 너비ᄒᆞ고 能히 濟홈이 衆ᄒᆞᆫᄃᆞᆫ[=衆ᄒᆞ-오-ㄴᄃᆞᆫ] 엇더ᄒᆞ닝잇 고 (논어언해 2:13)

나. 邦國의 政을 察홈ᄃᆞᆫ[=察ᄒᆞ-오-ㄴᄃᆞᆫ] 寡人의 心을 用홈 ᄀᆞᄐᆞᆫ 者ㅣ 업소ᄃᆡ (맹자언 해 1:6)

매 마니 업스뇨 (번역박통사 상 31)

(32) -거-

가. 내 아히 되엿-거-니 엇디 敢히 顔孟을 비호리오 (소학언해
5:10)[5]

나. 내 본딕 밧괴일 뿟리 업건마른[=없-거-ㄴ마른] 흐마 나그
내네 다하 빌 시 (번역노걸대 상 54)

이상에서 볼 때, 인칭법은 대체로 16세기 한국어에 이르기까지 유지되
나, 이미 접속어미 '-으니'에서 동요됨이 보이는 것은 물론, 다른 접속어미
에서는 그 대립이 보이지 않는다. 또한 시제어미 '-가- : -거-'의 대립도
소멸하였다. 이와 같이 약화되던 인칭법은 17세기에 이르러 거의 소멸하
여 현대 한국어에 이르게 된다.

17세기 인칭법   이제 위에 든 16세기 예들의 17세기 자료를 검토해
인칭법의 소멸을 확인하기로 하자. 먼저 '-오/우-'가 서술문에 실현된 예
로서, 16세기 자료 (24)를 대조해 보면, 17세기 자료 (33)에는 주어가 1인
칭이더라도 '-오/우-'가 결합해 있지 않다.

(24) 가. 내 어제 촌 수울 만히 머고라[=먹-오-라] (번역노걸대
하 40)

나. 나는 그저 이리 닐오리라[=니르-오-리-라] (번역노걸대

---

5 16세기 초기 자료인 《번역소학》(1518년)에서는 '되엿가니'로 나타나서, 아직 '-가-
: -거-'의 대립이 유지되었다. 그러나 같은 문헌에서도 대립이 소멸한 예를 볼 수
있다.
　예. 내 스랑흐며 둏히 너기건마른[=너기-거-ㄴ마른] 너희들히 본받과뎌 아니흐노라
　(번역소학 6:14)

상 18)

　　　다. 우리 ᄎ니 머구리라[=먹-우-리-라] (번역노걸대 상 63)

(33) 가. 내 어제 촌 술을 만히 먹-으롸 (노걸대언해 하 36)

　　　나. 나ᄂᆞᆫ 그저 이리 니ᄅᆞ-리-라 (노걸대언해 상 17)

　　　다. 우리 그저 ᄎ니 먹-을이-라 (노걸대언해 상 57)

그러나 아직 그 흔적이 남아 있는데, 17세기 문장 (34)에서 그 예를 볼 수 있다.

(34) 가. 내 北京으로 향ᄒᆞ야 가노라[=가-ᄂᆞ-오-라] (노걸대언해 상 1)

　　　나. 내 놀랍고 괴이ᄒᆞ여 ᄒᆞ노라[=ᄒᆞ-ᄂᆞ-오-라] (인조대왕 행장 8)

약속의 서술어미 '-마'에도 '-오/우-'가 결합해 있지 않다. 16세기 자료 (26)과 대조해 보면, 17세기 자료 (35)에는 '-오/우-'가 사라졌다.

(26) 가. 네 니ᄅᆞ라 내 드로마[=듣-오-마] (번역노걸대 상 5)

　　　나. 그리호마[=그리ᄒᆞ-오-마] 나그내네 쉬라 (번역노걸대 상 26)

　　　다. 내 너ᄃᆞ려 ᄀᆞᄅᆞ쵸마[=ᄀᆞᄅᆞ치-우-마] (번역노걸대 상 35)

(35) 가. 네 니ᄅᆞ라 내 드로마[=듣-ᄋᆞ-마] (노걸대언해 상 4)

　　　나. 그리ᄒᆞ-마 나그내들 쉬라 (노걸대언해 상 23)

　　　다. 내 너ᄃᆞ려 ᄀᆞᄅᆞ치-마 (노걸대언해 상 32)

접속어미 '-으니' 경우, 1인칭 주어가 나타난 문장에서, 16세기 자료 (27)과 달리, 17세기 자료 (36)에서는 이미 '-오/우-'가 사라졌다.[6]

(27) 가. 오늘 아츠미 곳 쥭 머구니[=먹-우-니] 져기 됴ᄒᆞ얘라 (번역
　　　 노걸대 하 41)

　　 나. 내 드로니[=듣-오-니] 앏픠 길 어렵다 ᄒᆞᄂᆞ다 (번역노걸대
　　　 상 26)

　　 다. (나ᄂᆞᆫ) 셩이 王개로니[=王가-이-로-니] 王 아뫼라 ᄒᆞ야 쓰
　　　 라 (번역노걸대 하 16)

(36) 가. 오늘 아춤애 곳 쥭 먹-으니 져기 됴해라 (노걸대언해
　　　 하 37)

　　 나. 내 드르니[=듣-으니] 앏픠 길히 머흐다 ᄒᆞ더라 (노걸대언해
　　　 상 24)

　　 다. 내 … 셩이 王개니[=王가-이-니] 王 아뫼라 쓰라 (노걸대언
　　　 해 하 14)

　다음은 회상법 '-다/라- : -더/러-' 대립의 소멸인데, 17세기에 '-다/라-'
는 소멸하고, '-더/러-'만 나타난다.[7]

---

6 그러나 아직 그 흔적이 남아 있는데, 다음은 그 예이다.
　 가. 내 쏘 너ᄃᆞ려 져기 말을 당부ᄒᆞ노니[=당부ᄒᆞ-ᄂᆞ-오-니] 그 드레 믈에 즘기디
　　 아니ᄒᆞᄂᆞ니 (노걸대언해 상 28)
　 나. 나ᄂᆞᆫ 高麗ㅅ 사름이라 漢ㅅ 짜히 니기 ᄃᆞᆫ니디 못ᄒᆞ엿노니[=못ᄒᆞ-엿-ᄂᆞ-오-니]
　　 네 모로미 나를 ᄃᆞ려 벗 지어 가고려 (노걸대언해 상 7)
　 다. 내 … 두리워 아므리 홀 바를 아디 못ᄒᆞ노니[=못ᄒᆞ-ᄂᆞ-오-니] (인조대왕
　　 행장 33)
　 라. 내 이 궐공측-이-로-니 비러 극락 보ᄇᆡ 나라희 가 나몰 이제 이믜 일울식
　　 (권념요록 16)
7 이들 예에 해당하는 16세기 자료는 다음과 같다. 1인칭 주어가 나타났기 때문에
　 모두 '-다/라-'가 나타나 있다.
　 가. 이러툿 ᄒᆞ면 내 니건 히 셔울 잇-다-니 갑시 다 ᄒᆞᆫ가지로다 (번역노걸대
　　 상 9)
　 나. 내 앗가 곳 뿔 밧고라 갓-다-니 (번역노걸대 상 45)

(37) 가. 이러틋 ᄒ면 내 前年에 셔울 잇더니[=잇-더-니] 갑시 다
　　　 ᄒᆞᆫ가지로다 (노걸대언해 상 8)

　　나. 내 앗가 ᄀᆞᆺ ᄲᆞᆯ 밧고라 갓-더-니 (노걸대언해 상 40)

　　다. 나는 나그내-러-니 오늘이 졈그러시니 네 집의 잘 ᄃᆡ를
　　　 어더지라 (노걸대언해 상 42)

인칭법의 소멸　15세기 한국어에서 1인칭과 2/3인칭의 대립을 보였던
인칭법은 16세기에 이르러 약화되면서, 17세기에 이르러 거의 소멸하여
현대 한국어에 이르렀다. 즉, 16세기에서는 '-으니'를 제외한 다른 접속어
미에서는 인칭의 대립이 소멸했으며, '-으니'에서도 동요가 일어났다. 그
뿐만 아니라, '-가- : -거-'의 대립도 소멸하였다. 그리고 17세기에 이르러
서는 인칭에 대한 인식이 거의 없어지고 한두 예를 제외하고는 모든 인칭
의 대립이 소멸하였다.[8] 현대 한국어에 이르러서는 옛말투에 그 흔적만
남아 있을 뿐이다.[9]

　　다. 내 나그내-라-니 오늘 졈그러 네 지븨 잘 ᄃᆡ 어디지이다 (번역노걸대
　　　 상 47)
8 확정법 '-과- : -으니-' 대립은 17세기까지 유지되다가, 18세기에 이르러 소멸하였다.
　다음은 1인칭 주어 문장에 '-과-'가 쓰인 17세기 문장의 예이다.
　　가. 내 명이 됴티 아니믈 위ᄒᆞ여 너를 만나-과-라 (박통사언해 하 25)
　　나. 내 이 흔 글월 쓰-과-라 (노걸대언해 하 14)
9 현대 한국어 사전에 따르면 '-노라'가 어미로 등재되어 있는데 그 뜻풀이는 다음과
　같다. '동사 어간이나 어미 '-었-', '-겠-' 뒤에 붙어 (예스러운 표현으로) 해라 할
　자리나 간접인용절에 쓰여, 자기의 동작을 장중하게 선언하거나 감동의 느낌을 나타내
　거나 어떤 행동에 대하여 주관적 의지를 나타내는 종결어미'.
　　가. 우리의 회포를 적어 형을 영결하노라.
　　나. 이기고 돌아왔노라.
　　다. 우리는 어떠한 어려움에 부닥쳐도 명예를 지키겠노라 맹세하였다.
　　라. 우리는 돈을 벌어 보겠노라고 하나둘 고향을 떠났다.
　　마. 병수는 내일 모임에 꼭 참석해 달라는 그녀의 부탁에 (나는) 그러겠노라고
　　　 하였다.

이러한 인칭법의 실현이 소멸한 것은 복잡한 문법 체계를 간결하게 하려는 데서 일어난 것으로 본다.[10]

바. 그는 가족들의 생계를 위해 공사판에서 (자신자신이) 막일을 하노라고 하였다.

[10] 석주연(2002)에서는 중세 한국어 서술문과 접속문 구성에 나타나는 '-오/우-'가 서술 시점 전환이 불완전했던 중세 한국어 인용문의 특징으로 기능이 모호해져서 소멸했을 가능성을 제시하였다. 또한 인칭법은 어떤 진술이 화자와 관련된 것이라는 것을 문맥으로 충분히 추측할 수 있어 어느 정도 잉여성을 지니고 있었기 때문에 소멸했을 가능성도 제기하였다.

▌참고 문헌

권재일 1993, 한국어 문법범주의 변화 양상과 언어유형론적 특성, 《학술지》 37: 29-48, 건국대학교.

권재일 1996, 문법 형태소의 소멸과 생성, 김승곤 (엮음) 《한국어 토씨와 씨끝의 연구사》 349-363, 박이정.

김승곤 1974, '-오/우-' 형태소 고 - 노걸대와 박통사를 중심으로, 《국어국문학》 65·66: 1-28, 국어국문학회.

김정수 1980, 17세기 초기 국어의 높임법, 인칭법, 주체-대상법을 나타내는 안맺음씨 끝에 대한 연구, 《한글》 167: 389-426, 한글학회.

석주연 2002, 기능적 관점에서 본 문법 요소의 소멸과 변천, *Proceedings of the 6th Pacific and Asian Conference on Korean Studies* 121-127, 서울대학교.

석주연 2014, 선어말어미 '-오-'의 연구 성과와 쟁점, 《국어사연구》 19: 7-29, 국어 사학회.

이숭녕 1959, 어간형성과 활용어미에서의 「-(오/우)-」의 개재에 대하여, 《서울대 논문집, 인문사회과학》 8: 1-70, 서울대학교.

이숭녕 1960, Volitive form으로서의 Prefinal ending '-(o/u)-'의 개재에 대하여, 《진단학보》 21: 107-178, 진단학회.

전정례 1995, 《새로운 '-오-' 연구》, 한국문화사.

정수현 2011, 선어말 어미 '-오'의 기능과 변천 - 명사성의 약화와 그 기능 변화를 중심으로, 건국대학교 대학원 국어국문학과 박사학위논문.

정재영 2019, '-오-'의 변화, 국어사대계간행위원회 (편) 《국어사 연구 2 (문법·어휘)》 140-184, 태학사.

차현실 1981, 중세국어의 응축보문 연구: '-오/우-'의 통사기능을 중심으로, 이화여자 대학교 대학원 국어국문학과 박사학위논문.

한재영 1990, 선어말어미 -오/우-, 국어연구회 (편), 《국어연구 어디까지 왔나》 435-441, 동아출판사.

허웅 1958, 삽입모음고 - 15세기 국어의 1인칭 활용과 대상 활용에 대하여 -, 《서울대 논문집, 인문사회과학》 7: 81-152, 서울대학교.

허웅 1975, 《우리 옛말본, 15세기 국어 형태론》, 샘문화사.

|제10장| **강조법 변화**

강조법은 전달되는 언어내용에 대하여 화자가 강조의 태도를 나타내는 문법범주이다. 15세기 한국어 문장 (1)의 밑줄 친 부분이 강조법을 실현한다. 다양한 선어말어미를 통해서 실현한다.

> (1) 가. 王ㅅ 中엣 尊ᄒ신 王이 업스시니 나라히 威神을 일허다[= 잃-**어**-다 (월인석보 10:9)
>
> 나. 시르미 도욱 깁-**거**-다 (월인석보 8:101)
>
> 다. 여슷 하ᄂ래 그듸 가 들 찌비 ᄇᆞᆯ쎠 아**도**-다 (석보상절 6:35)
>
> 라. 너희들히 힘뻐-**스**-라 (석보상절 23:13)

그러나 문장 (1)에 쓰인 강조법을 실현하는 '-어-, -거-, -도-, -스-' 등은 근대 한국어에 이르도록 유지되었으나 현대 한국어에서 거의 쓰이지 아니한다. 그 대신 현대 한국어에서는 문법형태의 겹침, 분열문 구성과 어순에 의한 통사적 방법, 강세에 의한 음운적 방법, 파생접미사에 의한 파생적 방법과 같이 다양한 방법으로 강조법이 실현된다. 이것은 일정한 문법형태로 실현되던 강조법의 실현방법이 역사적으로 변화했음을 보여준다.

10.1. 강조법의 성격

강조법 강조라 함은 일반적으로 '말의 표현을 힘주어 하려거나, 말의 어조를 다채롭게 하려거나, 또는 말의 어떠한 정서를 부여하는 것으로, 문법 의미가 꽤 다채로운 표현 방법'(허웅 1975:923)이다. 문장 (2)에 대하여 (3)은 그 문장이나 또는 문장의 어떤 한 성분의 표현을 한층 더 강조하고 있다.

    (2) 아람이가 제주도에 갔다.
    (3) 가. 아람이가 제주도에 갔다니까.
          나. 제주도에 간 사람은 아람이다.

문장 (2)와 (3)의 개념 의미는 같다. 다만 (3가)는 (2)에 대해 '-니까'라는 어미가 더 결합해 있고, (3나)는 (2)의 어느 한 성분이 [[[…관형사형어미]]+[명사-은 […이다]] 구문, 즉 분열문 구문으로 나타나 있다. 이러한 문법 과정에 의해 (3)은 (2)에 대해 [강조]라는 관념이 더 실현되어 있다. 따라서 강조법은 전달되는 언어내용에 대하여 화자가 강조의 태도를 나타내는 문법범주라 하겠다. 이러한 강조법은 화자가 청자에게 어떤 특정 언어내용을 좀 더 분명하게 전달하려는 마음, 즉 화자의 언어내용에 대한 표현 의도가 실현된 것이다. 강조되는 내용은 다른 내용보다 더 초점이 놓인 요소로 기능한다.

실현방법의 다양성 형태범주뿐만 아니라 문법 기능을 실현하는 것을 모두 포괄적으로 문법범주를 규정할 때, 문법범주의 실현방법이 다양하다. 현대 한국어에서 실현방법이 다양한 대표적인 문법범주가 바로 강조법이다(권재일 1992:제11장, 권재일 2012:제15장 참조). 위 문장 (3가)는 문법형태 '-니까'에 의한 형태적 방법으로 강조법이 실현된 것이며, (3나)는 분열문 구성에 의한 통사적 방법으로 강조법이 실현된 것이다. 아울러 다음 문장 (4)는 음운적 강세에 의한 음운적 방법으로, (5)는 파생접미사에 의한 파생적 방법으로, (6)은 어순에 의한 통사적 방법으로 강조법이 실현되어 있다.

    (4) 가. **아람이가** 제주도에 갔어.

        나. 아람이가 **제주도에** 갔어.

    (5) 가. 깨다

        나. 깨-뜨리-다.

    (6) 가. 아람이가 제주도에 갔어.

        나. 제주도에 아람이가 갔어.

이와 같이 현대 한국어의 강조법은 어느 일정한 방법에 의하여 실현되기보다는 다양한 방법으로 실현된다. 그러나 위 (1)과 같이, 15세기 한국어에서 강조법은 일정한 문법형태로 실현되어 전형적인 문법범주를 이루었으며, 이는 근대 한국어에 이르도록 유지되었다.

10.2. 15세기 한국어의 강조법

15세기 한국어에서는 일정한 선어말어미에 의해 강조법을 실현한다.[1]

---

1 15세기 강조법은 강조-영탄법, 감동법, 감탄법 등으로 기술되기도 한다. 이 문법범주의 핵심 의미 기능은 [강조]와 [감탄]인데, 범주의 용어를 어떻게 기술하든 이 범주에는 두 기능이 포함되어 있다.

선어말어미 '-어-, -거-, -도-, -노-, -다-, -샤-, -소/스-'가 여기에 속한다(허웅 1975:923-). 이들에 '-ㅅ'이 더 결합하기도 한다.[2] 이제 그 각각에 대해 살펴보자.

-어- '-아/어, -여, -애/에-, -앳/엣-'으로 실현되는데, 말의 힘을 한층 더 세게 하고 다짐한다. 이미 확정된 상황을 표현하기도 하나 반드시 그러한 것은 아니다.[3]

> (7) 가. 넉시 어느 趣예 간 동 몰라이다[=모ᄅ-아-이-다 (월인석보 21:27)
>
> 나. 사ᄅᆞ믈 보-아-시-든 몬져 말ᄒᆞ시며 (월인석보 2:58)
>
> 다. 구르미 비취-여-늘 日官ᄋᆞᆯ 從ᄒᆞ시니 (용비어천가 42)
>
> 라. 八諦ᄂᆞᆫ 곧 우흘 어울워 닐-어-니와 ᄯᅩ 無量四諦 잇ᄂᆞ니 (월인석보 14:38)
>
> (8) 가. 目連이 닐오ᄃᆡ 몰라 보-애-라 (월인석보 23:86)
>
> 나. ᄠᅳᆮ디 나날 거츠레라[=거츨-에-라 (두시언해-초간 23:20)
>
> (9) 고ᄫᆞᆫ 님 몬 보ᅀᆞᄫᅡ 술읏 우리다니 오ᄂᆞᆳ날애 넉시라 마로롓다[=말-오-리-엣-다 (월인석보 8:87)

---

2 이러한 '-ㅅ'의 분리 가능 여부에 대한 여러 논의가 있었다. 이승희(1996, 2014)에서는 전기 중세 한국어 시기까지는 'ㅅ'이 독자적인 선어말어미였을 개연성이 있지만, 최소한 15세기 이후로는 '-돗/롯-, -옷-'에서 'ㅅ'을 분리하기 어렵다고 풀이하였으며, 이탁(2001)에서는 '-ㅅ-'은 [감탄]과는 별도로 [강조]의 의미를 가지는 형태로 분석하여 '-도-'는 [감탄]의 의미, '-ㅅ-'은 [강조]의 의미로 풀이하였다.

3 허웅(1975:924-)에서는, '-어-'가, 다음에 기술하는 '-거-'도 마찬가지로, 이미 확정되고 완료된 상황을 표현하기도 하지만, 명령법이나 청유법의 경우에서처럼, 전혀 시제 기능과는 관련 없이 쓰이기도 하고, '-늘, -ㄴ마ᄅᆞᆫ' 등에 연결되는 경우 거의 기계적으로 개입되기 때문에 시제어미로 보지 않고 강조어미로 기술한다고 하였다.

문장 (9)에는 '-엣-'이 쓰였는데, '-에-'보다 한층 더 강조하는 표현이다. 문장 (10)의 '-샤-, -샷-'은 주체높임어미 '-으시-'와 '-어-, -엇-'의 결합으로 볼 수 있다. 주체높임의 강조인 셈이다.

(10) 가. 낫나치 仔細히 골히에 ㅎ-샷-다 (능엄경언해 2:34)

　　　 나. 一切 부텨 ㄱᄐ시니 업스샷다[=없-으샷-대 (월인석보 1:52)

-거-　'-거-'가 확정법을 실현하기도 하지만, 다음 예는 시제보다는 강조를 실현한다. '-거/어/가/아-, -게-, -것-' 등으로 나타난다.

(11) 가. 뎌 즁아 닐웨 ㅎ마 다ᄃᆞᆯ-거-다 (석보상절 24:15)

　　　 나. 十方世界예 二乘도 업-거-니 ᄒᆞᄆᆞᆯ며 세히 이시리여 (석보상절 13:56)

　　　 다. 蓮花ㅅ 고지 나-거-늘 世尊이 드듸샤 (월인석보 2:34)

(12) 놊 輿에 아디 몯-게-라 믈읫 몃 마릿 그를 지스니오 (두시언해-초간 22:16)

(13) 져믄 사ᄅᆞ미 즐규믈 속졀업시 보-것-다 참ᄂᆞᆫ 눈므리 ㅎ마 오시젓ᄂᆞ다 (두시언해-초간 11:30)

-도-　'-도/두/로-, -돗/롯-' 등으로 나타난다. 감탄의 뜻을 나타내며, '-돗/롯-'은 '-도/로-'에 비해 강조를 더한다.

(14) 가. 내 地藏 威神力을 보니 恒河沙劫에 다 닐우미 어렵-도-다 (월인석보 21:172)

　　　 나. 애와텨 앗겸직ᄒᆞ-두-다 (능엄경언해 3:116)

　　　 다. 네 옵던 이리로다[=일-이-로-다] (월인석보 1:14)

라. 새 그를 어제 부텨 보내-돗-더-라 (두시언해-초간 23:29)

'-도-'는 '이다, 아니다'의 '-이-, 아니-' 그리고 시제어미 '-으리-' 아래서 '-로-'로 나타난다.

(15) 가. 네 업던 이리로다[=일-이-로-대 (월인석보 1:14)
　　　나. 千 聖ㅅ 眞機는 親호미 쉽디 아니홈 아니-로-다 (남명천선
　　　　　사계송 하 14)
　　　다. 내 그듸를 몰 미츠-리-로-다 (석보상절 11:34)

그런데 1인칭 어미 '-오-' 역시 같은 환경인 '이다, 아니다'의 '-이-, 아니-' 그리고 '-으리-' 아래서 '-로-'로 변이되는데(제9장 참조), 이때 '-다'는 '-라'로 바뀌어 문장 (16)처럼 '-로-라'로 나타난다. 그러나 문장 (15)와 같이 강조법에서는 '-로-다'로 나타나서 두 경우가 서로 구별된다.

(16) 가. 나는 弟子 大木犍連이로라[=大木犍連-이-로-래 (월인석
　　　　　보 23:82)
　　　나. 이제 나는 가난호미라 病 아니-로-라 ㅎ야늘 (남명천선사
　　　　　계송 상 30)

'-도/로-'는 다른 강조어미와 겹쳐 나타날 수 있다. (17가)는 '-놋-'과 '-도-', (17나,다)는 '-로-'와 '-소-'가 겹쳐 있다.

(17) 가. 구름 씬 ㄱ르매는 둜비치 軒檻애 오르-놋-도-다 (두시언
　　　　　해-초간 8:25)
　　　나. 出家ㅎ시면 正覺을 일우-시-리-로-소-이-다 (월인석보

2:23)

　　　다. 어마니믈 아라 보-리-로-소-니-잇-가 (월인석보 23:86)

-노-　'-노-', '-놋-'으로 나타난다. 역시 '-놋-'은 '-노-'보다 강조를 더
한다.

(18) 가. 쁜 龍이 긴 늘이 지-엿-노-다 (두시언해-초간 22:28)
　　　나. 네 오히려 아디 몯ᄒ-놋-다 (능엄경언해 3:77)
　　　다. 자바 버효믄 해 소내 맛-놋-다 (두시언해-초간 8:4)

-다　'-다/라-', '-닷/랏-'으로 나타나는데, '-사/스-'와 겹쳐 나타나기도
한다.

(19) 가. 내 ᄒ던 이리 甚히 외-다-스-이-다 (석보상절 24:18)
　　　나. 부톄 우리 爲ᄒ야 大乘法을 니ᄅ-시-리-라-스-이-다 (월
　　　　　인석보 13:36)
　　　다. 허므리 實로 내게 잇-닷-다 (법화경언해 2:6)
　　　라. 그대옷 나그내를 ᄉ랑티 아니ᄒ더든 그몸나래 ᄯ 시르믈
　　　　　더으-리-랏-다 (두시언해-초간 15:31)

-소/스-　'-소/스-'는 단독으로 감탄의 뜻을 나타내고, 다른 강조어미와
겹쳐 강조의 뜻을 한층 더한다. '-소/스-'는 주로 접속어미 '-으니'와 서술
어미 '-다/라' 앞에 결합한다. 다만 '-소-'가 나타난 문장의 주어는 1인칭이
다. 따라서 '-소-'는 '-스-'에 1인칭어미 '-오-'가 결합한 것으로 볼 수 있다
(허웅 1975:955).

(20) 가. 炎天에 더위 삐는 듯 호물 避ᄒᆞ-소-라 (두시언해-초간 8:9)

　　나. 도ᄌᆞ글 수머 흔번 흐러나-소-니 주리며 치우메 기리 서르
　　　 ᄇᆞ라노라 (두시언해-초간 8:29)

　　다. 너희들히 힘뻐-ᄉᆞ-라 (석보상절 23:13)

　　라. 너희들히 … ᄂᆞ외야 므슴 게을이 먹디 마라-ᄉᆞ-라 (석보상
　　　 절 23:12)

'-소/ᄉᆞ-'는 문장 (21)과 같이 '-다-, -샤-, -도-, -노-' 등과 겹쳐 강조의
뜻을 한층 더한다.[4]

(21) 가. 그러면 부톄 實로 大乘으로 教化ᄒᆞ-시-다-ᄉᆞ-이-다 (월인
　　　 석보 13:36)

　　나. 입시울 비치 븕고 됴ᄒᆞ샤미 頻婆果ㅣ ᄀᆞᆮᄒᆞ샤-ᄉᆡ-이-다
　　　 (법화경언해 7:148)

　　다. 太子ㅣ 그런 사ᄅᆞ미시면 이 이리 쏘 어렵-도-소-이-다
　　　 (월인석보 21:216)

　　라. 西方애 聖人이 나-시-노-소-니 (월인석보 2:49)

10.3. 강조법의 변화0

강조법 변화　15세기의 강조법은 16세기, 17세기, 18세기에도 대체로

---

4 '-도소-, -노소-' 등의 형태에 대해서 고은숙(2013)에서는 '-도/돗-', '-옷-', '-ᄉᆞ-'는
주어가 1인칭인 경우, 그 뒤에 '-오-'가 결합할 수 있었는데, 그래서 '-도소-'[=돗+외,
'-노소-'[=ᄂᆞ+옷+외]의 형태로 나타난 것이라고 풀이하였다.

이어진다.[5] 다만 그 이후 형태가 허물어지면서 현대 한국어에 이르는 동안 접속어미나 문장종결어미의 일부로 흡수되어 소멸하고 만다. 따라서 현대 한국어에서 강조법은 일정한 문법형태에 의해서는 더 이상 실현되지 않는다. 현대 한국어에 흔적을 보이는 것은 다음과 같은 '-도-다' 정도이다.

(22) 가. 可憐ᄒ고 可笑롭-도-다 (국민소학독본 25)

　　 나. 忽地에 洪水가 되는-도-다 (국어독본 4:7)

　　 다. 아름답-도-다, 우리의 조국!

16세기 한국어에서 강조어미가 나타난 예는 다음과 같다.

(23) 가. 형아 날ᄃᆞ려 긔결ᄒ-야-라 (번역노걸대 하 66)

　　 나. 네 됴히 잇-거-라 (번역노걸대 하 72)

　　 다. 오늘 비 오니 졍히 바독 두미 됴토다[=됴-도-다 (번역박통사 상 22)

　　 라. 큰 형아 우리 도라가-노-소-라 (번역노걸대 하 72)

　　 마. 해 내 일즉 아디 몯ᄒ라 ᄇᆞ셔 아더든 보라 가미 됴탓다[=됴-닷-다 (번역박통사 상 37)

　　 바. 글란 근심 마오 ᄌᆞ식ᄃᆞ리 다 됴히 잇-거-ᄉ-라 (순천김씨 묘편지글 74)

다음은 17세기 한국어에서 강조어미가 나타난 예이다.

---

5 15세기 이후 강조법에 대한 구체적인 기술은 김정수(1985가, 1985나, 1986), 박병선 (1998) 등 참조.

(24) 가. 진실로 올히 가난ᄒ-여-라 (노걸대언해 상 49)

　　 나. 큰형아 네 나히 하-도-다 (노걸대언해 상 57)

　　 다. ᄒ마　하ᄂᆞᆯ도　블그리로다[=붉-으리-로-대 (노걸대언해

　　　　 상 34)

　　 라. 봉황이 ᄂᆞ니 화히 우러 즐겨ᄒ-놋-ᄯᅡ (동국신속삼강행실

　　　　 도-열녀 1:92)

　　 마. 알-리-로-소-냐 아디 못ᄒ-라-로-소냐 (노걸대언해 상 5)

다음은 18세기 한국어에서 강조어미가 나타난 예이다.

(25) 가. 敢히 當치 못ᄒ-여-라 (중간노걸대언해 하 6)

　　 나. 늬일 갈 길을 그릇홀까 저페라[=젚-에-래 (중간노걸대언

　　　　 해 상 53)

　　 다. 그 風化에 엇지 져근 補익이리오 嗚呼ㅣ라 직극ᄒ-샷-다

　　　　 (어제내훈 발:5)

　　 라. 蔡姬ㅣ 날조차 죽으려 하-돗-다 (어제내훈 2:23)

　　 마. 妾은 命을 듣줍디 못ᄒ-리-로-소-이-다 (어제내훈 2:24)

▌참고 문헌

고영근 1981/1997, 《중세국어의 시상과 서법》, 탑출판사.

고은숙 2013, 후기 중세국어의 감동법 어미 결합형 "-도소-", "-노소-", "-리로소-"에 관한 일고찰, 《언어와 언어학》 58: 1-26, 한국외국어대학교 언어연구소.

권재일 1987, 강조법과 그 실현 방법, 《인문과학논총》 19: 57-73, 건국대학교 인문과학 연구소.

권재일 1992, 《한국어 통사론》(대우학술총서 인문사회과학 67), 민음사.

권재일 2012, 《한국어 문법론》, 태학사.

김정수 1985가, 15세기 한국말 느낌법 안맺음 씨끝의 조직에 대하여, 《역사언어학》(김방한선생 회갑기념논문집) 113-122, 전예원.

김정수 1985나, 17세기 한국말의 느낌법과 그 15세기로부터의 변천, 《한국학논집》 8: 50-521, 한양대학교 한국학연구소.

김정수 1986, 16세기 전반기의 느낌법과 그 15세기로부터의 변천, 《한글》 194: 73-95, 한글학회.

박병선 1998, 근대국어의 서법, 홍종선 (엮음) 《근대국어 문법의 이해》 389-409, 박이정.

이승희 1996, 중세국어 감동법 연구, 《국어연구》 139, 서울대학교 대학원 국어연구회.

이승희 2014, 선어말어미 '-돗-'의 연구사와 쟁점, 《국어사연구》 19: 101-121, 국어사 학회.

이탁 2001, 감탄법과 감동법의 의미론적 동질성에 대하여, 《어문학》 73: 145-171, 한국어문학회.

허웅 1975, 《우리 옛말본, 15세기 국어 형태론》, 샘문화사.

제3부 문장 구성의 변화

|제11장| 문장성분과 격조사 변화

문장성분은 여러 가지 방법으로 실현되는데, 그 대표적인 방법은 체언에 격조사를 결합하는 구성이다. 15세기 한국어 문장 (1),(2)의 밑줄 친 부분이 격조사이다.

(1) 가. 시미[=심-이] 기픈 므른 ᄀᆞ므래 아니 그츨씨 (용비어천가 2)
　　 나. 우리 始祖-ㅣ 慶興에 사르샤 (용비어천가 3)
(2) 가. 我后-를 기드리ᅀᆞᄫᅡ (용비어천가 10)
　　 나. 天下-롤 맛ᄃᆞ시릴씨 (용비어천가 6)

주격조사는 15세기 한국어에서는 명사가 자음으로 끝나든 모음으로 끝나든 모두 '-이' 형태였으나, (3)과 같이 현대 한국어에서는 자음으로 끝나면 '-이', 모음으로 끝나면 '-가'로 나타난다. 목적격조사는 15세기 한국어에서는 모음조화에 의해 '-을/를 : -올/롤'로 나타났으나, (4)와 같이 현대 한국어에서는 모두 '-을/를'로 나타난다.

(3) 가. 샘-이 깊은 물은
　　 나. 우리 始祖-가 慶興에 사시어
(4) 가. 我后-를 기다려
　　 나. 天下-를 맡으시니

11.1. 문장성분과 격의 성격

문장과 문장성분 문장은 계층적 성격을 지니면서 문장성분이라는 단위로 통합되어 있다. 이러한 문장성분 가운데 가장 중심되는 기능을 맡고 있는 것은 서술어이다. 그래서 문장은, 서술어를 중심으로 하여, 다른 문장성분들이 서술어에 이끌려 하나의 통일성 있는 구성으로 된 언어형식이다.

따라서 문장은 '서술어'와 이에 직접 또는 간접으로 이끌리는 몇몇 문장성분으로 구성되어 있다. 문장성분 가운데 서술어에 직접적으로 이끌리는 것에는 '주어', '목적어', '부사어' 등이 있고, 간접적으로 이끌리는 것에는, 직접적으로 이끌리는 성분을 수식하는 '관형어', 문장 전체에 이끌리는 '독립어'가 있다. 흔히 직접적으로 이끌리는 성분들과 서술어를 묶어 필수성분이라 하고, 간접적으로 이끌리는 성분들을 수의성분이라 한다.[1]

격과 격조사 격이란 어떤 성분이 문장 안에서 차지하는 지위, 바꾸어 말하면 서술어에 대해서 한 성분이 가지는 관계 관념이다. 원래 인도유럽어에서의 격은, 문장 안에 있는 명사가 다른 성분과의 관계를 나타내기 위하여 그 형태를 바꾸는 굴곡범주의 하나이다. 그런데 영어나 중국어에서는 문장 안에서 문장성분이 나타나는 위치가 격을 실현하기도 하기 때문에, 명사구가 서술어에 대해 가지는 관념 자체를 격이라 할 수 있다. 따라서 체언에 결합해서 일정한 문장성분으로 기능하게 하는 조사가 격조

---

[1] 문장성분을 분류하는 방법이 한국어 문법 기술에서 일정하지 못하다. 허웅(1983)에서는, 풀이말(서술어)을 중심으로 하여 임자말, 부림말, 어찌말, 위치말, 방편말, 견줌말, 매김말, 인용말, 홀로말을 설정하였으며, 규범문법에서는 주성분, 부속성분, 독립성분으로 나누어, 주성분에는 주어, 서술어, 목적어, 보어를, 부속성분에는 관형어, 부사어를, 독립성분에는 독립어를 제시하였다.

사이다.

격과 격조사는 대체로 문장성분과 일치한다. 그러나 격의 종류, 격조사의 종류가 문장성분과 반드시 일치하지는 않는다. 주어, 목적어, 부사어, 관형어는 그대로 주격, 목적격, 부사격, 관형사격으로 실현된다. 독립어는 그 일부가 호격으로 실현된다.

다른 조사들 그런데 조사는 모두 격을 나타내는 것만이 아니다. 조사 가운데는, 여러 가지 문장성분에 결합할 수 있어서 일정한 문장성분을 나타내지 못하고, 그것이 결합한 구성의 의미를 한정해 주는 것이 있다. 문장 (5)에서 '-는, -샤' 등이 그러하다. 예를 들어 (5나)에서 '-샤'가 결합함으로써 강조의 의미를 실현한다. 이와 같이 특정한 의미를 한정해 주는 조사를 보조조사라 한다.

> (5) 가. 나-는 어버이 여희오 ᄂᆞ미그에 브터 사로ᄃᆡ (석보상절 6:5)
>   나. 이 각시-샤 내 얼니논 ᄆᆞᅀᆞ매 맛도다 (석보상절 6:14)

이 외에도 조사에는 명사와 명사를 잇는 기능을 가지는 조사도 있으며, 또 종결된 문장 뒤에 결합하는 조사도 있다. 문장 (6)에서 '-과/와'는 잇는 기능을 하는데 이를 접속조사라 하고, 문장 (7)에서 '-마른'은 이미 종결된 문장에 결합하여 문법적 또는 어휘적 의미를 더해 주는 기능을 하는데 이를 문장종결조사라 한다. (8)의 '-가, -고'와 같은 의문조사에 대해서는 제3장에서 이미 살펴본 바 있다.

> (6) 가. 입시울-와 혀-와 엄-과 니왜[=니-와-ㅣ] 다 됴ᄒᆞ며 (석보
>   상절 19:7)[2]
>   나. 三寶는 佛-와 法-과 僧괘라[=僧-과-ㅣ-라] (석보상절 서:6)

(7) 가. 도라올 期約은 엇뎨 오라리오―마른 여희논 뜨든 ᄆᆞᆺ매 感
　　　激ᄒᆞ노라 (두시언해-초간 8:20)

　　나. 우리나라해셔 供養ᄒᆞ습디빗 그듸내 ᄀᆞᆺ비ᅀᅡ 오도다―마른
　　　숨利ᅀᅡ 몯 어드리라 ᄒᆞ야ᄂᆞᆯ (석보상절 23:53)

(8) 가. 이 ᄯᆞ리 너희 죵―가 (월인석보 8:94)

　　나. 이 엇던 光明―고 (월인석보 10:7)

11.2. 15세기 한국어의 문장성분과 격

격조사　15세기 한국어의 격조사는 다양한 변이형태를 가지는 것이
한 특징이다. 체언 끝이 자음이냐 모음이냐에 따라 변이형태가 나타나기
도 하고, 체언의 모음과 조화를 이루는 모음조화에 의해 변이형태가 나타
나기도 한다. 또한 [높임]과 [안높임]의 대립도 있다. 15세기 한국어의 격조
사를 제시하면 다음과 같다.

(9) 15세기 한국어의 격조사[3]
　　가. 주격조사
　　　　―이, ―ㅣ
　　나. 목적격조사

---

2 15세기 한국어에서 '―과/와'가 결합하는 방법은 현대 한국어와 다르다. 즉, 현대
　한국어가 'A-와 B-와 C-가' 구성인데 비해, 15세기 한국어에서는 'A-와 B-와 C-와ㅏ-이'
　구성이다. 물론 15세기 한국어에는 현대 한국어와 같은 구성도 있다
　가. 밤과 낮과 法-ø-을 니르시니 (월인천강지곡 상 기16)
　나. 하늘콰[=하늘ㅎ-과] 싸히[=싸ㅎ-ø-ㅣ] 크고 (두시언해-초간 21:2)
　다. 가지-와 닙과 곳-과 果實-ø-이 次第로 莊嚴ᄒᆞ고 (법화경언해 4:121)
3 15세기 한국어 격과 격조사 목록에 대해서는 허웅(1975), 홍윤표(1969) 참조.

-을/올/를/롤/ㄹ

다. 부사격조사

　[위치] -에/애/예, -의/이/-의, -의게/이게, -라셔, -드려, -히

　[방편] -으로/ㅇ로

　[비교] -과/와, -두고, -으라와, -으론/ㅇ론, -이, -에, -도곤

라. 관형사격조사

　-ㅅ, -의/이, -ㅣ

마. 호격조사

　-아/야, -(이)여, -하

　보조조사는 특정한 의미를 지니며 격조사 자리에 대신 나타날 수 있는데, 15세기 한국어의 보조조사 목록을 제시하면 다음과 같다.[4]

　(10) 15세기 한국어의 보조조사

　　-은/온/는/ㄴ/ㄴ, -도, -셔, -아, -곳, -이나, -이어나, -이드록,

　　-브터, -다가, -뿐, -이쓴, -이라, -으란, -마다, -곰, -나마, -뭇,

　　-만뎡, -이라, -인들

서술어　서술어는 문장의 중심 성분으로, 주어인 '무엇이' 또는 '누가'에 대해서 '어찌하다', '어떠하다', '무엇이다'로 서술하는 기능을 가진다. 즉, 동작, 상태, 환언을 나타낸다.[5]

---

4 15세기 한국어 보조조사에 대해서는 허웅(1975), 김진형(1995), 하귀녀(2005), 박진호
　(2015), 서종학(2019) 참조.
5 15세기 한국어의 문장성분에 대한 논의는 양정호(2002) 참조. 서술어가 필수적으로
　요구하는 성분 가운데 주어와 목적어를 제외한 나머지 성분을 모두 보어로 설정하고,
　형태·통사·의미 기준을 제시하였다.

(11) 가. 내 혜여호니 이제 世尊이 … 큰 法義를 펴려 호시ᄂ다 (석
보상절 13:26)

나. 닐굽 히 너무 오라다 (월인석보 7:2)

다. 御製는 님금 지스샨 그리라[=글-이-래 (훈민정음-언해 1)

위 문장 (13)에서 '펴려 호시ᄂ다, 오라다, 그리라[=글-이-래'가 각각
서술어인데, '어찌하다'(동작)는 동사에 의해, '어떠하다'(상태)는 형용사,
'무엇이다'(환언)는 '이다'에 의해 실현된다.

대부분의 문법 기능은 서술어에 얹혀서 실현된다. 문장종결법, 시제법,
높임법 등의 문법범주를 서술어가 실현하고 있다. 문장 (11가)에서 서술
어 '호-시-ᄂ-다'를 통하여 이 문장의 문장종결법(-다: 서술법), 시제법(-
ᄂ-: 현실법), 높임법(-시-: 주체높임법) 등이 실현된다.

동사는 그 종류에 따라서 주어 하나만을 필수적으로 요구하는 것이
있고, 주어와 또 다른 문장성분 둘을 필수적으로 요구하는 것도 있으며,
셋을 필수적으로 요구하는 것이 있다. 문장 (12가)의 동사 '죽다'는 주어
하나만 있어도 완전한 문장을 구성한다. 이러한 동사가 자동사이다. 문장
(12나)의 동사 'ᄉ랑ᄒ다'는 주어와 목적어 둘이 있어야 완전한 문장을
구성한다. 이러한 동사가 타동사이다. 타동사 중에는 주어와 목적어 외에
부사어를 필수적으로 요구하는 것이 있다. 문장 (12다)에서 '삼다'의 경우
이다.

(12) 가. 아들들히 아비(주어) 죽다 듣고 (월인석보 17:21)

나. 어버ᅀᅵ(주어) 子息(목적어) ᄉ랑호ᄃ (석보상절 6:3)

다. 므스 거스로(부사어) 道를(목적어) 사마료 (월인석보 9:22)

형용사는 대부분 주어 하나만을 필수적으로 요구하는데(문장 13가),

주어와 또 다른 성분 둘을 필수적으로 요구하는 것도 있다(문장 13나).

(13) 가. 江漢앤 둜비치(주어) 곱도다 (두시언해-초간 20:8)
　　 나. 出家흔 사ᄅᆞ문(주어) 쇼히(부사어) ᄀᆞᆮ디 아니ᄒᆞ니 (석보상
　　　　 절 6:22)

이와 같이 자동사나 대부분의 형용사처럼 서술어의 기능을 하기 위해
주어 하나만을 필수적으로 요구하는 것을 한 자리 서술어라 하고, 타동사
나 'ᄀᆞᆮ다, 아니다, 무섭다' 등과 같은 형용사처럼 주어 외에 또 다른 한
문장성분을 필수적으로 요구하는 것을 두 자리 서술어라 하고, '삼다, 너
기다, 주다' 등과 같은 동사처럼 주어를 포함하여 문장성분 셋을 필수적으
로 요구하는 것을 세 자리 서술어라고 한다.

주어 　주어는 서술의 주체를 나타내는 문장성분으로 모든 문장에 필수
적으로 요구되는 문장성분이다. '무엇이/누가 어찌하다/어떠하다/무엇이
다'에서 '무엇이' 또는 '누가'에 해당한다.
주어는 명사, 명사구, 명사절에 주격조사가 결합하여 실현된다. 주격조
사는 앞에 제시한 바와 같이 '-이, -ㅣ'이다. 이들은 명사의 음운 특성에
따라 교체해서 나타난다. '-이'는 자음으로 끝난 경우에, '-ㅣ'는 모음으로
끝나되, 이-모음(/i/)과 이-반모음(/y/)이 아닌 경우에 나타난다. 이-모음
과 이-반모음으로 끝난 경우에는 주격조사가 나타나지 않는다. 다음은
각각 세 가지 경우의 예이다.

(14) 가. 쉬미[=쉽-이] 기픈 므른 ᄀᆞ모래 아니 그츨씨 (용비어천
　　　　 가 2)
　　 나. 부톄[=부텨-ㅣ] 니러나샤 輩有를 너비 두프샤ᄆᆞᆯ 불기시니라

(월인석보 13:48)

다. 불휘 기픈 남ᄀᆞᆫ 바ᄅᆞ매 아니 뮐ᄊᆡ (용비어천가 2)

그런데 주격조사가 나타나지 않을 경우, 성조 변동이 일어난다. 즉 명사가 평성이면 상성으로 바뀌고, 거성이나 상성이면 그대로이다. (14다)의 '불·휘'는 [평성+거성]이기 때문에 변동이 없으나, (15가)의 'ᄃᆞ리'는 [평성+평성]이기 때문에 'ᄃᆞ:리'[평성+상성]로 실현된다. 그리고 (15나)의 'ᄆᆞ디' 역시 [평성+평성]이기 때문에 'ᄆᆞ:디'[평성+상성]로 실현된다.

(15) 가. 내해 ᄃᆞ:리[평성+평성→평성+상성] 업도다 (두시언해-초
       간 25:7)

   나. 흰 ᄆᆞ:디[평성+평성→평성+상성] 서르 비취엿도다 (두시언
       해-초간 25:2)

명사가 한자로 표기되었을 경우에는, 자음으로 끝나면 '-이', 모음으로 끝나면, 이-모음이나 이-반모음도 모두 '-ㅣ'로 표기된다.

(16) 가. 世尊-이 象頭山애 가샤 (석보상절 6:1)

   나. 우리 始祖-ㅣ 慶興에 사ᄅᆞ샤 (용비어천가 3)

   다. 變化-ㅣ 無窮ᄒᆞ실ᄊᆡ (용비어천가 60)

문장 (17)은 주격조사가 각각 명사구, 명사절에 결합한 예이다.

(17) 가. 이는 우리 허므리라 世尊ㅅ 다시[=닷-이] 아니시다ᄉᆞ이다
       (법화경언해 2:5)

   나. 올ᄒᆞ며 외요미[=외-요-ㅁ-ㅣ] 다 업스며 (월인석보 8:29)

문장 (18)처럼 주격조사 대신 보조조사가 대신 쓰이기도 하며, (19)처럼 주격조사가 생략되기도 한다.[6]

(18) 가. 星宿-는 벼리라 (석보상절 9:33)

　　나. 어미-도 아ᄃᆞ롤 모ᄅᆞ며 아ᄃᆞᆯ-도 어미롤 모르리니 (석보상절 6:3)

　　다. 오직 魔王-곳 제 座애 便安히 몯 안자 (월인석보 2:42)

(19) 가. 그디 子息-ø 업더니 므슷 罪오 (월인석보 1:7)

　　나. 곶-ø 됴코 여름-ø 하ᄂᆞ니 (용비어천가 2)

　　다. 부텨-ø 이싫 저긔 施혼 부텻 거슨 즁들히 알려니와 (석보상절 23:3)

주어가 집단일 경우 '-에 이셔'가 쓰인다.

(20) 이틂 나래 나라해[=나라ㅎ-에] 이셔 도ᄌᆞ기 자쵀 바다 가아 (월인석보 1:6)

주어는 인칭에 따라 인칭법이 실현되며(제9장), 높임에 따라 주체높임법이 실현되는데(제4장), 이에 대해서는 이미 살펴본 바 있다.

목적어　타동사가 문장의 서술어가 되었을 때, 그 동작의 대상을 나타내는 성분이 필요한데, 이것을 실현하는 문장성분이 목적어이다.

목적어 역시 명사, 명사구, 명사절에 목적격조사가 결합하여 실현된

---

6 격조사는 종종 생략된다. 현대 한국어에서도 격조사 생략은 자주 일어나지만, 15세기 한국어에서는 격조사 생략이 좀 더 광범위하게 일어났다(홍종선 2017:378-).

다. 목적격조사는 앞에 제시한 바와 같이 '-을/올/를/롤/ㄹ' 등이다. 이들은 명사의 음운 특성에 따라 나타난다. 명사가 자음으로 끝나는가 모음으로 끝나는가에 따라 변이형태가 나타나며(-을/올 : -를/롤/ㄹ), 체언의 모음과 조화를 이루는 모음조화에 의해 변이형태가 나타나기도 한다(-올/롤 : -을/를).

> (21) 가. ㅂ야미 가칠[=가치-ㄹ] 므러 즈겟가재 연즈니 (용비어천가 7)
> 나. 天下-롤 맛두시릴씨 (용비어천가 6)
> 다. 我后-를 기드리슨바 (용비어천가 10)
> 라. 나라홀[=나라ㅎ-올] 맛두시릴씨 (용비어천가 6)
> 마. 天命-을 모루실씨 (용비어천가 13)

문장 (21)은 명사에 결합한 예이고, 다음 문장 (22)는 각각 명사구, 명사절에 결합한 예이다.

> (22) 가. 二儀는 두 양지니 하늘콰 싸콰-를 나르니라 (석보상절 19:13)
> 나. 당가 들며 셔방 마조물[=맞-오-ㅁ-올] 다 婚姻ㅎ다 ㅎㄴ니라 (석보상절 6:16)

목적격조사 대신 보조조사가 대신 쓰이기도 하며 목적격조사가 생략되기도 한다. (23)은 보조조사가 쓰인 예이고, (24)는 목적격조사가 생략된 예이다.

> (23) 가. 말-란 아니ㅎ고 두 숤가라굴 드니 (석보상절 24:47)
> 나. 아비를 보라 가니 어미-도 몯 보아 시르미 더욱 깁거다

(월인석보 8:101)

　　　다. 施主ㅣ 오직 衆生의게 一切 즐거본 것-만 주어도 功德이
　　　　　그지 업스리어늘 (월인석보 17:48)

　(24) 가. 님긊 말-ø 아니 듣ᄌᄫᅡ (용비어천가 98)

　　　나. 어버ᅀᅵ 子息-ø 스랑호ᄆᆞ 아니한 ᄉᆞᅀᅵ어니와 (석보상절 6:3)

　　　다. 諸王과 靑衣와 長者ㅣ 아ᄃᆞᆯ-ø 나ᄒᆞ며 (월인석보 2:44)

　다음과 같이 자동사 구문에 목적격조사가 나타나기도 하는데, 기간,
거리, 장소 등의 표현이다.[7]

　(25) 가. 열 ᄒᆡ-ᄅᆞᆯ ᄀᆞᄅᆞ매 ᄃᆞ니ᄂᆞᆫ 나그내 (두시언해-초간 7:19)

　　　나. 여슷 ᄒᆡ-를 苦行ᄒᆞ샤 (석보상절 6:4)

　　　다. 世尊이 ᄒᆞᄅᆞ 몃 里-ᄅᆞᆯ 녀시ᄂᆞ니잇고 (석보상절 6:23)

　부사어　부사어는 문장 안에서 서술어를 수식·한정하는 문장성분인데,
대부분의 부사어는 수의성분이지만, 서술어에 따라 필수성분이 되기도
한다.

　부사어는 부사, 부사구, 부사절 등에 의해 실현되며, 또한 체언에 부사
격조사가 결합하여 실현된다. 특히 체언에 부사격조사가 결합하여 실현
되는 부사어의 의미는 매우 다양한 편이다. 그래서 이를 크게 [위치], [방
편], [비교] 등의 의미로 나누어 살펴본다.[8]

---

7 목적어와 서술어가 같은 형태인 구문도 15세기 한국어에서 나타난다.
　가. 波旬이 ᄭᅮ믈 ᄭᅮ고 (월인천강지곡 상 기67)
　나. 닐굽 거르믈 거르샤 (석보상절 6:17)

8 허웅(1975)에서는 부사어에 해당하는 문장성분을, 어찌말, 위치말, 방편말, 견줌말로
　의미 특성별로 나누어 부사격조사를 제시하였다.

첫째, [위치]의 부사어이다. 서술어를 동작이 일어나는 시간, 공간, 그리고 원인 등의 의미로 수식하는 기능이다. 부사격조사 '-에/애/예, -의/이/-씌, -의게/이게, -라셔, -드려, -히' 등이 이에 속한다. 문장 (26)의 '-에/애/예, -의/이'는 현대 한국어 '-에'에 해당한다.[9] '-에/애'는 모음조화에 따라, '-예'는 주로 /ㅣ/-모음 아래 나타난다. '-의/이'는 특정 체언에 결합한다.[10]

(26) 가. 길헤[=길ㅎ-에] ㅂ라ᅀᆞ녕니 (용비어천가 10)

나. 내히 이러 바ᄅ래[=바ᄅᆯ-애] 가ᄂᆞ니 (용비어천가 2)

다. 狄人ㅅ서리예[=서리-예] 가샤 (용비어천가 4)

라. 새벼리 나ᄌᆡ[=낮-ᄋᆡ] 도ᄃᆞ니 (용비어천가 101)

마. 말 우희[=우ㅎ-의] 니서 티시나 (용비어천가 44)

현대 한국어의 '-께, -에게'에 해당하는 부사격조사는 '-씌, -의게/-이게, -드려' 등이다.

(27) 가. 그ᄢᅴ 龍王이 ᄭᅮ러 合掌ᄒᆞ야 世尊-씌 請ᄒᆞᅀᆞ녕디 (월인석보 7:48)

나. 그ᄢᅴ 世尊이 ᄯᅩ 文殊師利-드려 니ᄅᆞ샤ᄃᆡ (석보상절 9:11)

둘째, [방편]의 부사어이다. 서술어를 동작이 일어나는 방법, 자격, 그리고 방향 등의 의미로 수식하는 기능이다. '-으로/ᄋᆞ로'가 이에 속한다.

---

9 15세기 한국어로부터 근대 한국어에 이르기까지 부사격조사 '-에, -에서, -에게'와 '-의 /의'에 대한 포괄적인 기술은 조재형(2016) 참조.

10 특정 체언에는 '새박, 아ᄎᆞᆷ, 낮, 나조ㅎ, 밤 : 눛, 앒, 봄, ᄀᆞᅀᆞᆯㅎ : 나모, 술, 집, 돍, 東, 城, 門' 등이 있다.

(28) 가. 짜히 열여듧 相-으로 뮈며 (월인석보 2:13)

　　나. 菩薩이 前生애 지손 罪-로 이리 受苦ᄒ시니라 (월인석보 1:6)

　　다. 化身ᄋᆫ 變化-로 나신 모미라 (월인석보 2:54)

대명사 '나/너/누/이'에 '-로'가 결합할 때에는 'ㄹ'이 덧나 '날로, 널로, 눌로, 일로'로 나타난다.

(29) 가. 엇뎨 옷 바ᄇᆯ 뻐 날-로 이에 니를어뇨 (법화경언해 2:240)

　　나. 날-로 히여 ᄀᆞ마니 넉슬 뮈우ᄂᆞ다 (두시언해-초간 8:19)

셋째, [비교]의 부사어이다. 견줌을 표현하는 문장에서 비교의 대상을 나타내는 기능이다. '-과/와, -두고, -으라와/이라와, -으론/ᄋᆞ론, -이, -에, -도곤' 등이 이에 속한다. 특히 문장 (31)에서는 '-이, -에가 비교를 나타내고 있다.

(30) 가. 一切 有情이 나-와 다ᄅᆞ디 아니케 호리라 (월인석보 9:14)

　　나. 길 녏 사ᄅᆞᆷ-과 ᄀᆞ티 너기시니 (석보상절 6:4)

　　다. 受苦ᄅᆞ빙요미 地獄-두고 더으니 (월인석보 1:21)

　　라. 믈읫 貪慾앳 브리 이 블-라와 더으니라 (월인석보 10:14)

　　마. 스믈흔 時節에 열흔 제-론 衰ᄒ며 (능엄경언해 2:8)

(31) 가. 부톄 … 敎化ᄒ샤미 드리 즈믄 ᄀᆞᄅᆞ매 비취요미[=비취-요-ㅁ-이] 곧ᄒ니라 (월인석보 1:1)

　　나. 出家ᄒᆞᆫ 사ᄅᆞᄆᆞᆫ 쇼히[=쇼ᄒ-ㅣ] 곧디 아니ᄒ니 (석보상절 6:22)

　　다. 나랏 말ᄊᆞ미 中國-에 달아 (훈민정음-언해 1)

한편 부사격조사 대신 보조조사가 대신 쓰이거나 또는 겹쳐 쓰이기도
하며 부사격조사가 생략되기도 한다. (32)는 보조조사 '-으란, -는'이 쓰인
예이고, (33)은 부사격조사가 생략된 예이다. '-으로/ᄋ로'가 생략되었다.

(32) 가. 져믄 저그란[=적-으란] 안즉 믐 싯장 노다가 (석보상절
6:11)

나. 아ᄎᆞ미ᄂᆞᆫ[=아ᄎᆞᆷ-익-는] 虛空애 나아 노다가 (석보상절
13:10)

(33) 가. 德源-ø 올ᄆᆞ샴도 하ᄂᆞᆶ ᄠᅳ디시니 (용비어천가 4)

나. 岐山-ø 올ᄆᆞ샴도 하ᄂᆞᆶ ᄠᅳ디시니 (용비어천가 4)

관형어 관형어는 체언으로 실현되는 주어, 목적어와 같은 문장성분을
수식하는 문장성분이다. 관형어가 없어도 문장이 성립하므로 문장 안에
서 관형어는 수의성분이다.

관형어는 관형사, 관형절, 명사, 명사절 등에 의해 실현되며, 또한 명사,
명사구, 명사절에 관형사격조사가 결합하여 실현된다. 이에 속하는 관형
사격조사에는 '-의/익, -ㅣ, -ㅅ' 등이 있다.[11] '-의/익'는 [안높임]의 유정명
사에, '-ㅅ'은 [높임]의 유정명사 또는 무정명사에 결합한다.[12]

(34) 가. 밧긧 사ᄅᆞ미[=사ᄅᆞᆷ-익] 嫌猜ᄅᆞᆯ ᄐᆞ디 말라 (두시언해-초간
8:33) [유정명사에]

---

11 'ㅅ'은 'ㅂ, ㅸ, ㄷ, ㅿ, ㆆ, ㄱ' 등으로도 실현된다.

12 유정명사와 무정명사에 대하여 김영욱(1990)에서는 동작성(agency)의 관점에서 풀이
하였다. 관형사격조사가 결합하는 체언이 동작성([+agent])이면 '-익'가 결합한다고
하였다. 15세기 한국어의 관형사격조사에 대해서는 안병희(1968), 서정목(1977),
김영욱(1990), 박진호(2016) 등 참조.

나. 臣下-ㅣ 말 (용비어천가 98), 長者-ㅣ 쫄 (월인천강지곡 상
　　 기63) [유정명사에]

다. 다 이 하ᄂᆞᆯ 우흿[=우ㅎ-의-시] 麒麟의 삿기로다 (두시언해-
　　 초간 8:24) [무정명사에]

라. 부텻[=부텨-시] 舍利를 뫼셔다가 供養ᄒᆞᅀᆞᄫ리라 (석보상
　　 절 23:46) [높임의 유정명사에]

　대명사 '나, 너, 누, 저' 뒤에는 관형사격조사 '-ㅣ'가 결합하여 '내, 네,
뉘, 제'로 나타난다.

(35) 가. 내[=나-ㅣㅣ] 모미 長者ㅣ 怒를 맛나리라 (월인석보 8:98)

　　 나. 네[=너-ㅣㅣ] 말 ᄀᆞᆮᄂᆞ니라 (석보상절 9:22)

　　 다. 뉘[=누-ㅣㅣ] 弟子ㅣㄴ다 (법화경언해 7:135)

　　 라. 제[=저-ㅣㅣ] 님금 아니 니저 (용비어천가 105)

　독립어　독립어는 문장 중의 어느 성분과도 직접적인 관련이 없는,
문장 안에서 독립된 성분이다. 이들은 그 뒤에 오는 성분들과 함께, 하나
의 문장을 구성하며, 문장 전체를 수식하는 기능을 가진다. 독립어는 주로
감탄사에 의해, 체언에 호격조사가 결합하여, 또는 접속부사에 의해 실현
된다. 체언에 호격조사가 결합하여 독립어를 형성하는 경우, 이에 관여하
는 호격조사에는 '-아/야, -(이)여, -하' 등이 있다. '-하'는 높임의 호격조사
이다.

(36) 가. 佛子 文殊-아 모든 疑心을 決ᄒᆞ고라 (석보상절 13:25)

　　 나. 牽牛-야 네 큰 神力을 諸佛이 미츠리 져그니 엇뎨어뇨 (월
　　　　 인석보 21:151)

다. 究羅帝-여 네 命終ᄒ다 (월인석보 9:36)

라. 世尊-하 날 爲ᄒ야 니ᄅ쇼셔 (월인석보 1:17)

11.3. 격조사의 변화

문장성분과 관련하여 실제 역사적으로 변화한 것은 격조사이다. 격조사 변화로는 격조사의 생성(예 : 주격조사 '-가', '-께서'), 격조사의 소멸(예 : 관형사격조사 '-ㅅ')을 비롯하여, 격조사의 형태 단순화 등을 들 수있다.[13]

격조사의 생성 격조사 생성의 대표적인 예는 주격조사 '-가'이다. 앞에서 살펴본 바와 같이 15세기 한국어에서 주격조사는 체언이 자음으로 끝나든 모음으로 끝나든 모두 '-이' 또는 '-ㅣ'였다. 16세기 한국어에서도 마찬가지였다. 다음 문장 (39)와 같이 음운 조건과 관계없이 '-이' 또는 '-ㅣ'로 나타났다.

(37) 가. 복-이 하늘와 ᄀᆞᄐᆞ샤 (번역박통사 상 1)

나. ᄋᆡ십 릿 싸해 人家-ㅣ 업스니라 (번역노걸대 상 10)

그런데 역사적으로 주격조사는 체언의 음운 조건에 의해 두 형태로 분화되어 현대 한국어에 이르렀다. 즉, 명사가 자음으로 끝나면 '-이'가 결합하고, 모음으로 끝나면 '-가'가 결합하였다. 결론적으로 '-가'가 새로

---

13 격조사의 역사적인 변화에 대해서는 홍윤표(1975, 1976, 1979, 1985), 홍종선(1984), 이태영(2019), 홍종선(2017:662-, 686-) 참조.

이 등장하여 상보적 분포를 이루었다.

주격조사 '-가'가 문헌에 처음 등장한 것은 송강 정철 어머니 안 씨가 송강 형제에게 보낸 편지이다.

(38) 쏘 아기 밧쌩이 자드니 블 다혀 주라 ᄒ니 죵들 하 모더러 아니 다히고 다히이다코 소겨셔 춘 구드릭 자니 **빅-가** 세니러셔 즈 로 든니니 내 가디 말라 니르니 스무날 가라 니르니 아니 가ᄂ이 다 (편지글 3:정철,1572년)[14]

초기에 나타난 '-가'는 예외 없이 체언이 / ㅣ/-모음과 / ㅣ/-반모음이 쓰이는 자리였다. 위의 예를 비롯하여 다음 17세기 한국어의 예도 역시 그러하다.

(39) 가. 그 내-가 병 긔운을 혜티ᄂ니 (벽온신방 17)
나. 多分 빅-가 올 거시니 (첩해신어 1:8)
다. 東來-가 요ᄉ이 편티 아냐 ᄒ시더니 (첩해신어 1:26)

18세기에 이르러서 주격조사 '-가'는 더욱 활발하게 나타나는데, 17세기 와는 달리 / ㅣ/-모음과 / ㅣ/-반모음이 쓰이던 자리뿐만 아니라 모든 모음 다음으로 확산하였다.

(40) 가. 나의 싱소-가 나타나지 아닐 양으로 미덥습늬 (개수첩해신

---

14 현대 한국어로 옮기면 다음과 같다(김현주 2016 참조). '또 며늘아기가 바깥방에 자는데 (죵들에게) 불 때어 주라고 했는데 죵들이 하도 모질어서 아니 때고는 때었다 하고 속여서 (며늘아기가) 차가운 구들에서 자니 **빅-가** 세니러셔 (변소에) 자주 다니니…'

어 1:7)

나. 先比中 歸船便의 二特送使-가 豊岐셔 日吉利를 기드리드라
(개수첩해신어 1:11)

다. 임오 구월 십이일 불너 쓰이니 경고-가 거의 이경이 넘엇더
라 (어제경민음 10)

이러한 변화는 17세기 자료 《첩해신어》(1676년)와 18세기 자료 《개수
첩해신어》(1748년)의 대조를 통해 확인할 수 있다.

(41) 가. 즈믓 各官으로셔 東萊-ㅣ 時分도 혜아리디 아니코 (첩해신
어 4:12)

나. 즈믄 各官으로셔 東萊-가 時分도 혜아리디 아니코 (개수첩
해신어 4:17)

이 시기에 '-이가' 형태의 주격조사도 함께 쓰였다. 결국 '-이가', '-이',
'-가'가 18세기, 19세기에 걸쳐 함께 나타나다가 19세기 후기에 와서 현대
한국어와 같은 '-이/가'가 확립되었다고 하겠다.[15]

15세기 한국어와는 달리 주격조사는 역사적으로 [높임]의 주격조사와

---

15 주격조사 변천과 '-가'의 생성에 대해서는 오랫동안 학계에서 많은 논의가 있었다.
이숭녕(1958)에서 주격조사 '-가'를 의문조사 '-가'와 관련지은 논의가 있었으며, 홍윤
표(1994)에서는 '-다가'의 '가'에서 파생된 것으로, 강조, 한정, 지정의 의미를 가지는
첨사로 해석하였다. 고광모(2014)에서는 직접 주고받는 대화에 나타나는 소문장
뒤에 붙는 의문조사 '-가'로부터 주격조사 '-가'가 발달했을 것으로 추정하였다. 예를
들어 소문장 '사룸?, 빈?'보다 소문장 '사룸이?, 사룸 올?, 빈롤?' 따위가 더 뚜렷한
표현으로 격조사가 표현성을 높여 주는데 /ㅣ/-모음과 /ㅣ/-반모음으로 끝나는 체언
이 주어인 경우에는 뚜렷한 표현을 위한 수단으로 의문조사 '-가'가 주격조사로 재해석
되었을 것으로 추측하였다. '-가'의 생성에 대해 논의는 김현주(2016), 황선엽(2016가)
참조.

[안높임]의 주격조사로 분화되었다. 현대 한국어의 [높임]의 주격조사 '-께서, -께옵서'는 '-쯱셔, -겨셔, -겨오셔' 등에서 발달하였다.

(42) 가. 대비뎐-겨오셔 언교를 됴뎨 됴뎨구의게 나리오시니 (천의
소감언해 1:49)

나. 對馬島主-쯱로셔 술오믄 됴흔 天氣예 예ㅅ지 브트시니 (첩
해신어 5:17)

다. 이도 일뎡 大君-쯱셔 信使쯱 뵈고 노르실 양으로 敎令이
이실식야 (첩해신어 8:11)

라. 東萊-겨셔-도 어제는 일긔 사오나온디 언머 슈고로이 건
너시도다 넘녀ㅎ시고 問安ㅎ옵시데 (첩해신어 1:21)

마. 東萊-계셔 니르시믄 御渡海ㅎ션 디 오래되 서르 보옵디 몯
ㅎ오니 섭섭ㅎ옵더니 (첩해신어 3:1)

격조사의 소멸　　격조사가 소멸한 예가 있다. [위치]의 부사격조사 '-라셔, -드려, -희', [비교]의 부사격조사 '-두고, -으라와, -으론/ㅇ론, -이, -도곤', [높임]의 관형사격조사 '-ㅅ' 등이 대표적이다.[16] [높임]의 호격조사 '-하' 역시 소멸하였다. 1721년 자료《오륜전비언해》에서는 '-아'가 호격조사로 나타나 있다.

(43) 先生-아 내 니를 열어 니름을 기드리쇼셔 (오륜전비언해 1:27)

---

16 관형사격조사 '-ㅅ'은 17세기 중기에 이르러 격 기능을 상실하면서 합성어 형성의
표지로 기능하게 되었다. 황선엽(2016나)에서는 관형사격조사 '-의/의'와 '-ㅅ'의 차이
와 변화를 논의하였다.

격조사의 형태 단순화 음운이 소멸함에 따라 역사적으로 격조사 형태가 단순화하는 변화가 일어났다. /·/ 음소가 소멸에 의한 목적격조사 '-울/를', 부사격조사 '-애/이'의 합류가 그러하다.

또한 부사격조사 '-에/에/예'가 '-에'로 합류하고, 관형사격조사 '-의/이, -ㅣ'가 '-의'로 합류한 것 역시 격조사의 형태 단순화의 결과이다.

▌참고 문헌

고광모 2014, 주격조사 '-가'의 발달, 《언어학》 68: 93-118, 한국언어학회.

김방한 1956, 국어주격접미사 '이'고, 《서울대학교 논문집 인문·사회과학》 4: 67-106, 서울대학교.

김승곤 1978, 《한국어 조사의 통시적 연구》, 대제각.

김영욱 1990, 중세국어의 관형격 조사 '-의/ㅅ'의 기술과 관련된 문제 해결을 위하여, 《주시경학보》 6: 93-97, 주시경연구소.

김정아 1998, 《중세국어의 비교구문 연구》, 태학사.

김진형 1995, 중세국어 보조사에 대한 연구, 《국어연구》 136, 서울대학교 대학원 국어연구회.

김현주 2013, 주어 표지 {-께서}의 형성에 대하여, 《어문연구》 41-4: 133-159, 한국어문교육연구회.

김현주 2016, 중세·근대국어 주격조사 연구의 쟁점과 과제, 《국어사연구》 23: 7-32, 국어사학회.

남기탁·조재형 2014, 후기중세국어시기의 '-에셔'의 형성 과정에 대한 고찰, 《어문론집》 58: 7-29, 중앙어문학회.

박영준 1999, 격조사의 통시적 연구, 《국어의 격과 조사》(성광수교수 회갑기념논문집) 455-490, 한국어학회.

박진호 2015, 보조사의 역사적 연구, 《국어학》 73: 375-435, 국어학회.

박진호 2016, 속격에서 주격으로, 《언어유형론 연구》 3-1: 72-88, 한국언어유형론학회.

서상규 1991, 16세기 국어의 말재어찌씨의 통어론적 연구, 연세대학교 대학원 국어국문학과 박사학위논문.

서정목 1977, 15세기 국어 속격의 연구, 《국어연구》 36, 서울대학교 대학원 국어연구회.

서종학 2019, 후치사의 변화, 국어사대계간행위원회 (편) 《국어사 연구 2 (문법·어휘)》 285-306, 태학사.

안병희 1968, 중세국어의 속격조사 '-ㅅ'에 대하여, 《이숭녕박사 송수기념논총》 337-345, 을유문화사.

양정호 2002, 중세국어의 보어 설정에 대하여, 고영근 외 (저) 《문법과 텍스트과학》, 서울대학교출판부.

이광호 1972, 중세국어의 대격 연구 – 대격주제화의 시론으로,《국어연구》 29, 서울대학교 대학원 국어연구회. [이광호, 한국학대학원]

이광호 2015, 처소기원 여격조사의 형태와 의미,《어문연구》 86: 1-20, 어문연구학회. [이광호, 공주대학교]

이숭녕 1958, 주격 "갸"의 발달과 그 해석,《국어국문학》 19: 53-57, 국어국문학회.

이태영 1991, 근대국어 '-씌셔, -겨셔'의 변천과정 재론,《주시경학보》 8: 88-107, 주시경연구소.

이태영 2019, 국어 격조사의 변화, 국어사대계간행위원회 (편)《국어사 연구 2 (문법·어휘)》 244-283, 태학사.

조재형 2009, '-에'형 부사격조사의 통시적 연구, 중앙대학교 대학원 국어국문학과 박사학위논문.

조재형 2016, 중세·근대국어 부사격조사 연구의 쟁점과 과제 – '-에, -에서, -에게' 대응 형태에 한하여 –,《국어사연구》 23: 97-132, 국어사학회.

하귀녀 2005, 국어 보조사의 역사적 연구, 서울대학교 대학원 국어국문학과 박사학위논문.

한용운 2002, 국어의 조사화 연구, 동국대학교 대학원 국어국문학과 박사학위논문.

허웅 1975,《우리 옛말본, 15세기 국어 형태론》, 샘문화사.

허웅 1983,《국어학 – 우리말의 오늘·어제 –》, 샘문화사.

홍윤표 1969, 15세기 국어의 격연구,《국어연구》 21, 서울대학교 대학원 국어연구회.

홍윤표 1975, 주격어미 「가」에 대하여,《국어학》 3: 65-91, 국어학회.

홍윤표 1976, 19세기 국어의 격현상 – 격사를 통해 본,《국어국문학》 72·73: 295-301, 국어국문학회.

홍윤표 1979, 근대국어의 격연구 (1),《국어문학》 20: 233-268, 국어문학회.

홍윤표 1985, 조사에 의한 경어법 표시의 변천,《국어학》 14: 75-98, 국어학회.

홍윤표 1994,《근대국어 연구 1》, 태학사.

홍종선 1984, 속격·처격의 발달,《국어국문학》 91: 281-284, 국어국문학회.

홍종선 2017,《국어문법사》(대우학술총서 618), 아카넷.

황선엽 2016가, 주격조사 '갸의 기원에 대하여,《제8회 국제역학서학회 학술회의예고집》(역사서연구의 회고와 전망) 283-291, 국제역학서학회.

황선엽 2016나, 중세·근대국어 속격조사 연구의 쟁점과 과제,《국어사연구》 23: 71-95, 국어사학회.

|제12장| 격틀 구조 변화

15세기 한국어 문장 (1)은 현대 한국어에서는 문장 (2)와 같이 바뀌었다. 명사구로 구성되는 통사적 논항 구조를 격틀 구조라고 하는데, 격틀 구조는 한 언어의 문장 구조를 결정짓는 핵심적 구실을 한다. 이러한 격틀 구조가 15세기 한국어에서 현대 한국어로 오면서 바뀐 것이다.

> (1) 가. 四海를 년글[=년ㄱ-을] 주리여 (용비어천가 20)
>
>   나. 出家ᄒᆞᆫ 사ᄅᆞ미 쇼히[=쇼ㅎ-ㅣ] 곧디 아니ᄒᆞ니 (석보상절
>   6:22)
>
> (2) 가. 四海를 누구-에게 주겠는가
>
>   나. 出家한 사람은 속인-과 같지 아니하니

문장 (1가)와 같은 '무엇-을 누구-를 주다' 구문에서 현대 한국어에서는 (2가)처럼 '무엇을 누구-에게 주다'로 바뀌었다. 용언 '주다'의 격틀 구조가 변화한 것이다. 또 (1나)와 같은 '무엇-이 무엇-이 곧다' 구문은 현대 한국어에서는 (2나)처럼 '무엇-이 무엇-과 같다'로 바뀌었다. 용언 '곧다'의 격틀 구조가 변화한 것이다. 이러한 격틀 구조의 변화는 문장 구조에서 격 실현방법이 역사적으로 변화했음을 보여 준다.

12.1. 격틀 구조의 변화

격틀의 변화　용언은 어휘 특성에 따라 요구하는 격틀 구조가 다른데, 격틀 구조란 명사구로 구성되는 통사적 논항 구조로서, 한 언어의 문장 구조를 결정짓는 핵심 구실을 한다. 그러므로 격틀 구조가 변화한다는 것은 문장 구성 방식이 역사적으로 변화한다는 것을 의미한다. 예를 들어 위의 문장 (1나)와 (2나)처럼 형용사 '같다'는 현대 한국어에서 '무엇-이 무엇-과 같다'라는 구성을 가진다. 그러나 15세기 한국어에서는 주로 '무엇-이 무엇-이 곧다'와 같은 구성을 가진다. 좀 더 구체적으로 살펴보면 '곧다/같다' 구문은 다음과 같이 변화하였다(홍윤표 1994:제22장 참조)

(3) '곧다/같다' 구문의 변화

형식	중세	근대	현대
NP-이 NP-이 곧다	+	−	−
NP-와 NP-와-이 곧다	+	−	−
NP-이 NP-에 곧다	+	−	−
NP-이 NP-와 곧다	+	+	+
NP-와 NP-이 곧다	+	+	+
NP-이 NP-로-드려 곧다	−	+	−
NP-이 NP-로-더브러 곧다	−	+	−
NP-이 NP-와-더브러 곧다	−	+	−

'다르다, 주다, 삼다'의 격틀 구조 변화도 살펴보면 다음과 같다. 15세기 한국어의 '무엇-에 다르다'는 현대 한국어에서는 '무엇-과 다르다'로, '누구-를 주다'는 현대 한국어에서는 '누구-에게 주다'로, '무엇-을 삼다'는 현대 한국어에서는 '무엇-으로 삼다'로 변화하였다.

(4) 가. 나랏 말ᄊᆞ미 中國-에 달아 (훈민정음-언해 1) [-에 〉 -과]

　　나. 네 ᄎᆞ자 보아 잡아다가 날-을 주고려 (박통사언해 상 30)
　　　 [-을 〉 -에게]

　　다. 나라흔 百姓으로 根本-을 삼곡 (두시언해-초간 16:19) [-을
　　　 〉 -으로]

　다음과 같은 예도 역시 격틀 구조가 역사적으로 변화했음을 보여 준다. 문장 (5가)의 'ᄆᆞᅀᆞ매[=ᄆᆞᅀᆞᆷ-애]'의 경우, 현대 한국어에서는 '마음-으로'로 쓰인다. 마찬가지로, (5나)의 '摩訶迦葉-을'은 현대 한국어에서는 '摩訶迦葉-에게'로, (5다)의 '아히-ᄅᆞᆯ'은 현대 한국어에서는 '아이-에게'로, (5라)의 '사ᄅᆞᆷ-을'은 현대 한국어에서는 '사람-에게'로 쓰인다.

(5) 가. 太子ㅣ 앗겨 ᄆᆞᅀᆞ매[=ᄆᆞᅀᆞᆷ-애] 너교ᄃᆡ (석보상절 6:24) [-애
　　　 〉 -으로]

　　나. ᄯᅩ 니ᄅᆞ샨 十二部 經을 摩訶迦葉-을 맛디노라 ᄒᆞ시고 (석보
　　　 상절 23:31) [-을 〉 -에게]

　　다. ᄎᆞᆷ기름 ᄒᆞᆫ 되ᄅᆞᆯ 아히-ᄅᆞᆯ 날마다 머기면 (언해두창집요 상
　　　 7) [-ᄅᆞᆯ 〉 -에게]

　　라. 녯 宋 仁宗이 사ᄅᆞᆷ-을 勸獎ᄒᆞᄂᆞᆫ 글에 닐러시되 (첩해몽어
　　　 1:11) [-을 〉 -에게]

　이제 이러한 격틀 구조의 변화를, [1] 논항 'NP-을'이 (가) 'NP-에 대하여', (나) 'NP-에게', (다) 'NP-으로'로 변화한 경우와, [2] 논항 'NP-이|에|과'가 (가) 'NP-과', (나) 'NP-을'로 변화한 경우로 나누어 살펴보자.[1]

---

1 한국어 구문 구조의 변화에 대해서는 황국정(2004)에서 구체적으로 논의한 바 있다.

12.2. 'NP-을 V' 구문의 변화

NP-을 〉 NP-에 대하여   'NP-을 V' 구문이 'NP-에 대하여 V' 구문으로
변화한 경우를 발화동사 '말하다'를 통해 확인해 볼 수 있다. 다음은 현대
한국어 '말하다' 동사의 구문 구조와 그에 해당하는 예문들이다(권재일·
김현권 1998/1999/2000 참조).

(6) 현대 한국어 '말하다' 동사의 격틀 구조
    가. NP-이 NP-에게 NP-을 V
        그 사람은 나에게 자기의 경험을 말하였다.
        한별이는 슬기에게 아람이가 떠난 사실을 말하지 않았다.
    나. NP-이 NP-에게 NP-에 대하여 V
        그 사람은 나에게 자기의 경험에 대해 말하였다.
        한별이는 슬기에게 아람이가 떠난 사실에 대해 말하지 않
        았다.
    다. NP-이 NP-에게 S고 V
        대대장은 부하들에게 승리가 눈앞에 있다고 말하였다.
        나는 그에게 같이 가는 게 어떻겠느냐고 말하였다.
    라. NP-이 NP-에게 NP-을|에 대하여 Adv V
        그는 나한테 너를 좋게 말하더라.

황국정(2004)에서는 15세기 한국어의 자동사, 타동사, 형용사 900여 개를 대상으로
구문 구조의 특성을 밝히고 그것의 변화를 고찰하였다. 15세기 한국어 구문 구조의
가장 큰 특징으로 용언 전반에 걸쳐 있는 범주 간 넘나듦 현상을 들었는데, 현대
한국어에 비해 나타나는 환경이 다양하고 수적으로도 빈번하다고 분석하였다. 그리고
구문 구조의 변화 중 가장 큰 특징으로 현대 한국어로 올수록 범주 간 넘나듦 현상이
줄어든다는 것을 들었다. 이러한 구문 변화의 주된 원인으로 피동사의 발달, 사동사의
실현, 'V-어지다' 합성어의 발달과 조사의 기능 변화를 꼽았다.

제가 회사에 나올 수 없었던 것에 대해 부장님께 좋게 말해
주십시오.

위에서 보면, '말하다'의 대상이 되는 논항 'NP-을| 에 대하여'의 NP는
말하는 '언급대상'이거나 말하는 '구체내용'이다. 문장 (6가,나)에서 '경험'
은 말하는 언급대상이며, '아람이가 떠난 사실, 왜 이런 일이 일어나게
되었는지'는 말하는 구체내용이다. 말하는 언급대상이든 구체내용이든
격틀 구조는 위에서 보는 바와 같이 크게 [1] 'NP-을', [2] 'NP-에 대하여',
[3] 'S-고' 형식으로 나뉜다. 그런데 [1] 'NP-을' 형식과 [2] 'NP-에 대하여'
형식은 서로 교체하여 쓰일 수 있으며, 또한 때에 따라서는 [2] 'NP-에
대하여' 형식이 더 자연스러운 표현이기도 하다.

동사 '말하다'는 발화동사 가운데 중립적이고 포괄적이다. 예를 들어
발화동사 '발언하다, 언급하다, 약속하다, 충고하다' 등과 또한 '묻다, 명령
하다, 제안하다' 등이 쓰이는 자리에 '말하다'는 얼마든지 교체되어 쓰일
수 있다. 이러한 현대 한국어의 '말하다' 동사처럼 중세 한국어에서 중립적
이고 포괄적인 발화동사는 '니르다'이다. 그 외의 동사들은 '니르다'에 비
해서 의미가 제한된 용법을 보인다.

'니르다'는 그 쓰임이 역사적으로 변화하였다. 인용문의 예를 들면, 중
세 한국어의 '니르다'는 근대 한국어에서는 '글다'가 대신하며, 현대 한국
어에서는 '말하다'가 대신하고 있다. 문장 (7)에서 보는 바와 같이 중세
한국어 문헌인 《내훈》(1475년)에서는 '글다'가 쓰이지 않았으나, 문장 (8)
에서와 같이 근대 한국어 문헌인 《어제내훈》(1736년)에서는 모두 '글다'
로 대치되었다.

(7) 가. 李氏女戒예 닐오디 "무含매 구초아슈미 情이오 … 嫌疑예
      잇디 아니ᄒᆞᄂᆞ니라" (내훈 1:1)

나. 曲禮예 닐오ᄃᆡ "果實을 님금 알ᄑᆡ셔 주어시든 그 ᄌᆞᅀᅳ 잇ᄂᆞᆫ 거스란 그 ᄌᆞᅀᅳ롤 푸몯디니라" (내훈 1:10)

(8) 가. 李氏女戒예 ᄀᆞᆯ오ᄃᆡ "ᄆᆞᅀᆞᆷ에 ᄀᆞᆷ촌 거시 情이오 … 嫌疑예 잇디 아니ᄒᆞᄂᆞ니라" (어제내훈 1:1)

나. 曲禮예 ᄀᆞᆯ오ᄃᆡ "님금 알ᄑᆡ셔 실과롤 주어시든 그 ᄡᅵ 잇ᄂᆞᆫ 거스란 그 ᄡᅵ롤 품을 ᄶᅵ니라" (어제내훈 1:8)

그래서 먼저 '니르다' 동사의 구문 구조의 변화에 대해 살펴보자. '니르다' 동사가 쓰인 15세기 한국어 문장을 살펴보면 다음과 같다.

(9) 가. 부텻 긔별-을 地神이 닐어늘 (월인천강지곡 상 기82)

나. 釋迦ㅣ … 四十年을 般若 等 教-롤 니르시니 (월인석보 14:43)

다. 그ᄢᅴ 世自在王佛이 … ᄯᅡ히 골 업스며 됴ᄒᆞ물[됴홈-올] 닐어시ᄂᆞᆯ (월인석보 8:59)

라. 비록 얼굴 量의 크며 져고물[=져곰-올] 닐오미 몯ᄒᆞ리나 (원각경언해 상 1-2:61)

문장 (9)를 통해서 보면, 15세기 한국어의 '니르다' 동사의 격틀 구조를 다음과 같이 설정할 수 있다.

(10) 15세기 한국어 '니르다' 동사의 격틀 구조

가. NP-이 NP-의게 NP-을 V

나. NP-이 NP-의게 S음-을 V

주로 (10가)는 말하는 언급대상을, (10나)는 말하는 구체내용을 실현한다(이현희 1994:335-). 문장 (9가,나)의 '긔별, 敎'는 언급하는 대상이며, (9다,라)의 '짜히 골 업스며 됴호믈, 얼굴 量의 크며 져고믈'은 구체적인 내용이다. 이와 같이 '니르다'의 대상이 되는 논항은 그것이 언급대상이든 구체내용이든 'NP-을' 형식으로만 실현된다. 즉 'NP-에 대하여' 형식은 전혀 문헌에 나타나지 않는다. 그런데 문장 (9)를 현대 한국어로 옮기면 다음 (11)과 같다. 'NP-{을ㅣ에 대하여}'가 모두 나타나는데, 자연스러운 현대 한국어 문장은 'NP-을' 형식보다 오히려 'NP-에 대하여' 형식이다. 이를 통해 보면, 중세 한국어 'NP-을 니르다' 구문은 현대 한국어에 이르러 'NP-{을ㅣ에 대해 말하다}' 구문으로 변화했다고 할 수 있다.

(11) 가. 부처의 기별-{을ㅣ에 대해} 地神이 말하므로
    나. 釋迦가 … 사십년을 般若 등의 가르침-{을ㅣ에 대해} 말씀하시니
    다. 그때 世自在王佛이 … 땅에 골이 없으며 좋은 것-{을ㅣ에 대해} 말씀하시니
    라. 비록 형체가 큰지 작은지-{를ㅣ에 대해} 말하지 못하겠으나

다음으로 16세기 한국어에서 '니르다' 동사가 쓰인 문장을 살펴보자.

(12) 가. 네 그저 풀 갑슬[=값-을] 니르라 (번역노걸대 하 10)
    나. 그 늘근 사름이 한가히 저긔 廣드려 이 계교-를 니른대 (번역소학 9:88)
    다. 님금 더블어 말솜홀 제는 신하 브림-을 닐ㅇ며 大人드려 말솜홀 제는 弟子 브림-을 닐ㅇ며 (소학언해 3:15)

문장 (12)를 통해서 보면, 16세기 한국어의 '니르다' 동사의 격틀 구조는

15세기와 마찬가지로 위의 (10)과 같다. '니ᄅ다'의 대상이 되는 논항은 그것이 언급대상이든 구체내용이든 'NP-을' 형식으로만 실현된다. 문장 (12)를 현대 한국어로 옮기면 다음과 같은데, 'NP-을|에 대하여'가 모두 나타나며, 자연스러운 문장은 역시 'NP-에 대하여' 형식이다.

(13) 가. 당신은 그저 팔 값-{을|에 대해} 말하여라.

나. 그 늙은 사람이 한가할 때 廣에게 이 계교-{를|에 대해} 말하므로

다. 임금과 더불어 말씀할 때는 신하 부림-{을|에 대해} 말하며 大人께 말씀할 때는 제자 부림-{을|에 대해} 말하며

다음에는 17세기 한국어에서 '니ᄅ다' 동사가 쓰인 문장을 살펴보자.

(14) 가. 네 그저 풀 갑슬[=값-을] 니ᄅ라 (노걸대언해 하 9)

나. 날ᄃᆞ려 싀어미 셤길 이ᄅᆞᆯ[=일-을] 니ᄅ니 (동국신속삼강행실도-열녀 14)

다. 님굼이 王事-ᄅᆞᆯ 니ᄅ고 國事-ᄅᆞᆯ 니ᄅ디 말며 大夫士ㅣ 公事-ᄅᆞᆯ 니ᄅ고 家事-ᄅᆞᆯ 니ᄅ디 마롤디니라 (가례언해 9:37)

문장 (14)를 통해서 보면, 17세기 한국어의 '니ᄅ다' 동사의 구문 구조 역시 15세기와 마찬가지로 위의 (10)과 같다. '니ᄅ다'의 대상이 되는 논항은 그것이 언급대상이든 구체내용이든 'NP-을' 형식으로만 실현된다. 문장 (14)을 현대 한국어로 옮기면 다음과 같은데, 'NP-을|에 대하여'가 모두 나타나며, 자연스러운 표현은 역시 'NP-에 대하여' 형식이다.

(15) 가. 당신은 그저 팔 값-{을|에 대해} 말하여라.

나. 나에게 시어머니 섬길 일-{을|에 대해} 말하니

다. 임금은 王事-{를|에 대해서는} 말하고 國事-{를|에 대해서는} 말하지 말며, 사대부는 工事-{를|에 대해서는} 말하고 家事-{를|에 대해서는} 말하지 말 것이다.

이상의 기술을 통해서 볼 때, '니르다' 동사의 격틀 구조는 15세기 이래 'NP-이 NP-의게 NP-을 니르다' 구문을 계속 유지하면서, 현대 한국어에 이르러 'NP-이 NP-에게 NP-을|에 대하여 말하다' 구문으로 확대, 변화했다고 할 수 있다.

더 나아가서 'NP-을 V' 구문이 'NP-을|에 대하여 V' 구문으로 변화한 예를 발화동사 가운데 '묻다' 동사를 통해 더 확인해 보기로 하자. 다음 문장들은 각각 15세기, 16세기, 17세기 한국어 문장이다.

(16) 가. 如來ㅣ 이제 므슥미 잇논 딜[=디-ㄹ] 묻거시놀 (능엄경언해 1:84)

나. 所親이 머므러 부텨쇼믈[=부텨숌-올] 묻느니 (두시언해-초간 8:4)

(17) 가. 葉公이 孔子-를 子路의게 무르늘 子路ㅣ 對치 아니혼대 (논어언해 2:20)

나. 약졍이 그 졍실-을 모든 사룸의손딕 무러 (여씨향약 41)

(18) 가. 그 업서ᄒᆞᄂᆞᆫ 바룰 무러 가르 인導ᄒᆞ야 營辨홀디니 (가례언해 7:8)

나. 내 너두려 져기 字樣-을 무로리라 (박통사언해 중 41)

위에서 보는 바와 같이 '묻다'의 대상이 되는 논항은 그것이 언급대상이든 구체내용이든 모두 'NP-을' 형식으로만 실현되며, 'NP-에 대하여' 형식은 나타나지 않는다. 위에 든 문장을 각각 현대 한국어로 옮기면 다음과 같은데, 자연스러운 표현은 'NP-에 대하여' 형식이다.

(19) 가. 如來가 이제 마음에 있는 데-{를 | 에 대해} 물으므로
    나. 친한 사람이 어디에 머물러 의지하고 있는지-{를 | 에 대해} 물으니
(20) 가. 葉公이 孔子-{를 | 에 대해} 子路에게 물으니 子路가 대답하지 아니하므로
    나. 약정이 그 정실-{을 | 에 대해} 모든 사람에게 물어
(21) 가. 그 없어하는 바-{를 | 에 대해} 물어 갈라서 인도하여 영변할 것이니
    나. 내가 너에게 저기 字樣-{을 | 에 대해} 물을 것이다.

이를 통해 볼 때, '묻다' 동사의 구문 구조는 15세기 이래 'NP-이 NP-의게 NP-을 묻다' 구문을 계속 유지하면서, 현대 한국어에서 'NP-이 NP-에게 NP-을 | 에 대하여 묻다' 구문으로 변화했다고 할 수 있다.

다음은 발화동사 이외의 다른 동사를 통해 'NP-을 V' 구문이 'NP-을 | 에 대하여 V' 구문으로 변화한 예를 더 확인해 보기로 하자. 다음 문장들은 각각 동사 '듣다, 스랑ᄒ다, 알다'가 쓰인 15세기(가), 16세기(나), 17세기 (다) 한국어 문장이다.

(22) 가. 그듸는 므스미 甚히 健壯호믈[=健壯홈-올] 듣노니 (두시언 해-초간 19:31)
    나. 子路ㅣ 골오ᄃᆡ 願컨댄 子의 志-를 듣ᄌᆞᆸ고져 ᄒᆞ놓이다 (논어 언해 1:51)
    다. 동싱 ᄉᆞ랑홈과 흑문과 힝실-을 드ᄅᆞ시고 (동국신속삼강행

실도-효자 (6:24)

(23) 가. 聰明ᄒ야 제 싸 여희여슈믈[=여희여슘-을] ᄉ랑ᄒ놋다 (두
　　　　시언해-초간 17:17)

　　나. 네 이런 갑새 ᄑ디 아니ᄒ고 네 다하 므스글[=므스ㄱ-을]
　　　　ᄉ랑ᄒᄂ다 (번역노걸대 하 13)

　　다. 네 이런 갑싀 ᄑ디 아니ᄒ고 네 다홈 므서슬[=므섯-을] ᄉ
　　　　각ᄒᄂ다 (노걸대언해 하 11)

(24) 가. 이제 모댓ᄂ 이 世界며 다른 世界옛 諸佛 菩薩 天龍 鬼神-을
　　　　네 數를 알리로소니여 모ᄅ리소니여 (석보상절 11:4)

　　나. 이 벗아 네 콩 ᄉ마기-를 아디 못ᄒᄂ 둣ᄒ다 (번역노걸대
　　　　상 18)

　　다. 자ᄂ네ᄂ 日本 풍속-을 미리 아ᄅ시ᄂ 이리오니 (첩해신어
　　　　5:24)

위에서 보는 바와 같이 이들 동사들은 모두 'NP-을' 형식으로만 실현된
다. 즉 'NP-에 대하여' 형식은 문헌에 나타나지 않는다. 위에 든 문장을
각각 현대 한국어로 옮기면 다음과 같은데, 이 역시 자연스러운 표현은
'NP-에 대하여' 형식이다.

(25) 가. 그대는 마음이 매우 건장함-{을ㅣ에 대해} 들으니
　　나. 子路가 말하기를, 바라건대 공자의 뜻-{을ㅣ에 대해} 듣고자
　　　　합니다.
　　다. 동생을 사랑함과 학문과 행실-{을ㅣ에 대해} 들으시고
(26) 가. 총명하여 고향을 떠나 있음-{을ㅣ에 대해} 생각한다.
　　나. 이 값에 팔지 아니하고 무엇-{을ㅣ에 대해} 생각하는가.
　　다. 이 값에 팔지 아니하고 무엇-{을ㅣ에 대해} 생각하는가.

(27) 가. 이제 모아 있는 이 세계며 다른 세계의 여러 부처, 보살,
　　　　천룡, 귀신을 네가 수-{를 | 에 대해} 알겠는가 모르겠는가.
　　　나. 이 친구야 네가 콩 삶기-{를 | 에 대해} 알지 못하는 듯하다
　　　다. 자네들은 일본 풍속-{을 | 에 대해} 미리 아시니

　　이를 통해 볼 때, 이들 구문 구조는 15세기 이래 '··· NP-을 V' 구문을
계속 유지하면서 현대 한국어에서 '··· NP-을 | 에 대하여 V' 구문으로 변화
했다고 할 수 있다.
　　그렇다면 'NP-에 대하여 V' 구문은 언제부터 한국어에 나타나게 되었을
까? '-에 대하여'는 19세기 후기, 즉 현대 한국어 초기 문헌에서 확인해
볼 수 있다. 그 이전 자료에서는 쉽게 발견되지 않는다. 먼저 《독닙신문》
을 살펴보자. 1896년 창간호 이래 처음으로 '-에 대하여'가 나타난 것은
1899년 9월 이후이다.

　(28) 가. 청국 텬진에 쥬차ᄒ 일본 령ᄉ가 청국의 모든 쳘도-에 딕ᄒ
　　　　야 ᄂᆺᄂᆺ이 보고ᄒᄒ얏ᄂ딕 근일 졍황이 좌와 ᄀᆺ다더라
　　　　(1899.9.8.)
　　　나. 아라샤 외무 대신의 말이 뎨일 문제ᄂ 아라샤에셔 쳥국 만
　　　　쥬에 놋ᄂ 쳘도 ᄉ건-에 딕ᄒ야 양씨가 보증이 되니
　　　　(1899.9.9.)

　　비록 《독닙신문》에 몇 예가 보이기는 하나, 같은 시기의 교과서와 문학
작품에서는 거의 보이지 않는다. 그러나 20세기에 들어와 《대한매일신
보》에서 여러 예가 나타나기 시작한다. 다음 문장들은 1904년 신문이다.
이러한 격틀 구조의 변화가 일어난 근거가 무엇인지를 쉽게 단정해 볼
수 없지만, 그 분포는 20세기 초기부터 점차 확대되어 현대 한국어에 이르

렀다.

(29) 가. 우리 대한믹일신보의 목뎍은 대한의 안녕 질셔에 관한 모든
　　　데목-에 딕흥야는 공평한 변론을 쥬쟝흠이라 (1904.8.16.)

　　나. 외부에셔 덕국 공관에 죠복흥되 향일 귀죠회 닉에 귀국인
　　　스건-에 딕흥야 증참흘ㅅ로 (1904.8.16.)

　　다. 일젼에 황히 관찰스가 외부로 쏘 보고흥엿ᄂᆞᆫ딕 관하 각군
　　　의 인부 스건-에 딕흥야 인민이 길노 호곡흥며 돈닌다고
　　　흥엿더라 (1904.9.5.)

NP-을 〉 NP-에게　'NP-을 V' 구문이 'NP-에게 V' 구문으로 변화한
경우를 동사 '주다'를 통해 확인해 볼 수 있다. 15세기 한국어에서 '주다'의
구문 구조는, 다음 문장에서 보는 바와 같이, 'NP-이 NP-을 NP-을 주다'
로 나타난다.

(30) 가. 四海를 년글[=년ㄱ-을] 주리여 (용비어천가 20)

　　나. 부톄 오나시ᄂᆞᆯ … 나-를 죠고맛 거슬 주어시든 (석보상절
　　　6:44)

　　다. 이제 너-를 올흔녁 웃니를 주노니 (석보상절 23:7)

　　라. 奇異흔 터리를 시혹 매를 주시놋다 (두시언해-초간 8:8)

그런데 현대 한국어에서 '주다'의 구문은 'NP-이 NP-을 NP-에게 주다'
로 나타난다. 그래서 위 문장의 자연스러운 현대 한국어 표현은 다음과
같다.

(31) 가. 四海를 누구-에게 주겠느냐.

나. 부처님이 오셔서, 저-에게 조그마한 것이라도 주신다면

다. 이제 너-에게 오른쪽 윗니를 주니

라. 기이한 털을 간혹 매-에게 주시도다.

이를 통해 볼 때, '주다'의 구문 구조는 'NP-이 NP-을 NP-을 주다'에서 역사적으로 'NP-이 NP-을 NP-에게 주다'로 변화했다고 볼 수 있다. 16세기 이후 자료를 통해 이를 더 확인해 보기로 하자. 다음은 각각 16세기와 17세기 한국어 문장인데, 모두 'NP-이 NP-을 NP-을 주다' 구문으로 나타난다.

(32) 가. 勘合 써 즉재 인 텨 날[=나-리] 주더라 (번역박통사 상 3)

　　나. 일빅 낫 돈애 너-를 언메나 주워여 홀고 (번역노걸대 상 53)

　　다. 네 나-롤 흔 가짓 됴흔 은을 다고려 (번역노걸대 하 61)

(33) 가. 勘合을 써 이믜셔 인텨 나-롤 주드라 (박통사언해 상 3)

　　나. 一百 낫 돈에 너-를 얼머나 주어야 올흘고 (노걸대언해 상 48)

　　다. 네 나-롤 흔 가지 됴흔 은을 주고려 (노걸대언해 하 55)

그런데 위 문장들의 자연스러운 현대 한국어 표현은, 다음 문장에서 보듯이, 'NP-이 NP-을 NP-에게 주다' 구문이다. 이를 통해 볼 때, 15세기 한국어 '주다'의 구문 구조는 'NP-이 NP-을 NP-을 주다'에서 현대 한국어로 오면서 'NP-이 NP-을 NP-에게 주다'로 변화했다고 볼 수 있다.

(34) 가. 勘合을 써서 이미 도장 찍어 나-에게 주더라.

　　나. 일백 냥에 너-에게 얼마나 주어야 할까.

다. 당신이 나-에게 한 가지 좋은 은을 다오.

'NP-을 V' 구문이 'NP-에게 V' 구문으로 변화한 경우를 다른 동사를 통해 더 확인해 볼 수 있다. 다음 (35)는 15세기, (36)은 16세기 이후 한국어의 문장이다.

(35) 가. 쏘 니르샨 十二部 經을 摩訶迦葉-을 맛디노라 흐시고 (석보상절 23:31)

　　나. 迦葉-일 머기시니 (월인천강지곡 상 기104)

　　다. 須達이 아들-올 똘올 얼유려터니 (월인천강지곡 상 기149)

　　라. 하늘히 부러 ᄂᆞ믈[=ᄂᆞᆷ-올] 뵈시니 (용비어천가 68)

　　마. 朝臣-을 거스르샤 (용비어천가 99)

(36) 가. 두 드렛 믈 기러 잇다 믈들흘[=믈들ᄒ-올] 머기라 (번역노걸대 상 35)

　　나. 두 드렛 믈 기러시니 믈들-을 먹이라 (노걸대언해 상 31)

　　다. 춤기름 흔 되롤 아히-롤 날마다 머기면 (언해두창집요 상 7)

　　라. 녯 宋 仁宗이 사롬-을 勸獎ᄒᆞᄂ 글에 닐러시되 (첩해몽어 1:11)

문장 (35가)의 '摩訶迦葉-을 맛디노라'는 현대 한국어에서는 '摩訶迦葉-에게 맡기노라'로 이해되는데, 여기에서 'NP-을 V' 구문이 'NP-에게 V' 구문으로 변화했음을 확인할 수 있다. 역시 (35)의 '迦葉-일 머기시니, 須達이 아들-올 똘올 얼유려터니, ᄂᆞ믈[=ᄂᆞᆷ-올] 뵈시니, 朝臣-을 거스르샤, (36)의 '믈들흘[=믈들ᄒ-올] 머기라, 믈들-을 먹이라, 아히-롤 머기면, 사롬-을 勸獎ᄒᆞᄂ' 등은 현대 한국어에서는 '迦葉-에게 먹이시니, 須達의 아들-에게 딸을 시집보내려 하니, 남-에게 보이시니, 朝臣-에게 거스르셔', '말들-에게 먹여라, 말들-에게 먹여라, 아이-에게 먹이면, 사람-에게 권장하는'으로 이해되어, 'NP-을 V' 구문이 'NP-에게 V' 구문으로 변화했음을 확인할 수 있다.

NP-을 〉NP-으로　'NP-을 V' 구문이 'NP-으로 V' 구문으로 변화한 경우를 동사 '삼다'를 통해 확인해 보자. 현대 한국어에서 '삼다' 동사의 구문 구조는 'NP-이 NP-을 NP-으로|을 삼다'로 나타난다. 'NP-으로|을'은 [도달점]의 의미역을 가지는 것이 특징이다. [도달점]을 나타내는 논항은 문장 (37가,나,다)처럼 주로 '-으로'를 취하지만, 명사에 따라 (37라,마)처럼 자연스럽게 '-을'을 취하기도 한다.

> (37) 가. 그는 친구의 딸을 며느리-로 삼았다.
>   　나. 그는 오히려 경기 침체를 기회-로 삼고 열심히 일하였다.
>   　다. 금융 회사는 신용을 운영 방침-으로 삼아야 한다.
>   　라. 한별이는 감기를 구실-{로|을} 삼아 회사에 나오지 않았다.
>   　마. 인사위원회는 그의 행동을 문제-를 삼아 경고장을 발송하
>   　　　였다.

15세기 한국어의 경우, 다음 문장 (38)에서 보는 바와 같이, [도달점]을 나타내는 논항은 주로 '-을'을 취하는 것이 특징이다. '根本-을 삼곡, 自然-을 삼ᄂᆞ다, 제 體-를 사ᄆᆞᆯ딘댄, 維那-를 삼ᅀᆞᆸ보리라'와 같이 모두 '-을'을 취하고 있다.

> (38) 가. 나라흔 百姓으로 根本-을 삼곡 (두시언해-초간 16:19)
>   　나. 네 오히려 아디 몯ᄒᆞ야 迷惑ᄒᆞ야 自然-을 삼ᄂᆞ다 (능엄경언
>   　　　해 2:66)

다. ᄒᆞ다가 또 空ᄋᆞ로 제 體-를 사ᄆᆞᆯ딘댄 (능엄경언해 2:66)

라. 維那-ᄅᆞᆯ 삼ᅀᆞᆸ오리라 王ᄋᆞᆯ 請ᄒᆞᅀᆞᆸ노이다 (월인석보 8:79)

그러나 이들의 자연스러운 현대 한국어 표현은 '根本-으로 삼고, 자연-으로 삼는다, 자기의 본체-로 삼을 것이므로, 維那-로 삼으리라'와 같이 모두 '-으로'를 취한다. 이를 통해 볼 때, 15세기 한국어 '삼다'의 구문 구조는 'NP-이 NP-을 NP-을 삼다'에서 현대 한국어로 오면서 'NP-이 NP-을 NP-으로 삼다'로 변화했다고 볼 수 있다.

16세기 한국어의 경우도, 문장 (39)에서 보는 바와 같이, [도달점]을 나타내는 논항은 주로 '-을'을 취한다. '后-ᄅᆞᆯ 사ᄆᆞ시고, 내 무루믈[=물움-을] 사ᄆᆞ며, 딕월-을 사ᄆᆞ딕'와 같이 '-을'을 취하고 있다. 그러나 이들의 자연스러운 현대 한국어 표현은 '后-로 삼으시고, 나의 물음-으로 삼으며, 당직자-로 삼되'와 같이 모두 '-으로'를 취하고 있다.

(39) 가. 閔王이 宿瘤女ᄅᆞᆯ ᄀᆞ장 感動ᄒᆞ샤 后-ᄅᆞᆯ 사ᄆᆞ시고 出令ᄒᆞ샤
         (내훈 2하:73)

    나. 子의 묻던 싸ᄒᆞᆯ 가져셔 믄득 내 무루믈[=물움-을] 사ᄆᆞ며
         (번역소학 8:32)

    다. 긔약ᄒᆞᆫ 사름 듕에 들마다 ᄒᆞᆫ 사름곰 돌여 딕월-을 사ᄆᆞ딕
         (여씨향약 2)

다음은 각각 17세기 그리고 18세기 한국어 자료인 《첩해신어》(1676년)와 《중간첩해신어》(1781년)의 예이다. 현대 한국어로는 '예-로 삼다'로 쓰일 것이 모두 '禮-예 삼ᄉᆞ오리잇가, 禮-를 삼ᄉᆞ오리인가, 禮-를 삼습새, 禮-ᄅᆞᆯ 삼습새' 등으로 나타나 있다. 이러한 예를 통해서 볼 때, '삼다'의 구문 구조는 'NP-이 NP-을 NP-을 삼다'에서 'NP-이 NP-을 NP-으로 삼

다'로 변화했음을 확인할 수 있다.

(40) 가. 우리 이룰 禮-예 삼스오리잇가 (첩해신어 3:8)

나. 우리 이룰 禮-룰 삼스오리인가 (중간첩해신어 3:11)

(41) 가. 안자셔 禮 어려오니 당톄로 잔쓘 들기룰 禮-룰 삼습새 (첩해신어 3:9)

나. 오래 안자셔 禮 어려오니 唐體로 잔쓘 들기룰 禮-룰 삼습새 (중간첩해신어 3:12)

12.3. 'NP-이 | 에 | 과 V' 구문의 변화

NP-이|에|과 〉 NP-과 형용사 '같다'의 구문 구조는 현대 한국어와 15세기 한국어는 서로 다르다. 다음 문장은 '골ᄒ다'가 쓰인 15세기 한국어 문장인데, 이를 살펴보면, '골ᄒ다'의 구문 구조는 'NP-NP-이 골ᄒ다'로 설정된다.[2]

(42) 가. 손과 발왜 븕고 희샤미 蓮ㅅ고지[=蓮ㅅ곶-이] ᄀᆮᄐᆞ시며 (월인석보 2:57)

나. 法이 펴디여 가미 믈 흘러 녀미[=념-이] ᄀᆮᄐᆞᆯᄊᆡ (석보상절 9:21)

다. 執杖釋의 쏠이 金像-이 골ᄒᄉᆞ (월인천강지곡 상 기37)

라. 蓮ㅅ고지 고ᄌᆞ로셔 여름 여루미[=여룸-이] 골홀ᄊᆡ (석보상

---

2 한편 김미령(2005)에서는 동일한 내용을 포함한 《월인석보》 권19, 《석보상절》 권21, 《법화경언해》 권7의 비교를 통해 '골ᄒ다'에서 '-와/과'의 격 교체 양상을 살폈다.

절 13:33)

그런데 이들 문장의 자연스러운 현대 한국어 표현은 다음과 같아, '같다'
의 구문 구조는 'NP-이 NP-과 같다'로 설정된다.

(43) 가. 손과 발이 붉고 희심이 연꽃-과 같으시며
　　　나. 법이 퍼져 가는 것이 물 흘러가는 것-과 같으므로
　　　다. 執杖釋의 딸이 金像-과 같아서
　　　라. 연꽃이 꽃으로부터 열매 맺음-과 같으므로

다음과 같이 16세기 한국어에서도 문장 (44)와 같이 'NP-이 NP-이 근
ᄒ다' 구조로 나타난다.

(44) 가. 臣下ㅣ 님금 셤교미 ᄌᆞ식의 부모 셤교미[=셤굠-이] 근ᄒ니
　　　　　(삼강행실도-중간 충신 24)
　　　나. 仁者ᄂᆞ 射홈-이 ᄀᆞᄐᆞ니 (맹자언해 3:35)
　　　다. 房舍ㅅ 가온대 안자 四面이 다 담이며 ᄇᆞᄅᆞᆷ-이 ᄀᆞᄐᆞ니 (소
　　　　　학언해 5:11)

그러나 17세기 한국어에서는 문장 (45)과 같이 'NP-이 NP-이 근ᄒ다'
구조로 나타나기도 하고, 문장 (46)과 같이 'NP-이 NP-과 V' 구조로도
나타난다. 이처럼 '같다'의 구문 구조는 15세기 이래 'NP-이 NP-이 근ᄒ
다'로 실현되다가 17세기 한국어 이후 'NP-이 NP-과 같다'로 변화하여
현대 한국어에 이르렀음을 볼 수 있다.

(45) 가. 이운 남기 엇쌕시 어믜 얼굴-이 근거늘 (동국신속삼강행실

도-효자 1:6)

나. ᄆᆞ음이 ᄆᆞᆯ근 들의 ᄀᆞ린 것 업스미[=업슴-이] ᄀᆞᄐᆞ니라 (여
훈언해 하 23)

다. ᄆᆞ음이 ᄇᆞᆯ근 거울의 드틀 업스미[=업슴-이] ᄀᆞᄐᆞ며 (여훈언
해 하 23)

(46) 가. ᄒᆡᆼ역이 ᄀᆞᆺ도ᄃᆞᆯ 제 ᄠᅳ리과 씹도 약기-과 ᄀᆞᆮᄂᆞ니 (언해두창
집요 상 15)

나. 대로써 杠을 ᄆᆡᆼᄀᆞ라 그 길의-과 ᄀᆞᆮ게 ᄒᆞ야 (가례언해 5:22)

다. 만일 宗子ㅣ 제 喪主ㅣ 되면 祝版이 前-과 ᄀᆞᆮ고 (가례언해
9:16)

라. 네 닐오미 맛치 내 ᄠᅳᆮ-과 ᄀᆞᆺ다 (노걸대언해 상 10)

'같다'뿐만 아니라, '다르다, 한가지다' 등도 역시 같은 변화를 겪었다.
다음 문장은 각각 15세기, 16세기, 17세기 한국어에서 '다르다'가 쓰인
문장인데, 구문 구조는 'NP-이 NP-이|에|서|과 다르다'로 나타나는
데, 이 구조 역시 현대 한국어로 오면서 'NP-이 NP-과 다르다'로 변화하
였다. '中國-에 달아, 사ᄅᆞᆷ-에셔 다ᄅᆞ니라, 즘ᄉᆡᆼ-의게셔 다ᄅᆞ기는' 등의
자연스러운 현대 한국어 표현은 '중국-과 달라, 사람-과 다른 것이다,
짐승-과 다르기는' 등이다. 결국 'NP-이|에|과 V'에서 'NP-과 V'로 변화
한 것이라 하겠다.

(47) 가. 나랏 말ᄊᆞ미 中國-에 달아 (훈민정음-언해 1)

나. 軍容이 녜-와 다ᄅᆞ샤 ⋯ 置陳이 눔-과 다ᄅᆞ샤 (용비어
천가 51)

(48) 가. 어딘 덕을 노기며 ⋯ 죵-과 엇디 다ᄅᆞ리오 (번역소학 6:19)

나. 公이 德과 그르시 이러키 모든 사ᄅᆞᆷ-에셔 다ᄅᆞ니라 (소학

언해 (6:5)

(49) 가. 사룸의 사룸 되오미 즘싱-의게셔 다르기눈 (경민편언해-
중간 21)

나. 時節이 녜-과 달라 上方의셔 아므란 雜說이나 이실가 (첩
해신어 3:13)

NP-에 〉 NP-을　동사 '보다, 알다, 모르다'의 경우, 15세기 한국어에서
'NP-이 NP-에 V'라는 구문을 가지는 예가 있다. 다음 문장들이 그러한데,
'이 經卷-에 보딗, 法說-에 아라, 밧 物-에 모르거뇨'의 현대 한국어의
자연스러운 표현은 '이 經卷-을 보되, 法說-을 알아, 밖의 物-을 모르겠는
가'이다. 이를 통해 볼 때, 동사 '보다, 알다, 모르다'의 경우, 15세기 한국어
에서 'NP-이 NP-에 V'라는 구문이 현대 한국어로 오면서 'NP-이 NP-을
V'로 변화했음을 확인할 수 있다.

(50) 가. 이 經卷-에 恭敬ᄒ야 보딗 부텨 ᄀ티 ᄒ야 種種 供養ᄒ딗
(법화경언해 4:72)

나. 舍利弗이 法說-에 ᄒ마 아라 (월인석보 12:2)

다. 엇더콴딗 뒤ᄒ로 돌요매 제 일ᄒ며 밧 物-에 제 모르거뇨
(월인석보 13:32)

▌참고 문헌

고영근 1987, 《표준 중세국어문법론》, 탑출판사.

권재일 1992, 《한국어 통사론》(대우학술총서 인문사회과학 67), 민음사.

권재일 2000 한국어 발화동사 구문 기술, 한말연구 7: 1-26, 한말연구학회.

권재일·김현권 1998/1999/2000, 《용언 전자사전 구축 지침, 21세기 세종계획 – 전자사전 개발 – 연구 보고서》, 문화관광부.

김미령 2005, 중세 국어의 격 교체 구문에 대한 연구 – 《월인석보19》, 《석보상절21》, 《법화경언해7》의 비교를 중심으로 –, 《우리어문연구》 24: 7-32, 우리어문학회.

김미령 2006, 국어의 격 표지 교체와 의미역 연구: {처격/대격 표지} 교체 동사를 중심으로, 고려대학교 대학원 국어국문학과 박사학위논문.

유혜원 2002, 국어의 격 교체 구문의 연구, 고려대학교 대학원 국어국문학과 박사학위논문.

이광호 1972, 중세국어의 대격 연구 – 대격주제화의 시론으로, 《국어연구》 29, 서울대학교 대학원 국어연구회.

이광호 1981, '중세 국어 '굳ᄒ-'의 통사 특성', 《국어학》 10: 105-126, 국어학회.

이태영 2019, 국어 격조사의 변화, 국어사대계간행위원회 (편) 《국어사 연구 2 (문법·어휘)》 244-283, 태학사.

이현희 1994, 《중세국어 구문연구》, 신구문화사.

한재영 1996, 《16세기 국어 구문의 연구》, 신구문화사.

허웅 1975, 《우리 옛말본, 15세기 국어 형태론》, 샘문화사.

허웅 1989, 《16세기 우리 옛말본》, 샘문화사.

홍윤표 1993, 《국어사 문헌자료 연구 – 근대편 1 –》, 태학사.

홍윤표 1994, 《근대국어 연구 1》, 태학사.

황국정 2004, 국어 동사 구문구조의 통시적 연구, 고려대학교 대학원 국어국문학과 박사학위논문.

황국정 2015, 중세국어 '-에/를 격 교체 구문에 관한 연구 – 처격조사 '-에'와 대격조사 '-를'의 문법적 기능, 《언어와 정보 사회》 24: 191-222, 언어정보연구소.

| 제13장 | 접속문 구성 변화

    상위문이 하위문을 관할하는 방식에 따라서 복합문의 유형을 체계화할 수 있는데, 상위문이 하위문을 직접 관할하는 구성이 접속문 구성이며, 접속문 구성에 관여하는 어미가 접속어미이다. 문장 (1)은 밑줄 친 접속어미에 의해 구성된 15세기 한국어의 접속문 구성이다.

    (1) 가. 利樂은 됴코[=둏-<u>고</u>] 즐거블 씨라 (월인석보 9:8)

        나. 네 아드리 孝道ᄒ고 허믈 업스니[=없-<u>으니</u>] 어드리 내티료
           (월인석보 2:6)

        다. 이 하늘들히 놉디옷[=높-<u>디옷</u>] 목수미 오라ᄂ니 (월인석보
           1:37)

        라. 이 菩薩이 엇던 三昧에 住ᄒ시관ᄃᆡ[=住ᄒ-시-<u>관ᄃᆡ</u>] 能히
           … 衆生ᄋᆞᆯ 度脫ᄒ시ᄂ니잇고 (법화경언해 7:32)

    문장 (1)에서 접속어미 '-고, -으니'는 현대 한국어에도 나타나지만, '-디옷, -관ᄃᆡ'는 현대 한국어에서는 나타나지 않는다. 이것은 접속문 구성과 접속어미가 역사적으로 변화했음을 보여 준다.

13.1. 접속문 구성의 성격

문장 유형　문장은 계층적 성격을 지니면서 문장성분이라는 단위로 통합되어 있다. 이러한 문장성분 가운데 가장 중심되는 기능을 맡고 있는 것은 서술어이다. 따라서 담화 가운데 전제된 상황이 아닌 전형적인 문장에서, 다른 문장성분들과는 달리 서술어는 생략되지 않는다. 그리고 한국어는 서술어의 어미가 다양하게 발달해 있어, 문장의 문법 기능들이 이들 어미에 의해 실현되는 것이 큰 특징이다. 따라서 문장에서 가장 중심되는 성분은 바로 서술어이다. 그래서 문장은, 서술어를 중심으로 하여, 하나의 통일된 짜임새를 이룬다. 이러한 서술어가 수행하는 기능을 서술기능이라고 하는데, 이 서술기능은 문장의 유형을 체계화하는 기준이 될 수 있다. 따라서 이 기준에 따라 문장 유형을 체계화하기로 한다. 이러한 관점에서 문장 유형을 체계화한 것은 권재일(1992:제12장, 2012:제6장) 참조.

어떤 현상의 체계를 세울 때 '그 관계가 1:1의 관계인가와 1:n(n≥2)의 관계인가'의 기준을 설정할 수 있다. 그 관계가 '1:1'인 경우를 '단순 관계', '1:n(n≥2)'인 경우를 '복합 관계'라 한다. 주어진 문장 구성에서 서술기능을 한번 수행하는 경우가 있기도 하고, 두 번 이상의 서술기능을 수행하는 경우도 있다. 이러한 경우, '문장:서술기능'이 1:1 관계의 문장 구성을 단순문 구성이라 하고, '문장:서술기능'이 1:n(n≥2) 관계의 문장 구성을 복합문 구성이라고 한다. 즉 문장 유형을 서술기능 수행이라는 기준에 따라 단순문과 복합문으로 체계화한다. 서술기능을 한 번 수행하는 문장 구성이 단순문 구성이며, 두 번 이상 수행하는 문장 구성이 복합문 구성이다.

복합문의 하위유형　단순문은 단독으로 실현되든, 복합문 구성에 참여하든, 하나의 서술기능을 가진다. 단순문을 'S'라 할 때, 복합문은 하나의 S가 하나 이상의 S를 직접 또는 간접으로 관할하고 있다. 이때 관할하는

S0를 상위문, 관할되는 S1을 하위문이라 한다. 상위문이 하위문을 관할하는 방식에는 두 가지 방법이 있는데, 상위문이 하위문을 다른 교점을 거치지 아니하고 직접 관할하는 것과 상위문이 하위문을 명사구나 동사구의 교점을 통하여 간접 관할하는 것이다.

복합문의 하위유형은 이와 같이 상위문이 하위문을 관할하는 방식에 따라서 체계를 세울 수 있는데, 상위문이 하위문을 직접 관할하는 복합문 구성을 '접속문 구성'이라 하고, 상위문이 하위문을 명사구나 동사구의 교점을 통하여 간접 관할하는 복합문 구성을 '내포문 구성'이라 한다.

접속문 구성　　상위문이 하위문을 직접 관할하는 구성을 접속문 구성이라 했는데, 접속문 구성의 하위문은 선행절과 후행절로 구성되어 있다. 그리고 선행절에는 접속어미가 결합해 있다.

　　(2) 가. 한별이는 학교에 가-고, 아람이는 가지 않는다.
　　　　나. 한별이는 학교에 가-지만, 아람이는 가지 않는다.
　　　　다. 한별이가 학교에 가-니까, 아람이도 간다.
　　　　라. 한별이가 학교에 가-면, 아람이도 간다.

문장 (2)에서 '한별이는/가 학교에 가-'가 선행절, '아람이는/도 …'가 후행절, '-고, -지만, -으니까, -으면' 등이 접속어미이다. 접속문 구성은 접속어미들이 가지는 의미 특성을 바탕으로 하위 유형을 세울 수 있다. 하위유형 체계의 기준을 '선행절이 후행절에 대하여 가지는 의미 관계'로 삼으면, 접속문 구성은 크게 '대등 접속문 구성'과 '종속 접속문 구성'으로 나뉜다. 대등 접속문 구성과 종속 접속문 구성을 의미 관계에 따라 다시 체계를 세우면 다음과 같다.

(3) 가. 대등 접속문 구성

　　　나열 관계(순접), 대조 관계(역접), 선택 관계(선접)

　　나. 종속 접속문 구성

　　　인과 관계, 조건 관계, 목적 관계, 결과 관계, 평가 관계,

　　　첨의 관계

13.2. 15세기 한국어의 접속어미와 그 변화

위에서 설정한 접속문 구성의 체계에 바탕을 두고 먼저 15세기 한국어의 접속어미를 분석하고자 한다.[1] 아울러 이들 접속어미들이 현대 한국어에 이르는 역사적인 변화 양상을 살펴보겠다. 이어서 15세기 한국어에서는 나타나지 않고 16세기 한국어 이후에 나타나기 시작한 접속어미에 대해서도 서술한다.[2]

---

1 어미에 따라서는 접속문 구성에도 관여하고 내포문 구성에도 관여하는 경우가 있다. 문장 (가)의 '-어도'는 내포문 구성에 관여하여 의존용언의 서술기능을 보완하는 구성이고, (나)의 '-어도'는 접속문 구성에 관여하여 선행절과 후행절을 접속하는 구성이다.

　　가. 眞實로 眼力이 이 ᄀᆞᆮ혼 둘 알면 아랫 五根은 仔細히 아니 닐-어도 ᄒᆞ리라 (월인석보 17:59)

　　나. 비록 三乘을 닐-어도 다ᄆᆞᆫ 菩薩 ᄀᆞᄅᆞ쵸미라 ᄒᆞ시더라 (석보상절 13:59)

그리고 접속어미 분석에서, 선어말어미로 기능이 인정되는 경우에는 모두 분석하며, 특히 필수적으로 선행되는 선어말어미도 모두 분석하고자 한다. 예를 들면 '-거니와', '-가니와', '-어니와' 등을 '-거-, -가-, -아-' 등과 '-니와'로 분석한다. 이와 같은 방법으로 '-거-, -가-, -어-, -더-, -오/우-'를 모두 선어말어미로 분석한다. 이들 선어말어미가 다른 형태에서도 분석되어 고유 문법 기능을 수행하고 있기 때문이다. 또한 의존명사에 의해 이루어진 구성체도 분석한다.

2 15세기 한국어의 접속어미와 그 변화에 대한 종합적인 기술은 권재일(1988), 리의도 (1990), 권인영(1992), 이용(2000), 장요한(2010) 참조.

13.2.1. 나열 관계

-고 (-오, -구, -곡) 대표적인 나열 관계의 접속어미이다. '-고'는 어간
에 바로 결합할 수 있고 선어말어미를 앞세울 수도 있다. 그리고 보조조사
'-아, -셔, -도, -부텨' 등이 결합할 수 있다.

> (4) 가. 利樂은 됴코[=둏-고] 즐거볼 씨라 (월인석보 9:8)
>
> 나. 子는 아드리-오 孫은 孫子ㅣ니 (월인석보 1:7)
>
> 다. 王獻之ㅣ 盜賊 더브러 닐오딕 靑氈은 我家舊物이니 두-구
>
> 가라 ᄒ니라 (두시언해-초간 15:28)
>
> 라. 너희 出家ᄒ거든 날 ᄇ리-곡 머리 가디 말라 (석보상절
>
> 11:37)

'-고'는 현대 한국어에 이르는 동안 형태가 바뀌지 않고 유지되어 있다.
의미도 역시 바뀌지 않고 이어오고 있다. (5가)는 근대 한국어, (5나)는
20세기 초기 한국어의 예이다.

> (5) 가. 내 집 지은 것도 두로 보시-고 느즉ᄒ여 도라가시게 ᄇ라ᇰ
>
> 이다 (첩해신어 6:4)
>
> 나. 가마귀는 싹싹ᄒ-고 노루는 쌍퉁쌍퉁 쒸여가오 (몽학필독
>
> 1:94)

-으며 어간에 바로 결합할 수 있고 선어말어미를 앞세울 수도 있다.
그리고 (6나)와 같이 보조조사 '-셔'가 결합할 수 있다.

> (6) 가. 動으로 몸 사ᄆ-며 動으로 境 삼ᄂ니라 (능엄경언해 2:2)

나. 말ᄒ며 우숨 우수-며-셔 주규믈 行ᄒ니 (두시언해-초간 6:39)

'-으며'는 현대 한국어에 이르는 동안 형태와 의미가 바뀌지 않았다. (7가)는 근대 한국어, (7나)는 20세기 초기 한국어의 예이다. 한편 (8)의 '-으면서'는 19세기에 이르러 생성된 접속어미이다.

(7) 가. 내 몸을 위호미 아니라 종샤룰 위ᄒ-며 ᄌ뎐을 위ᄒ-며 신 민을 위호미라 (인조대왕행장 8)

나. 사롬을 恭敬ᄒ-며 사랑ᄒᄂ 것을 禮라 ᄒ-며 正直ᄒ야 남을 속이지 아니홈을 信이라 ᄒ-며 (신찬초등소학 3:69)

(8) 가. 東村學徒들은 運動歌를 블-으면서 죠타죠타 하압내다 (최 신초등소학 2:23)

나. 長針과 短針이 도라다니-면서 그가에 잇ᄂ 글ᄌ를 가르치 다가 (신찬초등소학 3:37)

-은대 (-은ᄃᆡ, -은데, -온대) 역시 어간에 바로 결합할 수 있고 선어말어 미를 앞세울 수도 있다. '-은대'는 19세기에 이르러 형태가 '-은데'에 통일 된다. (9)는 15세기 한국어, (10가)는 근대 한국어, (10나)는 20세기 초기 한국어의 예이다. 현대 한국어에서는 동사일 경우 '-ᄂ-'를 반드시 앞세워 '-는데'로 나타난다.

(9) 가. 目連이 淨飯王ᄭᅴ 도라가 이 辭緣을 ᄉᆞᆯᄫᆡᆯ대[= ᄉᆞᆯᄫ-은대] 王 이 大愛道ᄅᆞᆯ 블러 니ᄅᆞ샤ᄃᆡ (석보상절 6:6)

나. 曠絶無人ᄃᆞᆯ흔 生死ㅣ 長遠ᄒᆞᄃᆡ[= ᄒᆞ-ㄴᄃᆡ] 眞實入 知見업서 (법화경언해 3:172)

(10) 가. 왕이 대비쯰 뵈옵고 쏘 곡ᄒ오신대[=곡ᄒ-오-시-ㄴ대] 대
비 그치오쇼셔 ᄒ여 글ᄋ샤듸 (인조대왕행장 5)

나. 참새 ᄂᆞᆫ 쓸압 나무 에서 잭잭 ᄒᆞᄂ데[= ᄒᆞ-ᄂᆞ-ㄴ데] 日 은
동편 하날 에서 돗아 오ᄂᆞ이다 (초등소학 2:1)

-니와 문장 (11)의 '-거니와, -가니와, -어니와'는 '-니와'에 각각 선어말
어미 '-거-, -가-, -어-'를 필수적으로 앞세운 형태이다.

(11) 가. 前塵은 크며 젹-거-니와 보ᄆᆞᆫ 펴며 움추미 업스니라 (능엄
경언해 2:41)

나. 내 命 그추미ᅀᅡ 므더니 너기가니와[=너기-가-니와] 내 아
ᄃᆞᆯ 悉達이와 … 이 네흘 몯 보아 ᄒᆞ노라 (월인석보 10:4)

다. ᄒᆞᆫ 願을 일우면 져그나 기튼 즐거부미 이시려니와[=이시-
리-어-니와] 내 말옷 아니 드르시면 (월인석보 2:5)

15세기 한국어로부터 이어온 '-니와'에 선어말어미였던 '-거-'가 융합하
여 현대 한국어에서는 '-거니와'가 생성되었다.[3] (12가)는 근대 한국어,
(12나)는 20세기 초기 한국어의 예이다.

(12) 가. 이ᄂᆞᆫ 내 스스로 솗ᄂᆞᆫ 말-이-어-니와 쟈늬네도 헤아려 보
시소 (첩해신어 1:31)

나. 재물도 즁ᄒ-거니와 남의 혼인이야 낭패 식힐 수 잇느냐
(노동야학독본 1:33)

---

3 나열 관계의 접속어미 '-거니와'와 그 변화에 대해서는 장요한(2013) 참조.

13.2.2. 대조 관계

-으나　어간에 바로 결합할 수 있고, 선어말어미를 앞세울 수도 있다.
'-으나'는 현대 한국어에 이르는 동안 형태와 의미가 바뀌지 않았다. (13)
은 15세기 한국어, (14가)는 근대 한국어, (14나)는 20세기 초기 한국어의
예이다.

(13) 가. 구루멧 히 블 근ᄒᆞ-나 더운 하ᄂᆞᆯ히 서늘ᄒᆞ도다 (두시언해-
　　　　　초간 6:35)

　　나. 祥瑞도 하시며 光明도 하시-나 ᄀᆞᆯ 업스실ᄊᆡ 오늘 몯 숣뇌
　　　　　(월인석보 2:45)

(14) 가. 네 비록 져므나[=졈-으나] 지긔 이시니 오ᄂᆞ리 이 공명을
　　　　　셔일 저기라 (동국신속삼강행실도-충신 1:8)

　　나. 이 집이 지금은 苟且ᄒᆞ-나 兒孩들도 다 이러케 勉力ᄒᆞ야
　　　　　일을 ᄒᆞ니 수이 넉넉히 지ᄂᆡ깃습ᄂᆞ이다 (신정심상소학 1:18)

-어도 (-아도, -라도, -나도)　역시 어간에 바로 결합할 수 있고, 선어말
어미를 앞세울 수도 있다. 그런데 선어말어미 '-으시-'는 문장 (15나)와
같이 '-으샤-'로 변동되어 나타난다. '-어도'는 현대 한국어에까지 유지되
어 있다. (16가)는 근대 한국어, (16나)는 20세기 초기 한국어의 예이다.

(15) 가. 비록 三乘을 닐-어도 다ᄆᆞᆫ 菩薩 ᄀᆞ라쵸미라 ᄒᆞ시더라 (석
　　　　　보상절 13:59)

　　나. 나라해 도라오샤도[=돌아오-샤-어도→돌아오-샤-ø-
　　　　　되] ᄌᆞ올아비 아니ᄒᆞ샤 (석보상절 6:4)

　　다. 내 아ᄃᆞ리 비록 무디-라도[=몯-이-라되] 사오나ᄫᆞᆯᄊᆡ (월인

석보 2:5)

라. 소니 오-나도 믜요믈 므던히 너기고 (두시언해-초간 25:23)

(16) 가. 大切의 御意오니 예셔 죽ᄉ와도[=죽-ᄉ오-아도] 먹ᄉ오리
이다 (첩해신어 2:7)

나. 三兄弟 … 葡萄田을 파 보-아도 金銀은 姑捨ᄒ고 銅錢도
업ᄂ이다 (신정심상소학 1:26)

-고도 (-오도)　문장 (17가)처럼 어간에 바로 결합한다. '-고도'는 16세기
까지 유지된 접속어미이다.

-디　문장 (17나)와 같이 선어말어미 '-오/우-'를 필수적으로 앞세운다.
'-디'는 '-되'로 바뀌어 현대 한국어에까지 유지되어 있다.

-ㄴ마ᄅᆞᆫ　앞에서 살핀 '-니'처럼 선어말어미 '-거-, -가-, -어-'를
필수적으로 앞세운다. 그리고 '-건마ᄅᆞᆫ[=-거-ㄴ마ᄅᆞᆫ]'은 현대 한국어에서
'-건만'으로 바뀌었다.

-디뷔 (-디위, -디외, -디웨)　어간에 바로 결합할 수 있고, 선어말어미를
앞세울 수 있다.[4] 15세기 이후에는 거의 나타나지 않은 접속어미이다.[5]
선행절의 내용을 강조하면서, 후행절의 내용을 부정하는 접속어미이다.

-란ᄃᆡ만뎡　어간에 바로 결합이 가능하며, 선어말어미를 앞세울 수
있다. '-란ᄃᆡ만뎡'은 16세기에 소멸하였다.

-ㄴ뎡　선어말어미 '-거/어-'와 함께 나타나는 것이 보편적이다. 그리고
이에 다시 다른 선어말어미가 결합할 수 있다. '-ㄴ뎡'은 19세기까지 유지
되었다.[6]

---

4 대조 관계의 접속어미 '-디뷔'에 대해서는 김종록(1997) 참조.
5 17세기 한국어에 다음 예가 보인다.
예. 블셔 누른 긔믜 드럿고 도돈 터도 각각 도닷-디위 흗디 착난티 아니 ᄒᆞ얀ᄂ니
(편지글 31:선조,1603년)

-을쑨뎡   어간에 바로 결합할 수 있고, 선어말어미를 앞세울 수 있다. '-을쑨뎡'은 16세기까지 유지되었다.

> (17) 가. 비록 그 病이 가비얍-고도 醫와 藥과 病 간슈ㅎ리 업거나
>   (석보상절 9:35)
>   나. 싸홀 블보ᄃᆡ[=븛-오-ᄃᆡ] ᄆᆞᆯ 븗ᄃᆞᆺ ᄒᆞ고 (석보상절 6:34)
>   다. 그듸내 머리셔 ᄀᆞᆺ비 오난마ᄅᆞᆫ[=오-나-ㄴ마ᄅᆞᆫ] 如來ㅅ 舍利
>   ᄂᆞᆫ 몯 나소리어다 (석보상절 23:54)
>   라. 부텨는 本來 變化ㅣ-ᄃᆡ빙 사ᄅᆞ미 몯홀 이리라 (월인석보
>   2:36)
>   마. 白日이 올마 가ᄃᆞ록 ᄒᆞ시-란ᄃᆡ만뎡 늘근 녀름짓눈 노ᄆᆞ ᄆᆞ
>   슷 거시 이셔 서르 즐교믈●다ᄒᆞ리오 (두시언해-초간 22:7)
>   바. 니ᄅᆞ샤미 만ᄒᆞ며 져그샤미 겨시건뎡[=겨시-거-ㄴ뎡] 그 實
>   은 性에 마존 法이 내죵애 다오미 업스니 (법화경언해 3:189)
>   사. 衆生 위ᄒᆞ야 비록 三乘을 니ᄅᆞ실쑨뎡[=니ᄅᆞ-시-ᄅᆞ쑨뎡] 實
>   은 一乘ᄲᆞ니라 (석보상절 13:59)

13.2.3. 선택 관계

-으나~-으나   어간에 바로 결합이 가능하고, 선어말어미 '-거/어-'를 앞세울 수 있다. 현대 한국어에까지 유지되어, '-으나~-으냐'와 '-거나~-거냐로 나타난다. (18가)는 15세기 한국어, (18나,다)는 20세기 초기 한국어의 예이다.

---

6 대조 관계의 접속어미 '-ㄴ뎡'에 대해서는 장요한(2014) 참조.

(18) 가. 오-나 가-나 다 새지비 兼ᄒ얫도소니 (두시언해-초간 7:16)

나. 더우-나 츄-으나 눈이 오-나 비가 오-나 一心精力 들이어
서 뎡혼 時間 어긔지 말고 約束혼 말삼을 직힐지니라 (노동
야학독본 1:32)

다. 내 노룻을 내가 ᄒ기는 大臣 椅子에 안졋-거나 대신 轎子를
머이-거나 이도뎌도 매한가지니 나진 일이라고 실혀 마오
(노동야학독본 1:36)

13.2.4. 인과 관계

-으니 어간에 바로 결합할 수 있으며, 선어말어미를 앞세울 수 있다.
현대 한국어에 이르는 동안 유지되어 있다. (19)는 15세기 한국어, (20가)
는 근대 한국어, (20나)는 20세기 초기 한국어의 예이다.[7]

(19) 가. 네 아ᄃ리 孝道ᄒ고 허믈 업스니[=없-으니] 어드리 내티료
(월인석보 2:6)

나. 내 이제 너를 놑노니[=놓-ᄂ-오-니] 匹들 조차 가라 (월인
석보 13:19)

(20) 가. 나는 나그내러-니 오늘이 졈그러시니 네 집의 잘 ᄃ를 어더
지라 (노걸대언해 상 42)

나. 늙은 구고는 비가 쉬 곱푸고 비가 쉬 부르ᄂ-니 오찬과
야젼을 쎠를 일치 말지어다 (초등녀학독본 27)

---

7 인과 관계의 접속어미 '-으니'와 그 변화에 대해서는 전병용(1995), 안주호(2002)
참조.

-을씨　어간에 바로 결합할 수 있으며, 선어말어미를 앞세울 수 있다. '-을씨'는 19세기에 들면서 그 세력이 급격히 줄어들어 현대 한국어에 이르러 거의 소멸하였다.[8] (21)은 15세기 한국어, (22가)는 근대 한국어, (22나)는 20세기 초기 한국어의 예이다.

> (21) 가. 불휘 기픈 남ㄱㄴ ㅂㄹ매 아니 뮐씨[=뮈-ㄹ씨] 곳 됴코 여름
> 　　　하ㄴ니 (용비어천가 2)
> 　　　나. 子息 업스실씨[=없-으시-ㄹ씨] 몸앳 필 뫼화 그르세 담아
> 　　　男女를 내ㅅ ㅸㄴ니 (월인석보 1:2)
> (22) 가. 일즙 샤직의 가 긔우ㅎ실씨[=긔우ㅎ-시-ㄹ식] 보야흐로 제
> 　　　호매 비 오니 (인조대왕행장 33)
> 　　　나. 조고마흔 羊 둘이 각각 흔길노 산에 올나갈식[=올나가-ㄹ
> 　　　식] 외나무다리에서 서로 만ㄴ습ㄴ이다 (신정심상소학
> 　　　1:22)

-어 (-아, -여, -야)　어간에 바로 결합할 수 있으며, 선어말어미를 앞세울 수 있다. 문장 (23나)와 같이 보조조사 '-ㅅㅑ'를 비롯하여 '-은, -다, -가, -셔, -도' 등을 결합할 수 있다. 특히 '-어-ㅅㅑ'는 나중에 새로운 조건 관계의 접속어미 '-어야'를 생성한다. '-어'는 현대 한국어에 이르는 동안 유지되어 있다. (23)은 15세기 한국어, (24가)는 근대 한국어, (24나)는 20세기 초기 한국어의 예이다.

> (23) 가. 舍利弗이 虛空애 올아 거르며 셔며 안ㅈ며 누ㅸ며 ㅎ고 (석
> 　　　보상절 6:33)

---

8 인과 관계의 접속어미 '-을씨'와 그 변화에 대해서는 차윤정(1996) 참조.

나. 諸佛도 出家ᄒᆞ샤ᅀᅡ[＝出家ᄒᆞ-ᄋᆞ시-어-ᅀᅡ→出家ᄒᆞ-샤-ø
-ᅀᅡ] 道理를 닷ᄀᆞ시ᄂᆞ니 (석보상절 6:12)

(24) 가. 영졍 대왕이 각별히 명ᄒᆞ셔[＝명ᄒᆞ-시-어] 졍문ᄒᆞ시니라
(동국신속삼강행실도-효자 4:82)

나. 弟子를 모아 某書를 釋義ᄒᆞᆯ시 바름이 불-어 燈火를 滅ᄒᆞ-
야 冊을 볼 수 업ᄂᆞᆫ지라 (신정심상소학 3:4)

-거 (-어)   어간에 바로 결합할 수 있으며, 선어말어미를 앞세울 수
있다. 보조조사 '-ᅀᅡ'를 문장 (25가)와 같이 필수적으로 결합한다. (25나)
와 같이 '-거-ᅀᅡ'는 역시 새로운 조건 관계의 접속어미 '-어야'를 생성한다.

(25) 가. 나는 一切 衆生이 다 부톄 ᄃᆞ외야 衆生이 업-거-ᅀᅡ 菩提心
을 發호리라 ᄒᆞ더라 (석보상절 6:46)

나. 古人이 니ᄅᆞ되 ᄌᆞ식을 길러야[＝기르-어야] 보야흐로 父母
은혜를 안다 ᄒᆞ니라 (박통사언해 상 51)

13.2.5. 조건 관계

-으면   어간에 바로 결합할 수 있고, 선어말어미를 앞세울 수 있다.
'-으면'은 현대 한국어에 이르는 동안 형태와 의미가 유지되어 있다. (26)
은 15세기 한국어, (27가)는 근대 한국어, (27나)는 20세기 초기 한국어의
예이다.

(26) 가. 出家ᄒᆞ시-면 正覺을 일우시리로소이다 (월인석보 2:23)

나. 첫소리를 어울워 ᄡᅮᆯ 디-면 글바쓰라 (훈민정음-언해 12)

(27) 가. 우리 ᄉᆞ나히 믈이 업스면[＝없-으면] 엇디 다내리오 (박통사

언해 상 39).

　나. 萬若 네가 됴흔 말을 하얏스면[=하-얏-으면] 엇지 됴흔 말
　　　노 도라오지 아니리오 (신정심상소학 2:34)

-은댄 (-은덴, -은든)

-ㄴ딘

-ㄹ덴 (-을딘댄)

-으란디

-관디 (-완디, -곤디)

-든 (-둔)

-늘 (-놀)

-을시언뎡 (-을씨언뎡, -을션뎡)

-은들 (-은돌)

이들 가운데 '-은댄, -으란디, -관디, -을시언뎡, -은들'은 어간에 바로
결합하거나 선어말어미를 앞세운다. 그러나 '-ㄴ딘, -ㄹ덴'은 '-오/우-'를,
'-든'은 '-거-, -어-, -더-'를, '-늘'은 '-거-, -어-'를 필수적으로 앞세운다.

(28) 가. 내 아들 悉達이 오논딘댄[=오논디-ㄴ댄] 몬져 光明 뵈요미
　　　　이 샹녯 祥瑞라 (월인석보 10:7)

　　나. 오눐날 이 祥瑞를 보ᅀᆞᄫᅩᆫ딘[=보-ᅀᆞᄫᅵ-오-ㄴ딘] 아래와 다
　　　　ᄅᆞ디 아니ᄒᆞ시니 (석보상절 13:36)

　　다. 너비 사겨 닐옳덴[=니르-오-ᄚᆡᆫ] 劫이 다아도 몯 다 니르
　　　　리이다 (월인석보 21:81)

　　라. 내 ᄒᆞ마 證ᄒᆞ-란디 너도 證ᄒᆞ야ᅀᅡ ᄒᆞ리라 (월인석보 14:31)

　　마. 이 엇던 神靈ㅅ 德이시-관디 내 시르믈 누기시ᄂᆞᆫ고 (월인
　　　　석보 21:21)

바. 내 니마해 블론 죰이 몯 믈랫-거-든 도로 오나라 (월인석
보 7:7)

사. ᄀᆞᄅᆞ매 빈 업-거-늘 얼우시고 또 노기시니 (용비어천가 20)

아. 오직 아바닔 病이 됴ᄒᆞ실시언뎡[=됴ᄒᆞ-시-ㄹ시언뎡] 모믈
百千디위 ᄇᆞ려도 어렵디 아니ᄒᆞ니 (월인석보 21:216)

자. 오라 ᄒᆞ둘 오시리잇가 … 가라 ᄒᆞ둘[= ᄒᆞ-ㄴ둘] 가시리잇가
(용비어천가 69)

한편 이들 접속어미 가운데 '-ㄴ딘, -ㄹ뎬'은 15세기까지, '-으란ᄃᆡ'는
16세기까지, '-을시언뎡'은 17세기까지, '-은댄, -관ᄃᆡ'는 19세기까지 유지
되었으며, '-거-든[9], -거-늘, -은들'은 약간의 형태 변화를 입어서 현대
한국어에까지 유지되어 있다.

13.2.6. 목적 관계

-고져
-과뎌 (-과ᄃᆡ여)
-겟고 (-엣고, -귓고, -괫고)
-려고
-으라

이들은 모두 목적 관계의 종속 접속어미들인데, '-고져, -과뎌, -으랴'는
모두 어간에 바로 결합하거나 선어말어미를 앞세울 수 있다. 그러나 '-겟
고'는 어간에만 결합하고, '-려고'는 '-오/우-'를 앞세우는 것이 원칙이다.

---

9 조건 관계의 접속어미 '-거든'과 그 변화에 대해서는 구현정(1989), 김민지(2012)
참조.

'-으라'는 후행절 서술어가 '가다, 오다' 그리고 그 합성동사로 제한된다.[10]

> (29) 가. 佛道를 向ᄒᆞ야 三界 第一엣 諸佛 讚嘆ᄒᆞ시논 乘을 得-고져
>   願ᄒᆞ리도 이시며 (석보상절 13:19)
>   나. 一切 衆生이 다 解脫을 得-과뎌 願ᄒᆞ노이다 (월인석보 21:8)
>   다. 三寶애 나ᅀᅡ가 블-긧고 ᄇᆞ라노라 (석보상절 서:6)
>   라. 그듸 精舍 지수려[=짓-우-려] 터홀 곳 始作ᄒᆞ야 되어늘 (석
>   보상절 6:35)
>   마. 나라해 빌머그라[=빌먹-으라] 오시니 (월인석보 1:5)

한편 이들 접속어미 가운데 '-겟고'는 15세기까지, '-과뎌'는 19세기까지 유지되었으며, 나머지는 현대 한국어에까지 유지되어 있다. (30)은 각각 '-고져, -려고, -으라'의 20세기 초기 한국어의 예이다.

> (30) 가. 古人은 鉛과 其餘 金屬으로 金銀을 煉出코즈[=煉出ᄒᆞ-고즈]
>   盡力ᄒᆞ더라 (국민소학독본 64)
>   나. 어미닭은 색기들을 보호ᄒᆞ-려고 두 나래를 펴고 꼭꼭 색기
>   를 부르오 (몽학필독 1:101)
>   다. 낫에는 숨어 다니고 밤에는 먹을 거슬 추지라[=춧-으라
>   나옵ᄂᆡ다 (신정심상소학 2:6)

---

10 목적 관계의 접속어미 '-고져'에 대해서는 김한결(2011)과 양지현(2012), '-과뎌'에 대해서는 고은숙(2005)과 김한결(2011), '-려고'에 대해서는 양지현(2012) 참조. 고은숙(2005)에서는 16세기에 '-과뎌'가 간접화법 구문에 사용되는 예가 늘어나기 시작하면서 '-과뎌' 구문의 하위문 주어로 청자가 올 수 있게 되어 명령어미로도 기능하게 된다고 풀이하였다. 또한 근대 한국어의 '-과뎌'는 다양한 형태로 실현되어 당시 '-과뎌'와 마찬가지로 형태 변화를 겪었던 '-고져'와 형태상 구별하기 어렵게 되었다고 하였다.

13.2.7. 결과 관계

-게 (-긔, -기)

-드록 (-도록)

'-드록'은 어간에만 결합하지만, '-게'는 선어말어미를 앞세울 수 있다. 그리고 보조조사 '-은, -곰'을 결합할 수 있다. 이들 접속어미들은 현대 한국어에 이르는 동안 유지되어 있다. (31)은 15세기 한국어, (32가)는 근대 한국어, (32나,다)는 20세기 초기 한국어의 예이다.

(31) 가. 그듸 가아 아라듣-게 니르라 (석보상절 6:6)

나. 아드리 아비 나해셔 곰-기-곰 사라 (월인석보 1:47)

다. 내 흔 劫이 남-드록 닐어도 몯다 니르리어니와 (석보상절 9:10)

(32) 가. 三年 內예 온갓 글ㅈ를 다 알 쩌심으로 늙-도록 더욱 맛이셔 (첩해몽어 1:2)

나. 우리가 至今은 兒孩라도 後日에는 다 兵士가 되야 勇猛잇-게 我國을 직힐 터이오이다 (신정심상소학 2:1)

다. 西山에 히가 지고 東嶺에 달이 돗아오-도록 우리 兄弟가 도라가지 아니ᄒ니 (신찬초등소학 2:60)

13.2.8. 첨의 관계

-다가 (-라가)

-다가며

-듯 (-둧, -덧, -드시, -두시, -디시)

-곤

-노니

-디옷

-을스록

-엄

위에서 '-다가, -다가며, -듯, -곤' 등은 어간에 결합하거나 선어말어미를 앞세울 수 있는데, '-노니, -디옷, -을스록, -엄' 등은 어간에만 결합한다. 그리고 '-다가'에는 보조조사 '-도'를, '-다가며'에는 '-브터'를 결합할 수 있다.

(33) 가. 큰 劫에 써디여 잇-다가-도 기티디 아니호ᄆ (월인석보 13:59)

나. 나-다가며-브터 嗔心 아니ᄒᆞᄂᆞ 사ᄅᆞᄆᆡ 눈ᄌᆞᅀᆞ와 骨髓왜니이다 (월인석보 21:215)

다. 百姓이 져재 가-듯 모다 가 (월인석보 2:7)

라. ᄒᆞᆫ 사ᄅᆞᆷ 勸ᄒᆞ야 가 法 듣게 혼 功德도 이러ᄒᆞ-곤 ᄒᆞᄆᆞᆯ며 … 말디븨 修行호미ᄯᆞ녀 (월인석보 17:53)

마. ᄂᆞᄆᆡ 겨집 ᄃᆞ외-노니 출히 뎌 고마 ᄃᆞ외아지라 (법화경언해 2:28)

바. 이 하ᄂᆞᆯ들히 놉-디옷 목수미 오라ᄂᆞ니 (월인석보 1:37)

사. 사괴ᄂᆞ 뜨든 늘글스록[=늙-을스록] ᄯᅩ 親ᄒᆞ도다 (두시언해-초간 21:15)

아. ᄀᆞ룺 ᄀᆞ싯 ᄒᆞᆫ 남기 드리-엄 프ᄂᆞ니 (두시언해-초간 18:4)

이들 접속어미들 가운데, '-노니, -엄' 등은 15세기까지, '-디옷'은 16세기까지, '-곤'은 19세기까지 유지되었으며, 나머지들은 현대 한국어에 유지되어 있다.[11] (34)는 '-다가, -듯, -을스록'의 근대 한국어 예이며, (35)는

20세기 초기 한국어의 예이다.

(34) 가. 日本 됴흔 술을 자시-다가 이 술의 취ᄒ실가 (첩해신어 3:18)

나. 믭다 ᄒ오실ᄉ록[= ᄒ-오-시-ㄹᄉ록] 이리 사오나이 구오니 (편지글 149:인현왕후,1700년대)

(35) 가. 이 개ᄂᆞᆫ 貪心만 ᄂᆡ-다가 저 물엇든 고기도 못 먹엇소이다 (신정심상소학 1:17)

나. 玉은 닥글사록 윤택하고 쇠ᄂᆞᆫ 불닐사록 건강ᄒ-득히[=ᄃᆞᆺ] 사람이 배홀사록 知識이 놉허지지오 (노동야학독본 1:47)

다. 齊나라 정승 晏平仲이 사ᄅᆞᆷ으로 더부러 ᄉᆞ괴되 오릴ᄉ록[= 오릭-ㄹᄉ록] 공경ᄒᆞ거늘 孔子ㅣ 稱讚ᄒ시니라 (초목필지 상 18)

13.2.9. 강조 관계

-으니~-으니

-으락~-으락

이들은 강조의 의미 관계를 실현한다. (36)은 15세기 한국어의, (37)은 20세기 초기 한국어의 예이다.

(36) 가. ᄂᆞ미 것 서르 일버ᅀᅮ믈 훔씨 외-니 올ᄒᆞ-니 決ᄒᆞᆯ 사ᄅᆞ미

업서 (월인석보 1:45)

　　　나. 健壯호미 누른 쇠아지 ᄃᆞᄅ-락 도로 오-락 홈 걷다라 (두시
　　　　　언해-초간 25:51)

(37) 구고의 압혜 오르-니 그르-니 직거리며 (초등녀학독본 28)

13.2.10. 접속어미의 변화

변화 양상　이상에서 15세기 한국어의 접속어미를 분석하였다. 그리고
아울러 이들의 역사적 변화 양상에 대해서도 살펴보았다. 분석해 온 변화
양상은 다음과 같다.

(38) 15세기 한국어의 접속어미와 그 변화 양상
　　　가. 15세기까지만 유지된 것
　　　　　-란ᄃᆡ만뎡, -ㄴᄃᆞᆫ, -ㄹ뎬, -겟고, -노니, -엄
　　　나. 16세기까지 유지된 것
　　　　　-고도, -을쒼뎡, -으란ᄃᆡ, -디옷
　　　다. 17세기까지 유지된 것
　　　　　-디비, -을시언뎡
　　　라. 18세기까지 유지된 것
　　　　　-은대
　　　마. 19세기까지 유지된 것
　　　　　-은뎡, -은댄, -관ᄃᆡ, -과뎌, -곤
　　　바. 현대 한국어에 이르는 동안 유지되어 있는 것
　　　　　나머지 모두 (물론 약간의 형태 변화는 입음)

16세기 이후에 생성된 접속어미　16세기 이후에 생성된 접속어미를

살펴보면 다음과 같다. 먼저 근대 한국어 초기에 생성된 접속어미에는 '-어야, -은즉'이 있다. '-어야는 '-어-사, -거-사 〉 -어-사 〉 -어-야'로 생성되었으며, '-은즉'은 '-은-卽'에서 생성되었는데, 조건 관계의 의미를 가진다.

(39) 가. 古人이 니르되 주식을 길러야[=기르-어야] 보야흐로 父母 은혜를 안다 흐니라 (박통사언해 상 51)

　　　나. 우리들은 農工商 세 가지 中에 흔 가지 業이 잇서야[=잇-어 야] 스룸이 된 職責이라 稱흐옵나이다 (신정심상소학 1:6)

(40) 가. 王이 만일 이를 알ㅇ신卽[=알-ㅇ시-ㄴ즉] 民이 隣國에 하 믈 브라다 말ㅇ쇼셔 (맹자언해 1:7)

　　　나. 마암이 精誠시러운즉 거짓흠이 업고 일이 眞실흔즉[=진실 흐-ㄴ즉] 도음이 만흐니 (노동야학독본 1:31)

　　19세기 이후에 생성된 접속어미에는 '-으면서, -고서, -거니와, -지만은, -건마는, -든지, -거니, -으니시, -어서, -느라고, -거든, -거늘, -건대, -을 진대, -거나~-거나' 등이 있다. 이들을 보면 대체로 앞 시기에 있었던 접속어미에 선어말어미나 보조조사가 융합해서 생성된 것이 대부분이다. '-으면서, -고서, -어서' 등은 보조조사 '-서'의 융합으로 생성된 것이며, '-거니와, -건마는, -거든, -거늘, -건대' 등은 선어말어미였던 '-거-'가 융 합하여 생성된 것이다.

(41) 19세기 이후에 생성된 대등 접속어미

　　　가. 童子는 물을 쓰을고 가-면서 글을 닑는도다 (국어독본 2:1)

　　　나. 그 술잔 잡-고서-나 그 담배를 타이면서 집안 일을 생각흐 오 (노동야학독본 1:44)

다. 재물도 즁ᄒᆞ-거니와 남의 혼인이야 낭패 식힐 수 잇느냐 (노동야학독본 1:33)

라. 배가 츌츌 목이 컬컬 막걸리 한 잔에 담배 한 매 아니 홀 수는 업-지만은[12] 그 술잔을 잡고서나 그 담배를 타이면서 집안 일을 생각ᄒᆞ오 (노동야학독본 1:44)

마. 이 셩품은 사름마다 잇-건마는 능히 기르는 쟈는 셩인이 되고 그러치 아니ᄒᆞᆫ 쟈는 악인이 되ᄂᆞ니 (초목필지 상 39)

바. 하는 일이 젹-든지 크-든지 부지런히 ᄒᆞ며 (노동야학독본 1:34)

사. 주인이 보-거니 말-거니 牌長이 잇-거니 업-거니 내 나라 사람의 일이-거니 외국 사람의 일이-거니 내가 맛튼 역사 는 나 홀 도리대로 밤이나 낫이나 더우나 츄우나 … 약속ᄒᆞᆫ 말삼을 직힐지니라 (노동야학독본 1:32)

(42) 19세기 이후에 생성된 종속 접속어미

가. 내가 강변 유지죠의게 편지 ᄒᆞ-니시 회답이 그집을 엇을 째 영구히 잇기로 죠션졍부에 증약셔를 바닷다 홈을 쳥탁 ᄒᆞ고 (독닙신문 1896.5.9.)

나. 빗가 만이 열녀거늘 그 벗이 말ᄒᆞ되 빗를 ᄊᆞ세[=ᄊᆞ-어서] 饒飢ᄒᆞᄌ ᄒᆞ듸 (신졍심상소학 1:15)

다. 재죠 업고 쳔량 업서 사-느라고[13] 되야시니 (노동야학독본

---

12 '-지만은'은 20세기 초기 한국어에서 처음 생성된 접속어미로 보인다. 그래서 초기 현대 한국어 자료에서는 아직 많은 예가 나타나지 않는다. 어간에 바로 결합하는 예만 보이나, 지금의 현대 한국어에서는 그 분포도 넓고 선어말어미를 앞세워 결합할 수도 있다. '-지만'에 대해서는 이지영(2007) 참조.

13 접속어미 '-느라고'의 생성 과정과 의미에 대해서는 리의도(1990), 안주호(2007) 참조. 이 접속어미는 근대 한국어까지 '-노라/느라'로 실현되다가 20세기 초기에 이르러 '-고'가 덧붙어 '-느라고'의 형태로 고정되었다(리의도 1990:223).

1:81)

라. 부모ㅣ ᄉ랑하시-거든 깃버하고 잇지 말ᄂ (초등녀학독
본 15)

마. 高宗 ᄶ에ᄂ 蒙古가 와셔 범ᄒ-거늘 王이 江華로 避ᄒ얏ᄂ
이다 (유년필독 2:28)

바. 이로 보-건대 내가 남의 일도 ᄒ얏고 남도 나의 일을 ᄒ얏
ᄂ지라 (노동야학독본 1:61)

사. 내가 남의 권리를 범홀진대[=범ᄒ-ㄹ진대] 남도 나의 권리
를 범홀지니 그런 故로 나의 권리를 무거히 넉이거든 남의
권리도 무거히 넉일지니라 (노동야학독본 1:4)

지금까지 살펴본, 접속어미의 역사적 변화 양상의 특징을 전체적으로
요약하면 다음과 같다.

(43) 접속어미의 변화 양상

가. 한국어 접속어미는 대부분 15세기 이전에 형성되었으며,
그 이후에 일부 새로 생겨나기도 했으며 사라지기도 하였
다. 앞 시기에 있었던 접속어미에 선어말어미나 보조조사
가 융합해서 새로운 접속어미가 생성되었다.

나. 한국어 접속어미의 변화는 15세기 후기와 16세기 초기에
상당히 이루어졌으며, 19세기 후기에 이르러 접속어미는
현대 한국어와 같은 모습을 형성하였다.

다. 접속어미의 형태는, 많은 수의 변이형태 또는 변이표기에
서 단일 형태로 고정되었다.

13.3. 접속문 구성의 제약 변화

문장종결법 제약의 변화　접속문 구성에서 선행절에 결합하는 접속어미에 따라, 후행절의 문장종결법이 제약을 받는다. 접속어미 '-으니'는 문장 (44)에서처럼 서술문, 의문문, 명령문 등이 두루 후행절에 허용되어 '-으니'는 문장종결법에 제약이 없다고 할 수 있다.

> (44) 가. 狐는 영이-니 그 性이 疑心 하니라 (능엄경언해 2:3)
>
> 　　 나. 네 아두리 孝道ᄒ고 허믈 업스니[=없-으니] 어드리 내티료
> 　　　　(월인석보 2:6)
>
> 　　 다. 내 이제 너를 놓노니[=놓-ᄂ-오-니] ᄠᅳ들 조차 가라 (월인
> 　　　　석보 13:19)

그러나 문장종결법에 따라서, 그리고 접속어미에 따라서 문장종결법 제약의 특징이 각각 다르다. 그러한 특징을 15세기 한국어의 접속문에서 살펴보자.

먼저 서술문의 경우인데, 대부분의 접속어미는 후행절에 서술문을 허용한다. 그러나 선어말어미 '-거-'를 앞세우는 '-든'은 후행절에 서술문을 허용하는 예가 없다. 현대 한국어의 접속어미 '-거든'은 서술문을 제약하는 유일한 예이다.

다음은 의문문의 경우인데, 후행절에 의문문을 허용하는 접속어미는 '-으며, -딕, -은마른, -디비, -란딕만뎡, -은뎡, -으니, -어, -거, -으면, -은댄, -관딕, -ㄹ뎬, -든, -늘, -을시언뎡, -은들, -려, -다가며, -곤' 등이다.

접속어미 '-으니'는 문장 (45)와 같이 선어말어미 '-거-, -가-, -어-'와 결합하면, 후행절에 주로 의문문만 나타난다.

(45) 가. 아래 가신 八婇女도 니-거-시-니 므스기 썰브리잇고 (월
　　　　인석보 8:93)

　　　나. 내 親히 저숩고 香 퓌우-숩-가-니 부텻긔 信티 아니ᄒᆞᆺ볋
　　　　려 (월인석보 23:88)

　　　다. 조차 블로ᄆᆞᆯ 오히려 춤디 몯ᄒᆞ려니[=몯ᄒᆞ-리-어-니] ᄒᆞᄆᆞᆯ
　　　　며 ᄐᆞ리아 (두시언해-초간 25:37)

　접속어미 '-관ᄃᆡ'의 경우는, 선행절에 반드시 의문어가 오는 것이 특징
인데, 그로 인하여 후행절은 의문문이다. 문장 (46)이 그러하다.

(46) 가. 내 모ᄆᆞᆯ 엇뎨 드틀 ᄀᆞ티 ᄇᆞᅀᅮ디 몯-관ᄃᆡ 내 아ᄃᆞ리 목수ᄆᆞᆯ
　　　　일케 ᄒᆞ야뇨 (월인석보 21:219)

　　　나. 네 엇던 아히-완ᄃᆡ 허튀를 안아 우는다 (월인석보 8:85)

　　　다. 世尊하 摩耶夫人이 엇던 業을 지스시-곤대 畜生 中에 나시
　　　　니잇고 (석보상절 11:40)

　접속어미 '-곤'의 경우는 문장 (47)에서 보는 바와 같이, 후행절에 'ᄒᆞᄆᆞᆯ
며'가 오는 것이 일반적이어서 의문문이 많다.

(47) 가. ᄒᆞᆫ 사ᄅᆞᆷ 勸ᄒᆞ야 가 法 듣게 혼 功德도 이러ᄒᆞ-곤 ᄒᆞᄆᆞᆯ며
　　　　… 말다비 修行호미ᄯᆞ녀 (월인석보 17:53)

　　　나. 普廣아 ᄂᆞ미 供養ᄋᆞᆯ 譏弄ᄒᆞ야 허러도 오히려 이 報ᄅᆞᆯ 얻-곤
　　　　ᄒᆞᄆᆞᆯ며 各別히 모딘 보ᄆᆞᆯ 내야 허루미ᄯᆞ녀 (월인석보
　　　　21:90)

　다음은 명령문과 청유문의 경우인데, 명령문과 청유문을 후행절에 허

용하는 접속어미는 매우 드물다. 이를 허용하는 접속어미는 '-고, -딕, -으니, -어, -으면, -은댄, -든, -드록, -게' 등이다.

(48) 가. 느리디 마르시-고 오래 겨쇼셔 (월인석보 2:15)

　　　나. 쏘 닐-오-딕 여슷 히를 ᄒ져 (월인석보 7:2)

　　　다. 내 이제 너를 논노니[=논-ᄂ-오-니] 뜨들 조차 가라 (월인석보 13:19)

　　　라. 부텻긔 받ᄌᄫᅡ[=받-줄-아] 生生애 내 願을 일티 아니케 ᄒ고라 (월인석보 1:13)

　　　마. 첫소리를 어울워 ᄡ들 디-면 글ᄫᅡᄡ라 (훈민정음-언해 12)

　　　바. 王이 너를 禮로 待接ᄒ샳단댄 모로매 願이 이디 말오라 ᄒ더니 (석보상절 11:30)

　　　사. 내 니마해 볼론 香이 몯 몰랫-거-든 도로 오나라 (월인석보 7:7)

　　　아. 나를 楊馬ㅅ ᄉᆡ예 보아 머리 셰-드록 서르 브리디 마져 (두시언해-초간 16:18)

　　　자. 그듸 가아 아라듣-게 니르라 (석보상절 6:6)

　위와 같이 문장종결법 제약을 살펴보았는데, 15세기 한국어에서 서술문은 대부분 허용되고 있으나, 의문문은 상당히, 그리고 명령문과 청유문은 거의 제약을 받고 있다. 15세기 한국어에서 이러한 특징은 문헌 자료의 탓이라고 추측한다. 문헌 자료들은 그 문장이 대부분 서술문이기 때문이다. 현대 한국어의 접속문 구성에서 문장종결법 제약의 양상도 15세기 한국어에서와 비슷하다. 서술문은 대부분 허용되며, 의문문은 약간, 그리고 명령문과 청유문은 상당히 제약을 받고 있다. 그러나 현대 한국어로 오면서 제약의 정도는 점차 약화된 것으로 나타난다.

시제법 제약의 변화 제5장에서 살펴본 바와 같이 15세기 한국어의 시제법은 선어말어미가 다양하게 발달되어 있어 이를 통해서 실현된다. 그런데 15세기 한국어는 현대 한국어와 달리, 접속문 구성에서 접속어미와 시제어미와의 결합이 상당히 제약적이다.

현실법 시제어미 '-ᄂᆞ-'는 접속어미 가운데서 '-으니'와만 결합할 뿐이다. 다른 접속어미와 결합하는 예는 찾아볼 수가 없다.

> (49) 가. 大德하 사ᄅᆞ미 다 모다 잇-ᄂᆞ-니 오쇼셔 (석보상절 6:29)
>
> 　　나. 衆生이 내 ᄠᅳ들 몰라 生死애 다 便安티 몯게 ᄒᆞ-ᄂᆞ-니 엇데 어뇨 ᄒᆞ란ᄃᆡ (월인석보 21:123)

확정법의 시제어미 '-으니-'와 '-과/와-'는 접속어미 어떤 것과도 결합되지 않아 접속어미가 확정법 시제어미와 결합하는 예는 찾아볼 수가 없다. 그러나 미정법의 시제어미 '-으리-'와 결합을 허용하는 접속어미는 '-고, -으며, -은대, -니와, -으나, -고도, -ᄃᆡ, -으니, -을ᄊᆡ, -은댄, -관ᄃᆡ, -은마른, -든, -늘, -다가, -곤' 등으로 꽤 다양하다. 몇 예만 들면 다음과 같다.

> (50) 가. 그 數ㅣ 算ᄋᆞ로 몯내 알-리-오 오직 無量無邊阿僧祇로 닐옳디니 (월인석보 7:70)
>
> 　　나. 눌 더브러 무러사 ᄒᆞ-리-며 뉘사 能히 對答ᄒᆞ려뇨 (석보상절 13:15)
>
> 　　다. 世間애 드르며 디니리 혜디 몯ᄒᆞ-리-로-ᄃᆡ 果然 能히 (월인석보 17:34)
>
> 　　라. 머리며 누니며 손바리며 모맷 고기라도 비는 사ᄅᆞ물 주-리-어-니 ᄒᆞ믈며 녀나믄 쳔랴이ᄯᆞ녀 (석보상절 9:13)

마. 엇뎨 어로 著ᄒ-리-완ᄃᆡ 著티 아티타 니ᄅ료 (능엄경언해 1:75)

회상법의 시제어미 '-더/러-, -다/라-'와 결합하는 접속어미는 다음 (51)에 나타난 '-으니, -은댄, -든' 등이다.

(51) 가. 子息둘이 … 가ᄉᆞᆷ 닶겨 ᄣᅢ해 그우-더-니 이ᄢᅴ 그 아비 지븨 도라오니 (월인석보 17:16)

나. ᄒ다가 큰 法을 즐기던댄[=즐기-더-ㄴ댄] 오로 맛디샤미 오라ᄂᆞ라 (월인석보 13:36)

다. 萬一에 히여곰 나라히 배디 아니터든[=아니ᄒ-더-든] 엇뎨 큰 唐이 두미 ᄃᆞ외리오 (두시언해-초간 6:2)

위에서 살펴본 바와 같이 시제어미와 접속어미의 결합은 상당히 제약적이다. 즉, 확정법 시제어미와는 모두 제약적이며, 현실법, 회상법과도 몇몇 접속어미를 제외하고는 제약적이다. 다만 미정법의 '-으리-'와만은 꽤 다양하게 결합하고 있다.

이와 같은 결합 제약의 근거는 주어진 문헌 자료를 통해서 잘 설명이 되지 않지만, 시제법은 접속문 구성에서 후행절에 주로 실현되어 시제어미와 접속어미의 결합이 제약된다고 본다. 그런데 15세기 한국어와는 달리 현대 한국어에서는 시제어미 '-었-'과 '-겠-'이 비교적 다양하게 접속어미와 결합한다. 그것은 이들 시제어미가 '-어 잇-' 구성과 '-게 ᄒ엿-' 구성에서 생성되었기 때문에 접속어미와 결합이 상당히 허용되는 것이다. 그러나 현대 한국어의 회상법 시제어미 '-더-'는 접속어미와 결합이 대부분 제약되는데, 그것은 15세기 한국어로부터 그대로 계승되어 왔기 때문다. 15세기 한국어와 현대 한국어의 차이는 다음과 같다.[14]

(52) 15세기 한국어와 현대 한국어의 시제어미 제약의 차이

	15세기 한국어	현대 한국어
-ᄂᆞ-	: 제약 강	–
-으리-	: 제약 강	–
-더-	: 제약 강	-더- : 제약 강
(-어 잇-	: 제약 약)	-었- : 제약 약
(-게 ᄒᆞ얏-	: 제약 약)	-겠- : 제약 약

인칭법 제약의 변화　제9장에서 살펴본 바와 같이 15세기 한국어에서 인칭법이 접속문 구성에도 관여한다. 이를 다시 언급하면 다음과 같다.

첫째, '-오/우- : -ø-'에 의한 1인칭 : 2/3인칭 대립을 실현하는 접속어미에는 '-으니, -니와, -으나, -은댄, -ㄴ댄'이 있다. 문장 (53가)의 '혜여호니'는 [=혜여ᄒᆞ-오-니]로 분석되는데, 접속어미 '-으니'에 의한 접속문으로 주어가 1인칭이어서 '-오/우-'가 결합해 있다. 그러나 (53나)는 주어가 3인칭이다. 따라서 '-오/우-'가 결합이 안 된 '지서내니[=지서내-ø-니]'로 실현되어 있다.

(53) 가. 내 혜여호니[=혜여ᄒᆞ-오-니] 이제 世尊이 큰 法을 니르시며
　　　　 (석보상절 13:26)
　　 나. 舍利佛이 흔 獅子ㅣ룰 지서내니[=지서내-ø-니] 그 쇼룰 자
　　　　 바 머그니 (석보상절 6:32)

둘째, '-가- : -거-'에 의한 1인칭 : 2/3인칭 대립을 실현하는 접속어미로는 '-니와, -ㄴ마룬, -으니' 등이 있다.

---

14 접속문 구성에서 시제법 제약과 관련해서는 허원욱(2002가, 2002나) 참조.

(54) 가. 내 命 그추미아 므더니 너기가니와[=너기-가-니와] 내 아
　　　들 悉達이와 … 이 네흘 몯 보아 ᄒ노라 (월인석보 10:4)

　　나. 네 모매는 ᄒ마 바튼 추미 구슬 두외요믈 보-앳-거-니와
　　　네 아자비는 어느 말미로 머리터리 옷 ᄀ투리오 (두시언해-
　　　초간 8:31)

그런데 한국어 문법사에서 인칭법은 17세기 이후에 소멸하고 만다.
결국 접속문 구성에서의 인칭법 제약도, 인칭법 자체가 없어짐에 따라,
소멸하였다.

▍참고 문헌

고은숙 2005, 연결어미 '-과뎌'의 통시적 고찰, 《형태론》 7-1: 1-23, 박이정.

구현정 1989, 조건의 원형태와 '-거든', 《제효 이용주박사 회갑기념논문집》 117-131, 한샘.

구현정 1997, 조건씨끝의 연구사, 《어문학연구》 5: 43-80, 상명대학교 어문학연구소.

권인영 1992, 18세기 국어의 형태 통어적 연구 - 이음씨끝을 중심으로 -, 연세대학교 대학원 국어국문학과 박사학위논문.

권재일 1985, 중세한국어의 접속문 연구, 《역사언어학》(김방한선생 회갑기념논문집) 89-112, 전예원.

권재일 1988, 접속문 구성의 변천 양상, 《언어》 13-2: 493-515, 한국언어학회.

권재일 1991, 한국어 접속문 연구사, 김방한 (편) 《언어학 연구사》 493-536, 서울대학 교출판부.

권재일 1992, 《한국어 통사론》(대우학술총서 인문사회과학 67), 민음사.

권재일 1994, 개화기 국어의 접속문 연구 - 교과서 자료를 대상으로 -, 《한국학연구》 6: 213-247, 고려대학교 한국학연구소.

권재일 2012, 《한국어 문법론》, 태학사.

김민지 2012, 어미 '-거든'에 대한 통시적 연구, 서울대학교 대학원 국어국문학과 석사학위논문.

김송원 1989, 15세기 중기국어의 접속월 연구, 건국대학교 대학원 국어국문학과 박사학위논문.

김종록 1997, 중세국어 접속어미 '-디비'의 통시적 변천과 기능, 《문학과 언어》 19: 29-54, 문학과언어학회.

김한결 2011, '-고져 -과뎌 햐 구성에 대한 통시적 연구, 서울대학교 대학원 국어국문학 과 석사학위논문.

남윤진 1989, 15세기 국어의 접속어미에 대한 연구 - {-아},{-고},{-며}를 중심으로 -, 《국어연구》 93, 서울대학교 대학원 국어연구회.

리의도 1990, 《우리말 이음씨끝의 역사》, 어문각.

리의도 1991, 비례법 이음씨끝의 역사, 《한글》 211: 79-98, 한글학회.

석주연 2006, "-도록"의 의미와 문법에 대한 통시적 고찰, 《한국어의미학》 19: 109-135, 한국어의미학회.

안주호 2002, [원인]을 나타내는 연결어미에 대한 통시적 고찰 - 〈노걸대언해〉류를 중심으로 -, 《언어학》 34: 133-158, 한국언어학회.

안주호 2007, 연결어미 [-느라괴]의 형성 과정에 대한 연구, 《한국언어문학》 62: 35-55, 한국언어문학회.

양지현 2012, '-려고 하(다)'와 '-고자 하(다)'의 형성 과정 연구, 《경상어문》 18: 33-51, 경상어문학회.

이금영 1998, 중세국어 연결어미 '곤/온'의 통시적 연구, 《한밭한글》 3: 133-162, 한글학회 대전지회.

이용 2000, 연결어미의 형성에 관한 연구, 서울시립대학교 대학원 국어국문학과 박사학위논문.

이지영 2007, 연결어미 '-지만'의 형성 과정에 대한 재고찰, 《대동문화연구》 57: 319-351, 성균관대학교 대동문화연구원.

장숙영 1989, 16세기 국어의 이음씨끝 연구 - 번역노걸대와 번역박통사를 대상으로 -, 건국대학교 대학원 국어국문학과 석사학위논문.

장숙영 2006, 노걸대·박통사류에 나타난 국어의 이음씨끝 변화 연구, 《한말연구》 19: 253-268, 한말연구학회.

장요한 2010, 《15세기 국어 접속문의 통사와 의미》, 태학사.

장요한 2011, 중세국어 접속어미 '-디옷'의 문법에 대하여, 《국어학》 61: 389-415, 국어학회.

장요한 2013, 국어 접속어미의 통시적 연구 - '커니와'와 '-다니'의 통시적 변화를 중심으로 -, 《어문학》 119: 1-26, 한국어문학회.

장요한 2014, 국어 '-ㄴ뎡'류 접속어미의 통시적 연구 - 중세국어 '-ㄴ뎡' 접속어미의 문법을 중심으로 -, 《국어학》 72: 235-263, 국어학회.

전병용 1995, 중세국어 어미 '-니'에 대한 연구, 단국대학교 대학원 국어국문학과 박사학위논문.

차윤정 1996, 15세기 이유구문에 대하여 - '-ㄹ씨'를 중심으로, 《우리말연구》 6: 269-294, 우리말연구회.

최남희 1991, 고대 국어의 이음법에 대한 연구, 《한글》 211: 5-68, 한글학회.

허원욱 2002가, 15세기 국어 이음마디 때매김법 제약, 《한말연구》 10: 247-271, 한말연구학회.

허원욱 2002나, 16세기 국어 이음마디 때매김법 제약, 《한말연구》 11: 329-346,

한말연구학회.

허원욱 2007, 중세국어 이음마디의 문법정보 제약, 《한말연구》 21: 321-345, 한말연구
학회.

황선엽 2002, 국어 연결어미의 통시적 연구: 한글 창제 이전 차자표기 자료를 중심으로,
서울대학교 대학원 국어국문학과 박사학위논문.

| 제14장 | 명사절 구성 변화

　　내포문 구성 가운데, 명사절을 형성하는 구성이 명사절 내포문 구성이다. 문장 (1)은 각각 15세기, 20세기 초기 한국어의 명사절 구성인데, (1가)는 명사형어미 '-ㅁ'을 통해 '어렵거늘'이라는 상위문 서술어에, (1나) 역시 명사형어미 '-ㅁ'을 통해 '不便ᄒ도다'라는 상위문 서술어에 안겨 있다.

　　　(1) 가. 이 諸佛ㅅ 甚히 기픈 힝뎌기라 信ᄒ야 아로미[=알-오-ㅁ-
　　　　　　　이] 어렵거늘 (석보상절 9:28)
　　　　　나. 種油의 燈火ᄂᆞᆫ 携帶홈에 甚히 不便ᄒ도다 (국어독본 6:12)

　　위 두 문장의 현대 한국어의 자연스러운 표현은 다음 (2)와 같은데, 명사형어미 '-ㅁ'에 의해 구성되었던 명사절 구성이 현대 한국어에서는 명사형어미 '-기'에 의해서 또는 관형절을 이끄는 의존명사 구문으로 실현된다. 이러한 사실은 명사절 구성이 역사적으로 변화했음을 보여 준다.

　　　(2) 가. 이 여러 부처가 매우 깊은 행적이라고 믿어서 <u>알기가</u> 어려
　　　　　　　우니
　　　　　나. 씨앗기름 등불은 <u>휴대하기에</u> / <u>휴대하는 데에</u> 매우 불편하다.

14.1. 명사절 구성의 성격

명사절 구성　제13장에서 살펴보았듯이, 복합문의 하위유형은 상위문이 하위문을 관할하는 방식에 따라서 체계화되는데, 상위문이 하위문을 간접관할하는 구성이 내포문 구성이다. 내포문 구성 가운데, 명사절을 형성하는 구성이 명사절 구성이다. 그리고 명사절 구성에 관여하는 어미가 명사형어미이다.[1]

명사절 구성의 기능　명사절 구성은 격조사와 결합하여 전체 문장의 한 문장성분으로 기능한다. 문장 (3)은 주격조사와 결합하여 상위문의 주어로, (4)는 목적격조사와 결합하여 목적어로, (5)는 부사격조사와 결합하여 부사어로 기능하며, (6)은 '이다'와 결합하여 서술어를 형성하는 데 관여하고 있다.

(3) 가. 한별이가 로봇 제작에 소질이 있음-이 학교에 알려졌다.
　　 나. 어린이가 그런 일을 하기-는 쉽지 않다.
(4) 가. 선생님께서는 한별이가 로봇 제작에 소질이 있음-을 모르고 계셨다.
　　 나. 농부들은 올해도 농사가 잘되기를 바랐다.
(5) 가. 부모는 자식이 착한 일을 함-으로 칭송을 받았다.
　　 나. 우리는 오늘 날씨가 맑기-에 들놀이를 나갔다.
(6) 부모가 이렇게 하는 것은 모두 자식을 위함-이다.

---

1 15세기 한국어 명사절과 그 변화에 대해서는 이현규(1975), 김흥수(1975), 채완(1979), 홍종선(1983), 이남순(1988), 허원욱(1992) 참조. 특히 16세기 명사절 구성은 허원욱(1998), 17세기는 최대희(2011가), 18세기는 최대희(2011나), 20세기 초기는 권재일(1995) 참조.

첫째, 주어로 기능하는 경우이다. 다음은 각각 15세기, 17세기, 그리고 20세기 초기 한국어의 예이다.

(7) 가. 이 諸佛ㅅ 甚히 기픈 힝뎌기라 信ᄒ야 아로미[=알-오-ㅁ-
이] 어렵거늘 (석보상절 9:28)
나. 내 겨지비라 가져 가-디 어려ᄫᆞᆯᄊᆡ (월인석보 1:13)

(8) 가. 말미엿든 갑슬 더릴 혼 우흠 ᄲᅩᆯ을 쥼이[=주-ㅁ-이] 곳 올타
(박통사언해 상 11)
나. 이 ᄆᆞᆯ이 엇디 이리 잡-기 어려오뇨 (노걸대언해 상 41)

(9) 가. 恒常 게어르지 아니케 運動하고 몸을 强ᄒ게 홈이[=ᄒ-ㅁ-
이] 緊혼 일이올시다 (신정심상소학 2:2)
나. 사람이 오륜을 모르면 식와 김싱에 가-기-가 머지 아니리
라 (초등녀학독본 2)

명사절 구성이 주어로 기능하는 경우, 주격조사 생략이 가능하다. '-음' 명사절 구성보다 '-기'/'-디' 명사절 구성에서 생략이 더 활발하다.

(10) 가. 내 겨지비라 가져 가-디-ø 어려ᄫᆞᆯᄊᆡ (월인석보 1:13)
나. 우리 高麗ㅅ 사름은 즌 국슈 먹-기-ø 닉디 못ᄒ여라 (노걸
대언해 상 54)
다. 그 마암을 헤아리-기-ø 어려오나 (셜즁미 21)
라. 그러ᄒ나 여섯 가지의 큰 근본을 아지 못ᄒ면 이는 새 김생
과 달홈[=달ᄒ-ㅁ-ø] 업심이오 (노동야학독본 1:2)

둘째, 목적어로 기능하는 경우이다. 다음은 각각 15세기, 17세기, 그리고 20세기 초기 한국어의 예이다.

(11) 가. 閻浮에 노려 나샤 正覺 일우샤물[=일우-시-오-ㅁ-올] 뵈샤
　　　(월인석보 서 6)

　　　나. 須達이 가ᅀᆞ며러 쳔랴이 그지업고 布施ᄒᆞ-기-를 즐겨 (석
　　　　　보상절 6:13)

(12) 가. ᄀᆞ을 거둔 後에 그 곡셕 賤홈을[=賤ᄒᆞ-오-ㅁ-을] 미더 (경
　　　　　민편언해-중간 12)

　　　나. 법다이 밍글-기-를 됴히 ᄒᆞ엿ᄂᆞ니라 (노걸대언해 상 23)

(13) 가. 어린 兒孩들은 문 밧게 서셔 父親의 도라옴을[=도라오-ㅁ-
　　　　　을] 기ᄃᆞ리더라 (국어독본 1:50)

　　　나. 부모ㅣ 병환이 게시거든 … 즙슈-시-기-를 권ᄒᆞ며 … 회
　　　　　복ᄒᆞ-시-기-를 바라라 (초등녀학독본 14)

　다음과 같이, '-기' 명사절 구성에서는 목적격조사가 생략될 수 있다.
이것은 현대 한국어와 마찬가지이다. 현대 한국어에서 '-기' 명사절 구성
의 목적격조사 생략은 아주 자연스러운 현상이다.

(14) 가. 네 콩ᄉᆞᆲ-기-ø 아디 몯ᄒᆞᄂᆞᆫ 둧ᄒᆞ고나 (번역노걸대 상 19)
　　　나. 부인의게 미음 밧-기 시작ᄒᆞ더니 (혈의 누 47)

　셋째, 부사어로 기능하는 경우이다. 다음은 각각 15세기, 17세기, 그리
고 20세기 초기 한국어의 예이다.

(15) 가. 種種 因緣과 그지업슨 알외요ᄆᆞ로[=알외-요-ㅁ-ᄋᆞ로] 부
　　　　　텻 法을 불기샤 (석보상절 13:17)

　　　나. 그림 그리-기-예 늘구미 將次 오몰 아디 몯ᄒᆞᄂᆞ니 (두시언
　　　　　해-초간 16:25)

(16) 가. 이제 폴 리 업슴으로[=없-음-으로] 닷 돈에 혼 근식이라도
　　　어들 듸 업스니라 (노걸대언해 하 2)
　　나. 후ᄌ식들히 살올 일 일오-기 힘쓰디 아니ᄒ고 (노걸대언해
　　　하 43)

(17) 가. 혼 ᄯᆯ이 울기를 잘홈으로[=잘ᄒ-ㅁ-으로] 왕이 미양 희롱
　　　ᄒ야 (녀ᄌ독본 상:23)
　　나. 그 도리ᄂᆞᆫ 달름 아니라 우리 ᄒ는 노릇을 잘ᄒ-기-에 잇다
　　　ᄒ압니다 (노동야학독본 1:51)

'-기' 명사절 구성에서 부사격조사 역시 생략될 수 있다. 문장 (18)에서
부사격조사 '-에'가 생략되었다.

(18) 가. 홋ᄌ식들히 사롤 일 일우-기-ø 힘쓰디 아니ᄒ고 (번역노
　　　걸대 하 48)
　　나. 이 아우와 누의ᄂᆞᆫ 學校에 단이ᄂᆞᆫ 兒孩로듸 오늘은 空日이-
　　　기-ø 집에서 이러케 일을 ᄒᄂᆞᆫ 것시라 (신정심상소학 1:18)
　　다. 나도 당신의 힘에 매달녀서 쌉이나 썰아 먹는 한 사람이-기
　　　-ø 당신네게 향ᄒ야 감사혼 셩심으로 이 갓티 여러 말삼ᄒ
　　　오 (노동야학독본 1:51)

넷째, 서술어 형성에 관여하는 경우이다. 주로 '-음' 명사절 구성이 '이
다'와 함께 서술어를 형성한다. 다음은 각각 15세기, 17세기, 그리고 20세
기 초기 한국어의 예이다.

(19) 가. 利養은 됴히 칠씨니 ᄂᆞ믹란 분별 아니코 제 몸ᄲᅮᆫ 됴히 츄미
　　　라[=치-우-ㅁ-이-라] (석보상절 13:36)

나. 千里엣 나그내를 됴히 보와 보내미 萬里예 일홈을 뎐코져
호미라[= 호-오-ㅁ-이-라] (노걸대언해 상 39)

다. 萬一 그대로 쥬지 아니호면 이는 짐군의 권리를 침노홈이
니라[= 침노호-ㅁ-이-니-라] (노동야학독본 1:4)

14.2. 명사형어미의 변화

15세기 한국어의 명사형어미   역사적으로 전형적인 명사형어미는 '-음'
과 '-기'이다. 15세기 한국어에는 여기에 '-디'가 더 있었다.

문장 (20)은 '-음' 명사절 구성이다. 그런데 15세기 한국어에서 '-ㅁ'은
반드시 선어말어미 '-오/우-'를 앞세워 결합한다.[2]

(20) 가. 비록 모딘 힝뎍 브리고 됴흔 法 닷고물[= 닭-오-ㅁ-올] 몯호
야 (석보상절 9:14)

나. 사르미 몸 드외요미[= 드외-요-ㅁ-이] 어렵고 三寶를 信호
야 恭敬호미[= 恭敬호-오-ㅁ-이] 쪼 어렵고 … (석보상절
9:28)

15세기 한국어에서 '-오/우-'를 앞세운 '-ㅁ'은 명사형어미로서, '-오/우
-' 없이 실현되는 명사화 파생접미사 '-음'과 구별된다. 다음 (21)의 '그림,
여름'은 파생명사로서, 이때의 '-ㅁ'은 '-오/우-' 없이 나타나는 파생접미사
이다.[3]

---

2 전정례(1990)에서는 '-오/우-'를 명사구 내포문 구성의 표지로 보고서, '-ㅁ', '-은',
'-을'에 선행하는 '-오/우-'를 모두 명사구 내포문 표지로 풀이하였다.

(21) 가. 온가짓 그리미[=그림-이] 이쇼ᄃᆡ (월인석보 8:12)

　　　나. 果논 여르미오[=여름-이-오] (월인석보 1:12)

'-오/우-ㅁ'은 구체적으로 '-옴, -움, -욤, -윰'으로 나타나는데, 특히 (22가)처럼 '아니다'의 '아니-'에 결합하면 '-롬'으로, (22나)처럼 '-으시-'에 결합하면 '-샴'으로 나타난다. 또한 (22다,라)처럼, '-오/우-'가 생략되고 그 대신 성조 변동이 일어나기도 한다.

(22) 가. 둜 그림제 眞實ㅅ 둘 아니로미[=아니-로-ㅁ-이] 곧ᄒᆞ니라

　　　　　(월인석보 2:55)

　　　나. 閻浮에 ᄂᆞ려 나샤 正覺 일우샤믈[=일우-샤-ㅁ-ᄋᆞᆯ] 뵈샤 (월

　　　　　인석보 서 6)

　　　다. 부텨 맛:나·미[=맛나-오-ㅁ-이(평성)→맛나-ㅁ-이(상성)]

　　　　　어려ᄫᆞ며 (석보상절 6:10)

　　　라. 그에 즐거본 일 :주·미[=주-우-ㅁ-이(평성)→주-ㅁ-이(상

　　　　　성)] 그지업슬시오 (석보상절 13:39)

문장 (23)은 '-기' 명사절 구성이다. 실제 자료에 의하면 15세기 한국어에서 '-기' 명사절 구성의 쓰임은 상당히 제한적이었으며, 오히려 '-기'는 파생접미사로서의 기능이 더 활발하였다.[4]

---

3 파생접미사로서 '-음'이 '-오/우-'를 앞세우는 경우도 있다.

　예. 춤[=츠-우-ㅁ]츠며 롱담ᄒᆞ야 (월인석보 1:44)

4 다음은 파생접미사로서 '-기'이다.

　가. 일ᄒᆞ-기-예 ᄀᆞ린 거시 젹도다 (두시언해-초간 25:7)

　나. 萬里옛 글위 ᄠᅱ긴[=ᄠᅱ-기-ㄴ] 習俗이 ᄒᆞᆫ가지로다 (두시언해-초간 11:14)

　다. 차바늘 머거도 自然히 스러 ᄆᆞᆯ보-기-를 아니ᄒᆞ며 (월인석보 1:26)

(23) 가. 須達이 가슨며러 쳔라이 그지업고 布施ᄒ-기-를 즐겨 (석
　　　　보상절 6:13)

　　　나. 그림 그리-기-예 늘구미 將次 오몰 아디 몯ᄒᆞ니 (두시언
　　　　해-초간 16:25)

문장 (24)는 '-디' 명사절 구성이다. 특히 '어렵다, 둏다, 슬ᄒᆞ다'와 같은
서술어에 안긴다. 이는 나중에 모두 '-기'에 합류하였다.[5]

(24) 가. 내 겨지비라 가져 가-디 어려볼씨 (월인석보 1:13)

　　　나. 天下애 얻-디 어려온 거슨 兄弟오 求키 쉬운 거슨 田地니
　　　　(소학언해 6:63)

　　　다. ᄀᆞ장 보-디 됴ᄒᆞ니라 (번역박통사 상 5)

명사형어미의 변화　역사적으로 명사형어미의 변화는 세 가지로 요약된
다. 첫째, '-ㅁ' 앞에 결합해 있던 '-오/우-'가 소멸하였다. 둘째, '-기'가
명사형어미로서 확고한 자리를 잡았다. 셋째, '-디'가 '-기'에 합류하였다.
　'-ㅁ' 앞에 결합해 있던 '-오/우-'는 16세기부터 소멸하기 시작한다. 《번
역소학》(1518년)에 나타난 '-오/우-ㅁ-이'(25가,다) 《소학언해》(1588년)에
서 '-음'으로(25나,라) 교체되었다.[6]

5　15세기 한국어에서 '-오/우-ㅁ-이 어렵다, 쉽다, 둏다' 구성도 나타난다.
　가. 부텨 맛나미[= 맛나-오-ㅁ-이] 어려ᄫᆞ며 法 드로미[= 듣-오-ㅁ-이] 어려ᄫᆞ니
　　（석보상절 6:10)
　나. 사ᄅᆞ미 몸 ᄃᆞ외요미[= ᄃᆞ외-요-ㅁ-이] 어렵고 三寶를 信ᄒᆞ야 恭敬호미[= 恭敬ᄒᆞ-
　　오-ㅁ-이] ᄯᅩ 어렵고 (석보상절 9:28)
6　17세기에 이르러서는 대부분의 '-오/우-'는 소멸한다. 그러나 공존하여 혼란을 보이기
　도 한다. 같은 문헌 안에서 그 예를 볼 수 있다.
　가. ᄯᅩ 엇디 漢語 니롬을[= 니ᄅᆞ-ㅁ-을] 잘 ᄒᆞᄂᆞ뇨 (노걸대언해 상 2)

(25) 가. 일 아는 사르미 더러이 너교미[=너기-오-ㅁ-이] 드외느니
라 (번역소학 6:26)

나. 유식호니의 더러이 너김이[=너기-ø-ㅁ-이] 되느니라 (소
학언해 5:24)

다. 고툐믈[=고티-오-ㅁ-올] 쩌리디 아니호면 (번역소학 6:9)

라. 고팀을[=고티-ø-ㅁ-을] 쩌리디 아니호면 (소학언해 5:9)

16세기 들면서 '-기'가 명사형어미로서 확고한 자리를 잡았다. 이것은
결합하는 용언의 분포 확대와 함께 이루어졌다.

(26) 가. 이 버다 네 콩숨-기 아디 몯호는 듯호고나 (번역노걸대
상 19)

나. 고기 먹으며 술 마시-기-를 상해와 달옴이 업고 (소학언해
5:49)

다. 우리 도라갈 황호 사-기-를 의론호리니 (번역노걸대 하 56)

라. 우리 이 호룻 밤 자-기-에 사름과 물돌해 쓴 거시 모도와
언맨고 (번역노걸대 상 22)

아울러 '-기'는 명사형어미로서 선어말어미와 결합도 시작되었다. 15세
기 한국어에서는 선어말어미를 앞세우지 않았으나, 16세기부터 앞세운
예가 나온다. (27)은 16세기의 예이며, (28)은 그 이후의 예이다.

(27) 가. 어듸쏜 샹급호-시-기-를 브라리잇가 (번역박통사 상 60)

나. 큰 치위와 덥고 비 올 제라두 뫼셔 셧기를[=시-엇-기-를]

나. 네 닐오미[=니르-오-ㅁ-이] 맛치 내 뜯과 곳다 (노걸대언해 상 10)

날이 못도록 ᄒᆞ야 (소학언해 6:2)

(28) 가. 성후-의 낫ᄌᆞ오-시-기를 기ᄃᆞ리지 아니ᄒᆞ야 (명의록언해
수 상 53)

나. 오늘 아츰에 ᄆᆞᄅᆞᆫ 것 먹-엇-기-로 그저 목ᄆᆞᄅᆞ다 (청어노
걸대 4:15)

명사형어미 '-디'는 점차 '-기'에 합류하였다. 16세기에는 다음과 같이 '-디'가 나타났지만, 17세기 이후에는 모두 '-기'로 합류하였다.[7] 다음과 같이 《번역노걸대》(1510년쯤)에는 '-디'가 나타났으나, 《노걸대언해》 (1670년)에는 '-기'가 나타났다.

(29) 가. 이 ᄆᆞ리 엇디 이리 잡-디 어려우뇨 (번역노걸대 상 45)
나. ᄆᆞᆺ 거시 가져 가-디 됴홀고 (번역노걸대 하 66)
(30) 가. 이 ᄆᆞᆯ이 엇디 이리 잡-기 어려오뇨 (노걸대언해 상 41)
나. ᄆᆞᆺ 거시 가져 가-기 됴홀고 (노걸대언해 하 59)

14.3. 명사절 구성의 변화

명사절의 주어   15세기 한국어에서, 명사절 구성의 주어는 주격조사를 취하기도 하고 관형사격조사를 취하기도 한다. 문장 (31가)는 '信受ᄒᆞ다'의 주어가 '迦葉'으로 주격조사 '-이'를 취한 예인데, (31나) 역시 信受ᄒᆞ다'의 주어가 '迦葉'인데 관형사격조사 '-의'를 취한 예이다 (서정목 1982

---

7 17세기에도 '-디'의 흔적이 있다.
예. 萬事에 보-디 슬흔 일이나 이시면 엇덜고 ᄒᆞ니 (첩해신어 6:24)

참조).

(31) 가. 迦葉-이 能히 信受호미 이 希有호미라 (월인석보 13:57)

나. 迦葉-의 能히 信受호믈 讚歎ᄒ시니라 (월인석보 13:57)

이러한 두 유형은 현대 한국어로 오면서 점차 주격조사 구성이 보편화 되었다. 다음은 명사절 구성의 주어 실현에 대한 16세기, 17세기 그리고 20세기 초기 한국어의 예이다. (가)는 주격조사 구성의 예이고 (나)는 관형사격조사 구성의 예이다.

(32) 가. 사ᄅᆞᆷ-이 셰샹의 나슈미 가븨야온 듣틀이 보ᄃᆞ라온 플에 브터슘 ᄀᆞᄐᆞ니 (번역소학 9:63)

나. 내-의 살며 주구믄 아디 몯홀 거시니 (번역소학 9:55)

(33) 가. 사ᄅᆞᆷ-이 짓괴기를 크게 ᄒᆞ더니 ᄀᆞᆺ ᄣᅩ기를 기우로 ᄒᆞ여다 (노걸대언해 하 33)

나. 셩후-의 낫ᄌᆞ오시기를 기ᄃᆞ리지 아니ᄒᆞ야 (명의록언해 수 상 53)

(34) 가. ᄒᆞᆫ ᄯᆞᆯ-이 울기를 잘홈으로 왕이 ᄆᆡ양 희롱ᄒᆞ야 (녀ᄌᆞ독본 상:23)

나. 어린 兒孩들은 문 밧게 서셔 父親-의 도라옴을 기ᄃᆞ리더라 (국어독본 1:50)

명사절 구성의 교체　앞에서 살펴본 바와 같이, 15세기 한국어에서는 명사형어미 '-ㅁ'에 의해 구성되었던 명사절이 현대 한국어에서는 '-기'에 의해서 구성되거나 또는 관형절을 이끄는 의존명사 구문으로 실현되고 있다. 이것은 명사절 구성이 역사적으로 변화했음을 말한다. 앞에서 살펴본 문장 (1가)와 (2가)에서 확인할 수 있다.

> (1) 가. 이 諸佛ㅅ 甚히 기픈 힝뎌기라 信ᄒᆞ야 아로미[=알-오-ㅁ-이] 어렵거늘
>
> (2) 가. 이 여러 부처가 매우 깊은 행적이라고 믿어서 알-기-가/아는 것이 어려우니

명사절 구성이 역사적으로 변화해 온 양상은 다음 두 가지이다. 첫째, '-음' 명사절 구성이 '-기' 명사절 구성으로 교체되는 변화와 둘째, 명사절 구성이 관형절을 이끄는 의존명사 구문으로 교체되는 변화이다.

'-음' 명사절에서 '-기' 명사절로 15세기 한국어의 절대다수를 차지하던 '-음' 명사절 구성이 축소되고, 역사적으로 이 자리가 '-기' 명사절 구성으로 교체된 변화이다. 문장 (35)는 15세기 한국어의 예인데, 서술어 '싱각ᄒᆞ다, 勸ᄒᆞ다, 쉽다' 등이 '-음' 명사절 구성을 안고 있다.

> (35) 가. 샹녜 스승의 ᄀᆞᄅᆞ쵸믈[= ᄀᆞᄅᆞ치-오-ㅁ-을] 싱각ᄒᆞ야 (월인석보 7:45)
>
> 나. 相ᄋᆞᆯ 여희여 發心호믈[= 發心ᄒᆞ-오-ㅁ-을] 勸ᄒᆞ샨 이치니라 (금강경삼가해 3:36)
>
> 다. ᄆᆞᄎᆞ매 드러 니르샨 어즈러운 ᄆᆞᅀᆞᆷᄋᆞ로 부텨 일쿧ᄌᆞ오미[= 일쿧-ᄌᆞ오-오-ㅁ-이] 믓 쉬오ᄃᆡ (법화경언해 1:223)

이에 대하여 16세기 이후의 문장 (36)은 각각 '-기' 명사절 구성을 안고 있다. 이는 '-음' 명사절 구성이 '-기' 명사절 구성으로 교체되고 있음을 보여 준다.

(36) 가. 그 허호-기-를 가히 싱각홀디라 (두창경험방언해 43)

　　　나. 사룸이 무룰 보내여 드라나-기-룰 권혼대 듣디 아니호고
　　　　 (동국신속삼강행실도-충신 1:72)

　　　다. 샤치혼 딕 들-기-논 쉽고 (소학언해 6:129)

이러한 교체는 다음 문헌을 통하여 더욱 분명하게 확인할 수 있다.
먼저 16세기 문헌인 《번역노걸대》(1510년쯤)와 17세기 문헌 《노걸대언
해》(1670년)를 통하여 살펴보자.

(37) 가. 법다이 밍▽로믈[=밍글-오-ㅁ-을] 됴히 하엿느니라 (번역
　　　　 노걸대 상 26)

　　　　 법다이 밍글-기-를 됴히 ᄒ엿느니라 (노걸대언해 상 23)

　　　나. 믈읫 우리 짐들홀 설어 주믈[=주-우-ㅁ-을] 지그기호고
　　　　 (번역노걸대 상 59)

　　　　 믈읫 우리 짐들홀 收拾ᄒ-기-를 극진히 ᄒ고 (노걸대언해
　　　　 상 53)

　　　다. 사룸미 짓글휴믈[=짓글히-우-ㅁ-을] 크게 ᄒᄂ다 앗가 뽀
　　　　 믈 기우로 ᄒ야다 (번역노걸대 하 37)

　　　　 사룸이 짓괴-기-를 크게 ᄒ더니 굿 뽀기를 기우로 ᄒ여다
　　　　 (노걸대언해 하 33)

　　　라. 특판으로 담애다가 미요믈[=미-요-ㅁ-을] 구디 ᄒ고 (번역
　　　　 박통사 상 10)

　　　　 담 뿃는 널로 담 머리예 막아 미-기-를 굿이 ᄒ고 (박통사
　　　　 언해 상 10)

　　　마. 뿍을 가져다가 부븨요믈[=부븨-요-ㅁ-을] ᄀᄂ리ᄒ야 (번
　　　　 역박통사 상 38)

뎌 쑥을 다가 부븨-기-를 ᄀ놀게 ᄒ야 (박통사언해 상 35)

16세기의 《삼강행실도》(중간본, 발간 연도 미상)와 18세기의 《삼강행실도》(중간본, 1730년)를 통하여 역시 이러한 교체를 확인할 수 있다. 문장 (38)은 16세기 문헌 자료, (39)는 18세기 문헌 자료이다(이에 대한 구체적인 내용은 채완 1979 참조).

(38) 가. 내 져믄 제 글 비호믈[=비호-오-ㅁ-을] 즐겨 (삼강행실도-효자 4)

나. 구지조믈[=구짖-오-ㅁ-을] 그치디 아니커늘 (삼강행실도-열녀 25)

다. 딕킈요믄[=딕킈-요-ㅁ-은] 더욱 구디 ᄒ더니 (삼강행실도-열녀21)

(39) 가. 내 져머서 글 비호-기-를 됴히 너겨 (삼강행실도-효자 4)

나. 꾸짖-기-를 긋치디 아니ᄒ대 (삼강행실도-열녀 25)

다. 직희-기-를 더욱 굿게 ᄒ더니 (삼강행실도-열녀 21)

15세기와 16세기 한국어에서 '-기' 명사절은 주로 타동사, 동작동사에 국한되었으나, 17세기에 이르러서는 자동사에까지 결합하여 '-기' 명사절은 18세기에 이르러 분포가 점차 넓어졌다. 이제 그 과정을 좀 더 구체적으로 살펴보면 다음과 같다.

첫째, 15세기 한국어에서 '-ㅁ' 명사절 구성이 현대 한국어에 이르는 동안 변화 없이 그대로 실현되는 경우이다. '보다, 듣다' 등 감각동사를 비롯하여 '알다, 모ᄅ다'와 같은 인식적 인지동사, '니르다, 묻다'와 같은 단언동사들이 여기에 속한다.[8] 다음 (40),(41)은 각각 15세기와 20세기 초기 한국어 예이다.

(40) 가. 集賢殿ㅅ 學士ㅣ … 中書堂애 내 분 디요물[=디-요-ㅁ-올]
　　　보더라 (두시언해-초간 25:52)

　　나. 阿難과 모돈 大衆이 부텻 뵈야 ᄀᆞᄅᆞ치샤믈[= ᄀᆞᄅᆞ치-샤-ㅁ
　　　-올] 듣줍고 (능엄경언해 4:75)

　　다. 네 일즉 업디 아니ᄒᆞ야셔 엇뎨 업수믈[=없-우-ㅁ-을] 아는
　　　다 (능엄경언해 2:4)

(41) 가. 高句麗와 百濟가 침노훔을[=침노ᄒᆞ-ㅁ-을] 보고 크게 분노
　　　ᄒᆞ야 月生山에 드러가 하날씌 빙셔ᄒᆞ야 갈오되 (유년필독
　　　2:4)

　　나. 未定홈을[=未定ᄒᆞ-ㅁ-을] 聞ᄒᆞ고 (신찬초등소학 6:27)

　　다. 그 형을 공경ᄒᆞ고 아오를 ᄉᆞ랑홈을[=ᄉᆞ랑ᄒᆞ-ㅁ-을] 알되
　　　(초목필지 상 12)

둘째, 15세기 한국어에서 '-ㅁ' 명사절 구성으로 실현되었으나, 그 이후
'-음', '-기'가 함께 실현되다가, 현대 한국어에 이르러 다시 '-음' 명사절
구성으로 실현되는 경우이다. '믿다, 싱각ᄒᆞ다'가 여기에 속한다. 문장
(42)는 15세기 한국어 예인데, '-ㅁ' 명사절로 실현되었으며, (43)은 근대
한국어 예인데, '-음', '-기'가 함께 실현되었다. 그러나 20세기 초기 한국어
인 (44)에서는 다시 '-음' 명사절로 실현되었다.

(42) 가. 니ᄅᆞ샤ᄃᆡ 쇽졀업시 저히며 아름답다 ᄒᆞ시고 기려도 기류미
　　　[=기리-우-ㅁ-이] 믿디 몯홀ᄊᆡ (남명천선사계송 하 15)

　　나. 샹녜 스승의 ᄀᆞᄅᆞ쵸믈[= ᄀᆞᄅᆞ치-오-ㅁ-올] 싱각ᄒᆞ야 (월인

---

8 현대 한국어에서 '-음' 명사절에만 통합되는 서술어로, 감각적 인지동사, 인식적
인지동사, 그리고 단언동사를 제시한 것은 권재일(1985:제8장) 참조.

석보 7:45)

(43) 가. ㄱ을 거둔 後에 그 곡셕 賤홈을[=賤ㅎ-오-ㅁ-을] 미더 (경
민편언해-중간 12)

대개 ㅈ식의 병 근심ㅎ-기-룰 맛디 아닌는 배 업슨 연괴라
(두창경험방언해 65)

나. 서르 니엇ㄴ니 利ㅎ며 害로오믈[=害로오-ㅁ-을] 기피 싱각
ㅎ야 (경민편언해-중간 13)

그 허ㅎ-기-룰 가히 싱각홀디라 (두창경험방언해 43)

(44) 가. 兒孩가 無事히 도라옴을[=도라오-ㅁ-을] 깃부게 싱각ㅎ고
(국어독본 2:53)

나. 거울을 딕ㅎ야 낫씨슬 제 그 마음 쌔긋ㅎ-기-를 싱각ㅎ며
(초등녀학독본 10)

셋째, 15세기 한국어에서 '-ㅁ' 명사절 구성으로 실현되었으나, 그 이후 '-기' 명사절 구성으로 교체되어, 현대 한국어에 이르기까지 '-기' 명사절 구성으로 실현되는 경우이다. '쉽다, 그지없다, 위ㅎ다' 등이 여기에 속한다. 문장 (45)는 15세기 한국어 예인데, '-ㅁ' 명사절로 실현되었으며, (46) 은 근대 한국어 예인데, '-기'가 실현되었다. 20세기 초기 한국어에서도 (47)처럼 '-기' 명사절로 실현되었다.

(45) 가. ㅁ츠매 드러 니르샨 어즈러운 ㅁㅅㅁ로 부터 일큳ㅈ오미[=
일큳-ㅈ오-오-ㅁ-이] 뭇 쉬오딕 (법화경언해 1:223)

나. 衆生 어엿비 너겨 救호미[=救ㅎ-오-ㅁ-이] 그지업슬씨오
(석보상절 13:39)

(46) 가. 샤치ㅎ 딕 들-기-는 쉽고 (소학언해 6:129)

나. ㅅ나희와 겨집의 욕심이 바라나-기 쉽고 막ㅈㄹ-기 어려

온다라 (경민편언해-중간 15)

(47) 가. 衰殘ᄒᆞ-기 쉬운 고로 (노동야학독본 1:56)

나. 이럿케 ᄒᆞ면 세우-기-가 쉽겟다 (초등소학 5:24)

넷째, 15세기 한국어에서 '-음' 명사절 구성으로 실현되었으나, 그 이후에 '-기' 명사절 구성도 허용하여, 현대 한국어에 이르기까지 '-음', '-기'가 함께 실현되는 경우이다. 'ᄇᆞ라다, 기드리다, 청ᄒᆞ다, 즐기다, 어렵다, 둏다' 등이 여기에 속한다. 문장 (48)은 15세기 한국어 예인데, '-ㅁ' 명사절로 실현되었으며, (49)는 16세기, 17세기 한국어 예인데, 각각 '-음', '-기'가 함께 실현되었다. 20세기 초기 한국어 예 (50) 역시 각각 '-음', '-기' 명사절로 실현되었다.

(48) 가. 부톄 블기 굴히샤ᄆᆞᆯ[= 굴히-샤-ㅁ-ᄋᆞᆯ] ᄇᆞ라ᅀᆞ오니라 (능엄경언해 2:63)

나. 기운 盖 펏듯 호ᄆᆞᆯ[= ᄒᆞ-오-ㅁ-ᄋᆞᆯ] 기들오노라 (두시언해-초간 18:14)

(49) 가. 어듸쎤 샹급ᄒᆞ시-기-를 ᄇᆞ라리잇가 (번역박통사 상 60)

나. 믈이 ᄒᆞᆫ 디위 ᄀᆞ장 쉬ᄆᆞᆯ[=쉬-ㅁ-을] 기드려 날호여 머기라 (노걸대언해 상 21)

(50) 가. 어린 兒孩들은 문 밧게 서셔 父親의 도라옴을[=도라오-ㅁ-을] 기드리더라 (국어독본 1:50)

나. 어미개 도라오-기-를 기다리더라 (초목필지 상 59)

명사절 구성에서 관형절 구성으로 현대 한국어에 이르면서 '-음' 명사절 구성이나 '-기' 명사절 구성은 그대로 '-음' 명사절 구성이나 '-기' 명사절 구성으로 실현되기도 하지만, 관형절을 이끄는 의존명사 구문으로 실현되기도 한다. 그리고 이 경우, 관형절을 이끄는 의존명사 구문이 '-음' 명사절 구성이나 '-기' 명사절 구성보다 더 자연스러운 실현방법이다. 이를 통해 보면 명사절 구성이 관형절을 이끄는 의존명사 구문으로 변화해 가고 있다고 할 수 있다. 문장 (51)에서 이를 확인할 수 있다. 각각 16세기와 18세기 예이다. (51가)의 '닐옴'[=니르-오-ㅁ]이 (51나)에서 '니르-는 말'로 교체되었다.

(51) 가. 네 닐옴도[=니르-오-ㅁ-도] 올타 커니와 각각 사르미 다 웃듬오로 보미 잇느니라 (번역노걸대 상 5)

　　　나. 네 니르-는 말-이 올커니와 사름이 各各 다 아는 곳이 잇느 니라 (몽어노걸대 1:6)

다음은 20세기 초기 한국어의 '-음' 명사절과 '-기' 명사절 구성이다. (52)는 (53)으로도 실현되지만, 관형절을 이끄는 의존명사 구문인 (54)가 훨씬 더 자연스러운 표현이다.

(52) 가. 여섯 가지의 큰 근본을 아지 못하면 <u>이는 새 김생과 달홈</u> <u>업심이오</u> (노동야학독본 1:2)

　　　나. <u>定흔 시간을 직힘이</u> 極히 必要하니 (초등소학 5:31)

　　　다. 비록 볼 스름은 업스나 <u>남의 거슬 몰너 먹기는</u> 올치 아니하 니 (신정심상소학 1:15)

(53) 가. 여섯 가지의 큰 근본을 알지 못하면 <u>이는 새 짐승과 다름</u> 없다.

　　　나. <u>정한 시간을 지킴이</u> 매우 필요하니

　　　다. 비록 보는 사람은 없으나 <u>남의 것을 몰래 먹기는</u> 옳지 아니 하니

(54) 가. 여섯 가지의 큰 근본을 알지 못하면 <u>이는 새 짐승과 다를</u>
　　　<u>바가</u> 없다.

　　나. <u>정한 시간을 지키는 것이</u> 매우 필요하니

　　다. 비록 보는 사람은 없으나 <u>남의 것을 몰래 먹는 것은</u> 옳지
　　　않으니

　　문장 (55)와 같은 '홈이라' 구문의 경우, 이는 전적으로 문장 (56)처럼
관형절을 이끄는 의존명사 구문으로 실현된다.

(55) 가. 自己와 他人을 爲ㅎ야 利益 잇는 事를 <u>行코져 홈이라</u> (초등
　　　소학 5:34)

　　나. 萬一 그대로 쥬지 아니ㅎ면 이는 짐군의 권리를 <u>침노홈이</u>
　　　<u>니라</u> (노동야학독본 1:4)

(56) 가. 자기와 남을 위하여 이익 있는 일을 <u>행하고자 하는 바이다.</u>

　　나. 만일 그대로 주지 아니하면 이는 짐꾼의 권리를 <u>침노하는</u>
　　　<u>것이다.</u>

　　이와 같이 '-음' 명사절 구성이나 '-기' 명사절 구성은 현대 한국어에서
는 점차 관형절을 이끄는 의존명사 구문으로 자연스럽게 바뀌어 실현되고
있다. 이는 앞으로 명사절 구성이 관형절을 이끄는 의존명사 구문으로
교체해 가는 변화를 예측하게 한다.

▌참고 문헌

구현정 2019, '-음' 명사형 종결문의 확장에 반영된 문법 의식 연구, 《한글》 80-4(326): 863-890, 한글학회.

권재일 1985, 《국어의 복합문 구성 연구》, 집문당.

권재일 1995, 20세기 초기 국어의 명사화 구문 연구, 《한글》 229: 203-232, 한글학회.

김완진 1976, 《노걸대의 언해에 대한 비교연구》, 한국연구원.

김인택 1988, 15세기 국어의 임자마디 표지 연구, 《국어국문학》 25: 183-197, 부산대학교 국어국문학과 문창어문학회.

김흥수 1975, 중세국어의 명사화 연구, 《국어연구》 34, 서울대학교 대학원 국어연구회.

서은아 1998, 《국어 풀이씨의 이름법 연구》, 박이정.

서은아 2000, 17·18세기 국어의 풀이씨 이름법 '-ㅁ, -기' 연구, 《겨레어문학》 25: 125-146, 겨레어문학회.

서은아 2002, 풀이씨 이름법 씨끝 '-기'의 통시적 연구 - 토씨 생략을 중심으로 -, 《한글》 256: 99-128, 한글학회.

서정목 1982, 15세기 국어 동명사 내포문의 주어의 격에 대하여, 《진단학보》 53·54: 171-194, 진단학회.

양정호 2003, 《동명사 구성의 '-오-' 연구》, 태학사.

양정호 2005, 명사형어미체계의 변화에 대하여, 《어문연구》 33-4: 57-80, 한국어문교육연구회.

이남순 1988, 명사화소 '-ㅁ'과 '-기'의 교체, 《홍익어문》 7: 733-754, 홍익대학교 국어교육학과.

이승재 1995, 동명사어미의 역사적 변화, 《국어사와 차자표기》(소곡 남풍현선생 회갑기념논총) 215-252, 태학사.

이현규 1975, 명사형 어미 '-기'의 변화, 《목천 유창균박사 환갑기념논문집》 493-520, 계명대학교 출판부.

이현희 1991, 중세국어 명사문의 성격, 《국어학의 새로운 인식과 전개》(김완진선생 회갑기념논총) 504-536, 민음사.

전성희 1994, 개화기 국어의 명사화 연구, 건국대학교 대학원 국어국문학과 석사학위논문.

전정례 1990, 중세국어 명사구 내포문에서의 '-오-'의 기능과 변천, 서울대학교 대학원 언어학과 박사학위논문.

전정례 1995, 《새로운 '-오-' 연구》, 한국문화사.

전정예 (엮음) 2015, 《선어말어미 '-오-' 연구론》, 박이정.

채완 1979, 명사화소 '-기'에 대하여, 《국어학》 8: 95-107, 국어학회.

최대희 2011가, 《17세기 국어의 이름마디 구조: '-오'의 소멸과 이름마디 체계의 형성》, 한국학술정보.

최대희 2011나, 18세기 국어의 '-ㅁ(음), -기' 이름마디 연구, 《한민족어문학》 59: 431-462, 한민족어문학회.

최성규 2017, 명사형 어미 '-ㅁ'의 형성 과정 탐색, 《국어학》 83: 153-181, 국어학회.

탁희성 1997, 19세기말 국어의 내포문 연구 - 초기 국역성경을 중심으로 -, 숭실대학교 대학원 국어국문학과 박사학위논문.

허원욱 1992, 15세기 국어의 이름마디와 매김마디 연구, 건국대학교 대학원 국어국문학과 박사학위논문.

허원욱 1998, 16세기 임자말로 기능하는 이름마디, 《한말연구》 4: 407-422, 한말연구학회.

홍윤표 1995, 명사화소 '-기', 《국어사와 차자표기》(소곡 남풍현선생 회갑기념논총) 637-646, 태학사.

홍종선 1983, 명사화 어미 '-ㅁ'과 '-기', 《언어》 8-2: 241-272, 한국언어학회.

홍종선 1990, 《국어 체언화 구문의 연구》, 고려대학교 민족문화연구소.

|제15장| 관형절 구성 변화

　내포문 구성 가운데, 관형절을 형성하는 구성이 관형절 내포문 구성이다. 문장 (1)은 15세기 한국어의 관형절 내포문 구성이고, 문장 (2)는 문장 (1)의 현대 한국어의 자연스러운 표현이다.

　(1) 가. 舍利弗이 須達-이 밍▽론[=밍글-오-니] 座애 올라 앉거늘
　　　　　(석보상절 6:30)
　　　나. 놀애를 ㄴ외야 슬픐[=슬프-ㄹ시] 업시 브르ᄂ니 (두시언해-
　　　　　초간 25:53)
　(2) 가. 舍利弗이 須達이 만든 자리에 올라 앉으니
　　　나. 노래를 거듭하여 슬플 것 없이 부르니

　문장 (1가)와 (2가)를 통해 보면, 15세기 한국어에서는 '밍▽론[=밍글-오-니]'처럼 관형사형어미 '-은' 앞에 '-오-'가 결합해 있으나, 현대 한국어에서는 그렇지 않다. 그리고 '밍▽론'의 주어가 '須達-이'처럼 관형사격조사를 취하고 있으나, 현대 한국어에서는 주격조사를 취하고 있다. 문장 (1나)와 (2나)를 보면, 15세기 한국어에서는 '슬픐[=슬프-ㄹ시]'처럼 관형절 단독으로 명사절 기능을 수행하나, 현대 한국어에서는 '슬플 것'과 같이 반드시 수식 받는 명사를 필요로 한다.

15.1. 관형절 구성의 성격

관형절 구성　제13장에서 살펴보았듯이, 복합문의 하위유형은 상위문이 하위문을 관할하는 방식에 따라서 체계화되는데, 상위문이 하위문을 간접 관할하는 구성이 내포문 구성이다. 내포문 구성 가운데 수식 받는 명사와 함께 명사절을 구성하는 것이 관형절 내포문 구성이다.

관형절 구성의 유형　관형절 구성에는 다음과 같은 두 가지 유형이 있다. 첫째, 관형절 안의 어떤 성분이 빠져나와 수식 받는 명사가 되는 구성이다. 문장 (3가)의 주어 '한별이'가 빠져나와 구성된 문장이 (3나)이며, 목적어 '그 책'이 빠져나와 구성된 문장이 (3다)이다.

> (3) 가. 한별이가 그 책을 읽었다.
> 　　나. 그 책을 읽-은 <u>한별이</u>는 아람이 남동생이다.
> 　　다. 한별이가 읽-은 <u>그 책</u>은 고전 중의 고전이다.

둘째, 수식 받는 명사가 관형절 안의 어떤 성분과도 관련이 있지 않는 구성이다. (4나,다)의 수식 받는 명사 '소리, 까닭'은 (4가)의 어떤 성분과도 동일 지시가 아니다.

> (4) 가. 바람이 분다.
> 　　나. 바람이 부-는 소리가 나의 가슴을 울린다.
> 　　다. 바람이 부-는 까닭은 무엇일까?

흔히 첫째 유형을 관계절이라 하고, 둘째 유형을 보문절이라 한다. 15세기 한국어에서도 마찬가지이다. (5가)가 관계절의 관형절 구성이고, (5나)

가 보문절의 관형절 구성이다. (5가)는 '나랏 菩薩이 법을 듣고져 ㅎ다'라는 문장에서 '법'이 빠져나왔다. 그러나 (5나)의 '늦'은 '智慧 너비 비취다'에서 빠져나온 것이 아니다.

> (5) 가. '나랏 菩薩이 듣고져 ㅎ논' 법을 自然히 듣디 몯ㅎ면 (월인석보 8:68)
>
> 나. 히를 자보문 '智慧 너비 비췰' 느지오[=늦-이-오] (월인석보 1:18)

15.2. 15세기 한국어의 관형절 구성

관형사형어미 역사적으로 전형적인 관형사형어미는 '-은'과 '-을'이다. 15세기 한국어에서도 그러하다. 관형사형어미는 시제법 기능도 함께 실현하는 것이 특징이다.[1]

'-은'은 동사의 경우에는 확정법을, 형용사의 경우에는 현실법을 실현하는 관형사형어미이다. 현대 한국어에까지 유지되어 있다. 문장 (6)은 동사의 경우, (7)은 형용사의 경우이다.

> (6) 가. 아기 나흔[=낳-은] 겨집들흘 보고 (월인석보 21:143)
>
> 나. 네 디나건 녜넷 時節에 盟誓發願혼[=盟誓發願ㅎ-오-ㄴ] 이를 혜는다 모ᄅ는다 (석보상절 6:8)
>
> (7) 가. 이제 大愛道ㅣ 至極혼[=至極ㅎ-ㄴ] ᄆᆞᅀᆞᄆᆞ로 法律을 受ㅎ

---

1 15세기와 그 이후 한국어 관형절 구성에 대한 포괄적인 연구는 허원욱(1988, 1992, 1997, 2005) 참조.

숩고져 호시느니 (월인석보 10:18)

나. 한 劫에 그지업슨[=그지없-은] 受苦를 호리어늘 (월인석보 8:74)

'-을'은 '-옳, -욿'로 나타나거나, 수식 받은 명사를 된소리로 표기하였는데, 미정법을 실현하는 관형사형어미이다. 현대 한국어에까지 유지되어 있다.

(8) 가. 호마 命終홇[=命終호-려] 사른물 善惡 묻디 말오 (월인석보 21:125)

나. 부톄 舍衛國으로 오싫[=오-시-려] 길헤 머므르싫[=머므르-시-려] 지비라 (석보상절 6:23)

'-은'은 시제어미 '-느-, -더-, -으리-'를 앞세워, '-는, -던, -으린' 등으로 나타나, 각각 현실법, 회상법, 미정법을 함께 실현한다.

(9) 가. 이 지븨 사는[=살-는] 얼우니며 아히며 現在 未來 百千歲 中에 惡趣를 기리 여희리니 (월인석보 21:99)

나. 神通 잇-는 사른미사 가느니라 (석보상절 6:43)

(10) 가. 내 호-던 이라 甚히 외다스이다 (석보상절 24:18)

나. 이는 菩薩 行호-던 衆生을 니르시니라 (석보상절 13:51)

(11) 가. 아직 고른쵸디 고른치디 몯호-린 後에사 怒호고 怒를 몯호-린 後에사 틀디니 (내훈 3:4)

나. 有情과 無情괘 體와 性괘 섯거 굴히디 몯호-린 젼츠로 (능엄경언해 2:38)

관형절의 주어 15세기 한국어 관형절 구성의 주어는, 명사절 구성의 주어와 마찬가지로, 주격조사를 취하기도 하고 관형사격조사를 취하기도 한다. 문장 (12가)는 '듣다'의 주어가 '菩薩-이'로 나타나 주격조사를 취한 예이고, (12나)는 '기르다'의 주어가 '八婇女-의'로 나타나 관형사격조사를 취한 예이다.

(12) 가. 나랏 菩薩-이 듣고져 ᄒᆞ논 법을 自然히 듣디 몯ᄒᆞ면 (월인
　　　　석보 8:68)
　　　나. 八婇女-의 기론 찻므리 모즈ᄅᆞᆯ씨 (월인석보 8:92)²

15세기 한국어에서는 관형사격조사 구성이 대부분이었으나, 현대 한국어로 올수록 주격조사 구성이 보편화되었다. 다음은 16세기 한국어의 예이다.

(13) 가. 모든 사ᄅᆞ미[=사ᄅᆞᆷ-이] ᄒᆞ욘 허믈이며 (번역소학 8:21)
　　　나. 네 이 여러 ᄆᆞ쇼돌히[= ᄆᆞ쇼돌ㅎ-이] 밤마다 먹논 딥과 콩
　　　　(번역노걸대 상 11)

주체-대상법 문장 (14)에서 보면, 관계절의 관형절 구성이 이루어질 때, 수식 받는 명사가 주어인 경우와 객어(목적어와 부사어)인 경우에 따라 대립을 보인다. 수식 받는 명사가 객어인 경우에는 선어말어미 '-오/우-'가 나타나지만, 수식 받는 명사가 주어인 경우에는 나타나지 않는다.

---

2 다음 문장의 '내' 역시 평성으로 관형사격의 실현인데, 여기에 다시 관형사격조사가
　겹쳐 '내-익'가 되기도 한다.
　가. '내 빈욘' 아기 빋도 ᄒᆞ 가지니이다 (월인석보 8:95)
　나. '내-익 산' 누늘 열에 ᄒᆞ논 거시로다 (금강경삼가해 4:43)

(14) 겨집돌히 子息을 낳다.

　　가. 주어인 경우: 子息 나흔[=낳-ø-은] 겨집돌

　　나. 객어인 경우: 겨집돌히 나흔[=낳-오-은] 子息

'짓다'가 쓰인 다음 문장에서도 역시 그러하다. (15가)에서는 수식 받는 명사 '亭舍'가 목적어에서 빠져나왔기 때문에 '지순[=짓-우-은]'으로 나타났으며, (15나)에서는 수식 받는 명사 '사름'이 주어에서 빠져나왔기 때문에 '지슨[=짓-ø-은]'으로 나타났다.

(15) 가. 須達이 지순[=짓-우-은] 亭舍마다 드르시며 (석보상절 6:38)

　　나. 이 觀 지슨[=짓-ø-은] 사르믄 다른 뉘예 諸佛ㅅ 알픽 나아
　　　　(월인석보 8:32)

이와 같이 15세기 한국어에서 관형절 구성이 이루어질 때, 수식 받는 명사가 주어인 경우와 객어인 경우에 따라 선어말어미의 대립이 실현된다. 즉, 수식 받는 명사가 객어인 경우에는 선어말어미 '-오/우-'가 관형사형어미에 결합하고, 주어인 경우에는 그렇지 않다. 15세기 한국어 관형절 구성의 이러한 문법 현상을 주체-대상법이라 한다(허웅 1975 참조).

다음 (16)은 수식 받는 명사가 주어에서 빠져나온 경우로 '-오/우-'가 결합해 있지 않다. (17)은 목적어에서 빠져나온 경우로 '-오/우-'가 결합해 있다. (18)은 부사어에서 빠져나온 경우로 역시 '-오/우-'가 결합되어 있다.

(16) 가. 出家흔[=出家ᄒ-ø-ㄴ] 사르믄 쇼히 근디 아니ᄒ니 (석보상절 6:22)

　　나. 鸚鵡돌히 부텨를 보ᅀᆞ고 깃븐[=깃브-ø-ㄴ] ᄆᆞᅀᆞᄆᆞᆯ 내야
　　　　흔 날 命終ᄒ야 (석보상절 6:41)

다. 가다가 도라옳[=도라오-∅-ㅭ] 군사ㅣ (용비어천가 25)

(17) 가. 大師 ᄒ샨[=ᄒ-시-오-은→ᄒ-샤-ㄴ] 일 아니면 뉘 혼 거시잇고 (석보상절 11:27)

나. 내 이제 得혼[=得ᄒ-오-니] 道理도 三乘을 닐어ᅀᅡ ᄒ리로다 (석보상절 13:58)

다. 긴 녀르메 ᄒ욜[=ᄒ-요-ㄹ] 이리 업스니 (두시언해-초간 25:2)

(18) 가. 그림 그륜[=그리-우-니] ᄇᄅ믈 들웻고 (두시언해-초간 6:34) : 'ᄇᄅ매 그리믈 그리다'에서 '그림'이 빠져 나옴

나. 옷 섇론[=섇-오-니] 므를 먹고 (석보상절 11:25) : '믈로 오ᄉᆞᆯ 섇다'에서 '믈'이 빠져 나옴

다. 須達이 … 亭舍 지숧[=짓-우-ㅭ] 터흘 어드니 (석보상절 6:23) : '須達이 … 터헤 亭舍 짓다'에서 '터'가 빠져 나옴

그러나 객어가 부사어인 경우에는 불규칙적이다. 다음 (19)는 부사어가 빠져나온 구성인데, '-오/우-'가 결합해 있지 않다. 따라서 주체-대상법은 빠져나온 성분이 주어인 경우와 목적어인 경우에서 분명한 문법 현상이라 하겠다.

(19) 가. 須達이 지븨 도라와 ᄠᅵ 므든[=믇-∅-은] 옷 닙고 시름ᄒᆞ야 잇더니 (석보상절 6:27)

나. 獄은 사름 가도ᄂᆞᆫ[=가도-ᄂᆞ-∅-니] 짜히라 (석보상절 9:8)

다. 부텻긔로 가ᄂᆞᆫ[=가-ᄂᆞ-∅-니] 저긔 (석보상절 6:19)

보문절의 관형절 구성에서도 불규칙적으로 '-오/우-'가 결합한 예가 있는데, 이는 빠져나간 문장성분이 없으므로, 주체-대상법이 적용되는 문법

현상은 아니다. (20가)는 '-오/우-'가 결합한 예, (20나)는 그렇지 않은 예이다.

(20) 가. 說法ᄒᆞ시논[=說法ᄒᆞ-시-ᄂᆞ-오-니] 뜬 아로미 어려ᄫᅥ니 (석보상절 13:47)

　　나. 앗가ᄫᅟᅵᆯ[=앗갑-ø-은] 뜨디 잇ᄂᆞ니여 (석보상절 6:25)

한편 주체-대상법의 '-오/우-'와 높임어미가 겹칠 때에는 '-오/우-'가 생략된다.[3] 다음 문장에서 이를 확인할 수 있다.

(21) 가. 優塡王이 밍ᄀᆞᄉᆞᄫᅟᅵᆯ[=밍글-ᄉᆞᄫᆞ-ø-은] 金像을 象애 싣ᄌᆞᄫᅡ (월인석보 21:203)

　　나. 다시 듣ᄌᆞᄫᅩᇙ[=듣-ᄌᆞᄫᆞ-ø-오ᇙ] 法을 깃ᄉᆞᄫᅵ니라 (월인석보 18:20)

문장 (21가)에서 '金像'이 높임의 대상이면서, 관형절의 목적어로 빠져 나온 것이다. 따라서 객체높임의 '-ᄉᆞᆸ-'과 '-오/우-'가 함께 나타나야 하지만, 이 경우, '-오/우-'가 필수적으로 생략된다. '-ᄉᆞᆸ-'도 객어와 관련된 것이고, '-오/우-'도 객어와 관련된 것이어서 잉여적이기 때문이다.

(22) 가. 本來 셤기시논[=셤기-ø-시-ᄂᆞ-오-니] 부텨는 證ᄒᆞ샨 果를 表ᄒᆞ시니 (월인석보 18:66)

　　나. 부톄 道場애 안ᄌᆞ샤 得ᄒᆞ샨[=得ᄒᆞ-ø-시-오-니] 妙法을 닐

---

3 주체-대상법에서 높임어미 결합 제약 현상을 기술한 것은 허원욱(1993:142-148) 참조. '-ᄉᆞᆸ-'이 결합할 때와 '-으샤-'가 결합할 때의 생략 현상을 체계적으로 제시하였다.

오려 ᄒ시ᄂ가 (석보상절 13:25)

문장 (22가)에서 '부텨' 역시 객체높임의 대상이며, 관형절의 목적어가 빠져나온 것이다. 그런데 주어 '菩薩'이 또한 주체높임의 대상이어서 서술어 '셤기-'에는 '-으시-, -ᅀᆸ-, -오/우-' 세 가지가 결합해야 하지만 이때에는 '-ᅀᆸ-'이 생략되어 '셤기시ᄂ논[= 셤기-ø-시-ᄂ-오-ㄴ]'이 되었다.

15.3. 관형절 구성의 변화

명사절 기능의 소멸 15세기 한국어에서 관형절이 명사절의 기능을 수행하는 경우가 있었다. 문장 (23)의 밑줄 친 관형절 구성은 각각 '다할 것 없어, 다할 것 없으니, 슬플 것 없이, 아니할 것을 아니한다' 등의 의미로 해석된다.

(23) 가. 너펴 돕ᄉ오미 <u>다ᄋᆞᆯ</u> <u>업서</u> 後世를 기리 주노라 (법화경언해 서 18)

나. 내 쳔량앳 거시 <u>다ᄋᆞᆯ</u> <u>업스니</u> (법화경언해 2:75)

다. 놀애를 ᄂᆞ외야 <u>슬품</u> <u>업시</u> 브르ᄂ니 (두시언해-초간 25:53)

라. ᄆᆞᅀᆞ매 서늘히 너기디 <u>아니홀</u> <u>아니ᄒ노라</u> (내훈 서:6)

위 예는 '-을'의 경우인데, '-은'의 경우도 마찬가지이다. 문장 (24가)의 '겨시ᄂ은'은 관형사형 '겨시-ㄴ'에 보조조사 '-은'이 결합한 것으로, '계시는 사람은'의 의미로 해석되며, (24나)의 '그딋 혼'은 '그대가 한 대로'로, (24다)의 '威化振旅ᄒ시ᄂ로'는 관형사형 '威化振旅ᄒ-시-ㄴ'에 부사격조사 '-ᄋᆞ로'가 결합한 것으로, '威化振旅하신 것으로'의 뜻이다.

(24) 가. 西方애 겨시는[=겨시-ㄴ-은] 阿彌陀如來와 度一切世間苦惱
    如來시니 (월인석보 14:5)

   나. 그딋 혼[= 호-오-ㄴ] 조초호야 뉘읏븐 ᄆᆞᅀᆞ믈 아니호리라
    호더니 (석보상절 6:8)

   다. 威化振旅호시ᄂᆞ로[= 호-시-ㄴ-ᄋᆞ로] 興望이 다 몯ᄌᆞᄫᅡ나
    (용비어천가 11)

 이러한 관형절의 명사절 기능은 16세기 한국어에서도 그 흔적이 보이
나, 그러나 바로 소멸한 문법 현상이다.

주체-대상법의 소멸　 15세기 한국어의 특징인 주체-대상법은 16세기
이후 소멸하기 시작하여 17세기에 들어와 거의 소멸하여 현대 한국어에
이르렀다.[4]
 문장 (25)는 16세기 자료인데, 같은 문장 안에서 주체-대상법이 실현되
기도 하고, 실현되지 않기도 한다. 이것은 주체-대상법이 16세기에 허물
어지기 시작했음을 보여 준다.

(25) 가. 비록 주논[=주-ᄂᆞ-오-ㄴ] 배 굳디 아니호나 주는[=주-ᄂᆞ-
    ø-ㄴ] 배 업다 몯홀 거시라 혼대 (번역소학 9:91)

   나. 하ᄂᆞ히 내샨[=내-시-오-ㄴ] 바와 ᄯᅡ히 치시는[=치-시-ᄂᆞ
    -ø-ㄴ] 바애 오직 사름이 크니 (소학언해 4:18)

---

4 주체-대상법의 선어말어미 '-오-'의 기능과 그 변천에 대한 논의는 한국어 문법사의
 주요 과제였다. 전정례(1995)에서 명사성 문제를 제기한 이래로 정수현(2011), 최대희
 (2015), 고경민(2015) 등에서 '-오-'의 소멸을 명사성의 약화라는 관점에서 논의하였다.
 '-오-'에 대한 지금까지의 연구 성과, 연구 전망에 대해서는 석주연(2014) 참조.

《번역소학》(1518년)과 《소학언해》(1588년)를 대조해 보면 주체-대상법의 소멸이 분명하게 드러난다. 《번역소학》에는 '-오/우-'가 결합해 있으나, 《소학언해》에는 그렇지 않다.

(26) 가. 내 자바 호논[= 호-ᄂᆞ-오-니] 이리 다 올홀디라도 (번역소학 7:2)

　　나. 비록 잡안는[= 잡-앗-ᄂᆞ-ø-니] 배 다 올홀디라도 (소학언해 5:36)

(27) 가. ᄌᆞ연이 잘 호논[= 호-ᄂᆞ-오-니] 이를 길워 (번역소학 6:4)

　　나. ᄌᆞ연히 能히 호는[= 호-ᄂᆞ-ø-니] 거슬 칠디니 (소학언해 5:4)

(28) 가. 진실로 太子ᅵ 니르논[= 니르-ᄂᆞ-오-니] 말와 ᄀᆞᆮ호냐 (번역소학 9:46)

　　나. 진실로 東宮ᅵ 닐으는[= 니르-ᄂᆞ-ø-니] 바 ᄀᆞᆮ튼냐 (소학언해 6:42)

(29) 가. 삼가 이베 굴히욜[= 굴히-요-ㄹ] 마리 업스며 (번역소학 6:13)

　　나. 입에 굴힐[= 굴히-ø-ㄹ] 말이 업스며 (소학언해 5:13)

다음 16세기의 《번역노걸대》(1510년쯤)와 17세기의 《노걸대언해》(1670년) 예에서도 이미 16세기에 주체-대상법이 소멸했음을 보여 준다. 같은 문헌이지만 (30)의 《번역노걸대》에서는 주체-대상법이 실현되어 있으나, (31)의 《번역노걸대》에서는 소멸하였다. 물론 《번역노걸대》 (30)에 대응하는 《노걸대언해》 자료 (32)와 《번역노걸대》 (31)에 대응하는 《노걸대언해》 자료 (33)에서는 주체-대상법이 모두 소멸하였다.

(30) 가. 우리 너희를 자디 몯게 호논[= 호-ᄂᆞ-오-니] 주리 아니라 (번역노걸대 상 47)

나. 밤마다 먹논[=먹-ᄂᆞ-오-ㄴ] 딥과 콩이 ᄒᆞᆫ믜 아니니 (번역노걸대 상 12)

(31) 가. 요ᄉᆞᅀᅵ예 사괴ᄂᆞᆫ[=사괴-ᄂᆞ-ø-ㄴ] 사ᄅᆞ미 와 닐오ᄃᆡ (번역노걸대 상 8)

나. 이 오ᄂᆞᆯ 주긴 됴ᄒᆞᆫ[=둏-ø-ᄋᆞᆫ] 도틔 고기라 (번역노걸대 상 20)

(32) 가. 내 너희를 재디 아니려 ᄒᆞᄂᆞᆫ[=ᄒᆞ-ᄂᆞ-ø-ㄴ] 줄이 아니라 (노걸대언해 상 43)

나. 每夜의 먹ᄂᆞᆫ[=먹-ᄂᆞ-ㄴ] 딥과 콩이 ᄒᆞᆫ 가지 아니라 (노걸대언해 상 11)

(33) 가. 요ᄉᆞ이 서ᄅᆞ 아ᄂᆞᆫ[=알-ᄂᆞ-ø-ㄴ] 사ᄅᆞᆷ이 와 니ᄅᆞ되 (노걸대언해 상 8)

나. 이 오ᄂᆞᆯ 주긴 됴ᄒᆞᆫ[=둏-ø-ᄋᆞᆫ] 豬肉이라 (노걸대언해 상 18)

▌참고 문헌

고경민 2015, 관형화 구성에서의 '-오-'의 변천과 소멸, 《시학과 언어학》 30: 5-28, 시학과언어학회.

권재일 1993, 한국어 내포문 구성의 통시적 변화, 《한중음운학논총 1》 161-175, 서광학술자료사.

김정수 1980, 17세기 초기 국어의 높임법, 인칭법, 주체·대상법을 나타내는 안맺음씨끝에 대한 연구, 《한글》 167: 389-426, 한글학회.

석주연 2014, 선어말어미 '-오-'의 연구 성과와 쟁점, 《국어사연구》 19: 7-29, 국어사학회.

왕문용 1987, 후기 근대국어의 의존명사 연구, 서울대학교 대학원 국어국문학과 박사학위논문.

이지영 2018, 중세국어의 특이 관형사절 구성에 대한 일고찰, 《인문과학연구논총》 39-2: 13-48, 명지대학교 인문과학연구소.

전정례 1992, 주체·대상법으로서의 '-오-'에 대한 재고찰, 《국어학》 22: 325-340, 국어학회.

전정례 1995, 《새로운 '-오-' 연구》, 한국문화사.

전정예 (엮음) 2015, 《선어말어미 '-오-' 연구론》, 박이정.

정수현 2011, 선어말 어미 '-오'의 기능과 변천 - 명사성의 약화와 그 기능 변화를 중심으로, 건국대학교 대학원 국어국문학과 박사학위논문.

정수현 2012, 15세기 관형화 구성에 나타난 선어말어미 '-오-' 연구, 《겨레어문학》 48: 351-370, 겨레어문학회.

정재영 2019, '-오-'의 변화, 국어사대계간행위원회 (편) 《국어사 연구 2 (문법·어휘)》 140-184, 태학사. 15

정호완 1987, 《후기 중세어 의존명사 연구》, 학문사.

최대희 2015, 관형화 구성에서의 '-오-'의 실현, 《인문과학연구》 44: 289-312, 강원대학교 인문과학연구소.

탁희성 1997, 19세기말 국어의 내포문 연구 - 초기 국역성경을 중심으로 -, 숭실대학교 대학원 국어국문학과 박사학위논문.

허웅 1958, 삽입모음고 - 15세기 국어의 1인칭 활용과 대상 활용에 대하여 -, 《서울대 논문집, 인문사회과학》 7: 81-152, 서울대학교.

허웅 1975, 《우리 옛말본, 15세기 국어 형태론》, 샘문화사

허원욱 1988, 15세기 우리말 매김마디 연구, 《한글》 200: 69-104, 한글학회.

허원욱 1992, 15세기 국어의 이름마디와 매김마디 연구, 건국대학교 대학원 국어국문
학과 박사학위논문.

허원욱 1993, 《15세기 국어 통어론 - 겹월 -》, 샘문화사.

허원욱 1996, 매김법 씨끝 연구사, 《한국어 토씨와 씨끝의 연구사》 249-276, 박이정.

허원욱 1997, 16세기 국어의 매김마디 연구, 《한말연구》 3: 173-196, 한말연구학회.

허원욱 2005, 17세기 국어 매김마디의 통어론적 연구, 《한말연구》 17: 367-390,
한말연구학회.

| 제16장 | 인용절 구성 변화

15세기 한국어의 인용절 구성은 문장 (1)과 같은 구조로 실현된다. 그러나 문장 (1)의 자연스러운 현대 한국어 표현은 문장 (2)와 같다. 이를 통해 보면, 인용절 구성의 실현방법이 역사적으로 변화했음을 보여 준다.

> (1) 이 比丘ㅣ … 순지 高聲으로 닐오딕 "내 너희를 업시오들 아니ᄒ 노니 너희들히 다 당다이 부톄 ᄃ외리라" ᄒ더라 (석보상절 19:31)
>
> (2) 이 … 比丘가 오히려 큰 소리로 "내가 너희들을 업신여기지 않으니 너희들이 다 반드시 부처님이 되겠다."-고 말하더라.

위의 문장 (1)을 (2)와 대조해 보면, 세 가지 변화를 확인할 수 있다. 첫째, 인용절 구성의 형식이 바뀌었다. 15세기 한국어의 경우, '이 比丘ㅣ 닐오딕'와 같은 도입절을 앞세우고 있으나, 현대 한국어에서는 그렇지 않다. 둘째, 15세기 한국어의 경우, '-고'와 같은 인용표지가 결합해 있지 않으나, 현대 한국어에서는 '-고'가 결합해 있다. 셋째, 15세기 한국어의 경우, 도입절에는 '니ᄅ다'가, 인용동사 자리에는 'ᄒ다'가 나타나 있으나, 현대 한국어에서는 인용동사 자리에 '말하다'가 나타나 있다.

16.1. 인용절 구성의 성격

인용절 구성　인용절 구성은 (전달자 자신도 포함한) 어떤 화자의 말이나 생각을 그대로 또는 전달자의 관점으로 바꾸어 인용하는 구성이다. 인용절 구성의 본질은 내포문이다. 즉 상위문 동사(=인용동사)가 문장종결어미를 온전히 갖춘 인용절을 안고 있는 내포문 구성이다.

(3) 가. 그는 "제가 그 일을 하겠습니다."-라고 말하였다.[1]
　　나. 그는 "자기가 그 일을 하겠다"-고 말하였다.
(4) 가. 그는 "내가 결국 옳았구나."-라고 생각하였다.
　　나. 그는 "자기가 결국 옳았다"-고 생각하였다.

문장 (3)은 '말하다'란 동사가 "제가 그 일을 하겠습니다." 또는 "자기가 그 일을 하겠다"라는 문장을 '-라고' 또는 '-고'와 같은 인용표지를 통해 안고 있으며, 문장 (4)는 '생각하다'란 동사가 "내가 결국 옳았구나." 또는 "자기가 결국 옳았다."라는 문장을 역시 '-라고' 또는 '-고'와 같은 인용표지를 통해 안고 있다.

직접 인용과 간접 인용　인용절 구성은 화자의 인용 태도에 따라 직접 인용과 간접 인용으로 나뉜다.[2] 직접 인용은 누군가가 한 말, 생각, 느낌

1　이 글에서 인용절은 직접 인용이든, 간접 인용이든 모두 " " 부호로 표시하기로 한다.

2　인용 구문의 유형에 대한 논의는 안경화(1995) 참조. 안경화(1995)에서는 인용 구문을 직접 인용, 간접 인용 외에 중간 단계로 준직접 인용, 준간접 인용 등을 더 설정하였다. 한편 이현희(1986)에서는 화법을 인용의 상위 개념으로 설정하고, 직접 화법에는 직접 인용 구문을, 간접 화법에는 간접 인용 구문, 간접 의문, 의도·목적 구문을 포함하였다.

등을 화자가 그대로 인용하는 것이며, 간접 인용은 직접 인용절의 여러 성분을 화자의 관점에서 주체, 객체, 시간, 공간 등을 조정하여 인용하는 것을 말한다.[3] 문장 (3),(4)의 (가)가 직접 인용절 구성이며, (나)가 간접 인용절 구성이다. 문장 (3가)의 직접 인용절 "제가 그 일을 하겠습니다."를 화자의 관점에서 조정하여 인용하면 문장 (3나)와 같은 간접 인용절 "자기가 그 일을 하겠다."로 실현된다. 15세기 한국어에서도 역시 인용절 구성은 직접 인용절 구성과 간접 인용절 구성으로 실현된다. 문장 (5가)는 직접 인용절 구성이며, 문장 (5나)는 간접 인용절 구성이다.

> (5) 가. 魔王이 世尊의 솔보딕 "瞿曇아 나는 一切衆生이 다 부톄
> 드외야 衆生이 업거삭 菩提心을 發호리라" ᄒ더라 (석보상
> 절 6:46)
> 나. 菩薩이 諸天ᄃ려 무르샤딕 "엇던 양ᄌ로 ᄂ려가료" ᄒ샤ᄂᆞᆯ
> (월인석보 2:19)

말 인용과 생각 인용　　인용절 구성은 직접 인용과 간접 인용으로 나뉠 뿐만 아니라, 말을 인용하는 경우와 생각을 인용하는 경우로 나뉠 수 있다. 이를 각각 말 인용, 생각 인용이라 한다.[4] 위의 문장 (5)가 말 인용절 구성이고, 다음의 문장 (6)이 생각 인용절 구성이다. 말 인용절 구성에는 인용동사로 'ᄉᆞᆲ다, 묻다'와 같은 동사가 실현되며, 생각 인용절 구성에는

3　일반적으로 실제 언어 활동에서 보면, 직접 인용보다는 간접 인용이 훨씬 더 많이 쓰인다. 직접 인용보다 간접 인용이 더 많이 쓰이는 것은, 우리의 언어 의식 구조가 화자와 청자 중심이라는 것과 밀접한 관계가 있다. 이에 대한 구체적인 논의는 허원욱(1994, 1998) 참조.

4　이를 안경화(1995)에서는 각각 외적 인용, 내적 인용이라 하였다. 생각 인용이 누군가의 (자기 자신도 포함하여) 생각을 인용시키거나 누군가가 할 말을 가정적으로 인용화한 다는 점에서 허원욱(1994, 1998)에서는 추상적 간접 인용이라 하였다.

'너기다, 소랑ᄒᆞ다'와 같은 동사가 실현된다.

(6) 가. 사ᄅᆞ미 바ᄆᆡ 녀다가 机를 보고 "도ᄌᆞ긴가" 너겨며 "모딘 귀
　　　쩌신가" 너겨 두리어 혜ᄃᆞᆮ다가 (석보상절 11:34)
　　나. 내 소랑호ᄃᆡ " … 쟝차 아니 믈러 일흟가' ᄒᆞ다니 (능엄경언
　　　해 5:72)

16.2. 인용절 구성 형식의 변화

16.2.1. 인용절 구성의 형식

인용절 구성의 형식　앞의 문장 (3),(4)와 같이 현대 한국어의 인용절
구성은 인용절을 안은 내포문 구성으로 실현된다. 그러나 (3),(4)는 (7),(8)
처럼, 밑줄 친 부분과 같은 도입절을 앞세워 실현되기도 한다.

(7) 가. <u>그가 말하기를</u>, "제가 그 일을 하겠습니다."-라고 하였다.
　　나. <u>그가 말하기를</u>, "자기가 그 일을 하겠다"-고 하였다.
(8) 가. <u>그가 생각하기를</u>, "내가 결국 옳았구나."-라고 하였다.
　　나. <u>그가 생각하기를</u>, "자기가 결국 옳았다"-고 하였다.

이때, 인용동사 자리에 있던 '말하다, 생각하다' 등은 '하다'로 대치된다.
그리고 도입절 '그가 말하기를, 그가 생각하기를'은 '그가 말하기로는, 그
가 말하되, 그가 말하건대 : 그가 생각하기로는, 그가 생각하되, 그가 생각
하건대' 등 다양한 형식으로 실현될 수 있다. 따라서 한국어의 인용절
구성은, 문장 (7),(8)과 같은 도입절을 앞세우는 구문과 문장 (3),(4)와 같

은 도입절을 가지지 않는 구문, 두 가지 형식으로 실현된다고 할 수 있다. 15세기 한국어의 인용절 구성의 형식도 마찬가지이다. 다음 문장 (9)는 도입절을 가지지 않은 형식이며, (10)은 도입절을 앞세우는 형식이다.

(9) 須達이 病ㅎ얫거늘 부톄 가아보시고 "阿那含을 得ㅎ리라" 니르시니라 (석보상절 6:44)

(10) 도즈기 … 날드려 닐오딕 "네 도로 머그라 아니옷 머그면 네 머리를 버효리라" 홀씨 (월인석보 10:25)

현대 한국어든, 15세기 한국어든, 도입절을 앞세우는 인용절 구성은, (7),(8),(10)과 같이, 인용동사는 도입절의 동사로 실현되고 '하다' 또는 'ㅎ다'로 대치된다. 따라서 현대 한국어에서 (3),(4)를 (7),(8)과 관련짓는 것과 같은 방식으로, 15세기 한국어에서 (10)은 다음 (11)과 관련지어 기술할 수 있다.

(11) 도즈기 날드려 "네 도로 머그라 아니옷 머그면 네 머리를 버효리라" 니룰씨

이때 인용동사가 아예 실현되지 않을 수도 있다. 다음 (12)는 15세기 한국어에서 도입절을 앞세우는 인용절 구성 형식에 아예 인용동사가 실현되지 않은 문장들이다.

(12) 가. 부톄 니르샤틱 "이러훈 妙法은 諸佛如來 時節이어사 니르시ᄂ니 優曇鉢華ㅣ 時節이어사 훈번 뵈요미 곧ㅎ니라" (석보상절 13:47)

나. 須達이 精舍 다 짓고 王끠 가 술보딕 "내 世尊 위ㅎᄉ바

精舍를 ᄒᆞ마 짓ᄉᆞᆸ니 王이 부텨를 請ᄒᆞᅀᆞᄫᆞ쇼셔" (석보상
절 6:38)

다. 그저긔 六師ㅣ 나라해 出令ᄒᆞ딕 "이後 닐웨예 城밧 훤ᄒᆞᆫ
ᄯᅡ해 가 沙門과 ᄒᆞ야 지조 겻구오리라" (석보상절 6:27)

이러한 서술을 바탕으로 하면, 현대 한국어든, 15세기 한국어든, 한국어
인용절 구성의 형식은 다음과 같다.

(13) 인용절 구성의 형식
 1. 도입절을 앞세우는 형식
  가. 인용동사가 '하다, ᄒᆞ다로 대치되는 형식
   문장 (7),(8) → [＋도입절:동사대치] 형식
  나. 인용동사가 실현되지 않는 형식
   문장 (12) → [＋도입절:동사비실현] 형식
 2. 도입절을 가지지 않는 형식
   문장 (3),(4),(9) → [－도입절] 형식

그런데 역사적으로 인용절 구성의 형식은 변화를 겪었다. 15세기 한국
어에서는 주로 [＋도입절:동사대치] 형식이 실현되었으나, 점차 이 형식의
쓰임은 축소되고 그 대신 [－도입절] 형식이 확대되어, 현대 한국어에서는
[－도입절] 형식이 전형적인 인용절 구성이 되었다. 이에 대해 구체적으로
살펴보자.

16.2.2. 중세 한국어의 인용절 구성

중세 한국어(15세기, 16세기 한국어)에서는 [＋도입절:동사대치] 형식,

[+도입절:동사비실현] 형식, [−도입절] 형식 모두 실현되었다.[5] 그 가운데서 [+도입절:동사대치] 형식이 주로 실현되었으며, [−도입절] 형식의 분포는 적었다. 이러한 분포는 언해문 문체의 결과로 보인다.[6]

[+도입절:동사대치] 형식   15세기 한국어에서 [+도입절:동사대치] 형식의 인용절 구성은 다음과 같다. 인용동사는 'ᄒᆞ다'로 대치되어 있다.[7] 문장 (14)는 말 인용절 구성이며, (15)는 생각 인용절 구성이다.

(14) 가. 부텨 니ᄅᆞ샤ᄃᆡ "자본 이리 無常ᄒᆞ야 모물 몯 미듫거시니 네 목수믈 미더 즈랂 時節을 기드리ᄂᆞᆫ다" ᄒᆞ시고 (석보상절 6:11)

나. 舍利弗이 젼ᄎᆞ 업시 우ᅀᅥ늘 須達이 무른대 對答호ᄃᆡ "그듸 精舍 지ᅀᅮ려 터흘 ᄀᆞᆺ 始作ᄒᆞ야 되어늘 여슷 하ᄂᆞ래 그듸가 들 찌비 ᄇᆞᆯ쎠 이도다" ᄒᆞ고 (석보상절 6:35)

다. 魔王이 世尊ᄭᅴ 슬ᄫᅩᄃᆡ "瞿曇아 나는 一切衆生이 다 부톄 ᄃᆞ외야 衆生이 업거ᅀᅡ 菩提心을 發호리라" ᄒᆞ더라 (석보상절 6:46)

라. 閻羅大王이 讚歎ᄒᆞ야 닐오ᄃᆡ "됴ᄒᆞ실쎠 됴ᄒᆞ실쎠 내 親히

---

5 중세 한국어의 인용절 구성에 대한 구체적인 논의와 자료는 강인선(1977), 김수태(1993), 허원욱(1994, 1998) 참조.

6 도입절을 앞세우는 인용 구문 형식은 근본적으로 한문 어순 그대로 번역한 결과라 하겠다. 이에 대해서는 이현희(1986:204) 참조. 한편 이현희(1986)에서는, 도입절에 실현된 '-오ᄃᆡ'의 기능은 '전건의 내용에 대해 후건에서 부연·설명해 주도록 이어주는 문법 기능'이라 하였다.

7 이현희(1986)에서는 'ᄒᆞ다'를 전이어 'ᄒᆞ-'와 대동사 'ᄒᆞ-'로 나누어 제시하였다. 「" " ᄒᆞ야 니ᄅᆞ다」의 'ᄒᆞ야'는 전이어이며, 「" " ᄒᆞ다」의 'ᄒᆞ다'는 대동사로 해석하였다. 'ᄒᆞ야 ᄒᆞ다'인 경우는 음성적 동형으로 'ᄒᆞ야'가 필수적으로 나타나지 않는다고 하였다.

저숩고 좀 뮈우웁가니 부텻긔 信티 아니ᄒᆞᇫᄫᆞ려" ᄒᆞ고 (월인석보 23:88)

(15) 가. 부텨 向ᄒᆞᆫ ᄆᆞᅀᆞᄆᆞᆯ 니즈니 누니 도로 어듭거늘 제 너교ᄃᆡ "바ᄆᆡ 가다가 귓것과 모딘 즁ᇰᄉᆡᆼ이 므싀엽도소니 므스므라 바ᄆᆡ 나오나뇨" ᄒᆞ야 (석보상절 6:19)

나. 아비 每常 아ᄃᆞᆯ룰 念ᄒᆞ되 "아들와 여희연 디 쉬나ᄆᆞᆫ ᄒᆡ어다" ᄒᆞ되 (월인석보 13:9)

다. 내 ᄯᅩ ᄉᆞ랑ᄒᆞ되 "이ᄀᆞ티 ᄒᆞᆫ 모매 엇뎨 두 아로미 이시리오" ᄒᆞ야 (능엄경언해 5:42)

라. 도ᄅᆞ혀 疑心ᄒᆞ되 "杶樓ㅅ 미틔셔 마죗밥 먹고 越ㅅ 中에셔 녀논가" ᄒᆞ노라 (두시언해-초간 15:7)

16세기 한국어에서 [＋도입절:동사대치] 형식의 인용절 구성은 다음과 같다. 역시 인용동사는 'ᄒᆞ다로 대치되어 있다.

(16) 가. 네 님굼미 忠國師끠 무로되 "엇뎨 ᄒᆞ야든 부텨 ᄃᆞ외ᄂᆞ니잇고" ᄒᆞ야늘 술오되 "來日 주글 노미 잇ᄂᆞ니잇고" ᄒᆞ야늘 對答ᄒᆞ되 "來日 주글 노미 잇ᄂᆞ니이다" ᄒᆞ야늘 (칠대만법 21)

나. 샤ᇰ녯 말ᄉᆞ매 닐오되 "사오나온 일란 그싀고 됴ᄒᆞᆫ 일란 펴 낼 거시라" ᄒᆞᄂᆞ니라 (번역노걸대 하 44)

다. 요ᄉᆞᆡ예 사괴는 사ᄅᆞ미 와 닐오되 "믈 갑시 요ᄉᆞᆡ 됴ᄒᆞ모로 … 열 량 우후로 ᄑᆞᆯ리라" ᄒᆞ더라 (번역노걸대 상 8)

[＋도입절:동사비실현] 형식 도입절을 앞세우는 형식이되, 인용동사가 나타나 있지 않은 인용절 구성이다.[8] 먼저 15세기 한국어의 예이다.

(17) 가. 부톄 羅雲이 두려 니루샤티 "부텨 맛나미 어려브며 法 드로
미 어려브니 네 이제 사루미 모물 得ᄒ고 부텨를 맛나 잇ᄂ
니 엇뎨 게을어 法을 아니 듣는다" (석보상절 6:10)

나. 須達이 精舍 다 짓고 王ᄭᅴ 가 술보티 "내 世尊 위ᄒᆞᆸ바
精舍롤 ᄒᆞ마 짓ᄉᆞ보니 王이 부텨를 請ᄒᆞᅀᆞᇦᆞ쇼셔" (석보상
절 6:38)

다. 須達이 또 무로티 "婚姻 위ᄒᆞ야 아ᅀᆞ미 오나든 이바도려
ᄒᆞ노닛가" (석보상절 6:16)

라. ᄉᆞ랑ᄒᆞ노니 "그듸ᄂᆞᆫ 어느저긔 도라올다" (두시언해-초간
22:30)

16세기 한국어에서 [+도입절;동사비실현] 형식의 인용절 구성은 다음
과 같다. 역시 인용동사는 나타나 있지 않다.

(18) 가. 야지 닐오티 "너희 둘히 굿 구티여 됴홈 구줌 분간ᄒᆞ거라
말라" (번역노걸대 하 57)

나. 원뎡일 ᄀᆞᄅ쳐 닐오티 "이 공즈 밍즈의 바른 줄믹기라" (이
륜행실도-초간 48)

다. 孔子ㅣ ᄀᆞᆯ아샤티 "禮 아니어든 보디 말며 禮 아니어든 듣디
말며 禮 아니어든 닐ᄋᆞ디 말며 禮 아니어든 뮈디 말올디니
라" (소학언해 3:4)

라. 或이 孔子ᄉᄭᅴ 닐어 ᄀᆞᆯ오티 "子ᄂᆞᆫ 엇디 政을 ᄒᆞ디 아니ᄒᆞ시
ᄂᆞ닝잇고" (논어언해 1:17)

---

8 이 형식은 주로 직접 인용절 구성을 실현한다. 한편 강인선(1977)에서 'ᄒᆞ-'가 의미적
잉여성 때문에 실현되지 않은 것으로 해석하였다.

[-도입절] 형식　다음은 도입절을 앞세우지 않은 형식의 인용절 구성이다. 앞의 두 형식에 비해 늦게 발달한 것으로 생각된다. 15세기 한국어의 예는 다음과 같다. 문장 (19)는 말 인용절 구성이고, 문장 (20)은 생각 인용절 구성이다. 이 경우 인용동사는 '니르다'를 비롯하여 '일쿧다, 묻다, 너기다, 혜다' 등과 이들의 대치 형태인 'ᄒ다'로 실현된다.

(19) 가. 須達이 病ᄒ얫거늘 부톄 가아보시고 "阿那含ᄋᆞᆯ 得ᄒ리라" 니르시니라 (석보상절 6:44)

　　나. 瞿曇이 무리 尊卑 업서 五百弟子ㅣ 各各 "第一이로라" 일쿧ᄂᆞ니 (월인석보 21:199)

　　다. 그쁴 이웃 ᄆᆞᅀᆞᆯᄒᆡᆺ 사ᄅᆞᆷ들히 "羅卜이 오ᄂᆞ다" 듣고 (월인석보 23:74)

　　라. 比丘와 王괘 夫人ᄋᆞᆯ 뫼샤 長者ㅣ 지븨 가샤 "겨집종 사쇼셔" ᄒ야 브르신대 (월인석보 8:94)

(20) 가. 사ᄅᆞ미 바ᄆᆡ 녀다가 机를 보고 "도즈긴가" 너겨며 "모딘 귀 쎠신가" 너겨 두리어 혜ᄃᆞ다가 (석보상절 11:34)

　　나. 알ᄑᆡ "내 物을 두려이 내노라" 혜오 이에 "뎨 나를 두려이 내리라" 혤씨 이런ᄃᆞ로 일후미 갓ᄀᆞ로 두려우미라 (능엄경 언해 10:54)

　　다. "블근 칠흔 門으란 올ᄒ니라" ᄒ야 쟈랑ᄒ곡 "이 새 지브란 외다" ᄒ야 더러이 너기디 말라 (두시언해-초간 15:5)

　　라. "됴흔 景槪를 桃源인가" ᄉᆞ랑ᄒ노라 (두시언해-초간 21:10)

16세기 한국어에서 [-도입절] 형식의 인용절 구성은 다음과 같다. 역시 인용동사는 '니르다, 듣다' 등과 이들의 대치 형태인 'ᄒ다'로 나타나 있다.[9]

(21) 가. 나는 반드시 "흑문을 ᄒ엿다" 닐오리라 (소학언해 1:16)

나. 네 어제 엇디 "십리 맛값 길히라" ᄒ더니 오ᄂᆞᆯ 쏘 엇디
"三十里 싸히라" 니ᄅᆞᆫ다 (번역노걸대 상 59)

다. "一夫 紂를 誅ᄒ다" 홈을 듣고 "君을 弑ᄒ다" 홈을 듣디 몯게
이다 (맹자언해 2:26)

라. "娑婆世界라 호ᄆᆞᆫ 더러운 쫑 오조미며 얽머흔 몰애 둘히라"
ᄒ며 (칠대만법 1)

한편 오직 인용절만 있고, 이를 이끄는 말이 전혀 없는, 즉 도입절도 없고 인용동사도 없는 형식이 있다. 이러한 예는 매우 드물며, 특이한 구조이다.

(22) 가. "國王은 오쇼셔" "龍王은 겨쇼셔" 이 두 말을어늘 (월인석보 7:26)

나. "龍이 그엔 이쇼리라 王ㅅ 그엔 가리라" 이 두 고대 어듸
겨시려뇨 (월인석보 7:26)

다. 아들님 成佛ᄒ샤 "아바님 보ᅀᆞᄫᆞ리라" 羅漢 優陀耶ᄅᆞᆯ 돌아
보내시니 (월인천강지곡 상 기113)

---

9 16세기 한국어의 다음 문장들도 역시 이 유형에 속하는데, 서술어가 '시브다'로 나타난 문장들이다.

가. 나죵내 고티디 몯ᄒ야 "두디 몯홀가" 식브거든 (이륜행실도-초간 30)

나. "셔울 가 다시 너히 볼가" 시브디 아니ᄒ예라 (순천김씨묘편지글 54)

다. "안즉 놀애며 춤과롤 ᄀᆞᄅ치고져" 식브니라 (번역소학 6:7)

라. "힝뎍은 모 나 프러디디 말오져" 싣븐 거시라 (번역소학 8:1)

16.2.3. 근대 한국어의 인용절 구성

근대 한국어(17세기, 18세기, 19세기 한국어)에서 [＋도입절:동사대치] 형식, [＋도입절:동사비실현] 형식, [－도입절] 형식 모두 실현되었다. 그 가운데서 [－도입절] 형식의 분포가 확대되었다는 점이 변화의 큰 특징이다.[10]

[＋도입절:동사대치] 형식　근대 한국어에서 [＋도입절:동사대치] 형식의 인용절 구성은 다음과 같다. 인용동사는 '호다'로 대치되어 있다. 다만 도입절의 동사가 '굴다'로 보편화되었다. (23),(24),(25)는 각각 17세기, 18세기, 19세기 한국어 예이다.

> (23) 가. 히론이 모든 쟝슈드려 닐러 굴오디 "녜 내 아비 모믈 여긔
> 　　　　 죽고 … 여긔셔 싸오니 이 내 죽는 날이랴" 하고 (동국신속
> 　　　　 삼강행실도-충신 1:6)
> 　　 나. 샹이 굴아샤디 "붉고 춍호기가 비록 어려오나 효되란 거슨
> 　　　　 일빅 힝실의 근원이니 … 효셩을 다 못흔 고로 다ᄉ림이
> 　　　　 놉디 못호다" 호시니 (인조대왕행장 12)
> 　　 다. 샹이 굴아샤디 "덕이 업스면 어즈럽다" 호고 또 닐오디 "흔
> 　　　　 사름이 어딜면 만방이 졍호다" 호니 (인조대왕행장 18)
> 　　 라. 샹언에 니른되 "사오나온 일란 그이고 됴흔 일란 들어나게
> 　　　　 호라" 호니라 (노걸대언해 하 40)
> (24) 가. 이에 날회여 닐러 굴오디 "羹이 네 손을 더여냐" 호니 (어제

---

10 근대 한국어의 인용절 구성에 대한 구체적인 논의와 자료는 안주호(1991), 김수태 (1993), 윤혜영(2011), 허원욱(2019) 참조.

내훈 1:14)

나. 何曾이 文帝 안존 딕 阮籍를 面당ᄒᆞ야 質정ᄒᆞ야 글오딕 "그
   듸ᄂᆞᆫ 풍속을 ᄒᆞ야 ᄇᆞ리ᄂᆞᆫ 사ᄅᆞᆷ이라 可히 길우디 못홀 거시
   라" ᄒᆞ고 (어제내훈 1:53)

다. 近間에 내 아ᄂᆞᆫ 사ᄅᆞᆷ이 와 니로딕 "믈 갑시 요ᄉᆞ이 죠ᄒᆞ니
   이 ᄒᆞᆫ 등 믈은 열 닷 냥 ᄡᅳ고 이 ᄒᆞᆫ 등 믈은 열 兩 ᄡᅳ다"
   ᄒᆞ더라 (청어노걸대 1:11)

라. 샹말에 니ᄅᆞ되 "사오나온 일을 긔이고 죠흔 일을 낫하냄이
   맛당ᄒᆞ다" ᄒᆞᆫ 거시 ᄀᆞ장 죠ᄒᆞ니라 (청어노걸대 7:14)

(25) 가. 일즉 칙을 덥고 탄ᄒᆞ야 글오딕 "차홉다 내 남직 되여 셩현의
    글을 닑고 셩현의 일을 힝티 못ᄒᆞᄂᆞᆫ 줄을 흔ᄒᆞ노라" ᄒᆞ더니
    (셜ᄉᆡᆫ뎐 1 ᄂᆡ편 17)

나. 허시 이 말을 듯고 감동ᄒᆞ여 왈 "내 도라가디 못ᄒᆞ믄 ᄂᆞᆺ치
   업서 시랑을 다시 보디 못ᄒᆞ미러니 … 셰월이 잠간 오란
   후 도라갈 계규를 ᄒᆞ리라" ᄒᆞ더라 (셜ᄉᆡᆫ뎐 3 외편 210)

다. 양공이 글오딕 "하ᄂᆞᆯ이 알고 귀신이 알고 쟈ᄂᆡ 알고 내 아니
   엇디 알 리 업다 하ᄂᆞᆫ고" ᄒᆞ고 금을 밧디 아니ᄒᆞ니 (셜ᄉᆡᆫ
   뎐 3 외편 278)

라. 공직 글오샤딕 "부모의 나흘 긔지티 아니티 못홀 거시니
   ᄒᆞ나흔ᄡᅥ 깃브고 ᄒᆞ나흔ᄡᅥ 두립다" ᄒᆞ시니 (셜ᄉᆡᆫ뎐 5 외
   편 432)

[+도입절:동사비실현] 형식   도입절을 앞세우는 형식이되, 인용동사가
나타나 있지 않은 인용절 구성이다. 중세 한국어와 같다. (26),(27),(28)은
각각 17세기, 18세기, 19세기 한국어 예이다.

(26) 가. 슈민이 날회야 닐러 글오되 "내 너를 좃디 아닐 거시니 섈리
　　　나를 주기라" (동국신속삼강행실도-충신 1:45)

　　나. 或이 뭇조오되 "이제 土庶인이 또흔 始基 흔 祖ㅣ 이실딘댄
　　　아니 또흔 오직 四代를 祭ᄒ리잇가 …" (가례언해 1:36)

　　다. 샹이 무러 글ᄋ샤되 "삼되 이하의 사름을 아라 잘 브린 님금
　　　이 두고" (인조대왕행장 21)

　　라. 즈름이 닐오되 "너희 둘히 구틔여 됴홈 구즘을 분별티 말라"
　　　(노걸대언해 하 51)

(27) 가. 孟子ㅣ 글ᄋ샤되 "사름이 道ㅣ 이쇼매 빅 브르게 먹고 더온
　　　옷 닙어 편안히 잇고 ᄀᄅ침이 업스면 곳 즘승에 갓가올릴
　　　싁" (어제내훈 1:17)

　　나. 后ㅣ 뭇조와 글ᄋ샤되 "太學生이 언매나 ᄒ니잇고" 帝 글ᄋ
　　　샤되 "數千이러라" ᄯ 무로샤되 "다 집이 잇ᄂ잇가" 니ᄅ샤
　　　되 "ᄯ 만히 잇ᄂ니이다" (어제내훈 2:98)

　　다. 글에 닐러시되 "사름마다 天性이 다 어지되 後에 私欲에
　　　ᄀ리여 ᄆᄋᆷ이 어득흔지라" (첩해몽어 1:7)

　　라. 證人이 니로되 "너희 둘히 죠흐며 죠치 아님을 드토지 말라"
　　　(청어노걸대 8:3)

(28) 가. 호쥐 ᄌ녀의 소견을 시험코져 ᄒ야 무로되 "만믈 듕의 무어
　　　시 ᄀ장 귀ᄒ뇨" 듕관이 되왈 "눙봉이 ᄀ장 귀ᄒ니이다" 호
　　　쥐 왈 "엇디 니름고" (셜시니범 1 니편 19)

　　나. 힝진 왈 "사름이 귀타 흐믄 엇디 그 얼골이 즘싱과 다ᄅᄆᆯ
　　　니ᄅ미리잇가 그 ᄆᄋᆷ이 즘싱과 다ᄅᄆᆯ 귀타 ᄒᄆ니이다"
　　　(셜시니범 1 니편 20)

　　다. 시랑 왈 "네 말이 올커니와 네 모친이 도라올 ᄯ이 업ᄂ니
　　　엇디 등되ᄒ리오" (셜시니범 3 외편 211)

라. 셜싱이 심하의 혜오딕 "위시 녀주는 밤이 깁두록 줌자디
　　아니흐느뇨" (셜시니범 4 외편 330)

　그런데 근대 한국어에서 도입절의 형식이 다양하게 실현된다. 지금까
지 '-오딕' 형식이 주로 실현되었지만, 다음과 같이 '-건대, -건댄', '-기-를'
과 같은 형식도 함께 실현된다.

(29) 가. 신이 쳥컨댄 "가셔 위군을 머기리라" (동국신속삼강행실도
　　　　-충신 1:14)

　　 나. 請컨대 "先生은 章書를 講ᄒ여 學生들희게 들리쇼셔" (오륜
　　　　전비언해 1:20)

　　 다. 家中에 盤費 싱각건대 "다 뼈 盡ᄒ여시리로다" (오륜전비언
　　　　해 7:1)

　　 라. 몬져 니르기를 "明白히 ᄒ라 내 그런 후의 가리라" (오륜전
　　　　비언해 2:39)

[-도입절] 형식　도입절을 앞세우지 않은 형식의 인용절 구성은, 중세
한국어와는 달리, 쓰임이 확대되어 간다. 이것은 인용절 구성의 실현 형식
이 차차 현대 한국어와 가깝게 바뀌어 가고 있음을 의미한다. (30), (31),
(32)는 각각 17세기, 18세기, 19세기 한국어 예이다.[11]

---

11 근대 한국어의 다음 문장들도 역시 이 유형에 속하는데, 서술어가 '시브다'로 실현된
　문장들이다.
　　 가. "병환은 나날 낫주오셔 즉금은 거의 여샹ᄒ오신가" 시브오니 (편지글 146:숙
　　　　종,1699년)
　　 나. "노병흔 이 내 근역 쇠진홀가" 시브도다 (일동장유가 3:16)
　　 다. "닉일은 天氣도 죠홀가" 시부다 (개수첩해신어 6:19)
　　 라. "그리 됴하ᄒ시든가" 시브더라 (한둥만록 1:20)

(30) 가. 뎡부인 한시는 … 스스로 "죄인이로라" 일쿧고 "엇디 뻐 하
  늘홀 보리오" 호고 (동국신속삼강행실도-열녀 4:55)

  나. "내 가히 스스로 편홀건가" 호고 드듸여 드러가 왕의 겨틔
  모셛더니 쳑쥰경의 해흔 배되다 (동국신속삼강행실도-충
  신 1:18)

  다. 좌우옛 사룸이 권호여 "피호라" 호거늘 쳔일이 니디 아니호
  여 (동국신속삼강행실도-충신 1:38)

  라. 네 어제 엇디 "十里ㅅ 씰히라" 니르더니 오늘은 또 엇디
  "三十里 싸히라" 니르는다 (노걸대언해 상 53)

(31) 가. "형아 내 ᄆᆞ음에 도로혀 이 孃이 잇다" 니르고 孃이 죽은
  줄을 아디 못호리로다 (오륜전비언해 7:41)

  나. 분흠믈 못 니긔여 "도로 가라" 호령호니 (일동장유가 1:34)

  다. 네 어제 "十里라" 호여 닐럿더니 오늘 엇지 "三十里랴" 호는
  다 (청어노걸대 4:11)

(32) 가. 그 후의 호오시기를 "의딕를 잘못 닙고 가셔 그 일이 나오신
  가" 스려호셔 (한듕만록 2:5)

  나. 샤공ᄃᆞ려 무르라 호니 샤공셔 "오늘 일츌이 유명호리란다"
  호거늘 (의유당집, 동명일긔)

16.2.4. 20세기 초기 한국어의 인용절 구성

현대 한국어의 출발점은 20세기 초기이다. 20세기 초기 한국어를 중심
으로 현대 한국어의 인용절 구성을 살펴보자. 이 시기는 [+도입절] 형식
의 쓰임이 점차 줄어들고 [-도입절] 형식의 인용절 구성이 확대되어, 드
디어 이것이 인용절 구성의 전형적 형식이 되었음이 가장 큰 특징이다.

[＋도입절:동사대치] 형식　　20세기 초기 한국어에서 [＋도입절:동사대치] 형식의 인용절 구성은 다음과 같다. 인용동사는 '골다'이다.

(33) 가. 부엉이가 對答ᄒ야 골ᄋ딕 "이 地方 사름이 내 우름소리를 미워ᄒᄂ는 故로 나는 다른 地方으로 올무랴 ᄒ노라" ᄒ니 (신찬초등소학 2:49)

　　나. 宮女가 皐蘭寺 바위에서 ᄰᅥ러져 죽으니 名ᄒ야 갈오되 "落花巖이라" ᄒᄂ이다 (유년필독 1:28)

　　다. 모친이 크게 ᄭᅮ지져 왈 "네 부친이 임의 몰셰ᄒ시고 내 로경에 의뢰ᄒᆯ 바는 오직 너ᄲᅮᆫ이라 이제 네가 이ᄀᆞ치 방탕ᄒ니 내가 누구를 밋을고" ᄒᆫ딕 (녀ᄌ독본 샹 9)

　　라. 여호ㅣ 웃고 골오딕 "어이 不祥ᄒ다. 技藝 몰으는 놈아 네 萬一 산냥기가 올진딕 엇지ᄒ라ᄂᆞᇁ" ᄒ고 (신정심상소학 2:21)

　　마. 이에 金明의 여당이 이 말을 듯고 다 갈오되 "萱伯도 이러ᄒ거든 우리가 무삼 念慮ㅣ 잇스리오" 하고 (유년필독 2:8)

[＋도입절:동사비실현] 형식　　도입절을 앞세우는 형식이되, 인용동사가 나타나 있지 않은 인용절 구성이다. 중세 한국어, 근대 한국어와 같다.

(34) 가. 쥐ᄉᆡ기가 어미ᄒᆞᆫ테 와셔 말ᄒ되 "나는 卽今 죠흔 데를 ᄎᆞ졋ᄂᆞ이다 … 어마님 意向이 엇더ᄒ온잇가" (신정심상소학 1:13)

　　나. 榮福이 對答ᄒ야 갈오딕 "그 속에 긴 바늘과 ᄌᆞ른 바늘이 잇습ᄂᆞ이다" (신정심상소학 2:24)

　　다. 兄이 갈오딕 "져 두 바늘은 刻針과 時針이라. … ᄯᅩ 두 바늘

이 合ᄒ야 그 긋치 XII에 오면 열두 시니라" (신졍심상소학 2:24)

라. 어미 그 말을 듯고 對答ᄒ되 "아니라 그는 山應聲이란 거시니라 … 萬若 네가 됴흔 말을 ᄒ얏스면 엇지 됴흔 말노 도라오지 아니리오" (신졍심상소학 2:34)

한편 도입절의 형식이 다양하게 실현된다. 특히 '-기-를'과 같은 도입절이 확대되었다.

(35) 가. 한 암탉 이 여러 병아리 다려 일느기를 "멀니 쩌나 가지 말라" ᄒ얏소 (초등소학 2:26)

나. 여러 사름들이 날다려 뭇기를 "엇더케ᄒ여야 관찰ᄉ와 원 노릇슬 잘 ᄒ겟느냐"-고 ᄒ기에 (독닙신문 1896.4.16.)

다. 내가 말ᄒ기를 "법 직히는 빅셩의 종이라"-고-만 ᄒ엿지 무법흔 빅셩의게는 "법관이라"-고 ᄒ엿슨즉 (독닙신문 1896.4.16.)

라. 포천 군슈 박영셰가 한성부에 보고ᄒ기를 "츈쳔부에 픠한 비도 팔십여명이 … 겁탈이 무슈ᄒ다"더라 (독닙신문 1896.4.25.)

[−도입절] 형식   도입절을 앞세우지 않은 형식의 인용절 구성이다. [−도입절] 형식의 인용절 구성은 이 시기에 더욱 확대되어, 이것이 현대 한국어 인용절 구성의 전형적인 형식이 되었다.

(36) 가. 主人은 拍手ᄒ며 "엇지ᄒ야 이러케 鍊熟ᄒ냐" 흔대 兒孩가 "前日에 맛치지 못흔 식닭에 잘 工夫ᄒ면 맛치겟다" 싱각ᄒ

고 歸家後 家庭나무에 공을 달고 屢次 私習ᄒ얏노라" 대답
ᄒ니 (국어독본 3:28)

나. 工夫하난 學徒난 "새소래가 고맙다"-고 하나이다 (최신초등
소학 2:7)

다. 壽童은 아모 것도 볼 수 업슴이 "무슴 일이 잇눈가" 싱각ᄒ
더니 (국어독본 3:54)

라. 고런부스는 … "이후 三日間에 陸地를 發見치 못ᄒ면 바로
本國으로 歸航ᄒ자" 約束ᄒ더라 (국민소학독본 49)

마. "보도 듯도 못ᄒ 다른 나라 일을 다 아노라"-고 츄쳑되니
가증ᄒ고 우숩도다 (금슈회의록)

인용절 구성의 변화 양상　　인용절 구성이 실현되는 형식은 두 가지 유형이 있는데, 도입절을 앞세우는 형식과 도입절을 가지지 않는 형식이다. 도입절을 앞세우는 형식은 다시 인용동사가 '하다, ᄒ다'로 대치되는 형식과 인용동사가 실현되지 않는 형식으로 나뉜다. 위에서 살펴본 바와 같이 이러한 인용절 구성의 형식이 역사적으로 변화하였다.

중세 한국어에서는 주로 [＋도입절:동사대치] 형식이 실현되었으나, 점차 이 형식은 축소되고 그 대신 [－도입절] 형식이 확대되어, 현대 한국어에서는 [－도입절] 형식이 전형적인 인용절 구성이 되었음을 확인하였다. 이러한 변화는 중세 한국어 문헌 자료가 언해문 문체의 특징을 가지고 있었는 데에 근거하는 것으로 본다. 따라서 언해문 문체의 특징이 점차 소멸하면서 현대 한국어에 이르러 [－도입절] 형식이 전형적인 인용절 구성으로 자리를 잡은 것이라고 할 수 있겠다.

16.3. 인용표지의 생성

인용표지의 생성 현대 한국어의 인용절 구성은, 앞에서 살펴본 바와
같이, 상위문 동사인 인용동사가, 문장종결어미를 갖춘 인용절을 안고
있으며, 여기에 '-고' 또는 '-라고'와 같은 인용표지가 관여하고 있다. 그러
나 중세 한국어의 인용절 구성에는 이러한 인용표지가 존재하지 않는다.
인용표지는 그 이후에 생성되어 현대 한국어에 이르렀다고 할 수 있다.
이제 이러한 인용표지가 언제 어떻게 생성되었는지를 밝혀보기로 하자.
　현대 한국어의 인용절 구성에는 다음과 같이 인용표지가 결합한다. '-
고'는 직접 인용절 구성과 간접 인용절 구성을, '-라고'는 직접 인용절 구성
을 형성하는 데 관여한다.

> (41) 가. 나는 "한별이가 학교에 간다"-고 말하였다.
> 　　　나. 나는 "한별이가 학교에 간다."-라고 말하였다.

　물론 인용표지가 결합되지 않을 수 있다. 문장 (42나)는 인용절이 '-고'
없이 안겨 있다. 그런데 문장 (42나)는 (42가)와 같은 의미이다.

> (42) 가. "한별이가 학교에 간다"-고 한다.
> 　　　나. "한별이가 학교에 간다"-ø 한다.
> 　　　다. "한별이가 학교에 간다"-ø ø-ㄴ다.

　또한 인용동사 '하-'까지 생략될 수 있어 (42다)와 같다. 이것이 '-고
하-' 구성의 생략 현상이다. 그런데 (43가)에 대비해서 (43나)는 비문법적
이다. 즉 '-고'가 나타나야 한다. 문장 (42가)는 인용동사가 '하-'이지만,
(43가)는 자립동사들이다. 이때는 반드시 '-고'가 결합해야 한다.

(43) 가. "한별이가 학교에 간다"-고 말했다/들었다/약속했다/생각했다/믿었다.

나. *"한별이가 학교에 간다"-ø 말했다/들었다/약속했다/생각했다/믿었다.

그러나 다음 문장에서 보는 바와 같이 중세 한국어의 인용절 구성에는 인용표지가 없다.[12] 이는 아직 인용표지가 생성되지 않았음을 말해 준다.

(44) 가. 王이 怒ᄒ야 니ᄅ샤ᄃᆡ "畜生이 나혼 거실ᄊᆡ" ᄒ시고 (석보상절 11:31)

나. 光有聖人이 … "찻믈 기릃 媒女를 비ᅀᆞᇦ 오라" ᄒ실ᄊᆡ 오ᅀᆞᆸ 보이다 (월인석보 8:91)

다. 耶輸ㅣ "부텻 使者 왯다" 드르시고 (석보상절 6:2)

라. 사ᄅᆞ미 바ᄆᆡ 녀다가 机를 보고 "도즈긴가" 너겨며 "모딘 귀 써신가" 너겨 두리여 헤ᄃᆞᆮ다가 (석보상절 11:34)

안주호(1991)에 따르면 인용표지 '-고'가 가장 먼저 문헌에 보인 것은 18세기 《일동장유가》에서이다.[13] 《일동장유가》에서 '-고'가 실현된 몇 예

---

12 15세기 한국어에서 인용표지는 아니지만, (가),(나)와 같이 인용절 다음에 보조조사가 실현된 경우는 있다(김수태 1993:348 참조). (다)와 같이 근대 한국어에서도 이러한 예가 있다.

가. 小瞿曇이 甘蔗園에 사라실ᄊᆡ "甘蔗氏라"-도 ᄒ더니라 (월인석보 1:8)

나. 이 부톄 나싫 저긔 몺 ᄀᆞ색 光이 燈 ᄀᆞᄐ실ᄊᆡ "煙燈佛이시다"-도 ᄒᄂ니 (월인석보 1:8)

다. 빗사롬들이 닐오ᄃᆡ "뎌 뉴들을 믈의 주ᄆᆞ쟈"-도 ᄒ며 혹 닐오ᄃᆡ "죰잘 ᄶᅢ를 타 텨죽이쟈"-도 ᄒ거늘 (셜시닉범 4 외편 344)

13 실제 《일동장유가》에서 '-고'가 실현되지 않은 예가 더 많이 나타난다.

가. 분ᄒᆞ믈 못 니긔여 "도로 가라" 호령ᄒ니 (1:34)

를 들면 다음과 같다.

(45) 가. 나라 일과 남의 일을 "슌편이 ᄒ랴" ᄒ고 … "다른 셔긔
　　　　일이라"-고 아니 도라가게 되면 (일동장유가 1:38)

　　　나. 울산슈와 니의숙이 "왓노라"-고 전갈ᄒ듸 … 느즌 후 니러
　　　　나셔 샹방의 문후ᄒ고 … 셩쥐원 쳥도원이 "왓노라" 긔별
　　　　왓늬 (일동장유가 1:29)

　　　다. 아춤의 왜놈이 와 "빈 튼라" 근쳥ᄒ되 … "역풍이 나리랴"-
　　　　고 승션을 말나더니 (일동장유가 2:1)

　　　라. "대마도 갓갑다"-고 샤궁이 니ᄅ거늘 … 왜션 십여 쳑이
　　　　예션츠로 모다 왓늬 (일동장유가 2:5)

　　　마. 뉴한샹 와셔 보고 … "태풍이 블리랴"-고 "지판이 불니랴"-
　　　　고 … 감즈와 강고도리 왜놈이 드리오니 (일동장유가 2:14)

　　　바. 밤 드도록 말ᄒ다가 "도라가쟈"-고 ᄶ니 (일동장유가 2:15)

　　　사. 밥 드리고 드러와셔 "먹으라" 권ᄒ거늘 … 우리가 "독 잇다"
　　　　-고 아니 먹는 줄 알고 (일동장유가 2:24)

　　　아. 우리의게 졍이 만하 … "ᄯᅡ라 가지랴"-고 날마다 와 보채니
　　　　… 못 ᄃᆞ려 내여오니 애둛고 불샹ᄒ다 (일동장유가 3:38)

　　그러나 19세기 초기와 중기 문헌에서는 인용표지 '-고'가 잘 나타나지
않는다. 본격적으로 문헌에 보이는 것은 19세기 후기, 20세기 초기 문헌에
서이다.[14]

　　나. ᄌ리 펴고 초 물니며 "나가라" 직촉ᄒ니 (1:21)
　　다. 통영과 좌슈영셔 "빈가 왓다" ᄒᄂ고나 (1:21)
14 이현희(1994나:68-69)에 따르면, 《재간교린수지(再刊交隣須知)》(1883:경도대학 국문
　　학회)와 《교정교린수지(校正交隣須知)》(1904:경도대학 국문학회)에도 다음과 같이

(46) 가. 여러 사름들이 날다려 뭇기를 "엇더케ᄒ여야 관찰ᄉ와 원 노릇슬 잘 ᄒ겟느냐"-고 ᄒ기에 (독닙신문 1896.4.16.)

나. 셰계즁에 뎨일 학문 잇고 지혜 잇는 션ᄉ ᄒ나흘 만나 뭇기를 "죠션이 엇더케 ᄒ여야 죠켓느냐"-고 ᄒ즉 (독닙신문 1896.4.25.)

(47) 가. 工夫하난 學徒난 "새소래가 고맙다"-고 하나이다 (최신초등소학 2:7)

나. "金章燦爛ᄒ 禮服을 몸에 둘느고 정부에 안졋다"-고 자랑ᄒ지 말지어다. 사람의 직업이니라. "해진 옷에 지개 졋다"-고 붓그러 말지어다. ᄯᅩᄒ 사람의 직업이니라 (노동야학독본 1:8)

다. 벌기만 ᄒ면 한 량이나 열 량이나 술 노름에 다 업새고 집안 食口 몰은는 톄가 당신도 "잘ᄒ다"-고-는 못ᄒ시지오 (노동야학독본 1:47)

라. "運動會는 男子의 活潑ᄒ 行爲로 홀 것이오 決코 妄邪ᄒ 行動은 ᄒ지 못홀 것이라"-고 싱각ᄒ얏도다 (국어독본 4:25)

마. 여호가 … 가마귀다려 ᄒ는 말이 "當身 소리는 참 아름다온지라. 아무커나 한 번 소리를 들닙시ᄉ"-고 ᄒ니 (신찬초등소학 2:47)

바. 황새가 "決斷코 너를 먹지 안케스니 노ᄒ라"-고 말ᄒ고져

'-고'가 나타나 있다.

가. ᄉ령 불너 잡아 오라-구 닐너라 (재간교린수지 1:29)

나. 망어는 동ᄒ 고기로 셔ᄒ로 도망ᄒ얏다-고 망어라 니르ᄂ니라 (재간교린수지 2:9)

다. 삼목을 잇가나무라-고-도 ᄒ오 (교정교린수지 43)

라. 박이라도 ᄒ고 표즈박이라-고-도 ᄒᄂ니라 (교정교린수지 63)

마. 졔ᄉ를 지내노라-고 집안이 분주ᄒ옵데다 (교정교린수지 178)

호대 (국어독본 3:46)

그러나 '-고'를 결합하지 않은 경우가 결합한 경우보다 빈도가 높다.
즉, 인용표지의 결합은 아직 수의적이다. 인용동사가 (48)처럼 'ᄒ다'이든
(49)처럼 자립동사이든 '-고' 결합이 수의적이다.

(48) 가. 부엉이가 對答ᄒ야 굴ᄋ딕 "이 地方 사람이 내 우름소릭를
미워ᄒᄂ 故로 나는 다른 地方으로 올무랴 ᄒ노라" ᄒ니
(신찬초등소학 2:49)

나. 한 암탉 이 여러 병아리 다려 일ᄂ기를 "멀니 써나 가지
말라" ᄒ얏소 (초등소학 2:26)

(49) 가. 壽童은 아모 것도 볼 수 업슴이 "무슴 일이 잇는가" 싱각ᄒ
더니 (국어독본 3:54)

나. 고런부스는 … "이후 三日間에 陸地를 發見치 못ᄒ면 바로
本國으로 歸航ᄒ자" 約束ᄒ더라 (국민소학독본 49)

이상에서 보면, 중세 한국어, 근대 한국어에 걸쳐 존재하지 않았던 인용
표지는 18세기 후기에 발생하여, 20세기 초기 한국어에서부터 활발하게
나타나기 시작하여 현대국어에 이르렀다고 할 수 있다.

인용표지 생성 과정　　그렇다면 어떻게 새로운 문법형태가 생성되었을
까? 이것은 인용동사로 기능했던 'ᄒ다'의 접속형 'ᄒ고'가 문법화한 것으
로 추정된다.[15] 우선 인용동사가 겹쳐 실현된 구문에서 그 생성을 생각해

---

15 안병희(1967:256)에서는 인용표지가 '하고'(爲)에서 유래되었을 것이라고 지적하면서,
중세 한국어는 물론, 근대 한국어 문헌에도 나타나지 않음을 보아 근대말에 생긴

볼 수 있다. 다음은 17세기 자료이다. 'ᄒᆞ다'의 접속형 'ᄒᆞ고'와 실질적인 인용동사가 겹쳐 있는 경우이다. 인용동사의 겹침으로 인해서 'ᄒᆞ고'가 서술기능을 잃어버리고, 문법화하여 인용표지로 생성된 것으로 보인다. 'ᄒᆞ-'의 'ㆍ'가 줄어든 형태가 나타난 것(문장 50다)은 'ᄒᆞ-'까지 줄어들 것을 암시한다.

(50) 가. 송씨 닐오ᄃᆡ "우리집 븍녁 이웃의 사는 안노슉이 미일 이른 새배 셔를 향ᄒᆞ야 쉬번 절ᄒᆞ고 … 기리 날 긔약이 업스로다" ᄒᆞ고 말ᄆᆞᆺ매 (권념요록 2)

나. 허공 가온ᄃᆡ 소리 이셔 닐오ᄃᆡ "내 이 궐공측이로니 비러 극락 보븨 나라희 가 나몰 이제 이믜 일울시 그러모로 와 서르 알외노라" ᄒᆞ고 말ᄆᆞᆺ매 낟디 아니ᄒᆞ니라 (권념요록 16)

다. 이애 닐오ᄃᆡ "내 아미타불이 셔르브터 오샤 날로 보븨좌 주믈 보로라"코 말 ᄆᆞᆺ고 죵ᄒᆞ니라 (권념요록 29)

이러한 자료를 바탕으로 하면 인용표지의 생성 과정을 다음과 같이 해석할 수 있다. 먼저 'ᄒᆞ다'의 접속형 'ᄒᆞ고'와 인용동사가 겹쳐 'ᄒᆞ고 말ᄒᆞ다' 구성이 실현되었다. 이 구성에서 'ᄒᆞ고'는 인용동사의 서술기능이 약화되었다. 서술기능이 약화되면서 형태의 약화도 수반되어, 'ᄒᆞ-'의 'ㆍ'가 줄어들어 '-코'의 형태로 나타나고 더 나아가서 'ᄒᆞ-'까지 약화되어 '-고'가 생성된 것이다.[16] 이렇게 생성된 '-고'가 인용표지로 보편화되었다. 문법화

것으로 보았다. 인용표지 생성에 대한 구체적인 논의는 안주호(1991, 2003), 김수태 (1993) 참조.

16 송재목(2018)에서 '-단다'형 어미 형성을 논의하면서 '-단다'가 '-다 한다'에서 음운론적 축약에 의해 생긴 현상이라는 것을 밝히면서 인용표지 '-고'가 16, 17세기에 형성되었다 는 주장을 비판하고, 18세기 중기에 태동하기 시작한 것으로 보았다. 그리고 인용표지

의 과정은 다음과 같다.[17]

(51) 인용표지 '-고'의 생성 과정
   인용동사 겹침 (ᄒ고 말ᄒ다)
   〉 'ᄒ다'의 서술기능 약화
   〉 형태 약화 (ᄒ고 〉 코 〉 -고)
   〉 인용표지로 보편화

16.4. 인용동사의 변화

인용동사의 변화   동사 가운데, 인용동사로 실현될 수 있는 경우와 그렇지 않은 경우가 있다. 예를 들어, '바라다, 원하다, 알다, 지지하다, 의미하다' 등은 인용절을 안을 수 없다. 이것은 동사의 의미 특성에 기인하는 것으로 본다. 인용동사로 실현될 수 있는 동사는 크게 '말하다-류와 '생각하다-류인데, 현대 한국어에서 인용절을 안을 수 있는 동사는 대체로 다음과 같다(안경화 1995:23-). 이 가운데는 고유어인 것도 있으며, 한자어인 것도 있다.[18]

'-고'가 생기기 전에 이미 '-단다'형 어미가 널리 사용되고 있었음을 제시하였다. 한편 안예리(2015)에서는 '-다는'(= -다-ㄴ)과 '-단'(= -다-는)의 발달 과정을 분석하면서, '-단'은 '-다는'의 축약형이 아니며, '-단'의 용례는 '-다는'의 용례보다 400년 이상 앞서 나타났음을 밝혔다.

17 한편 최웅환(1999)에서는 인용표지 '-이라고'를 제시하고 이의 생성을 표현구조의 변화에서 찾을 것을 제안하였다. 그리고 'ᄒ다', '이다'와 '-고'의 결합체가 피인용문에 교착되는 과정에서 문장적 인식의 전환으로 이때 '-이라-'와 'ᄒ-'는 피인용문으로 흡수되고, 남게 된 '-고'가 현대 한국어의 간접인용표지로 문법화한 것으로 해석하였다.

18 안주호(2006)에서는 인용동사를 고유어 대화 인용동사, 한자어 인용동사, 혼잣말 인용동사로 분류하였다.

(53) 가. 말하다, 단언하다, 주장하다, 적다, 쓰다, 기록하다, 묻다,
　　　 질문하다, 명령하다, 지시하다, 요청하다, 부탁하다, 약속하
　　　 다, 사과하다, 축하하다, 듣다 …
　　나. 생각하다, 느끼다, 믿다 …

　이 가운데 현대 한국어에서는 '말하다'가 대표적인 인용동사이다. 그러
나 중세 한국어에서는 '니르다'가 가장 널리 실현되었다. 이현희(1994
가:329)에서 말하다-류를 '니르다, 묻다, 出슈ᄒ다, 命ᄒ다, 讚歎ᄒ다, 과
ᄒ다'로 제시하면서 이 가운데 가장 포괄적인 것은 '니르다'라 하였다.
그 외의 동사들은 '니르다'에 비해서 의미상 제한된 용법을 보인다는 것을
지적하였다. 그리고 '니르다'는 입으로 말을 한다는 의미만 가지는 것이
아니라, 어떤 글자나 문장 등을 해석하는 의미로 사용되기도 한다고 지적
하였다. 생각하다-류로는 'ᄉ랑ᄒ다, 너기다, 念ᄒ다, 믿다/信ᄒ다, 疑心
ᄒ다, 혜다' 등을 제시하였다. 이를 바탕으로 중세 한국어의 인용동사를
제시하면 다음과 같다.

(54) 중세 한국어의 말하다-류 동사
　　 니르다, 골다, 숣다, 對答ᄒ다, 盟誓ᄒ다, 願ᄒ다, 告ᄒ다, 말ᄒ
　　 다, 듣다, 일쿨다, 일홈ᄒ다, 소리ᄒ다, 讚歎ᄒ다, 과ᄒ다, 묻다,
　　 엳줍다, 問訊ᄒ다, 命ᄒ다, 出슈ᄒ다, 브르다, 請ᄒ다, 빌다
　　 ᄒ다
(55) 중세 한국어의 생각하다-류 동사
　　 ᄉ랑ᄒ다, 너기다, 念ᄒ다, 믿다/信ᄒ다, 疑心ᄒ다, 혜다, 혜아리
　　 다, 젛다, 두리다, 疑心ᄒ다, 感傷ᄒ다, 써리다, 시름ᄒ다, 싱각
　　 ᄒ다, 맏다

그런데 중세 한국어에서 '굴다'는 비교적 제한된 범위에서만 실현되었으나, 근대 한국어에서는 '굴다'가 포괄적인 인용동사로 기능하였다. 즉, 근대 한국어에서는 중세 한국어의 '니르다'를 '굴다'가 대신하게 된다(안주호 1991:387-). 중세 한국어 문헌인 《내훈》(1475년)에서는 '굴다'가 거의 쓰이지 않았으나, 근대 한국어 문헌인 《어제내훈》(1736년)에서는 '굴다'로 대치되어 있다.

(56) 가. 李氏女戒예 닐오디 "ㅁᄉ매 ᄀ초아슈미 情이오 … 嫌疑예 잇디 아니ᄒᄂ니라" (내훈 1:1)

　　나. 曲禮예 닐오디 "果實을 님긊 알픠셔 주어시든 그 ᄌᄉ 잇는 거스란 그 ᄌᄉ롤 푸몰디니라" (내훈 1:10)

　　다. 安徐히 닐오디 "羹애 네 소니 데어녀" ᄒ니 (내훈 1:18)

　　라. 孔子ㅣ 니르샤디 "말ᄉ미 忠心 ᄃ외며 有信히 ᄒ고 힝뎌글 도타이 ᄒ며 恭敬ᄒ면 …" (내훈 1:18)

　　마. 孟子ㅣ 니르샤디 "사ᄅ미 道理 이시나 비 브르게 먹고 더운 옷 니버 便安히 살오 ᄀᄅ쵸미 업스면 禽獸에 갓가오릴식" (내훈 1:21)

(57) 가. 李氏女戒예 굴오디 "ㅁ옴에 곰촌 거시 情이오 … 더러운 일에 버므디 아니ᄒ며 嫌疑예 잇디 아니ᄒᄂ니라" (어제내훈 1:1)

　　나. 曲禮예 굴오디 "님금 알픠셔 실과롤 주어시든 그 삐 잇는 거스란 그 삐롤 품을 찌니라" (어제내훈 1:8)

　　다. 이에 날회여 닐러 굴오디 "羹이 네 손을 더여냐" ᄒ니 (어제내훈 1:14)

　　라. 孔子ㅣ 굴ᄋ샤디 "말슴이 忠셩되고 밋브며 힝실이 篤실ᄒ고 공경ᄒ면" (어제내훈 1:15)

마. 孟子ㅣ ᄀᆞᆯᄋᆞ샤ᄃᆡ "사름이 道ㅣ 이쇼매 ᄇᆡ ᄇᆞ르게 먹고 더운
옷 닙어 편안히 잇고 ᄀᆞᄅ침이 업스면 곳 즘승에 갓가올릴
ᄉᆡ" (어제내훈 1:17)

이러한 'ᄀᆞᆯ다'는 위의 문장 (57)에서와 같이, 직접 인용절 구성과 [＋도
입절] 형식에 주로 실현되는 특징을 가졌다. 역시 근대 한국어의 인용동사
를 두 경우로 나누어 제시하면 다음과 같다.

(58) 근대 한국어의 말하다-류 동사
ᄀᆞᆯ다, 니ᄅ다, 숣다, 엿줍다, 아뢰다, 말ᄒ다, 일ᄏᆞᆶ다, 묻다, 듣다,
告ᄒ다, 對答ᄒ다, 분부ᄒ다, 젼ᄒ다, 젼갈ᄒ다, 칭ᄒ다/칭슈ᄒ
다/ᄎᆞ탄ᄒ다/공슈ᄒ다, 명ᄒ다, 호령ᄒ다/분부ᄒ다/약속ᄒ다,
請ᄒ다
ᄒ다
(59) 근대 한국어의 생각하다-류 동사
혜다, 생각ᄒ다, 두리다, 너기다, 졍다, 疑心ᄒ다

인용동사의 변화 양상　위에서 살펴본 인용동사의 역사적 변화는 다음과
같다. 첫째, 대표적인 인용동사는 시대에 따라 변화하였다. 말하다-류
동사의 경우는 중세 한국어에서 '니ᄅ다', 근대 한국어에서 'ᄀᆞᆯ다', 현대
한국어에서 '말하다'로 변화하였다. 생각하다-류 동사의 경우는 'ᄉᆞ랑ᄒ
다, 너기다'에서 '생각하다'로 변화하였다. 둘째, 말하다-류의 '니ᄅ다, ᄀᆞᆯ
다, 숣다, 일홈ᄒ다, 소리ᄒ다, 과ᄒ다, 問訊ᄒ다, 出令ᄒ다', 생각하다-류
의 'ᄉᆞ랑ᄒ다, 슌ᄒ다, 혜다, 졍다, 두리다, 感傷ᄒ다, 맏다' 등의 동사는
현대 한국어로 오면서 소멸하였다.

참고 문헌

강인선 1977, 15세기 국어의 인용구조 연구, 서울대학교 대학원 언어학과 석사학위
　　논문.

권재일 1998, 한국어 인용 구문 유형의 변화와 인용 표지의 생성, 《언어학》 22:
　　59-80, 한국언어학회.

김수태 1993, 인용월의 변천에 대하여 - 15·16·17세기를 중심으로 -, 《국어국문학》
　　30: 331-352, 부산대학교 국어국문학과 문창어문학회.

송재목 2018, '-단다'형 어미의 형성 - 인용표지 '-고'의 생성과 관련하여 -, 《국어학》
　　87: 3-38, 국어학회.

안경화 1995, 한국어 인용 구문의 연구 - 유형과 융합도를 중심으로 -, 서울대학교
　　대학원 언어학과 박사학위논문.

안병희 1967, 한국어발달사 중: 문법사, 《한국문화사대계 5(상)》 165-261, 고려대학교
　　민족문화연구소 출판부.

안예리 2015, '-단'과 '-다는'의 관계에 대한 재고찰 - '-단'의 역사적 발달과정을
　　중심으로 -, 《한민족어문학》 71: 45-45, 한민족어문학회.

안주호 1991, 후기 근대국어의 인용문 연구, 《자하어문논집》 8: 357-408, 상명여자대
　　학교 국어교육과.

안주호 2003, 인용문과 인용표지의 문법화에 대한 연구, 《담화와 인지》 10-1: 145-166,
　　담화·인지언어학회.

안주호 2006, 인용동사의 문법적 고찰 - 근대국어를 중심으로 -, 《우리말글》 37:
　　143-169, 우리말글학회.

윤혜영 2011, 《근대 국어의 인용 구조 연구》, 한국학술정보.

이금희 2006, 인용문 형식에서 문법화된 어미·조사 연구, 성균관대학교 대학원 국어국
　　문학과 박사학위논문.

이지영 2017, '-기를' 인용구문의 발달과 인용구문 유형의 변화에 대한 일고찰, 《우리말
　　연구》 50: 59-83, 우리말학회.

이필영 1993, 《국어의 인용구문 연구》, 탑출판사.

이현희 1986, 중세국어 내적 화법의 성격, 《한신대 논문집》 3: 191-227, 한신대학.

이현희 1994가, 《중세국어 구문연구》, 신구문화사.

이현희 1994나, 19세기 국어의 문법사적 고찰, 《한국문화》 15: 57-81, 서울대학교

한국문화연구소.

정수현 2015, 15세기 인용문 구조 연구, 《겨레어문학》 54: 173-199, 겨레어문학회.

정연주 2015, '하다'의 기능에 대한 구문 기반 연구, 고려대학교 대학원 국어국문학과 박사학위논문.

정희창 1994, 15세기 언해본의 인용절 형식에 대하여, 성균관대학교 대학원 국어국문학과 석사학위논문.

최웅환 1999, 인용표지의 생성, 《언어과학연구》 16: 557-581, 언어과학회.

허원욱 1994, 15세기 국어의 인용마디, 《한글》 226: 199-229, 한글학회.

허원욱 1998, 16세기 국어의 인용마디, 《한글》 240·241: 147-168, 한글학회.

허원욱 2019, 19세기 국어 인용마디의 통어론적 연구, 《한말연구》 54: 255-270, 한말연구학회.

제4부 문법사의 다양한 양상

| 제17장 | 문법사와 구어 문법

한국어 문법사 서술과 관련하여, 현대 한국어 구어에서 문법 현상이 어떻게 실현되는가를 계량적으로 분석하고자 한다. 구체적으로는 구어 한국어의 문장종결법의 실태를 분석하여 그 실현방법이 역사적으로 어떠한 변화를 겪고 있는가를 살펴보고, 또한 앞으로의 변화를 예측한다.

실제 서술문의 예를 들어 보면, 다음 문장 (1)과 같은 전형적인 서술어미에 의한 실현은 13.66%에 그치는 데에 반해, 문장 (2)와 같은 범용어미에 의한 실현은 66.64%로 나타난다. 이제 이러한 구어 문법 기술을 위해, '순수하게 말해진 것을 전사한' 자연스러운 대화 자료를 바탕으로 분석하고자 한다.[1]

(1) 가. 네, 고맙-습니다. 저는 시험도 잘 봤-습니다.

　　나. 안 그래도, 곧 떠나려는 참이-오.

(2) 가. 그래두 커서 보니까 자식이 많은 게 좋은 것 같-아-요.

　　나. 나도 원래 생각이 깊고 배려를 잘했-지.

---

1 제17장의 내용은 지은이의 저서, 《구어 한국어의 의향법 실현방법》(서울대학교 한국학 모노그래프 18, 1-234, 서울대학교출판부, 2004년)에서 제시한 자료와 서술을 바탕으로 한 것이다.

17.1. 문어 문법과 구어 문법의 성격

문어와 구어   현대 한국어의 경우, 문어와 구어의 문법 차이가 심각하지
는 않으나, 구체적인 면에 있어서는 차이를 드러낸다. 예를 들어, 조사
'-에게'와 '-한테'의 쓰임, '-와'와 '-하고'의 쓰임 등이 문어와 구어 차이다.
문장 (3)에서 '-에게'와 '-와'는 문어에, '-한테'와 '-하고'는 구어에 쓰였다.

> (3) 가. 집에 가는 길에 나-{에게/한테} 꼭 다녀가라.
>   나. 나-{와/하고} 너 사이에 못 할 말이 뭐 있겠니?

그러나 실제 분석을 통해 보면, 문어와 구어에서 문장종결법 실현방법
은 큰 차이를 드러낸다. 예를 들어, 의문문의 실현방법을 살펴보면, '-습니
까, -으오, -는가, -느냐'와 '-어-요, -어'가 규범문법에서 제시하는 의문어
미이지만, 실제 구어 자료에서는 운율(억양)이 관여하는 '-어-요, -어'가
절대적으로 큰 비중을 차지하고 있다. 그뿐만 아니라 다른 문장종결어미
나 접속어미를 전용하여 쓰거나, 종결어미로 끝맺지 않은 문장조각을 쓰
는, 즉 의문어미에 의하지 않은 다른 유형의 의문문도 매우 자주 쓰인다.
다음 문장 (4)는 한국어 규범문법에 나타난 예이고, (5)는 자연스러운 대
화를 전사한 구어 자료이고, (6)은 방송드라마의 대본 자료이다.

> (4) 가. 아버지께서도 지금 오셨습니까?
>   나. 너도 지금 왔니?
>   다. 그 산은 높은가?
>   라. 박 군, 이리 와서 앉게. 혼자 왔는가?
>   마. 어서 서둘러 가오. 왜 꾸물거리오?
>   바. 박 군, 이리 와서 앉아. 혼자 왔어?

사. 어서 서둘러 가요. 왜 꾸물거려요?

(5) A : 아직까지 안 먹었어?

　　 B : 아니 먹었어요, 배불러가지고.

　　 A : 그럼 열댓 개 줬나 부다.

　　 C : 배고파 숨넘어간다니까 많이 준 거 아냐?

　　 A : 써비스, 써비스로 좀 줬나 봐.

　　 C : 먹었으니 가야 돼?

　　 B : 예.

(6) A : 어, 언니 왔어? 아유, 싫어.

　　 B : 뭐가? 누가 그렇게 싫어?

　　 A : 혜경이 말야. 애가 왜 그렇게 살지?

　　 B : 걔가 왜?

　　 A : 지금 갔더니 아직도 자고 있는 거 있지.

　　 B : 어머, 왜?

　　 A : 몰라, 걔는 왜 그러고 살어?

　문장 (4)를 보면, 문어 문법에서 의문문이 의문어미 '-습니까, -니, -은가, -는가'와 '-어, -어-요'로 실현되고 있다. 그런데 구어 문법을 반영하는 문장 (5),(6)을 보면, 의문문이 10번 나타나는데, '-어'가 5번, '-지'가 1번, '뭐가, 왜'와 같은 문장조각이 3번, 의문어미 '-냐'가 1번으로 나타나서, '-어'가 전체의 반을 차지한다. 비록 짧은 대화 자료지만, 이는 한국어 구어에서 의문문이 실제로 어떻게 실현되는가를 보여 준다.

구어 자료의 성격　구어를 반영하는 자료는 대화 자료를 말한다. 대화 자료란 '순수하게 말해진 것을 전사한 것'을 말한다. 자연스러운 일상 대화가 바로 이에 속한다. 이를 '순수-구어 자료'라 할 수 있다. 이에 대해

'말해지기 위해 쓰인' 자료들이 있다. 연극, 영화, 방송드라마의 대본이 이에 속한다. 이들은 순수-구어 자료와는 엄격히 차별되기 때문에 '준-구어 자료'라 할 수 있다.

구어 문법 연구의 대상은 구어 한국어를 반영하는 바로 순수-구어 자료이다. 순수-구어 자료는 구어의 특성을 그대로 보여 준다는 점에서 구어 연구에 가장 적합한 자료이다. 그러나 현재 한국어의 순수-구어 말뭉치를 구축한 결과는 아직 빈약한 상황이다. 한국어 정보화의 국책사업인 21세기 세종계획(1998년~2007년)에서 구축한 이후, 2019년부터는 국립국어원이 '모두의 말뭉치'(https://corpus.korean.go.kr)에서 본격적으로 순수-구어 말뭉치를 구축하고 있다.

한편 이 글에서 분석 대상으로 삼은 자료는 순수-구어 자료로서, '서울과 경기 지역, 20-30대 나이의 대학(원)생, 회사원'의 일상생활을 중심으로 한 대화 자료이다. 2002년 9월부터 11월 사이에 여섯 차례에 걸쳐 각각 60분 정도 분량으로 녹음하여 전사하였다.[2]

17.2. 문장종결법의 구어 문법

17.2.1. 문장종결법의 실현방법

실현방법의 유형   다음 문장 (7)을 보면 문장종결법은 모두 고유한 '문장종결어미'(줄여서, 종결어미)로 실현된다. '-다'는 서술어미, '-느냐'는 의

---

2 녹음과 전사 과정에는 당시 서울대학교 대학원의 박소영 선생과 조원형 선생이 참여하였다. 이 구어 자료는 각주 1)의 저서 《구어 한국어의 의향법 실현방법》의 71-227쪽에 실려 있다.

문어미, '-어라'는 명령어미, '-자'는 청유어미이다.

(7) 가. 한별이가 그 책을 읽었-다.
   나. 한별이가 그 책을 읽었-느냐?
   다. 그 책을 읽-어라.
   라. 우리도 그 책을 읽어 보-자.

그러나 다음의 '-오'는 서술어미로(8다)뿐만 아니라, 의문어미(8나), 명령어미(8가)로도 기능한다.

(8) 가. 어서 서둘러 가-오.
   나. 왜 꾸물거리-오?
   다. 안 그래도, 곧 떠나려는 참이-오.

이러한 '-오'와 같이, 어느 한 문장종결법에만 쓰이지 아니하고 서술문, 의문문, 명령문, 청유문에 두루 쓰이는 문장종결어미를 '범용 문장종결어미' (줄여서, 범용어미)라 할 수 있다. 범용어미에는 '-오' 외에 '-어'와 '-지' 등이 있는데, 이들 역시 서술문뿐만 아니라 의문문, 명령문, 청유문에 두루 쓰인다.

고유한 종결어미, 그리고 범용어미뿐만 아니라, 다음과 같은 어미들도 문장종결법을 실현할 수 있다. 의문문의 예를 들어 보자. 문장 (9),(10),(11)의 A는 각각 서술어미, 명령어미, 청유어미가 의문문을 실현한 경우이고, 문장 (12),(13)의 A는 각각 접속어미 '-구, -면서가 의문문을 실현한 경우이다. 이들은 모두 각각 어미의 고유한 기능이 의문문을 실현하는 기능으로 전용된 경우라 하겠다.

(9) A : 유진이는 안 그렇-구만?

　　B : 둘이 비슷해요. 이렇게 둘이 비슷하고.

(10) A : 이거까지 하-라-구?

　　B : 해. 재임용 탈락되는 건 아니지?

(11) A : 우리 반 홈페이지를 만들-자-구?

　　B : 근데 내용 같은 건 내가 만들어도 되는데.

(12) A : 아, 태도 점수 높여 주-려구-요?

　　B : 연구 결과니까 참여자가 있어야 할 거 아니냐?

(13) A : 아니, 그분은, 저희가, 그런 게 대물림이-라-면서-요?

　　B : 예.

　다음 문장도 의문문이다. 이들은 온전한 문장으로 끝맺지 아니하고, 문장조각으로 의문문을 실현하고 있다. (14)의 A, (15)의 B가 그러하며, (16)의 A는 관형어로 끝맺었다.

(14) A : 어, 아는 사람? 어떤 사람? 친척?

　　B : 네, 아시는 분.

(15) A : 아니, 오빠는 허리에다 딱 입는 거구.

　　B : 그래요?

(16) A : 어, 그러니까 파스텔톤이라고 흔히 하는?

　　B : 나 그런 색 좋아하는 것 같애.

　이상에서 살펴본 바를 정리하면, 문장종결법이 실현되는 유형은 다음과 같다.

(17) 문장종결법 실현방법의 유형

　　　가. 고유한 문장종결어미 (줄여서, 종결어미)

　　　나. 범용 문장종결어미 (줄여서, 범용어미)

　　　다. 다른 종결어미(서술, 의문, 명령, 청유)의 전용

　　　라. 접속어미의 전용

　　　마. (온전한 문장이 아닌) 문장조각

　한국어 서술문과 의문문은 문장끝에 놓이는 억양이 다르다. 예를 들어, 서술문과 [−의문어] 의문문에 쓰이는 범용어미 '−어'나 '−지'를 변별해 주는 표지가 바로 내림억양과 오름억양이다. 따라서 억양과 같은 운율적 방법도 서술문이나 의문문을 실현하는 주요 방법이다.

(18) 가. 눈 내리는 거, 옆으로 눈 내리는 거 봤−어?　　[의문]

　　　나. 아니, 아직 못 봤−어.　　　　　　　　　　[서술]

17.2.2. 서술문

서술문의 실현 빈도　　서술문의 실현 빈도를 (17)에서 제시한 유형별로 살펴보면 다음 표와 같다.

(19) 서술문의 실현 빈도

실현 유형	빈도수	백분율(%)
(1) 서술어미	312	13.66
(2) 범용어미	1522	66.64
(3) 의문ㅣ명령ㅣ청유어미	0	0.00

실현 어미	빈도수	백분율(%)
(4) 접속어미	147	6.43
(5) 문장조각	303	13.27
합계	2284	100.00

표에서 보는 바와 같이, 범용어미에 의한 실현이 66.64%로 압도적이다. 전체 2/3를 차지한다. 결과적으로, 현대 한국어 구어에서 억양이라는 운율적 방법의 도움을 받은 범용어미가 서술문 실현의 주요한 몫을 차지하고 있다고 할 것이다.

이에 비하여 고유한 서술어미에 의한 서술문은 13.66%로 범용어미에 의한 서술문의 1/5에 그친다. 그리고 '체언, 체언+조사, 부사어, 감탄어, 관형어' 등으로 끝맺는, 문장조각에 의한 서술문은 20.74%로 나타나 오히려 고유한 서술어미에 의한 서술문보다 빈도가 높다. 접속어미를 전용해서 실현하는 경우는 6.43%로 나타났다. 이제 실현 유형별로 구체적인 빈도를 살펴보자.

고유한 서술어미에 의한 실현　고유한 서술어미에 의한 실현 빈도를 서술어미별로 살펴보면 다음 표와 같다.

(20) 고유한 서술어미의 실현 빈도

실현 어미	빈도수	백분율(%)
-다/라	114	4.99
-다/라-어/구/니까	101	4.42
-게	2	0.09
-네	43	1.88
-습니다	5	0.22

-어라	1	0.04
-구나	25	1.09
-구먼/구만	7	0.31
-을걸	5	0.22
-을게	9	0.39
합계	312	13.66

빈도수를 보면, '-다' 형태가 4.99%로 가장 많다. 여기에는 '-다'를 비롯하여 '-더-라'를 포함한 것이다. '-다'와 '-더-라'뿐만 아니라, 이들 형태에 '-어', '-구'(문어의 접속어미 '-고'), '-니까' 등이 결합한 '[-다/래+[-어/구/니까+(요)]'(-대/래+(요), -다/라-구+(요), -다/라-니까+(요))도 4.42%로 높다. 결국 '-다' 형태가 고유한 서술어미에 의한 실현의 대부분을 차지한다.

(21) 가. 선물로 가져가라고 그러면 딱 좋-겠-다.

　　　나. 잠깐 헤어졌다가 다시 봐도 또 끊임없이 얘기를 하-더-라.

(22) 가. 아니, 분홍색 좋아하는 사람이 아빠를 무서워하는 거가 있-대-요.

　　　나. 아니, 따져 보니까 제가 젤 어리-더-라-구-요.

　　　다. 졸업하구 가는 거-라-니까.

문어 문법에서는 청자높임의 등급을 '-습니다, -으오, -네, -다'와 같이 네 등급으로 나눈다. 그 가운데 위와 같이 '-다' 형태는 구어에서도 잘 쓰이고 있음을 볼 수 있으나, '-습니다. -으오, -네' 형태는 거의 쓰이지 않는다. '-습니다'를 보면 0.22%로 빈도가 매우 낮다. 분석 대상으로 삼은 자료에 국한해서 보면, 적어도 20-30대 화자의 일상 대화에서 이들 서술어미들은 거의 소멸해 가고 있음을 알 수 있다. 뒤에서 다시 밝히겠지만, 이들을 대신해서 범용어미가 쓰이고 있다. 즉, '-습니다, -으오'는 '-어-요'로, '-네'는 '-어'로 대치되고 있다. 물론 극히 사무적이거나 격식을 갖추어 정중해야 할 상황에는, 나이와 관계없이 (23B)와 같이 여전히 쓰이고 있음을 볼 수 있다. A는 교수이고 B는 학생이다.

> (23) A. 아니, 저는 여간해서는 F 안 줘요, 잘.
> B. 네, 고맙-습니다. 저는 시험도 잘 봤-습니다.

감탄, 또는 확인을 나타내는 '-구나, -구먼'과 약속을 나타내는 '-을게'도 실현된다. 그러나 약속의 '-으마'는 한 예도 보이지 않는다.

> (24) 가. 아, 언니도 보내 놓고 어디로 가는지 몰랐-구나.
> 나. 아, 맨날 게슴츠레해갖구 평소에도 저러나보다 그랬-구만.
> 다. 시험 안 본 사람 어떻게 해야 되는지 내가 대책을 강구해 볼게[=보-ㄹ게].

범용어미에 의한 실현 범용어미에 의한 실현 빈도를 어미별로 살펴보면 다음 표와 같다.

> (26) 범용어미의 실현 빈도

실현 어미	빈도수	백분율(%)
-어	1004	43.96
-지	243	10.64
-거든	136	5.95

-는데	139	6.09
합계	1522	66.64

범용어미에 의한 실현이 전체의 66.64%나 차지하는 것은 구어에서 발화 상황, 또는 대화 장면이 얼마나 중요한가를 보여 준다. 대화 장면에 의해서 서술인지 의문인지 해석이 가능하기 때문에 구어에서 범용어미의 확대 사용이 가능한 것이다.

범용어미 가운데 '-어'가 가장 많이 나타난다. '-어'는 구체적으로 '-어, -어-요, -시-어-요, -세요, [체언]-이-야, [체언]-이-에-요' 등으로 나타나는데, 서술문 전체의 43.96%로 빈도가 가장 높다. 이렇게 보면, 구어에서 '-어'는 한국어 서술문 실현의 대표 어미라 할 수 있다. 다음은 '-어'가 쓰인 서술문이다.

(27) 가. 근데 요즘 애들은 여자 친구랑 결혼 안 했는데 동거하는 애들이 많-아.
　　 나. 그래두 커서 보니까 자식이 많은 게 좋은 것 같-아-요, 형제가.
　　 다. 그리고선 사십 대만 넘으면 금방-이-야.
　　 라. 컴퓨터 전산 처리하는 그런 거를 하는 이제 그런 전공-이-예-요.

범용어미 '-지'는 '-지, -지-요, -죠[=지-요]' 등으로 나타나는데, 전체 서술문의 10.64%로 '-어'에 비해 훨씬 뒤진다. 이것은 '-어'가 '-지'에 비해 의미상으로 훨씬 더 중립적이고 포괄적임을 뜻한다. 중립적이고 포괄적인 어미가 대화 장면에서 빈도가 높은 것은 당연한 결과이다. 그러나 '-지'

는 고유한 서술어미 가운데 가장 빈도가 높은 '-다'보다는 더 높다. 다음은 '-지'가 쓰인 서술문이다.

(28) 가. 나도 원래 생각이 깊고 배려를 잘했-지.
　　나. 장남이라서 부모님 모셔야-지-요.
　　다. 시켜 주는 것보다도 스스로 알아서 해야 하는 부분이 많이 있-죠.

접속어미에서 전용되어 범용어미로 문법화한 것으로 해석할 수 있는, '-거든'과 '-는데'(-은데, -는데, -던데)도 각각 5.95%와 6.09%로 나타나는 데, 이제는 이들 접속어미가 완전히 범용 문장종결어미로 자리를 잡았다고 하겠다. 이들 범용어미는 주로 서술문과 의문문에 두루 쓰일 수 있으나, 실제 자료를 통해 보면, 대부분 서술문에 쓰인다. (29)는 '-거든', (30)은 '-는데'의 예이다.

(29) 가. 자기네 남성들은 이렇게 귀엽고 여리여리하게 보이-거든.
　　나. 저희 엄마 아빠가 한 달 보름 만에 결혼하셨-거든-요, 만난 지.
(30) 가. 옛날에 그 교회 있었을 때 거의 다 사서 했던 것 같-은데.
　　나. 그렇게 생긴 애들이 속 많이 썩일 것 같-은데-요.

접속어미 전용에 의한 실현　접속어미 전용에 의한 실현 빈도를 어미별로 살펴보면 다음 표와 같다.

(31) 접속어미의 실현 빈도

실현 어미	빈도수	백분율(%)
-고, -구	79	3.66
-으니까	21	0.92
-어가지구	17	0.74
-어서	13	0.57
-으려고	6	0.26
-으면서	3	0.13
-지만	2	0.09
-게	1	0.04
-느라고	1	0.04
-더니	1	0.04
-어도	1	0.04
-으라고	1	0.04
-으면	1	0.04
합계	147	6.43

접속어미가 전용되어 서술문을 실현하는 경우는 6.43%로 빈도가 낮은 편이다. 그 가운데 '-고, -구'가 3.66%로 가장 높으며, '-으니까, -어가지구, -어서, -으려고, -으면서, -지만, -게, -느리고, -더니, -어도, -으라고, -으면'의 예가 보이나, 각각 한두 예에 지나지 않는다. 접속어미 가운데 '-고, -구'의 빈도가 가장 높은 것은 이 어미가 접속어미 가운데서 의미상으로 가장 중립적이고 포괄적이기 때문이다. 이것은, 이미 앞에서 살펴본 바와 같이, 범용어미 가운데 '-어'가 의미상으로 가장 중립적이고 포괄적이어서 빈도가 압도적으로 높았던 것과 같은 현상이라 하겠다.

(32) 가. 먹을 거 들어가니까 아무도 얘기 안 하-구.

나. 이걸 어느 정도 한 다음에 이걸 해야 되-니까.

다. 몸이 좀 안 좋아가지구요, 인제 좀 열심히 다니-려구-요.

라. 그런 건 아니구 저랑 너무 비슷한 데가 많은 것 같-애서.

문장조각에 의한 실현   다음은 온전한 문장이 아닌, '체언, 체언+조사, 부사어, 감탄어, 관형어'와 같은 문장조각으로 끝맺은 서술문이다. 전체 서술문의 13.27%로, 상당히 높은 편이다. 이러한 현상 역시 구어에서 발화 상황, 또는 대화 장면이 중요하다는 것을 보여 준다. 다음 (33)을 보면, 대화 전체가 문장조각으로 이루어져 있다.

(33) A. 기생 얘기하다가 갑자기 무당 얘기로.

B. 으음.

A. 그러며는 엄마 쪽으로?

B. 네, 엄마 쪽.

A. 엄마에 그, 왜, 외숙모? 아니, 외숙모가 아니라, 이모?

B. 외할머니댁도 그렇구, 할아버지댁도 그렇고.

A. 아, 그렇구나. 아, 그게, 그래요. 어.

B. 그런 집은 이장을 잘못해가지구 그런 일이.

17.2.3. 의문문

의문문의 실현 빈도   의문문의 실현 빈도를 유형별로 살펴보면 다음 표와 같다.

(34) 의문문의 실현 빈도

실현 유형	빈도수	백분율(%)
(1) 의문어미	163	15.19
(2) 범용어미	600	55.92
(3) 서술ㅣ명령ㅣ청유 어미	33	3.08
(4) 접속어미	19	1.77
(5) 문장조각	258	24.04
합계	1073	100.00

범용어미에 의한 실현이 전체 55.92%로 압도적이다. 범용어미에 의한 실현이란, 앞에서 본 바와 같이, 범용어미는 문장종결법을 표지하고, 의문어가 있는 경우에는 의문어가 의문법을 실현하고, 의문어가 없는 경우에는 운율적 방법인 올림억양이 의문법을 실현한다. 결과적으로, 현대 한국어 구어에서 의문어와 운율적 방법의 도움을 받은 범용어미가 의문문 실현의 주요한 몫을 차지하고 있다고 할 것이다.

이에 비하여 고유한 의문어미에 의한 의문문은 15.19%로, 범용어미에 의한 의문문에 훨씬 못 미친다. 문장조각으로 끝맺은 의문문은 24.04%로 나타나, 오히려 고유한 의문어미에 의한 실현보다 빈도가 높다. 서술, 명령, 청유 어미를 전용하여 의문문을 실현하는 경우는 3.08%로, 접속어미를 전용해서 의문문을 실현하는 경우는 6.43%로 나타났다.

고유한 의문어미에 의한 실현　고유한 의문어미에 의한 실현 빈도를 어미별로 살펴보면 다음 표와 같다.

(35) 고유한 의문어미의 빈도

실현 어미	빈도수	백분율(%)
-냐	48	13.66
-냐구	2	0.19
-니	6	0.56
-나	42	3.91
-은가	29	2.70
-는가	6	0.56
-을까	30	2.80
합계	163	15.19

고유한 의문어미 가운데 '-냐'의 빈도가 가장 높아 13.66%이다. 이들은
동료 간에, 또는 상위자가 하위자에게 말할 때에 쓰인다. 특히 청소년층
서로 간에 많이 쓰인다. 문장 (36)은 청소년층 서로 간에, 문장 (37)은
선배가 후배에게 말할 때 쓰인 예이다. 특히 (37)에서 보면, A가 동료와
후배 여럿을 향해 물을 때는 '-은데'를 썼는데, 후배인 B가 대답하자, B에
게는 '-냐'를 썼다.

(36) A. 너, 맛탕 어떻게 하는 줄 아-냐?

　　 B. 고구마 삶아갖구 썰어 가지구.

　　 A. 물엿에다가 넣으면 되-냐?

　　 B. 설탕을 저기 녹이거든요.

(37) A. 이거 누구 껀데[=꺼-(이)-은데]?

　　 B. 제 꺼요.

　　 A. 효숙이두 이거 바르-냐?

　　 B. 쬐끔 바르구 있어요.

'-니'는 '-냐'와 교체해서 쓰일 수 있는데, 빈도는 낮아 0.56%이다. 그밖에 '-나'는 3.91%, '-은가, -는가, -을가'는 각각 2.70%, 0.56%, 2.80%로 나타났다. 그런데 청자높임의 고유한 의문어미 '-습니까'는 그 예가 보이지 않는다. 분석 대상으로 삼은 자료에 국한해서 보면, 적어도 20-30대 화자의 일상 대화에서 '-습니까' 형태는 소멸해 가고 있음을 알 수 있다. 이를 대신해서 범용어미 '-어-요'가 쓰인다.

범용어미에 의한 실현　범용어미에 의한 실현 빈도를 어미별로 살펴보면 다음 표와 같다.

(38) 범용어미의 실현 빈도

실현 어미	빈도수	백분율(%)
-어	406	37.84
-지	152	14.17
-거든	0	0.00
-는데	42	3.91
합계	600	55.92

범용어미 가운데 '-어'가 가장 많이 나타난다. '-어'는 의문문에서도 역시 '-어, -어-요, -시-어-요, -세-요, 체언-이-야, [체언]-이-에-요' 등으로 나타나는데, 의문문 전체의 37.84%로 빈도가 가장 높다. 앞에서 본 서술문과 마찬가지로 구어에서 '-어'는 한국어 의문문 실현의 대표 어미라 할 수 있다.

(39) 가. 눈 내리는 거, 옆으로 눈 내리는 거 봤-어?

나. 아침에 영어 듣구 또 영어 들을려면 지겹지 않-아-요?

다. 이번 시간 다음 시간 영어 선생님은 누구-세-요?

범용어미 '-지'는 '-지, -지-요, -죠[=지-요]' 등으로 나타나는데, 전체
의문문의 14.17%로 '-어'에 비하면 훨씬 뒤진다. 그 근거는 앞에서 살핀
바와 같이 '-어'가 더 중립적이고 포괄적인 기능을 수행한다는 데에 있다.
'-지'는 고유한 의문어미 가운데 가장 빈도가 높은 '-냐'보다 더 높다.

(40) 가. 그런데 둘이는 어떻게 친하게 되었-지?

나. 여성스런 거 좋아하-지-요?

다. 그럼 다들 기숙사에 사는 건 아니-죠?

접속어미에서 전용되어 범용어미로 문법화한 것으로 해석할 수 있는,
'-거든'과 '-는데'는 각각 0.00%와 3.91%로 나타났다. 이는 서술문의 경우
(5.95%와 6.09%)와 대조하면 훨씬 낮은 수치이다. 특히 '-거든'은 의문문
에서 나타나지 않는다.

(41) 가. 오빠는 처음에 날 보고 어떤 생각을 했-는데-요?

나. 야, 너 보통 몇 입-는데, 허리?

서술|명령|청유 어미의 전용에 의한 실현　다른 문장종결어미의 전용에
의한 실현 빈도를 어미별로 살펴보면 다음 표와 같다.

(42) 서술│명령│청유 어미의 실현 빈도

실현 어미	빈도수	백분율(%)
-다/라	2	0.19
-다-구/면서	14	1.30
-네	16	1.49
-구면	1	0.10
합계	33	3.08

　서술어미, 명령어미, 청유어미가 전용되어 의문문을 실현하는 경우는 전체의 3.08%로 빈도가 낮은 편이다. 서술어미 '-다/라, -네, -구면'이 의문문에 바로 쓰이기도 하고, '{-다/래+{-구/며/면서+(요)}' 형태가 나타나기도 한다.

(43) 가. 근데 이쪽 친구 이름이 뭐였-더-라?

나. 아빠두 같이 괴롭혔-다-구?

다. 그러게, 감기에 좋-다-매?

접속어미 전용에 의한 실현　접속어미 전용에 의한 실현 빈도를 어미별로 살펴보면 다음 표와 같다.

(44) 접속어미의 실현 빈도

실현 어미	빈도수	백분율(%)
-고, -구	8	0.75
-어가지구	1	0.09
-어서	1	0.09

-으려고	3	0.28
-으면서	3	0.28
-으면	3	0.28
합계	19	1.77

접속어미가 전용되어 의문문을 실현하는 경우는 1.77%로 빈도가 낮은 편이다. 그 가운데 '-구'가 0.75%이며, '-어가지구, -어서, -으려고, -으면서, -으면'은 각각 한두 예에 지나지 않는다.

> (45) 가. 낮에는 괜찮-구?
> 나. 아, 태도 점수 높여 주-려구-요?
> 다. 몇 시간 안에 뚝딱 해치운다-면서-요?

문장조각에 의한 실현　다음은 온전한 문장이 아닌, 문장조각으로 끝맺어 의문문을 실현하는 경우이다. 전체 의문문의 24.04%로, 상당히 높은 편이다. 앞에서 본 예 (33)을 보면 대화 전체가 문장조각으로 이루어져 있다.

17.2.4. 명령문

명령문의 실현 빈도　명령문은 모두 136 문장이 나타났다. 명령문의 실현 유형의 빈도를 제시하면 다음과 같다. 다른 종결어미나 접속어미를 전용하는 경우, 온전한 문장이 아닌 문장조각에 의한 경우는 나타나지 않았다.

(46) 명령문의 실현 빈도

실현 유형	빈도수	백분율(%)
(1) 명령어미	27	19.85
(2) 범용어미	109	80.15
합계	136	100.00

고유한 명령어미에 의한 실현   고유한 명령어미에 의한 실현 빈도를 어미별로 살펴보면 다음 표와 같다.

(47) 고유한 명령어미의 실현 빈도

실현 어미	빈도수	백분율(%)
-어라	26	19.12
-으라-니까	1	0.73
합계	27	19.85

고유한 명령어미에 의한 명령문 실현에는, '-어라'와 '-으라-니까' 두 형태만 보인다. 각각 19.12%와 0.73%이다. 명령어미 '-으십시오, -으(시) 오, -게'는 나타나지 않았다. 분석 대상으로 삼은 자료에 국한해서 보면, 적어도 20–30대 화자의 일상 대화에서 '-으십시오, -으(시)오, -게' 형태는 소멸해 가고 있음을 알 수 있다.

(48) 가. 정아는 가까우니까 호박 하나 들고 와라.
　　　나. 형, 나, 스카웃하-라-니까.

범용어미에 의한 실현   범용어미에 의한 실현 빈도를 어미별로 살펴보면 다음 표와 같다.

(49) 범용어미의 실현 빈도

실현 유형	빈도수	백분율(%)
-어	96	7.59
-지	13	9.56
합계	109	80.15

물론 범용어미 가운데서 '-어'가 70.59%로 가장 많이 나타난다. '-어'는 역시 '-어, -어-요, -시-어-요, -세요' 등으로 나타나는데, 명령문 전체의 70.59%로 빈도가 가장 높다. 빈도를 고려하면, 앞에서 본 서술문, 의문문과 마찬가지로 구어에서 '-어'는 현대 한국어 명령문 실현의 대표 어미라 할 수 있다. 범용어미 '-지'는 역시 '-지, -지-요, -죠[=지-요]' 등으로 나타나는데, 전체 명령문의 9.56%로 '-어'에 비해 훨씬 뒤진다.

(50) 가. 기도회 오나 한 번 전화해 봐.
　　나. 교수님 저 여기도 남았는데, 그냥 출석 좀 인정 좀 해 주세요[주-시-어-요].
(51) 가. 나한테 전화 좀 주-지.
　　나. 여기 앉아서 이거 과자 드시-죠.

17.2.5. 청유문

청유문의 실현 빈도　청유문은 모두 13 문장이 나타났는데, 다른 종결어미나 접속어미를 전용하는 경우, 온전하지 않은 문장조각에 의한 경우는 나타나지 않았다.

(52) 청유문의 실현 빈도

실현 유형	빈도수	백분율(%)
(1) 실현유형	8	61.54
(2) 범용어미	5	38.46
합계	13	100.00

고유한 청유어미에 의한 실현　고유한 청유어미에 의한 실현 빈도를 어미별로 살펴보면 다음 표와 같다.

(53) 고유한 청유어미의 실현 빈도

실현 어미	빈도수	백분율(%)
-자	4	30.77
-자-구	1	7.69
-읍시다	3	23.08
합계	7	61.54

고유한 청유어미에 의한 청유문 실현에는, '-자'와 '-자-구'와 '-읍시다' 형태만 보인다. 각각 30.77%, 7.69%, 23.08%이다. 고유한 청유어미 '-세' 는 나타나지 않았다.

(54) 가. 야, 이거 교회 하나 넣어 놓-자, 방에.
　　 나. 그게 아니라 무대 준비해서 이거 마이크 하-자-구-요.
　　 다. 여기에다 저기 하신 분 성함하구 이름하구 나이하구 이런

거 적-읍시다.

범용어미에 의한 실현 범용어미에 의한 실현 빈도를 어미별로 살펴보면
다음 표와 같다.

(55) 범용어미의 실현 빈도

실현 유형	빈도수	백분율(%)
-어	2	15.38
-지	3	23.08
합계	5	38.46

범용어미 가운데서 '-어'가 15.58%, '-지'가 23.08%로 다른 문장종결법
과는 결과가 다르게 나타나지만, 다른 의미를 부여하기 어렵다.

(56) 가. 무대 준비해요, 우리.
  나. 목사님, 이거 여기 딱 대고 오늘 성경 공부 하-죠.

17.2.6. 문장종결법 실현방법의 변화 경향

그렇다면 왜 고유한 종결어미보다 범용어미가 문장종결법 실현에서
빈도가 높을까? 이를 살펴보기 위하여 문장종결법 실현방법의 역사적 변
화 양상을 검토해 볼 필요가 있다. 변화 양상을 살펴보기 위해서 지금의
언어 자료와 앞 시대의 언어 자료를 대조해 보자. 그런데 순수-구어를
대조 대상으로 했을 때에, 현대 한국어를 제외하고는 역사적으로 순수-구
어 자료를 확보할 수 없어 대조란 원칙적으로 불가능하다. 그러나 차선책

으로 어느 정도 구어에 가깝다고 생각하는 준-구어 자료를 대상으로 삼으
면, 변화의 경향을 추정해 볼 수 있을 것이다.

근대 한국어의 실현방법 중세 한국어에서는 범용어미가 아직 생성되지
않았다. 따라서 범용어미의 생성 시기를 근대 한국어 이후로 잡는다면,
근대 한국어 자료부터 이들을 검토해 볼 수 있다. 그런데 근대 한국어에서
구어를 반영하는 것으로 볼 수 있는 《노걸대언해》류에 나타난 문장종결
법을 살펴보면, 거의 전적으로 고유한 종결어미만 쓰이고 있음을 볼 수
있다. 다음 문장 (57)은 1795년 간행의 《중간노걸대언해》의 몇몇 부분이
다. 서술문, 의문문을 모두 서술어미, 의문어미로 실현하고 있다.

(57) A : 큰 형아 네 어드러로셔 조차 온다
　　 B : 내 朝鮮人 王京으로 조차 왓노라
　　 A : 이믜 이 돌 초 ᄒᆞ룻 날 王京셔 ᄠᅥ나시면 반 둘에 다ᄃᆞᆺ게야
　　　　 엇지 ᄀᆞ 여긔 오뇨
　　 B : 내 흔 벗이 이셔 ᄶᅥ져시매 이러므로 길히 날호여 녜여 져를
　　　　 기ᄃᆞ려 오노라
　　 A : 네 빅혼 거시 이 므슴 글고
　　 B : 내 일쯕 닑은 거시 이 論語 孟子 小學이라[3]

---

3 다음 자료는 《중간노걸대언해》에서 명령문, 청유문이 나타난 예인데, 역시 전적으로
명령어미, 청유어미로 실현되었다.
　가. 편안이 쉼을 請ᄒᆞ느니 나그너 죠히 자라
　나. 아므란 집 지즘 잇거든 여러 닙 가져다가 펴라
　다. 우리 각각 좀 자고 돌려 니러 부즈런이 ᄆᆞᆯ 먹이쟈
　라. 내 잘 收拾ᄒᆞ고 자쟈

이를 통해 보면, 적어도 이 시기까지 문장종결법의 실현방법은 거의 고유한 문장종결어미에 의해 실현된 것이라고 하겠다. 다음 자료는 19세기 말 자료인 《열녀춘향수절가》 가운데 나타난 대화 자료이다.

(58) 가. 늬 너다려 뭇는 일이 <u>허왕하다</u>
　　　나. 다른 무엇 안이오라 이 골 기싱 월민 쌀 춘향이란 <u>게집아히</u>
　　　　　<u>로소이다</u>
　　　다. 네 마리 당연ᄒ나 오나리 <u>단오리리라</u>
　　　라. 예 아직 <u>무고ᄒ늬다</u>
　　　마. 글공부하시난 도령임이 경처 차져 <u>부질업소</u>

이와 같이 19세기 말 자료인 《열녀춘향수절가》의 서술문을 보면, 대부분 고유한 서술어미에 의해 실현되었다. 다만, 서술문의 (58마)는 범용어미 '-소'로 실현된 예인데, 이런 예는 많이 나타난다. 그뿐만 아니라, 다음과 같이 '-어'와 '-지, -제'로 실현되는 예도 몇몇 보인다.

(59) 가. 춘향이 딕답하되 나는 <u>몰나요</u>
　　　나. 딕답은 하여싸오나 뉘 말린지 <u>몰나요</u>
　　　다. 익고 나는 <u>실어요</u>
　　　라. 북그럽기는 무어시 <u>북그러워</u>
　　　마. 아이고 <u>노와요</u> 좀 <u>노와요</u>
　　　바. <u>조와요</u>
(60) 가. 모른다 <u>하엿지요</u>
　　　나. 안이요 그리 할 말삼이 안이라 정승을 못하오면 장승이라
　　　　　도 <u>되지요</u>
　　　다. <u>늬 셔방이졔</u> 늬 셔방 알들 간간 늬 셔방

라. 너도 날을 업고 조흔 말을 <u>하여야제</u>

위에서 보는 바와 같이 대부분 고유한 서술어미에 의해 실현되나, '-소'
와 같은 범용어미가 다수 나타나며, '-어'와 '-지, -제'와 같은 범용어미도
몇 예 보인다. 그러나 다른 실현방법은 보이지 않는다.

이들 문헌은 아직 언문일치에 이르지 못했기 때문에 충실히 당시의
구어를 반영하지 못했을 가능성이 높고, 또한 아직 고유한 서술어미에
의한 서술문 실현이 보편적이고, 범용어미에 의한 서술문 실현이 발달하
지 못했을 가능성도 함께 있다. 어떻게 보든, 적어도 근대 한국어까지는
주로 고유한 종결어미와 범용어미 '-소', 그리고 '-어', '-지'에 의해 문장종
결법이 실현되었음을 알 수 있다.

20세기 초기의 실현방법   19세기 후기를 포함해서 20세기 초기 한국어
에서 문장종결법이 어떻게 실현되었는지를 살펴보기 위하여 당시 교과서
에서 구어를 반영하는 것으로 판단되는 대화 부분에 나타나는 서술문을
대상으로 분석했는데, 그 결과는 다음과 같다. 20세기 초기 한국어에 대해
서는 제18장 참조.

(61) 20세기 초기 교과서에 반영된 서술문 실현 빈도

실현 유형	빈도수	백분율(%)
(1) 종결어미	269	87.62 (13.66)
(2) 범용어미	38	12.38 (66.64)
합계	307	100.00

(괄호 안 숫자는 현대 한국어)

표에서 보는 바와 같이, 고유한 종결어미에 의한 서술문 실현이 87.62%로 압도적이며, '-오, -소', '-어', '-지' 등에 의한 범용어미에 의한 실현은 12.38%이다. 접속어미를 전용하여 서술문을 실현하거나, 문장조각에 의해 서술문을 실현하는 예는 없다. 이들 문헌 역시 아직 언문일치에 이르지 못했기 때문에 충실히 당시의 구어를 반영하지 못했을 가능성이 높고, 또한 아직 종결어미에 의한 문장종결법 실현이 보편적이고, 범용어미에 의한 문장종결법 실현이 발달하지 못했을 가능성도 함께 있다. 적어도 20세기 초기 교과서 자료를 통해 보면, 주로 고유한 종결어미에 의해 문장종결법이 실현되었다고 할 수 있다.[4]

1930년대의 실현방법　20세기에 들어서면서 자료의 성격은 많이 달라진다. 당시의 구어를 어느 정도 반영한다고 판단되는 현대소설에서 대화부분만을 대상으로 분석해 보면 변화의 흐름을 짐작할 수 있다. 소설의 대화는 실제로 발화될 가능성을 염두에 두고 쓴 것은 아니지만, 작가가 알고 있는 그 시대의 구어의 모습을 보여 주는 자료이기 때문이다. 1933년에 발표된 이광수 소설 《유정》에 나타난 서술문을 분석한 결과를 보면 변화의 경향을 판단하게 한다.

---

4 20세기 초기 교과서 자료에서 범용어미로 실현된 서술문의 몇몇 예를 제시하면 다음과 같다.
　가. 冊에 그런 말이 <u>잇셔요</u>[=잇-어-요]
　나. 허허 그애 그게 <u>함박꼿이</u>-지
　다. 술노름에 다 업새고 당신도 잘혼다고는 못 <u>호사</u>-지-오
　라. 여러분네 어려운 일을 만히 보앗기 흐는 <u>말삼이</u>-오

(62) 소설 《유정》에 반영된 서술문 실현 빈도

실현 유형	빈도수	백분율(%)
(1) 서술어미	234	42.86 (13.66)
(2) 범용어미	276	50.55 (66.64)
(3) 접속어미	19	3.48 (6.43)
(4) 문장조각	17	3.11 (20.74)
합계	546	100.00

(괄호 안 숫자는 현대 한국어)

　범용어미의 빈도는 50.55%로 현대 한국어와 대비, 조금 낮은 편이나, 고유한 서술어미의 빈도는 지금의 13.66%보다 훨씬 높아 42.86%이다. 접속어미가 전용된 경우와 문장조각으로 끝맺은 경우는 빈도가 매우 낮은 편이다. 각 유형별로 보면, 고유한 서술어미의 경우, 다른 어미는 현대 한국어와 큰 차이가 없으나, 다만 '-습니다'의 빈도가 전체의 20.88%로 가장 높다. 현대 한국어의 '-습니다' 0.22%와 상당히 대조적이다. 범용어미의 경우, '-어'가 서술문 전체의 19.96%로 현대 한국어의 43.96%보다는 낮지만, 그래도 전체적으로는 빈도가 높은 편이다. '-지'의 분포도 19.78%로 '-어'와 비슷하다. 그러나 현대 한국어에서 거의 소멸한 '-으오'가 8.61%를 차지하고 있어 대조적이다.[5]

---

5 범용어미로 실현된 서술문의 몇몇 예를 제시하면 다음과 같다.
　가. 저는 저 눈 있는 삼림 속으로 한정 없이 가고 싶-어-요
　나. 그 순간에 나는 처음으로 내 아내를 안고 키스를 하였-지-요

17.3. 문법사에서 구어 문법의 의의

지금까지 현대 한국어의 대화 자료를 통해 구어에서 문장종결법이 구체적으로 어떻게 실현되는가를 계량적으로 분석하여, 현대 구어 한국어의 문장종결법의 실현방법의 실태를 살펴보았다.

그 실태에 따르면, 문장종결법 실현방법의 변화 경향을 다음과 같이 제시할 수 있다. 첫째, 현대 한국어로 오면서 점차 범용어미, 특히 '-어'와 '-지'의 쓰임이 확대되었다. 둘째, 현대 한국어로 오면서 고유한 문장종결어미의 쓰임이 축소되었다.

이렇게 범용어미가 문장종결법 실현의 주된 유형으로 자리를 잡은 근거는 그 기원이 접속어미였던 범용어미 '-어'와 '-지'의 생성에서 찾아볼 수 있다. 이들은 접속문 구성의 후행절이나 내포문 구성의 상위문의 생략으로 생성되었음은 이미 제3장에서 살펴본 바 있다.

이와 같이 범용어미로 생성된 '-어'는 먼저 '-네, -는가, -게, -세' 등급의 문장종결어미와 교체하면서 더 나아가 '-다, -느냐/-니, -어라, -자' 등급까지 영역을 넓혀 왔다. 그리고 '-어'에 높임조사 '-요'가 결합한 '-어-요'는 '-습니다, -습니까, -으십시오, -읍시다' 등급의 문장종결어미와 '-으오' 등급까지 세력을 넓혔다. 이러한 변화는 자연스럽게 청자높임 등급의 변화와 관련을 맺어, 격식체의 4 등급이 점차 단순화되어가는 현상과 겹치게 되었다. 청자높임 등급의 단순화는 더욱 '-어'와 '-어-요'의 사용 확대를 가져오게 되었다. 이것은 문장종결법이 '문장종결어미에 의한 실현에서 범용어미에 의한 실현으로' 변화하고 있으며, 앞으로 이러한 변화는 더 확대될 것으로 예측된다.

다. 내가 최 선생이 당하신 경우와 꼭 같은 경우를 당하였-거든-요
라. 밤차로 가 보아야겠-소

또한 범용어미에 의한 실현의 확대는 문장종결법 실현방법에서 운율적 방법의 기능 부담이 확대되는 것을 뜻하기도 한다. 문장종결법의 실현에서 가장 높은 빈도를 나타내는 '-어'는 운율적 방법, 즉 억양에 의해 변별되기 때문이다. 예를 들어 서술문일 경우에는 내림억양이 놓이고, 의문어 없는 의문문일 경우에는 올림억양이 놓인다. 따라서 현대 한국어로 올수록 문장종결법 실현에서 운율적 방법의 기능이 확대되었다.

이렇게 구어 문법에 대한 연구는 구어 문법의 특성을 이해한다는 의의도 있지만, 현대 한국어 안에서 문법 변화의 경향을 확인할 수 있고, 나아가서 앞으로의 문법 변화의 방향을 가늠해 볼 수 있다는 의의도 있다. 따라서 구어 문법의 기술은 문법사 서술에서 차지하는 의의는 크다고 할 수 있다. 이러한 면에서 한국어 문법사 연구를 위해 구어 문법에 적극적으로 관심을 가질 필요가 있으며, 아울러 구어 문법을 반영하는 한국어의 순수-구어 말뭉치의 대규모 구축도 절실히 필요하다.

▌참고 문헌

강범모·김흥규·허명희 2000, 《한국어 텍스트 장르, 문체, 유형: 컴퓨터와 통계적 기법의 이용》, 태학사.

고광모 2001, 반말체의 등급과 반말체 어미의 발달에 대하여, 《언어학》 30: 3-27, 한국언어학회.

교육부 1996, 《고등학교 문법》, 대한교과서주식회사.

구현정 2000, 《대화의 기법 – 이론과 실제》(개정판), 경진문화사.

구현정 2001, 조건 표지에서 문장종결 표지로의 문법화, 《담화와 인지》 8-1: 1-19, 담화·인지언어학회.

국립국어연구원 1997/1998/2000/2001, 《서울 토박이말 자료집 I/II/III/IV》, 국립국어 연구원.

권재일 2002, 의문문의 실현 방법과 그 언어유형론적 특성, 《한글》 257: 167-200, 한글학회.

권재일 2003, 구어 한국어에서 서술문 실현방법의 공시태와 통시태, 《언어학》 37: 25-46, 한국언어학회.

권재일 2004, 《구어 한국어의 의향법 실현방법》(서울대학교 한국학 모노그래프 18), 서울대학교출판부.

김선철 1997, 국어 억양의 음성학, 음운론적 연구 – 서울말을 중심으로 –, 서울대학교 대학원 언어학과 박사학위논문.

김태엽 1998, 국어 비종결어미의 종결어미화에 대하여, 《언어학》 22: 171-189, 한국언 어학회.

남기심·고영근 1985, 《표준 국어 문법론》, 탑출판사.

서상규·구현정 (공편) 2002, 《한국어 구어 연구 (1) – 구어 전사 말뭉치와 그 활용 –》, 한국문화사.

이기갑 2015, 《국어 담화 문법》, 태학사.

임홍빈 외 2002, 《국어 문법 현상의 계량적 연구》, 고려대학교 민족문화연구소.

전영옥 1996, 대화체 의문형의 형식과 기능, 《자하어문논집》 11: 359-389, 상명어문학회.

최현배 1971, 《우리 말본》(네번째 고침판), 정음사.

허웅 1995, 《20세기 우리말의 형태론》, 샘문화사.

허웅 1999, 《20세기 우리말의 통어론》, 샘문화사.

|제18장| 문법사와 초기 현대 한국어 문법

한국어 문법사 서술과 관련하여, 현대 한국어의 첫 무렵인 20세기 초기 한국어 문법을 분석하고자 한다. 한국어사의 시대 구분에서 현대 한국어는 20세기와 함께 시작하여 이제 막 한 세기를 지나고 있다. 따라서 이러한 시점에서 현대 한국어라는 넓은 의미의 공시태를 한번 검토해 볼 필요가 있다. 즉, 20세기 초기의 한국어를 21세기 초기인 지금의 한국어와 대조해서 문법이 어떠한 변화를 겪고 있는가를 살펴보고, 또한 앞으로의 변화를 예측하고자 한다.

다음 문장의 밑줄 친 부분은 지금의 한국어 같으면 '-습니다, -ㅂ니다'로 실현될 문장들인데, 이제 20세기 초기 한국어의 문법 기술을 위해, 당시 문헌 자료를 바탕으로 분석하고자 한다.[1]

> (1) 가. 젼라 츙쳥 경샹 삼도는 짯듯ᄒ고 여름에는 비가 만코 농식물이 셩ᄒᄂ이다 (유년필독 1:35)
>
> 나. 녜부터 有名ᄒᆞᆫ 學者와 高明ᄒᆞᆫ 賢人이 만히 잇습ᄂ이다 (신정 심상소학 2:3)

---

1 제18장의 내용은 지은이의 저서, 《20세기 초기 국어의 문법》(서울대학교 한국학 모노그래프 30, 1-211, 서울대학교출판부, 2005년)에서 제시한 자료와 서술을 바탕으로 한 것이다.

18.1. 초기 현대 한국어 문법의 성격

한국어사의 시대 구분에서 현대 한국어는 20세기와 함께 시작한다. 이제 20세기가 마무리된 시점에서 20세기 초기의 한국어를 21세기 초기인 지금의 한국어와 대조해서 문법이 변화한 모습을 파악해 보는 것은 한국어 문법사 기술에서 의의가 클 것이다.

이를 위하여 20세기 초기 한국어(=초기 현대 한국어)의 문장종결법의 문법 특성을 자료를 중심으로 기술하고, 이를 바탕으로 지금의 현대 한국어와 대조하여, 한 세기 동안에 이루어진 문법 변화를 살핀다. 언어 연구는 공시태의 연구에만 그쳐서는 안 되며, 언어 변화에 대한 연구도 함께 이루어져야 한다는 연구 태도로, 한 시대 안에서 이루어지는 문법 변화의 흐름을 가늠해 보고자 한다.

초기 현대 한국어를 분석하기 위한 자료는, 그 당시에 간행된 교과서 자료를 중심으로 한다.[2] 교과서 자료가, 비록 약간의 보수적인 성격을

---

2 대상으로 삼은 교과서 자료는 《한국개화기교과서총서》의 '국어'편 1-8권(아세아문화사 영인, 1977년)인데, 구체적인 책 이름과 서지 사항은 다음과 같다. 발간 시기를 보면 19세기 후기에서 20세기 초기이다.

　國民小學讀本 (學府 편찬, 1895년)
　小學讀本 (學府 편찬, 1895년)
　新訂尋常小學 권1,2,3 (學府 편찬, 1896년)
　初等小學 권1,2,5,6,7,8 (大韓國民教育會 편찬, 1906년)
　高等小學讀本 권1,2 (徽文義塾 편찬, 1906년)
　國語讀本(普通學校學徒用) 권1,2,3,4,5,6,8 (學府 편찬, 1906년)
　幼年必讀 권1,2,3,4 (玄采 저, 1907년)
　幼年必讀釋義 권1,2,3,4상,4하 (玄采 편술, 1907년)
　勞動夜學讀本 제1 (兪吉濬 저, 1908년)
　녀ᄌ독본 상,하 (張志淵 편집, 1908년)
　初等女學讀本 (李源兢 저, 1908년)
　最新初等小學 권1,2,3,4 (鄭寅琥 편술, 1908년)
　新纂初等小學 권1,2,3,4,5,6 (玄采 저, 1909년)

지니고 있다 하더라도, 당시의 현실 언어와 규범 언어를 잘 반영하고 있다고 판단하였기 때문이다. 그러나 교과서 자료만으로 자료가 완벽하지 못하기 때문에 문학 자료(특히, 소설), 종교 자료, 신문과 잡지 자료를 보완 자료로 활용한다.

18.2. 초기 현대 한국어의 서술법

서술법을 실현하는 서술어미를 의미 기능에 따라 평서, 감탄, 약속으로 나누어 살펴보자. 서술어미 가운데 '-다' 형태, '-라' 형태가 가장 많이 나타난다.

18.2.1. '-다' 형태의 서술어미

-다 15세기 한국어 이래 지금의 현대 한국어에 이르기까지 이어오는 [안높임]의 대표적인 서술어미이다. 형용사와 '있다, 없다, 이다'에는 '-다'(분석하면, -ø-다)가, 동사에는 '-ㄴ다, -는다'(분석하면, -ㄴ-다, -는-다)가 결합한다. '-는다'의 변이형인 새로운 표기 '-는댜'도 보인다. 그리고 주체높임어미 '-으시-'와 시제어미 '-엇-', '-겟-'과 결합할 수 있다. 다음 (2)는 '-다'가 형용사와 '있다, 없다, 이다'에 결합한 문장이고, (3)은 동사에 '-ㄴ다, -는다'가 결합한 문장이다.

> (2) 가. 밋친사람이 아니라 酒를 飮흔것이댜[3] (초등소학 5:5)

樵牧必知 상,하 (鄭崙秀 지음, 1909년)
蒙學必讀 권1 (崔在學 편술, 연도 모름)

나. ᄒᆞ로밤 사이에 世上이 銀世界가 되얏더니 이윽고 太陽이
　　그 景致를 보랴 ᄒᆞ는지 東邊에서 낫흘 들고 올나오니 이
　　景致 ᄯᅩᄒᆞᆫ 奇異ᄒᆞ다 (신정심상소학 2:17)

다. 이 아희들아 너의게 分財로 줄 物件은 다만 이 됴고마흔
　　집과 葡萄田 外에는 아모 것도 <u>업다</u> (신정심상소학 1:26)

(3) 가. 그 辭義를 저도 十分 알녀니와 그 겻테 듯는 者도 그 ᄯᅳᆺ을
　　　　아도록 읽는 거시 잘 <u>읽는다</u> 稱ᄒᆞ읍ᄂᆞ이다 (신정심상소학
　　　　3:27)

나. 命을 知ᄒᆞ는 者는 巖墻下의 立지 <u>아니ᄒᆞᆫ다</u> (소학독본 5)

'-다', '-ㄴ다/는다'는 지금의 현대 한국어에서는 가장 보편적으로 사용
되는 서술어미이지만, 초기 현대 한국어를 반영한 교과서 자료에서는 그
렇지 않다. 교과서는 특성상 거의 대부분 서술문으로 이루어져 있으나
교과서 본문의 서술문이 '-다'로 끝나는 경우는 찾아보기 힘들고, '-다'는
대부분 인용절에 나타난다. 다음 (4)는 인용절에 '-다'가 형용사와 '있다,
없다'에 결합한 문장이고, (5)는 '-ㄴ다, -는다가 동사에 결합한 문장이다.

(4) 가. 王侯將相이나 汝等이나 勤勞를 아니ᄒᆞ고 幸福을 어들 슈
　　　　업기는 一般이라 나라의 富强은 國民의 勤勞에 <u>잇다</u> ᄒᆞ니
　　　　(국민소학독본 33)

나. 歐羅巴人의 往來가 이 셤으로 限ᄒᆞ니 以西에 進向ᄒᆞ 者는
　　일즉이 <u>업다</u> ᄒᆞ더라 (국민소학독본 47)

다. 梧里 李 先生이 曰 記聞ᄒᆞᆫ 學은 事理가 通曉치 못ᄒᆞᄂᆞ니

---

3 예문에 해당 어미가 결합된 용언에 밑줄을 쳐서 표시한다. 그리고 표기나 띄어쓰기,
문장부호 등은 교과서 자료 원문에 따른다.

今世에 精明흔 見得이 趙穆 갓흔 者ㅣ <u>드물다</u> ᄒ니 (소학독
본 11)

(5) 가. 이러무로 船中人들이 時時로 陸地가 <u>뵈인다</u> ᄒ는 말에 (국
　　　민소학독본 48)

　　나. 衆人이 모이는 房에셔는 숫블이며 燭블이 스름과 ᄀ치 息을
　　　<u>呼吸흔다</u> ᄒ는 거시 맛당ᄒ니 (국민소학독본 44)

　　다. 杜鵑의 삿기는 성품이 악ᄒ야 집속에 ᄀ치 안진 달은 삿기
　　　를 쫏츠니고 혼ᄌ 잇서 어미식와 아비식가 가ᄌ오는 밥을
　　　<u>먹는다</u> ᄒ옵니다 (신정심상소학 2:16)

'-다'에는 현실법 '-ø-, -ㄴ/는-' 외에 다른 시제어미도 결합한다. 이러
한 시제어미 결합 양상은 지금의 현대 한국어와 같다. 문장 (6)은, '-엇-'이
결합한 예인데, '-엇-, -엿-, -얏-' 등으로 나타나며, 문장 (7)은, '-겟-'이
결합한 예인데, '-겟-, -깃-, -갯-' 등으로 나타난다.

(6) 가. 우리 平山 짜에 僧 令俊이 女眞으로 드러가 그 後裔가 元나
　　　라 始祖ㅣ <u>되엿다</u> ᄒ며 (국민소학독본 72)

　　나. 밤새도록 각각하고 짓거리난 네 소래에 귀가 압하셔 잠을
　　　<u>못잣다</u> (최신초등소학 2:20)

(7) 가. 今日도 不雨하고 來日도 不雨하면 말은 조개 한아 <u>먹갯다</u>
　　　(최신초등소학 2:12)

　　나. 곳 히가 <u>지깃다</u> 히가 지면 달이 <u>쓰깃다</u> (국어독본 1:41)

　　다. 大呼曰 仇人仇人아 吾가 此法人을 <u>珍滅ᄒ겟다</u> ᄒ리로다
　　　(유년필독석의 4하:48)

'-다'와 관련하여 아주 드물게, '-ᄂ다'와 '-ㄹ다' 형태가 보인다. 이것은

앞 시대 언어의 흔적인데, 점차 소멸하여 지금의 현대 한국어에서는 쓰이
지 않는다.

> (8) 가. 儉이란 者는 貨利에 澹코져 홈이어늘 小人이 儉을 假ᄒᆞ야
> 　　 뻐 그 춤을 飾ᄒᆞᄂᆞ다 (소학독본 26)
> 　　나. 비오고 우중츙한 날에 썩은 나무 등걸위서 짜온 버섯이라
> 　　 하난것일다 (최신초등소학 3:25)

-ᄂᆞ이다, -나이다, -ᄂᆡ다, -내다 '-ᄂᆞ-이-다'로 분석되는 어미들이다.
'-ᄂᆞ-'는 15세기 한국어의 현실법을 실현한 것인데, 현실법 기능은 그 이
후 약화되거나 소멸하였다. '-이-'는 15세기 한국어의 청자높임법 '-ᄋᆞ이
-'를 이은 것으로 '-ᄂᆞ이다-'는 높임의 서술어미이다. 'ᄂᆞ이다' 형태는 크
게 네 가지 표기, 즉 '-ᄂᆞ이다', '-나이다', '-ᄂᆡ다', '-내다'로 나타난다. '-ᄂᆞ
이다는 옛 표기이고 '-나이다'는 새 표기라고 할 수 있으며, '-ᄂᆞ이다'와
'-나이다'의 축약형이 각각 '-ᄂᆡ다'와 '-내다'이다. 그러나 이들은 점차 '-
습니다'로 형태와 표기가 통일되어 지금의 현대 한국어에서는 쓰이지 않
는다.

　이들은 각각 시제어미 '-엇-', '-겟-', 높임어미 '-으시-–읍-, -습-' 등이
결합하여 다양한 구성을 보인다. 먼저 'ᄂᆞ이다' 형태를 살펴보자. 문장
(9)가 그 예이며, (10)은 시제어미 '-엇-', '-겟-'과 높임어미 '-으시-'가
결합한 예이다.

> (9) 가. 지금ᄭᆞ지 부여고을에 의렬ᄉᆞ가 잇셔 셩츙과 계빅 두 츙신
> 　　 을 졔 지닉ᄂᆞ이다 (유년필독 1:34)
> 　　나. 젼라 츙청 경샹 삼도는 ᄯᆞᆺ듯ᄒᆞ고 여름에는 비가 만코 농식
> 　　 물이 셩ᄒᆞᄂᆞ이다 (유년필독 1:35)

(10) 가. 가마귀는 그졔야 비로소 그 속음을 씨다라쓰나 엇지 홀 수
업섯느이다 (신정심상소학 1:25)

나. 臣이 輔弼ᄒᆞᄂᆞᆫ 責任을 克盡치못ᄒᆞ온 罪ᄂᆞᆫ 死ᄒᆞ와도 餘가
有ᄒᆞ나 此ᄂᆞᆫ 奉치못ᄒᆞ겟느이다 (초등소학 6:26)

다음 문장은 '-읍-', '-습-'이 결합한 형태인데, 꽤 자주 나타난다. 형용
사, 동사에 두루 쓰인다. 이들이 지금의 현대 한국어의 '-습니다'로 이어진
형태이다.[4] 물론 시제어미 '-엇-, -겟-(-깃-)'이 결합할 수 있다.

(11) 가. 朝鮮은 氣候가 쌋쌋ᄒᆞ고 土地도 조흐니 각싴곡식이 만히
나고 또 광물이 만히 나읍느이다 (신찬초등소학 2:35)

나. 해 ᄂᆞᆫ 아참 에 돗고 달 과 별 은 밤 에 밝습느이다 (초등소학
1:36)

다. 조고마흔 羊이 둘이 각각 흔 길노 산에 올나갈싀 외나무
다리에서 서로 만ᄂᆞ습느이다 (신정심상소학 1:22)

라. 이 집이 지금은 苟且ᄒᆞ-나 兒孩들도 다 이러케 合力ᄒᆞ야
일을 ᄒᆞ니 수이 넉넉히 지닉깃습느이다 (신정심상소학 1:18)

다음은 '-나이다'의 예이다. 옛 표기 '-느이다'의 새로운 표기다. 물론
시제어미 '-엇-, -겟-'이 결합할 수 있다.

(12) 가. 萬一 길에서 風雨를 맛나면 花葉間을 依托ᄒᆞ야 留宿ᄒᆞ고
비가 긋친 후에 卽時 제 집으로 도라오나이다 (신정심상소
학 3:32)

---

4 현대 한국어의 '-습니다'의 역사적인 생성 과정에 대해서는 제3장 3.4. 참조.

나. 모든 벌이 一計를 뉘야 달핑이의 難을 避ᄒᆞ얏나이다 (신정
심상소학 1:25)

다음 문장은 '-읍-', '-ᄉᆞᆸ-'이 결합한 형태 '-읍나이다(읍니다)', '-ᄉᆞᆸ나이
다가 쓰인 예이다.

(13) 가. 蘭嬉 對 曰 나는 ᄭᅬ고리 되기를 願ᄒᆞ읍ᄂᆞ이다 ᄭᅬ고리는 恒
常 아름다온 소리로 滋味잇게스리 우읍나이다 (신정심상소
학 3:19)
나. 이제 나는 時計 보는 法을 잘 빈왓ᄉᆞᆸ나이다 (신정심상소학
2:26)

다음과 같이 '-노이다'도 쓰이는데, 매우 드물다. 15세기 한국어의 '-ᄂᆞ-'
와 1인칭어미 '-오-'의 결합으로 거슬러 올라가는 '-노-'이지만, 초기 현대
한국어에서 반드시 1인칭 주어와 결합하지는 않는다.

(14) 가. ᄒᆞᆫ 개가 … 貪心이 發ᄒᆞ야 마저 ᄲᅢ서 먹고ᄌ ᄒᆞ야 다리 아ᄅᆡ
로 向ᄒᆞ야 지젓소이다 (신정심상소학 1:16)
나. 文安ᄒᆞ심을 敬門ᄒᆞ노이다 (신찬초등소학 4:22)

다음은 '-니다' 형태인데, '-읍니다(-읍니다)', '-ᄉᆞᆸ니다'로 쓰인다. 문장
(15가,나)가 '-ᄉᆞᆸ니다'가 쓰인 예인데, 모두 '잇-'에 결합된 것이 특징이다.
문장 (15다,라)는 각각 '-읍니다', '-읍니다'가 쓰인 문장들이다.

(15) 가. 그 中에서 긴 것 둘의 ᄭᅳᇀ에는 눈이 잇고 져른 것 둘의 아ᄅᆡ
에는 입이 잇ᄉᆞᆸ니다 (신정심상소학 2:22)

나. 녜부터 有名호 學者와 高明호 賢人이 만히 <u>잇습니다</u> (신정
심상소학 2:3)

다. 이 軍士들은 다 强호고 將帥의 號令디로 行陣호며 이 아리
쓴 軍歌를 큰 소리로 <u>불으옵니다</u> (신정심상소학 2:18)

라. 스룸이 되야서 此 三德을 具備호야 훈 가지도 缺홈이 업슨
則 비로소 스룸이라 홀 <u>만호옵니다</u> (신정심상소학 2:9)

다음은 '-내다' 형태인데 '-삽내다', '-압내다', '-엇삽내다', -얏삽내다',
'-겟삽내다' 등으로 쓰인다.

(16) 가. 東村學徒들은 運動歌를 블-으면서 죠타죠타 <u>하압내다</u> (최
신초등소학 2:23)

나. 올타 오날은 初等小學讀本 第二卷의 第一課를 공부하겟스
니 새소래도 <u>고맙삽내다</u> (최신초등소학 2:1)

다. 아해들이 작난을 햇스니까 學徒가 쌔틔렷기도 쉬우나 보지
난 <u>못하얏삽내다</u> (최신초등소학 3:30)

라. 商買하면 商民이라하니 매암하난 것을 매암이라 <u>하겟삽내
다</u> (최신초등소학 3:4)

'니다', '내다'가 '니(이)다'로 바뀌어 쓰이기도 하여, 여러 다양한 형태로
나타난다. '-ㅁ니다, -음니다', '-슴니다' 형태가 그것인데, '-엇슴니다, -앗
슴니다', '-겟슴니다', '-옵니다', '-ㅂ니다', '-압니다' 등으로 실현된다.

(17) 가. 여러분도 學校에서 各般 工夫를 호야 … 國家를 爲호야 맛
당히 盡忠하고 竭力홀 <u>거시니이다</u> (신정심상소학 1:24)

나. 치마는 비단과 명쥬로 호는것보다 죠션무명으로 호는 것이

매우 <u>죳습니다</u> (몽학필독 1:91)

다. 여러교인들이 즁앙쵸부교당에 모여셔 셩슈와 대도쥬모시
고 텬덕숑부르는 소리 <u>반갑습니다</u> (몽학필독 1:89)

라. 대신스의 셩은 최오 일홈은 졔우오 즈는 셩묵이오 수운은
별호시니 경쥬가졍리에셔 <u>나셧습니다</u> (몽학필독 1:92)

마. 배곳은 희고 복숑아곳은 붉으니 빗도 보기 죳커니와 열매
도 만히 <u>열니겟습니다</u> (몽학필독 1:99)

-더이다, -소이다/오이다, -리이다, -올시다　　이들은 지금의 현대 한국어
에서는 쓰이지 않은, 소멸한 어미들이다. 이들 역시 높임의 서술어미인데,
널리 쓰이지 않았으나 다음과 같은 문장에서 확인할 수 있다.

(18) 가. 自己의 父子가 此麥을 졔흐겟다 <u>흐더이다</u> (초등소학 6:13)

나. 사슴은 그졔야 비로소 自矜흐던 쐴은 그 몸에 원슈가 되고
붓그럽다 흐던 다리는 도로혀 그 몸을 쌀치 아니흐는 줄을
<u>알앗소이다</u> (신졍심상소학 2:36)

다. 달핑이는 등에 흔 썹질을 가지고 잇스니 이는 몸을 감추는
<u>집이오이다</u> (신졍심상소학 2:22)[5]

-도다/로다　　'-도다'는 역사적으로 강조어미 '-도-'와 '-다'가 결합하여

---

5 '-오이다'는 '이다, 아니다' 구문에 자주 쓰이는 것이 특징이다. 다음과 같이 '이다,
아니다'의 '-이-, 아니-' 다음에 '-올시다가 결합하기도 한다.
　가. 여호는 그 形狀이 기와 비스름흐고 쏘 狡흔 才操가 잇는 <u>짐승이올시다</u> (신졍심상
　　소학 2:6)
　나. 우리는 轎丁인즉 轎子나 메일 것이오 犬을 차즘은 우리의 職務가 <u>아니올시다</u>
　　(초등소학 5:14)

생성된 어미이다. 그래서 [감탄]의 의미를 실현한다. '-도다/로다'는 [안높임]의 서술어미로서, 지금의 현대 한국어에서는 드물게 쓰이는 형태이다. 시제어미 '-엇-, -겟-'이 결합할 수 있다.

(19) 가. 슬푸도다 슬푸도다 우리 국민 슬푸도다 (유년필독 3:41)
　　　나. 老人이 쯤 曰 너는 아즉 一을 알고 二를 모르는도다 (국민소학독본 16)
　　　다. 嗚呼라 世上에 所謂 文明과 所謂 人道를 予가 知ᄒ겟도다 (유년필독석의 4하:6)

'-도다'는 '이다'의 '-아-'나 시제어미 '-으리-' 다음에서 '-로다'로 나타난다.

(20) 가. 王이 크게 感動ᄒ야 글오되 너는 眞實노 寄 女子ㅣ로다 (신정심상소학 3:17)
　　　나. 嗚呼라 哀哉痛哉로다[= 哀哉痛哉-이-로-다] (유년필독석의 4하:53)
　　　다. 法人이여 危哉殆哉라 其法人을 殲盡홀 日이 有ᄒ리로다 (유년필독석의 4하:54)
　　　라. 우리 學徒들도 春臺에 춤 한번 추리로다 (최신초등소학 2:60)

한편 '-ㄹ지로다', '-ㄹ찌로다'는 관형사형어미 '-ㄹ', 의존명사 '지'가 '이-로다'와 결합하여 문법화한 어미라 하겠다. 이들은 주로 [감탄], [당위], [탄원] 등의 의미를 실현한다. '-ㄹ지로다', '-ㄹ찌로다'와 형태적으로 비슷한 '-ㄹ지어다', '-ㄹ찌어다'도 있는데, 이들은 주로 [당위]의 의미를 실현한다.

(21) 가. 事를 知치못ᄒ고 오작 貪心만 내ᄂᆞᆫ 人은 此犬을 見ᄒᆞᆯ지로다 (초등소학 5:10)

나. 大凡人의 學홈이 君國을 爲홈인 즐 此에 可히 볼찌로다 (소학독본 2)

다. 故로 汝等은 今日에 不學ᄒᆞᄂᆞ 來日이 잇스며 今年에 不學ᄒᆞᄂᆞ 來年이 잇다 ᄒᆞᄂᆞᆫ 空想을 닉지 말지어다 (국민소학독본 22)

라. 歲月이 流ᄒᆞ듯ᄒᆞ야 長ᄒᆞ고 老ᄒᆞᆯ 日이 遠치 안니ᄒᆞ니 一生이 幼ᄒᆞᆯ 줄 알지 말고 勉强ᄒᆞ야 學을 勤히 ᄒᆞᆯ찌어다 (소학독본 1)

18.2.2. '-라' 형태의 서술어미

'-라'는 '-다'와 분포상의 차이를 보이기는 하나, 그 구별은 분명하지는 않다. '-라'는 '-다'와 같이 [안높임]의 서술어미이다.[6]

-더라 회상법의 '-더-'가 '-라'와 결합한 어미인데, 현대 한국어에 그대로 이어졌다. 시제어미 '-엇-', '-겟-'이 결합할 수 있다.

(22) 가. 고런부스는 進航ᄒᆞᄂᆞ 海程을 測量ᄒᆞ야 西班牙로붓터 二千里을 나아온 즐 알더라 (국민소학독본 48)

나. 然이ᄂᆞ 母親과 어린 兒孩ᄲᅮᆫ이니 生涯에 極難ᄒᆞ고 困窶홈이 殊甚ᄒᆞ야 여러 번 굴머 죽게 되얏더라 (국민소학독본 37)

---

6 15세기 한국어에서는 '-다'가 '-오/우-, -다/더-, -으라-, -으나-, -과-, -소-, -에/애-, -게-', 그리고 '이다, 아니다'의 '-이-, 아니-' 아래서 '-라'로 나타났다. 그러나 '-라'의 분포는 현대 한국어로 오면서 점차 줄어들었다.

다. 人智가 임의 發達홈을 足히 <u>推知호겟더라</u> (普通學校 學徒
用 國語讀本 5:17)

-니라 지금의 현대 한국어에서 거의 나타나지 않는 '-니라'는 초기
현대 한국어까지는 빈번하게 나타난다. 그리고 '-ᄂ니라', '-더니라', '-리니
라'로도 나타난다.

(23) 가. 老人이 그 말을 듯고 喜色이 滿面호야 그 櫃롤 第三子롤
<u>쥬니라</u> (국민소학독본 12)

나. 나는 其人을 보지 못호얏시나 短尾호 小狗롤 드리고 <u>잇나니
라</u> (국민소학독본 2)

다. 恒常 親히 작만호심으로 其味가 甚히 <u>아름답더니라</u> (초등
소학 7:13)

라. 假今 淸朝는 滅亡호야도 하날은 반드시 賢明호 君主롤 닉샤
護道布德호야 此 民을 保護케 <u>호리니라</u> (국민소학독본 36)

다음은 '-ㄹ지니라'가 쓰인 경우이다. '-ㄹ지니라'는 '-ㄹ지로다', '-ㄹ지
어다'와 마찬가지로 의존명사가 결합하여 문법화한 서술어미이다. [당위],
나아가서는 [탄원]의 의미를 실현한다.

(24) 가. 남의 아들 된者는 정성과 힘을 다호야 그 은혜의 萬分之一
을 <u>갑흘지니라</u> (초목필지 상 7)

나. 일신의 리히를 싱각지 말고 국가의 공익을 도모호야 一毫
라도 국민의 즈격을 일치 <u>말지니라</u> (초목필지 상 6)

-리라 '-리라'는 '-리라, -얏시리라' 등으로 나타나는데, 어떤 사실에

대한 [추정] 또는 좀 더 강하게는 [확신]의 의미를 실현한다.

> (25) 가. 즈네 우는 쇼리를 곳치지 안코 居處만 옴기면 如舊히 쏘
>   미워홈을 免치 못ᄒ리라 (신정심상소학 1:11)
>   나. 道를 講ᄒ고 德을 修홀진디 念念이 虛處를 從ᄒ야 心을 치
>   홀지니 萬一 一分이라도 功效를 計ᄒ면 문득 塵情에 落ᄒ리
>   라 (소학독본 13)
>   다. 每日 學校에 가기를 二三年 ᄒ면 先生이 ᄀ른쳐 주시리라
>   (국어독본 2:35)
>   라. 諸子들은 我國의 歷史를 學흔 時에 응당 知得ᄒ얏시리라
>   (초등소학 7:27)

-노라, -로라　'-노라'는 주로 문장의 주어가 1인칭인 경우에 쓰인다.

> (26) 가. 우리도 聖意를 效慕ᄒ야 學習을 힘쓰며 忠孝를 일사마 國家
>   와 흔가지 萬歲太平ᄒ기 拜祝ᄒ노라 (소학독본 4)
>   나. 我는 金洞長의 言에 全혀 同意를 表ᄒ야 金二百圜을 補助ᄒ
>   노라 (초등소학 8:34)
>   다. 遊獵者ㅣ 答 曰 果然 그러흔 스름을 보왓노라 (국민소학독
>   본 2)

　다음과 같이 명사절이나 인용절을 안은 경우에도 1인칭과 호응함을 확인할 수 있다.[7]

---

[7] 그러나 다음과 같이 1인칭 주어와 호응하지 않는 경우도 있다. 15세기 한국어 '-ᄂ-'에 1인칭어미 '-오-'가 결합한 '-노-'가 더 이상 1인칭 주어를 요구하지는 않게 되었다.

(27) 가. 短尾흔 小拘는 其人이 沙上에 안진 겻히 개가 안진 痕跡이

잇기로 判知ᄒ노라 (국민소학독본 3)

나. 부엉이 對答ᄒ야 갈오딕 이 地方 스룸은 내 우름 쇼릭를

미워ᄒ는 故로 나는 다른 地方으로 올무랴 ᄒ노라 (신정심

상소학 1:11)

'-로라'는 매우 드물게 나타난다. '이다'의 '-이-'와 '-으리-' 다음에 결합

한다. '-ㄹ너라'도 드물게 나타난다.

(28) 가. 원망ᄒ는바도 업고 포학홈을 긋치게 홈이로라 (녀자독본

하 68)

나. 쏘 此二人 勢力이 他人보다 甚大ᄒ니 此人이 必然 越南國詠

을 保有ᄒ리로라 (유년필독석의 4하:51)

다. 絕叫ᄒ고 나아가니 陸上에서 스룸이 들고 다니는 火光인

쥴 알너라 (국민소학독본 49)

18.2.3. '-네' 형태의 서술어미

서술어미 '-네'가 나타나는데, 운문에서도 많이 나타난다.

(29) 가. 子息두고 學校에 안이 보낼 슈 업네 (최신초등소학 4:13)

나. 山은 모도 白布帳을 친듯하고 樹枝마다 梨花가 滿發ᄒ얏네

(최신초등소학 4:12)

다. 져버렷네 져버렷네 민츙정을 져버렷네 (유년필독 3:42)

예. 그러나 農事에 해로운 蟲을 만히 捕食하니 職分이 잇노라 (최신초등소학 2:21)

라. 둥글둥글뵈는影子 수박덩이疑心업네 (초등소학 5:12)

18.2.4. 감탄의 서술어미

대표적인 감탄의 서술어미는 '-구나'이다. 그러나 '-다/라' 형태로 [감탄]의 의미를 실현하는 경우가 많다. '-도다', '-로다', '-을지로다', '-러라', '-노라' 등이 그러하다. 그리고 '-오녀'가 [감탄]의 의미를 실현하기도 한다.

-구나   '-구나', '-로구나', '-ㄴ고나', 그리고 시제어미가 결합한 '-난고나, -엇고나' 등으로 실현된다. '이다'의 '-이-'에 결합하는 경우에는 '-로구나'가 나타난다.

(30) 가. 슬푸구나 슬푸구나 우리나라 슬푸구나 (유년필독 2:17)
　　 나. 禽獸中에 稀罕한 즘생이로구나 (최신초등소학 3:34)
　　 다. 밤잠을 안이자고 부슐부슐 일만 하난고나 (최신초등소학 2:51)
　　 라. 昨日의 學課를 讀習하고 朝飯을 일직 먹고 學校에 가랴하고 나섯고나 (최신초등소학 3:2)

-오녀, -고냐   [감탄]의 의미를 실현하는데, '-오녀'는 '이다, 아니다'의 '-이-, 아니-'에만 결합한다.

(31) 가. 만일 말삼이 둘일진대 이는 거짓것이라 거짓것은 참이 아니오녀 (노동야학독본 1:68)
　　 나. 엇디흐야 죽는 싸에 더지(投)고나뇨 흐야 그 로(怒)흠이 심흐리니 이는 목견에 보이는 죽는 싸를 아는 싸람이오녀

다. 二千萬人民에 內外孫 아니되는 者가 <u>업고녀</u> (노동야학독본
1:53)

-어라, -러라 명령어미 '-어라', '-러라'가 '이다'의 '-이-'와 결합하여
[감탄]의 의미를 실현한다. 그러나 매우 드물다.

(32) 가. 그 赫赫흔 勳業이 진실노 千古의 <u>偉人이어라</u> (국민소학독
본 57)
나. 이는 곳 元 太祖 聖武 <u>皇帝러라</u> (국민소학독본 70)

-을셰, -로셰 '이다 아니다'의 '-이-, 아니-'와 결합하여 [감탄]의 의미를
실현한다.

(33) 가. 隋唐은 우리 敗將이오 日本은 우리 弟子<u>일셰</u> (유년필독 2:17)
나. 이 인민 우리 인민 남의 인민 <u>아닐셰</u> (유년필독 4:45)
다. 유신ᄉ업 이 늬 나라 즁흥공신 <u>우리로셰</u> (유년필독 2:18)

18.2.5. 약속의 서술어미

-마 약속의 서술어미이다.

(34) 그 兄이 손으로 自鳴鐘을 가르처 曰 저것을 보아라 내가 <u>일너쥬</u>
마 (신찬초등소학 3:35)

18.2.6. 범용어미

지금의 현대 한국어에서 대표적인 범용어미는 '-어'와 '-지'이다, 그러나 초기 현대 한국어에서는 이 두 어미의 쓰임이 활발하지 못하다. 오히려 '-소', '-오'가 주로 쓰인 범용어미이다.

-소, -오　이 어미는 높임의 범용어미로서 널리 쓰인다. '-소'는 '-쇼'로 변이 표기되며, 시제어미 '-엇-', '-겟-'과 결합할 수 있다. 서술법뿐만 아니라 의문법, 명령법도 실현하는 범용어미이다.[8]

> (35) 가. 금일이라도 학문을 ᄌ슈(自修)ᄒ야 죄악을 회기ᄒ면 아(我) 의 국권을 <u>회복ᄒ겟소</u> (유년필독 4:20)
> 　　 나. 산 에는 절 과 정자 가 잇고 강 에는 배 가 쩟스니 산 과 강 의 구경 이 <u>됴소</u> (초등소학 1:27)
> (36) 가. 가마귀는 싹싹ᄒ고 노루는 쌍퉁쌍퉁 <u>쮜여가오</u> (몽학필독 1:94)
> 　　 나. 나도 당신의 힘에 매달려녀 쌈이나 쌀어먹는 一人(한 사람) 이기 당신네게 향ᄒ야 감사ᄒ 셩심으로 이갓티 여러 말삼 <u>ᄒ오</u> (노동야학독본 1:51)
> 　　 다. 하늘님이 우리의 먹는 물건으로 내신 <u>것이오</u> (몽학필독 1:100)

-어　범용어미 '-어'는 거의 나타나지 않는다. 다음 문장은 '-어'에 '-오' (높임조사)가 결합한 예이다.

---

8 '-소'와 '-오'의 생성과 범용어미로의 기능 확대에 대한 내용은 제3장 3.4.3. 참조.

(37) 가. 나난 <u>몰나오</u> (최신초등소학 3:3)

　　 나. 冊에 그런말이 <u>잇셔오</u> (최신초등소학 3:45)

-지　'-지'는 '-어'보다 오히려 분포가 넓다. 문장 (38다)는 범용어미
'-지'에 '-오'(높임조사 '-요')가 결합한 예이다.

(38) 가. 이 나라 무삼 나라 파란(波蘭)과 <u>이급(埃及)이지</u> (유년필독
　　　　 3:42)

　　 나. 山에도 나고 들에도 <u>나지</u> (최신초등소학 3:26)

　　 다. 셧는 사람은 안진 사람이 업서도 그대로 살녀니와 안진 사
　　　　 람은 셧는 사람이 업시면 잠시도 <u>못견대지오</u> (노동야학독
　　　　 본 1:43)

18.3. 초기 현대 한국어의 의문법

의문법은 주로 의문어미에 의해 실현된다. 그리고 여기에 억양을 동반
하는 범용어미가 함께 관여한다. 의문어미에는 높임의 등급에 따라 여러
형태가 확인된다. 이들 어미는 중세 한국어 이래 이어온 것이며, 대부분
지금의 현대 한국어로 이어진다. 이제 이들을 하나씩 하나씩 살펴보자.

18.3.1. '-냐, -뇨' 형태

[안높임]의 대표적인 의문어미가 '-냐'와 '-뇨'이다. '-냐'는 의문어 없는
의문문, 의문어 있는 의문문에 두루 쓰이는 한편, '-뇨'는 주로 의문어
있는 의문문에 쓰인다. 그러나 그 구별이 분명하지 않다. 이것은 15세기

이래 의문어 유무에 따라 '-오' 형태와 '-야' 형태로 변별되었던 특성이 소멸하고 그 흔적만 보여 주는 것이다. 이와 같은 현상은 초기 현대 한국어 의문문 전체에 걸쳐 나타나는 현상이다.

-냐 그대로 용언에 결합하지만, '-느냐(분석하면, -느-냐) 형태로 결합하기도 한다. '-느냐'는 '-느냐, -나냐, -너냐' 등의 변이 표기로도 나타나며, 시제어미 '-엇-, -겟-'이 더 결합한 '-앗느냐, -겟느냐'도 나타난다. 다음 문장은 '-냐'의 예이다. 이 문장을 살펴보면, 용언이 동사이든, 형용사이든, '이다'이든, 그리고 의문어가 있거나 없거나 관계없이 모두 '-냐'가 쓰였다.[9]

> (39) 가. 謝 曰 公이 敬德의 師ㅣ오 敬德의 友이 아니라 ᄒ말며 業을
>   受홀가보냐 (소학독본 30)
>   나. 쥐 어미 대답ᄒᄂᆫ 말이 어어 이 윈 <u>말이냐</u> (신정심상소학
>   1:13)
>   다. 에그 탐스럽다 이애 져것이 무슨 <u>꼿이냐</u> (최신초등소학 2:29)

다음은 '-느냐'가 나타난 문장이다. '-느냐'는 '-느냐, -나냐, -너냐'와 같이 변이 표기되어 나타난다.

> (40) 가. 老人이 曰 너는 御馬法을 <u>아느냐</u> (국민소학독본 16)
>   나. 못춤 二三 遊獵者를 만나 問 曰 矮身 老人을 <u>만낫느냐</u> (국민

---

9 한편 지금의 현대 한국어 구어에 자주 쓰이는 의문어미 '-니'는 초기 현대 한국어 교과서 자료에는 보이지 않는다. 이 '-니'를 '-느니 〉 -느니 〉 -느이 〉 -늬 〉 -니'의 단계로 생성되었다고 본 것은 제3장 3.4.2. 참조.

소학독본 2)

(41) 가. 무엇을 짠다고 <u>하느냐</u> (최신초등소학 3:44)

나. 너난 어듸셔 그러케 <u>아란나냐</u> (최신초등소학 2:31)

다. 엇던 學徒兒孩가 쌔틔리난것을 보지못햇너냐 (최신초등소
학 3:29)

-뇨 그대로 용언에 결합하지만, '-ᄂ뇨'(분석하면, -ᄂ-뇨) 형태로 결
합하기도 한다. '-ᄂ뇨'는 '-느뇨, -나뇨' 등의 변이 표기로도 나타나며,
시제어미 '-엇-, -깃-'이 더 결합한 '-앗나뇨, -깃ᄂ뇨'도 나타난다. 다음
문장은 '-뇨'의 예이다. 그리고 모두 의문어가 있는 의문문에 쓰였다.

(42) 가. <u>何故로</u> 往치 <u>아니ᄒ얏ᄂ뇨</u> (초등소학 6:9)

나. 이런 장수라도 世上에 緊ᄒ 것시어늘 <u>엇지</u> 천ᄒ다 <u>ᄒᄂ뇨</u>
(신정심상소학 2:27)

다. 卽今 뎌 兒孩가 뒤흐로 도라 설진듸 그 右便은 <u>무슴</u> 方向이
<u>되겟ᄂ뇨</u> (국어독본 1:49)

라. 敎師 曰 蘭嬉야 萬一 네가 식 될진듸 <u>어늬</u> 식 되기를 <u>바라나
뇨</u> (신정심상소학 3:18)

18.3.2. '-나, -노' 형태

'-나, -노'는 [안높임]의 의문어미인데, 매우 드물게 나타난다.

(43) 가. 안해 자식 길으기에 편히 놀고 홀 수 <u>잇나</u> (노동야학독본
1:39)

나. 너의들 어듸 갓다가 인제 <u>오노</u> (신신찬초등소학 2:62)

다. 三夏九秋가 또 어느 겨를에 다 <u>갓노</u> (신찬초등소학 4:15)

18.3.3. '-은가, -눈가, -을가'와 '-은고, -눈고, -을고' 형태

의문어미 '-은가, -눈가, '-은고, -눈고는 중세 한국어 이래 지금의 현대 한국어까지 계속 이어오는 의문어미이다. '-은가, -눈가'는 문장 (44)와 같이 형용사와 '이다, 아니다'의 '-이-, 아니-'에는 '-은가'가, (45)와 같이 동사에는 '-눈가'가 결합한다. '-는가, -넌가'는 '-눈가'의 변이 표기이다.

(44) 가. 그 즁에도 부보샹은 졂은 안해 어린 자식 한길로다 집을
    삼아 이리뎌리 표박이라 무식소치 이러ᄒ나 그도 아니 <u>가
    련ᄒ가</u> (노동야학독본 1:34)
  나. 국치민욕 우리 무리 일졈보답 <u>무엇신가</u> (유년필독 3:42)
(45) 가. 그러ᄒ즉 自由ᄒ기도 ᄒ고 自由 못ᄒ기도 <u>ᄒ눈가</u> (노동야
    학독본 1:58)
  나. 壽童은 아모 것도 볼 수 업슴이 무슴 일이 <u>잇눈가</u> 싱각ᄒ더
    니 (국어독본 3:54)

그런데 '-은가, -눈가'는 중세 한국어와는 달리 의문어 유무와 관계없이 쓰이나, '-은고, -눈고'는 중세 한국어와 마찬가지로 의문어 있는 의문문에 만 쓰인다.

(46) 가. 뎌 실과 일홈이 <u>무엇인고</u> (최신초등소학 2:47)
  나. 이애 三童아 엇지하야 <u>그러한고</u> (최신초등소학 3:4)
  다. 쥐식기 <u>何故로</u> 다시 나오지 <u>아니ᄒ눈고</u> (신정심상소학 3:12)

'-을가, -을고'는 주로 '엇지'와 호응하여 수사 의문문에 쓰인다.

(47) 가. 이러혼 됴흔 나라에 백성되는 우리가 <u>엇디</u> 幸치 안타 <u>홀가</u>
　　　　　(노동야학독본 1:17)
　　나. <u>엇지</u> 흐면 이 다리도 뽈과 궃치 크고 <u>아름다올고</u> 흐더니
　　　　　(신정심상소학 2:35)

18.3.4. '-잇가', '-잇고' 형태

'-잇가', '-잇고' 형태는 중세 한국어 이래 이어온 높임의 의문어미이다. 그러나 지금의 현대 한국어에서는 거의 소멸하여 잘 쓰이지 않는다. 이들은 '-잇가/잇고', '-ㄴ잇가', '-니잇가/-니잇고', '-리잇가' 등으로 나타난다. 그런데 다른 어미가 결합하지 않은 '-잇가/잇고'는 매우 드물다.

(48) 가. 方今 世上에 智識이 古昔보다 富흐믄 各色 冊을 보고 各色
　　　　　일을 發明홈미 <u>아니잇가</u> (국민소학독본 16)
　　나. 昔日에 猝然히 家屋을 賣흐심은 <u>何故잇고</u> (신찬초등소학
　　　　　6:83)

'-ㄴ잇가'에는 시제어미 '-엇-'과 높임어미 '-습-'이 선행할 수 있다. 높임어미 '-습-'이 결합한 '-습ㄴ잇가'(더 거슬어 올라가면, '-습-ㄴ-니-잇-가')는 현대 한국어 '-습니까'로 이어지는 형태이다.

(49) 가. 그러면 엇지흐야 早稻나 晚稻中에 하나를 심으지아니흐고
　　　　　두가지를 <u>심으ㄴ잇가</u> (신찬초등소학 2:43)
　　나. 彼兒는 可故로 巡檢에게 <u>잡혓ㄴ잇가</u> (초등소학 2:6)

다. 엇지 ᄒ야 그럿케 희고 아름다온 눈이 그 거믄 구름 속에서
나왓습ᄂ잇가 (신정심상소학 2:18)

'-니잇가, -니잇고'의 예는 다음 (50)과 같다. 문장 (51)처럼 '-오닛가'도
나타나는데, 이는 주로 '이다, 아니다'의 '-이-, 아니-'에 결합한다.

(50) 가. 惡ᄒᆫ 力과 良ᄒᆫ 力이 何를 謂홈이니잇고 (국민소학독본 16)
    나. 뎌 蠶은 무엇하난 蟲이기에 뎌러케 工夫를 들어셔 飼養하
        난잇가 (최신초등소학 4:30)
(51) 가. 이것이 무엇이오닛가 (신찬초등소학 3:30)
    나. 아바지 져 사람은 밋친사람이온니잇가 (초등소학 5:5)

'-니잇가'에 '-습-'이 결합한 '-습닛가'도 나타난다. 이것은 앞에서 살펴
본 '-ᄂ잇가'에 '-습-'이 결합한 '-습ᄂ잇가'와 같은 형태로, 현대국어 '-습니
까'로 이어진다. 한편 현대 한국어의 '-습니까, -습디까'라는 짝과 연관을
시킨다면 '-습닛가'와 대등되는 것이 '-삽듸까'이다.

(52) 가. 형님 쟝에 잇ᄂ 새ᄂ 엇지ᄒ야 져와갓치 파리ᄒ엿습닛가
        (몽학필독 1:87)
    나. 당신네 벌이 업는 째에 錢一分 그져 쉬여 쥬는 이 잇삽듸까
        (노동야학독본 1:50)
    다. 병든 째에 藥一貼 공히 지어 쥬는 이 잇삽듸까 (노동야학독
        본 1:50)

'-리잇가'는 '-잇가'에 '-으리'가 결합한 형태이다. 여기에 '-오-, -수오-'
가 선행할 수 있어, '-오리잇가, -수오리잇가'로 나타난다.

440 한국어 문법사

(53) 가. 엇지 타국의 슈치를 밧지 아니 ᄒ리잇가 (유년필독 3:54)

　　　나. 엇지 榮幸치 아니ᄒ오릿가 (유년필독 3:59)

　　　다. 後悔만 혼들 무슴 效驗이 잇스오리잇가 (신정심상소학 2:31)

18.3.5. '-게' 형태

다음과 같이 《초등소학》(1906년)에 의문어미 '-게'를 확인할 수 있다. 지금의 현대 한국어에서 자주 쓰이는 의문어미이다.

(54) 정길 이 이 말을 듯고 대답 ᄒ되 나 ᄂᆫ 실타 과목밧 主人 이 나오면 엇지ᄒ게 (초등소학 2:32)

18.3.6. 범용어미

지금의 현대 한국어에서 대표적인 범용어미는 '-어'와 '-지'이다. 그러나 서술법과 마찬가지로 의문법에서도 초기 현대 한국어에서는 이 두 어미의 쓰임이 활발하지 못하다. 오히려 '-오'가 자주 쓰인 범용어미이다.

'-오'　범용어미 '-오'가 높임의 범용어미로, 의문법에 쓰인다. 특히 '-리오' 형태의 빈도가 높다. 대부분 부사 '엇지', '어느', '무엇', '뉘', '므삼' 등과 호응한다.

(55) 가. 여러분 이 말삼을 엇더케 드르시오 (노동야학독본)

　　　나. 男子ㅣ 天下에 生ᄒ야 天下로써 自任치 못ᄒ면 엇지 男子라 稱하리오 (소학독본 2)

다. 人의 智巧가 무엇 <u>有益</u>ᄒ리오 (소학독본 18)

라. 셰샹이 비록 어지러오나 뉘 <u>敢</u>히 나를 <u>업슈녀기리오</u> (초목
필지 상 27)

'-어', '-지' 범용어미 '-어'와 '-지'는 지금의 현대 한국어와 달리 활발하
지 못하여 그 예는 매우 적다.

(56) 가. 이애 三童아 뎌것이 <u>무엇이야</u> (최신초등소학 3:3)

나. 아해들의 군것질도 엿 갓튼거는 구경도 못ᄒ고 왜 썩만 <u>잇
지오</u> (노동야학독본 1:85)

18.3.7. 의문조사에 의한 의문법 실현

15세기 한국어에서는 의문조사 '-가, -고'에 의한 의문문이 있었다. 체
언 바로 뒤에 결합하는 '-갸'와 '-고'가 의문조사이다. 이들 의문조사 역시
문장에 의문어의 있고 없음에 따라 분화되어 있었다. 초기 현대 한국어에
그 흔적을 보이는 한 예가 있다. 물론 지금의 현대 한국어에서는 사라졌
다. 다음 문장의 '어인일갸'는 '어인 일-갸'로 분석된다.

(57) 이 나라이 업셔지면 … 國權은 어듸로 가고 羈絆되기 <u>어인일가</u>
(유년필독 2:17)

18.4. 초기 현대 한국어의 명령법

명령법은 주로 명령어미에 의해 실현된다. 그리고 여기에 범용어미가

함께 관여한다. 명령어미에는 '-으라', '-어라', 그리고 '-게', '-시오', '-소서', '-을진져'가 확인된다. 그리고 범용어미로서 '-소'와 '-오'가 쓰인다.

-으라 중립적인 명령어미이다. 간접 인용절에 나타날 수 있으며, 지금의 현대 한국어에 그대로 이어진다.[10] 다음 문장은 '-으라'가 쓰인 예이다.

(58) 가. 나는 大國의 귀인이니 汝가 庭下에셔 <u>졀ㅎ라</u> (유년필독 2:33)
　　　나. 各其 米와 穀으로 朕의 意를 <u>表ㅎ라</u> (초등소학 6:17)
　　　다. 諸子들아, 此를 深히 <u>경계ㅎ라</u> (초등소학 5:23)
　　　라. 丁吉아 仔細히 <u>見ㅎ라</u> (초등소학 2:12)

다음 문장은 인용절에 '-으라'가 쓰인 예이다.

(59) 가. 그 父親이 썩은 감 한개를 그 위에 노아주며 갈아대 감 여섯
　　　　　개를 한대 뒤석거 <u>노으라</u> 하니 (최신초등소학 3:38)
　　　나. 父母ㅣ 戒ㅎ야 曰 千歲에 遺芳치 아니ㅎ면 다시 와셔 나를
　　　　　보지 <u>말나</u> ㅎ더러 (국민소학독본 53)

-어라 [안높임]의 명령어미에는 '-어라/아라'가 쓰인다. 변이형태로 '-야라, -너라/나라, -거라' 등이 확인된다. 변이형태 '-야라'는 동사 'ㅎ-'에 결합하고, '-너라/나라'는 '오다' 동사에 결합하고, '-거라'는 '가다' 동사에

---

10 15세기 이래 가장 전형적인 명령어미는 '-으라'이다. 현대 한국어로 오는 동안 형태적으로 변화하지 않았다. 다만 중세 한국어와 근대 한국어에서는 '-으라'로 직접 대면하는 명령을 실현했으나, 현대 한국어에서는 직접 대면하는 명령에는 '-어라'가 나타나고, 매체를 통한 간접 대면하는 명령(신문기사의 제목, 구호, 책이름 등)에는 '-으라'가 나타난다. 이에 대해서는 제3장 3.4.3. 참조.

결합한다. 이러한 변이형태는 지금의 현대 한국어에 그대로 이어진다.

(60) 가. 너의들은 이 렴쥬를 혜여 <u>보아라</u> (몽학필독 1:103)
     나. 蚌아 내 쥬동이 <u>노아라</u> 슬타 너 몬져 내 살을 <u>노아라</u> (최신
        초등소학 2:12)
(61) 가. 어서 쫏차 갓가이 오지 못하게 <u>하야라</u> (최신초등소학 4:35)
     나. 내가 차를 먹고십푸니 차방에 들어가서 차종 <u>가자오너라</u>
        (최신초등소학3:28)
     다. 남의 혼인을 내가 아느냐 여긔 노코 <u>가거라</u> (노동야학독본
        1:33)

-게 [약간높임]의 명령어미에 '-게'가 쓰인다. 주로 노래 가사에서 보
인다.

(62) 가. 官爵도 고만 두고 私計도 고만 <u>호게</u> (유년필독 4:45)
     나. 平安히 <u>가게</u> (국어독본 1:34)
     다. 밤이 발셔 시엿네 衣服을 <u>갈어닙-게</u> (국어독본 5:49)

-시오 [높임]의 명령어미에 '-시오'가 쓰인다. '-시오'가 '-쇼'처럼 축약
형으로 나타나기도 한다.

(63) 가. 여러분 아모죠록 먹을랴고 사는 사람되지 <u>마시오</u> (노동야
        학독본 1:44)
     나. 여러분은 이 말슴을 잘 혜아려 <u>보시오</u> (신찬초등소학 2:33)
     다. 四叢九幹 져듸 <u>보쇼</u> (유년필독 3:43)

-(옵)소서 [높임]의 명령어미로 쓰이는데, 인용문에서도 나타난다.

(64) 가. 지금은 멋시나 되얏느잇가 가라처<u>주옵소셔</u> (초등소학 5:12)

　　　 나. 흔 수룸이 籠둘에 水朴을 담아 억기에 메이고 오다가 이 두
　　　　　 아히더러 曰 이 水朴을 너의게 주리라 ᄒ거늘 慾心 만흔 兒孩
　　　　　 곳 兩手룰 늬며 나만 다 <u>쥬옵소셔</u> ᄒ니 (신정심상소학 3:10)

-을진져 [기원]이나 [소원]의 의미를 실현하는 명령어미이다.

(65) 가. 오인은 此룰 見ᄒ고 恒常 他人의 言을 聞홀 時에 可ᄒ고
　　　　　 不홈을 深히 思ᄒ야 <u>取홀진져</u> (초등소학 6:25)

　　　 나. 學生들은 最 愛國心을 <u>先養홀진져</u> (고등소학독본 1:8)

'-소', '-오' 범용어미 '-소', '-오'가 명령법으로도 쓰인다.

(66) 가. 깁히 헤아리시며 넓히 용셔ᄒ시기를 <u>바라오</u> (노동야학독본
　　　　　 1:47)

　　　 나. 동포들아 … 살랴거든 죽기를 <u>므릅쓰소</u> (노동야학독본 1:79)

18.5. 초기 현대 한국어의 청유법

청유어미에는 '-읍시다'와 '-세' 두 형태가 확인된다. 이들은 각각 지금
의 현대 한국어로 그대로 이어진다. 그러나 지금의 현대 한국어 [안높임]
의 '-쟈'가 자료에서 확인되지 않았는데, 이것은 아마도 자료의 한계라고
생각한다. 왜냐하면 '-쟈'는 이미 15세기 한국어에서 '-져', 16세기 국어에

서 '-쟈'로 나타나기 때문이다.

-세　[약간높임]의 청유어미로서 '-세'가 쓰이는데, 16세기 이래 이어오고 있는 어미이다.[11] (67다)처럼 '-셰'로도 나타난다.

(67) 가. 膽氣 勇略 奮發ᄒ야 敵兵 萬若 잇슬 쩌는 목숨 슬기 不顧ᄒ고 一段 忠義 힘뼈 <u>보세</u> (신정심상소학 2:19)

　　 나. 飛雨 갓튼 彈丸 中에 鬼神갓치 다니면서 鐵노 믄든 城門을 난 一聲 砲響에 싀치고 구룸 갓치 뫼인 敵兵 바름 보듯 <u>훗터 보세</u> (신정심상소학 2:19)

　　 다. 동포들아 동심합력이어차 이 나라를 <u>의릐키셰</u> (노동야학독본 1:79)

-읍시다　[높임]의 청유어미로서 '-읍시다'가 쓰이는데, '-옵시다', '-옵시다', '-압시다' 등으로 변이 표기되어 쓰이다. 이 청유어미는 15세기 한국어 '-사-이-'를 이은 형태로 '-옵-사-이-다 〉 옵싀다 〉 옵시다로 생성된 것으로 본다(제3장 3.4.4. 참조).

(68) 가. 여보 우리 동창뎌군 우리 본분 <u>직힙시다</u> (유년필독 2:17)

　　 나. 우리도 쉬지말고 <u>공부합시다</u> (최신초등소학 2:3)

다음 문장은 각각 '-옵시다', '-옵시다', '-압시다' 등으로 변이 표기된 예이다.

---

11 '-세'는 '-사이다 〉 -새이다 〉 -새이다 〉 -새 〉 -세'의 과정을 통해 생성되었다. 제3장 3.3.3. 참조.

(69) 가. 우리 학싱들 우리 손으로 우리나라를 셰계뎨일등국이 되게
　　　호옵시다 (유년필독 2:21)

　　나. 우리가 모든 工夫를 勤勉호야 國家를 富强케호옵시다 (초
　　　등소학 5:1)

　　다. 우리도 彼松갓치 意氣를 減損치 말고 工夫를 잘하야셔 歷史
　　　上에 靑靑한 事業을 成就하압시다 (최신초등소학 2:26)

18.6. 문법사에서 초기 현대 한국어 문법의 의의

　지금까지 초기 현대 한국어의 문장종결법을 살펴보았다. 20세기 초기
의 현대 한국어와 한 세기가 지난 지금의 현대 한국어를 대조해 보면
눈에 뜨일 만큼의 언어 변화가 있음을 확인할 수 있다. 문장종결머미가
소멸하기도 하고 새로 생성되기도 하였다. 이와 같이 문법형태의 소멸과
생성은, 비록 짧은 동안이지만, 꾸준히 진행되고 있음을 확인할 수 있다.
　그러나 이러한 문법형태의 변화뿐만 아니라 문장 구성 방식에서도 변
화가 보인다. 예를 들어 명사절 구문에서 그러한 변화를 확인해 볼 수
있다. 이에 대해서는 제14장에서 잠시 살펴본 바 있는데, 이제 앞에서
살펴본 교과서와 문학작품에 나타난 자료를 바탕으로 문장 구성 방식의
변화를 확인해 보고자 한다. 이러한 변화를 확인하는 것이 바로 한국어
문법사에서 초기 현대 한국어 문법이 지니는 의의라 하겠다.

(70) 가. 種油의 燈火는 携帶홈에 甚히 不便호도다 (국어독본 6:12)

　　나. 소생의 밤 들도록 아니 도라옴을 보고 (셜즁미)

(71) 가. 씨앗기름 등불은 휴대하기에 / 휴대하는 데에 매우 불편하다.

　　나. 소생이 밤이 들도록 안 돌아오는 것을 보고

문장 (70가,나)는 초기 현대 한국어인데, 이를 지금의 현대 한국어로 옮겨 보면 대체로 (71가,나)와 같다. 이것은 명사절 구문의 변화를 보여 주는 예이다.

(72) 가. 어린 兒孩들은 문 밧게 서셔 父親의 도라옴을 기드리더라 (국어독본 1:50)

　　　 나. 엇지 국가의 부강치 못흠을 근심ᄒ리오 (초목필지 상 47)

　　　 다. 사름을 恭敬ᄒ며 사랑ᄒᄂ 것을 禮라 ᄒ며 正直ᄒ야 남을 속이지 아니흠을 信이라 ᄒ며 (신찬초등소학 3:69)

위 문장은 초기 현대 한국어의 자료인데, 이를 지금의 현대 한국어로 옮겨 보면 대체로 다음과 같다.

(73) 가. 어린 아이들은 문 밖에 서서 아버지께서 돌아오기를 기다리더라.

　　　 나. 어찌 국가가 부강하지 못한 것을 근심하리오.

　　　 다. 사람을 공경하며 사랑하는 것을 예라 하며, 정직하여 남을 속이지 않는 것을 신이라 하며

문장 (72가)는 '-음' 명사절 구문으로 나타났지만, (73가)와 같이 지금의 현대 한국어에서는 '-기' 명사절 구문으로 실현된다. 즉, '-음' 명사절 구문이 '-기' 명사절 구문으로 변화한 예이다. 그리고 '-음' 명사절 구문으로 나타난 초기 현대 한국어 문장 (72나), (72다)는 (73나), (73다)와 같이 지금의 현대 한국어에서는 관형절을 이끄는 의존명사 구문으로 실현된다.

이상과 같이 명사절 구문은 변화하고 있다. '-음' 명사절 구문은 그대로 실현되는 경우도 있지만, 대체로 '-기' 명사절 구문이나 관형절을 이끄는

의존명사 구문으로 변화하고 있다. 이와 같이 '-음' 명사절 구성은, 물론 '-기' 명사절 구성도, 지금의 현대 한국어에서는 점차 관형절을 이끄는 의존명사 구문으로 자연스럽게 실현되고 있다. 이와 같은 분석을 통하여, 명사절 구성이 관형절을 이끄는 의존명사 구문으로 변화해 가고 있다고 예측하게 한다. 이것은 또한 공시태는 과거를 반영하고 미래를 예측하게 한다는 사실을 확인해 준다.

이러한 의미에서 한국어 문법사에서 초기 현대 한국어 문법 기술이 지니는 의의가 크다고 할 것이다. 이렇게 20세기 초기 한국어 문법에 대한 연구는 당시 문법의 특성을 이해한다는 의의도 있지만, 현대 한국어 안에서 문법 변화의 경향을 확인할 수 있고, 나아가서 앞으로의 문법 변화의 방향을 가늠해 볼 수 있다는 의의도 크다 하겠다.

▌참고 문헌

권재일 1995, 20세기 초기 국어의 명사화 구문 연구, 《한글》 229: 203-232, 한글학회.

권재일 2005, 《20세기 초기 국어의 문법》(서울대학교 한국학 모노그래프 30), 서울대
　　　학교출판부.

김태엽 1998, 국어 비종결어미의 종결어미화에 대하여, 《언어학》 22: 171-189, 한국언
　　　어학회.

김형철 1997, 《개화기 국어 연구》, 경남대학교 출판부.

민현식 1999, 개화기 국어 문체 연구, 《국어국문학》 111: 37-62, 국어국문학회.

박진완 2000, 현대국어 종결어미의 변천, 《현대국어의 형성과 변천 1》 237-308,
　　　박이정.

이지영 2018, 개화기 교과서 문법의 연구 성과 및 전망 - 1894~1910년의 국어교과서를
　　　중심으로 -, 《국어사연구》 26: 89-126, 국어사학회.

전성희 1994, 개화기 국어의 명사화 연구, 건국대학교 대학원 국어국문학과 석사학위
　　　논문.

정길남 1997, 《개화기 교과서의 우리말 연구》, 박이정.

허재영 2017, 국어사 시대 구분과 20세기 초의 문법 변화, 《국제어문》 73: 7-32,
　　　국제어문학회.

홍종선 1994, 개화기 교과서의 문장과 종결어미, 《한국학연구》 6: 181-211, 고려대학
　　　교 한국학연구소.

홍종선 (편) 2000, 《현대국어의 형성과 변천 1·2·3》, 박이정.

| 제19장 | 문법사와 중앙아시아 고려말 문법

한국어 문법사 서술과 관련하여, 중앙아시아 고려말의 문법 특징을 분석하고자 한다. 고려말은 중앙아시아 지역의 나라에 살고 있는 한민족인 고려사람들이 써 오는 말이다. 고려말은 대체로 19세기 함경북도 방언을 이어받은 것이다. 따라서 고려말 문법을 현대 한국어와 대조해서 문법의 차이를 확인하여 어떠한 변화를 겪고 있는가를 살펴보고자 한다.

다음 문장 (1)은 구어 고려말이며 문장 (2)는 이를 현대 한국어로 옮긴 것이다. 어휘, 문법형태, 문장 구조에 걸쳐 그 차이를 확인할 수 있다. 이제 중앙아시아 고려말의 문법 기술을 위해, 구술 자료와 문헌 자료를 함께 분석하고자 한다.[1]

(1) 닭으 제 뿌리구 왔습구마. 어찌 제 뿌리고 왔는가이끄나 으이 우리르 불시르 이주시켔습구마. 돼지느 어찌 했는지 모르갰.

(2) 닭을 모두 버리고 왔습니다. 왜 모두 버리고 왔는가 하니 음 우리를 예고 없이 이주시켰습니다. 돼지는 어떻게 했는지 모르겠(습니다).

---

1 제19장의 내용은 지은이의 저서, 《중앙아시아 고려말의 문법》(서울대학교 규장각한국학연구원 한국학연구총서 29, 1-347, 서울대학교출판문화원, 2010년)에서 제시한 자료와 서술을 바탕으로 한 것이다.

19.1. 중앙아시아 고려말의 성격

고려말　중앙아시아 지역, 구체적으로는 옛 소련에 속하였던 나라, 카자흐스탄, 우즈베키스탄, 키르기스스탄 등에 살고 있는 한민족을 고려 사람이라 한다. 이들 고려사람들이 써 오는 말이 고려말이다. 언어학적으로는 한국어의 한 방언이지만, 한국어의 다른 지역 방언과는 성격을 달리 한다. 고려말은 대체로 함경북도 방언을 이어받은 것이다.[2] 먼저 현지에서 조사한 구술 자료를 인용하면 다음과 같다.

> (3) 가. 우린데 가깝게 큰 산으 없습구마. 그리 높은 산으느. 그래
> 　　　어째 우리 산으르 가는가 하이ㄲ드나예, 나물 캐러. 그래
> 　　　산 밑으르 댕겠지.
> 　　나. 나물은 내 스 잘 기억지 못합구마. 까ㄲ 에또 가시, 보또므,
> 　　　무스 보선나물이라든지 그런 잎이 이런게 나. 그래 그저
> 　　　어 이 시기 무스 그저 뭐 뭐 풀은 다 캐 먹었었구마, 우리.
> 　　　무슨들레, 이 셔투리, 무스 것두 똘꼬 아이 먹었겠습두?

그러나 중앙아시아 지역에서 나온 고려말 문헌, 특히 신문 기사와 그 신문에 실린 문학작품을 보면, 위와 같은 구술 자료의 말과는 상당히 다르다는 것을 확인할 수 있다. 다음 자료는 중앙아시아 지역에서 발간되던 신문 《레닌기치》에 실린 글이다. 각각 대화 자료와 비-대화 자료인데 (2)가 대화 자료, (3)이 비-대화 자료이다. 대화 자료란 소설이나 희곡

---

[2] 현지에서는 고려말을 조선말이라 하기도 하는데 그러나 고려말이 더 일반적이다. 1920년대 이후 옛 소련 거주 한민족들의 출판물에서 한국을 '고려'라 지칭하고 있고 소련의 한민족을 '소베트 고려민족'이라고 부르고 있었으며, 더욱이 1930년대 이후 교과서에서는 일관되게 고려어 또는 고려말이라고 지칭하였다.

작품에 담긴 대화 부분을 말하며, 비-대화 자료란 신문 기사, 논설, 문학 평론 등을 말한다.

(4) 가. 내가 쾌활하거나 우슴은 이야기를 잘 하여 그런 것이 아니라 세상에 우슴은 일들이 많으니 그런 것이지요.

　　나. 왜 가만있니? 너 말을 모르는구나. 야는 카사흐말을, 자는 우이구르말을, 우린 다 자기 말을 아는데 넌 몰라 … 얘들아, 그렇지?

(5) 가. 인민은 자기의 언어로 하여 불멸하다. 누구를 막론하고 우리는 우리에게 생명을 주고 가장 큰 재부인 자기 언어를 준 자기 인민 앞에 지닌 자손으로서의 신성한 의무가 있다.

　　나. 이상에 우리가 개성화한 감정에 대하여 말하엿다. 이것은 결코 작자의 개성, 혹은 어떤 다른 개성에 대하여만 특증되는 감정을 의미함이 아니다. 반대로 감정은 반듯이 결국 전형성을 가저야 된다.

　이를 통해 보면, 중앙아시아 고려말에는 일상언어인 구어와 격식언어인 문어가 함께 존재하여 쓰이고 있다고 볼 수 있다.[3]

---

3 대상으로 삼는 고려말 자료는 다음과 같다.
　1. 구어 자료: 권재일 2010, 《중앙아시아 고려말의 문법》(서울대학교출판문화원)의 '부록: 고려말 전사 자료'. 이 전사 자료는 김주원 교수, 고동호 교수 그리고 지은이인 권재일이 2006년 12월~2007년 1월에 조사한 것으로, 자료제공인은 노가이 안나 (Nogaj Anna Afanacievna) 여사이다. 키르기스스탄 비슈케크 거주, 1925년생이다. 12세까지 원동 하산에 살다가 1937년 강제 이주해 왔다.
　2. 문어 자료
(1) 《레닌기치》. 이는 중앙아시아 지역에서 발간된 고려말 신문이다. 1938년 5월 15일에 《레닌의긔치》로 창간되었다. 그 이후 《레닌의 기치》를 거쳐 《레닌기치》로 바뀌었다(1952년). 1990년 12월 31일자로 폐간되고, 1991년 1월 1일자로 《고려일보》

고려말의 성격　중앙아시아 고려사람들은 원래 러시아 국경 부근 함경 북도에 살던 사람들로서 1863년부터 연해주 지방으로 이주하여 살았다. 이들은 1937년 스탈린의 강제 이주 정책에 따라 다시 중앙아시아 지역으로 옮겨와 살게 되었다. 그래서 고려말은 대체로 함경북도 방언을 이어받은 것이다. 함경북도 방언은 내부적으로는 육진 방언과 길주·명천 방언으로 나뉘는데, 고려사람들은 각자의 성장 배경에 따라 이 두 하위 방언 중 어느 하나를 사용하고 있다.

　그러나 현재 이 지역에 살고 있는 대략 40만 명의 고려사람 가운데 고려말을 제대로 구사하는 사람은 1%가 채 안 된다. 다시 말하면 러시아어 사용의 확산으로 고려말 화자가 점차 줄어들어, 고려말은 멀지 않아 사라질 위기에 놓여 있다. 이주 당시 10세 나이, 그래도 당시 고려말을 자기의 언어로 익혔다고 할 수 있는 나이의 사람들이 80년이 더 지난 지금 모두 90세를 넘어섰다. 이분들이 얼마나 오래 생존해 있을지는 알 수 없다. 그러니 19세기 후기의 함경북도 방언을 비교적 고스란히 간직하고 있는 한국어의 귀중한 유산, 고려말이 우리의 눈앞에서 사라질 위기에 놓여 있다는 것은 언어학적으로나 민족문화적으로 매우 안타까운 일이 아닐 수 없다.

　고려말의 구어와 문어　일상생활에서 자연스럽게 쓰는 고려말을 구어 고려말이라 한다면, 글을 쓸 때와 공식적이거나 격식적인 대화를 할 때 쓰는 고려말을 문어 고려말이라 할 수 있다.[4] 앞에 제시한 문장 (1),(3)이

로 재창간되었다.

(2) 김필영 2004, 《소비에트 중앙아시아 고려인 문학사》, 강남대학교 출판부.

4 러쓰 킹 외(1992:90-)에서는 고려말의 성격을 언급하면서, 고려말은 이미 오래전부터 한반도와는 단절된 채 그들 특유의 언어 특징을 보존하고 있음을 지적하였다. 그리고 문어는 1937년 이전 옛 소련 원동 지방에서 한국어 교육을 받았던 사람들의 격식언어라

구어 고려말에 해당하고, (4),(5)가 문어 고려말에 해당한다.

현지 조사에서 만난 자료제공인에 따르면, 학교에서 배우고 사용하는 교양 있는 말 즉, 문어는 일상생활에서 사용하는 말 즉, 구어와는 다르며, 공식적인 자리에서 구어 고려말을 써서는 안 된다는 신념이 강하였다. '사투리'(구어)와 소학교 시절 국어 시간에 철저히 교육받은 '명심하고 써야 할 말'(문어)을 구분하고 있었다.

한 예를 들면, 높임의 서술어미와 의문어미가 구어와 문어 고려말에서 확연히 구분된다.

(6) 고려말의 높임의 서술어미와 의문어미

	서술어미	의문어미
구어 고려말	-습구마	-습두
문어 고려말	-습니다	-습니까

19.2. 고려말의 격조사 대조

구어 고려말과 문어 고려말의 격조사를 기술하여, 이를 현대 한국어의 격조사와 대조하여, 구어 고려말, 문어 고려말이 현대 한국어와는 어떻게 차이가 나는지 살펴보자.

19.2.1. 주격조사

구어 고려말에서 주격조사는 '-이'가 대표적이다. 선행하는 체언이 자음

하였다.

으로 끝나든 모음으로 끝나든 모두 '-이'이다. 다만 모음으로 끝나는 체언 뒤에서 매우 드물게 '-갸'가 쓰인 예가 있다. 다음 문장 (7가)는 자음으로 끝난 체언 뒤에 '-이'가 쓰인 예이고, (7나)는 모음으로 끝난 체언 뒤에 '-이'가 쓰인 예이고, (7다)는 '-갸'가 쓰인 예이다. 한편 구어에서 높임조사 '-께서'는 없다.[5]

> (7) 가. 그 아들-이 글이르구 다 공부 필하고스레 여기서 일하게
> 됐지. (¶글이르다= 공부하다)[6]
> 나. 오백호-이 들어와서 그 담에 그, 주미냐르크서 아무 두 낄
> 로 메트르 내려가 밭이 있지므, 벌판에.
> 다. 내 아무것두 모르는데 내-가 무시라 하겠는가?

이에 대해서 문어 고려말에서 주격조사는 '-이'와 '-갸'가 함께 나타난다. 다음 문장 (8가)는 대화 자료에서 자음으로 끝난 체언 뒤에 '-이'가 쓰인 예이고, (8나)는 모음으로 끝난 체언 뒤에 '-갸'가 쓰인 예이다. (9가)는 비-대화 자료에서 자음으로 끝난 체언 뒤에 '-이'가 쓰인 예이고, (9나)는 모음으로 끝난 체언 뒤에 '-갸'가 쓰인 예이다. 대화 자료이든 비-대화 자료이든 문어 고려말의 주격조사는 현대 한국어와 같다.

> (8) 가. 로인-이 우수운 이야기를 잘 하시며 또 대단히 쾌활한 분이
> 라고 동무들이 말들 합데다.

---

[5] 그러나 문어 고려말에서는 [높임]의 주격조사 '-께서'가 쓰인다.
 예. 왜 하느님-께서-는 신기한 재간을 가진 바느질군인 우리 어머니에게 그렇게도
 무정하게 대하셨습니까?
[6] 고려말 문장을 제시할 때, 특별히 단어의 뜻을 설명해야 하는 경우나 이해를 돕기
 위해 ¶ 표시 다음에 현대 한국어로 풀이해 둔다.

나. 다시 말하면 수소-가 새끼를 낳는단 말이오.

(9) 가. 그 사람들은 … 사람들-이 사는 곳으로 도로 실어가 달라고 애원하였습니다. 찬바람-이 부는 그런 한지에서는.

나. 다만 이러한 말들로써만 시-가 쓰이엇다면 시-가 생기를 잃으며 새맛이 나지 않으며 새 색채, 명요성을 가지지 못한다.

19.2.2. 목적격조사

다음 문장 (10)은 구어 고려말에서 목적격조사가 쓰인 예이다. '-으'와 '-르'가 대표적이지만, '-을'과 '-를'도 함께 나타난다.

(10) 가. 산에 흰옷-으 입고 올라가는 사람들-으 우리 보았구마.

나. 올라온 네느 구 에레 조고막시 떼서 깔레-르 요롷게 맨드지. (¶올라온 후에 그 이렇게 조금씩 떼서 깔레(라는 음식)을 요렇게 만들지.)

다. 헌겊으로 신-을 맨들어 신고 댕겼어. (¶헝겊으로)

라. 저짝에서 차-를 타고 밤이며 걸레 오고 (¶밤이면 건너 오고)

이에 대해서 문어 고려말에는 목적격조사 '-으'와 '-르'는 나타나지 않고 '-을'과 '-를'(또는 '-ㄹ')만 나타난다. 다음 문장 (11가)는 대화 자료에서 자음으로 끝난 체언 뒤에 '-을'이 쓰인 예이고, (11나)는 모음으로 끝난 체언 뒤에 '-를'이 쓰인 예이다. (12가)는 비-대화 자료에서 자음으로 끝난 체언 뒤에 '-을'이 쓰인 예이고, (12나)는 모음으로 끝난 체언 뒤에 '-를'이 쓰인 예이다. 대화 자료이든 비-대화 자료이든 문어 고려말의 목적격조사는 현대 한국어와 같다.

(11) 가. 해가 아직도 많은데 당신이야 무엇-을 좀 잡겠는지 아오?

나. 그런데 당신이 어대에서 나-를 알앗단 말이요?

(12) 가. 총-을! 손에 총-을 잡고 적-을 따리어라!

나. 떨리는 손으로 봉투-를 뜯고 설레이는 마음으로 편지-를 읽었다.

19.2.3. 관형사격조사

구어 고려말에서 관형사격조사는 거의 나타나지 않는다. 관형사격조사가 쓰일 만한 자리는 대부분 체언 연결체로 나타난다. 그러나 다음과 같은 문장에서 '-이, -에'와 같은 관형사격조사가 보인다.

(13) 가. 그 수날리스까는 내 작은아들-이 딸이오. (¶그 여성 기자는 나의 작은아들의 딸이오.)

나. 그 닭-에 알이란 말이겠습지 아무래.

이에 대해서 문어 고려말에서는 관형사격조사 '-이, -에' 등은 나타나지 않고 '-의'가 나타난다. 나타나는 빈도는 구어 고려말에 비해 대단히 높은 편이다. 다음 문장 (14)는 대화 자료에서 '-의'가 쓰인 예이고, (15)는 비-대화 자료에서 '-의'가 쓰인 예이다. 대화 자료이든 비-대화 자료이든 문어 고려말의 관형사격조사는 현대 한국어와 같다.

(14) 가. 얼럭 암소-의 새끼는 저 둥굴 송아지라고 문서해 치부되엇 겟지.

나. 크면 너는 자기 민족-의 력사를 알게될 거야.

(15) 가. 많은 처녀 작가들은 자긔들-의 시에 평범한 전통적 어구들

을 많이 쓴다.

　나. 자유-의 불꽃, 머리로 붙어 발까지 무장한 강철-의 근육
　　　원쑤-의 검은 피 긔타 그것이다.

19.2.4. 부사격조사

　부사격조사는 의미에 따라 '위치, 방편, 비교'로 나뉘는데, 이를 차례로
살펴보자. 구어 고려말에서 [위치] 의미의 부사격조사에는 '-에, -에서'가
대표적이다. 문장 (16)에서 보면 '-에, -에서'가 쓰이며, 이들 조사의 자유
변이형태 '-이, -이서'도 쓰인다. 문장 (17)은 현대 한국어의 '-에게'에 대응
되는 부사격조사이다. 특히 '-인데'의 분포가 넓다.

　(16) 가. 아무 두 낄로 메트르 내리가 내리가 밭이 있지므, 벌판-에.
　　　나. 오래 아이 놉구마, 새애기 집-에서. (¶오래 안 놉니다, 신부
　　　　　집에서)
　　　다. 우리 큰집-이서 올 직에 쇠:지 하나 잡아가주고 왔습그.
　　　　　(¶쇠지=송아지)
　　　라. 그릇에 담아 놓구 상～-이-다 놓구
　(17) 가. 긔래 말하지, 내 니-게 장가든다. (¶내가 너에게)
　　　나. 내일 므스그 내-게서 들을 게 있어, 말을? (¶내일 무엇을
　　　　　나에게서)
　　　다. 해마다 우리-인데-르 왔다갔다 하지.

　이에 대해서 문어 고려말에서는 [위치] 의미의 부사격조사 '-이, -이서'
그리고 '-인데'는 나타나지 않고, 대화 자료이든 비-대화 자료이든 문어
고려말의 [위치] 의미의 부사격조사는 '-에, -에서'로 현대 한국어와 거의

같다.

구어 고려말에서 [방편] 의미의 부사격조사에는 다양한 형태가 나타난다. 현대 한국어 '-으로'에 대응하는 것인데, 다음 문장 (18)의 '-으르, -을르'를 비롯하여 '-을로, -을루, -을러, -을라'처럼 형태가 다양하다.

(18) 가. 한아버지 늘상 어렵아서 젙-으르 못갔스. (¶젙으로=곁으로)

　　 나. 싹다 로시아식-을르 입었소. (¶싹다=모두 다)

　　 다. 지금으느 비단-을로 이불두 몇 채씩 해 줬구마.

　　 라. 흙-을루 재빌루 집으 져두. (¶재빌루=자기 스스로)

　　 마. 침대 그래 널-러 했지. (¶널러=나무로)

　　 바. 찰-라 하는 떡 있고 (¶찰라=찹쌀로)

이에 대해서 문어 고려말에서는 [방편] 의미의 부사격조사 '-을르, -을로, -을루, -을라' 등은 나타나지 않고, 대화 자료이든 비-대화 자료이든 문어 고려말의 [방편] 의미의 부사격조사는 '-으로'로 현대 한국어와 거의 같다.

구어 고려말에서 [비교] 의미 의미의 부사격조사에는 문장 (19가)처럼 '-갸가 쓰인다. 이는 현대 한국어 '-과/와'에 대응하는 것이다. 그리고 '-보다'에 대응하는 '-마'가 (19나)처럼 나타난다.

(19) 가. 어찌 우리 지우 이 손녜 우리-가 같이 있는 줄 아오? (¶우리와 같이)

　　 나. 산달피두야 이렇게 개처르 생긴 게, 개-마 키 작소. (¶산달피(=검은단비, 또는 잘)도 이렇게 개처럼 생긴 것이, 개보다 키 작소)

이에 대해서 문어 고려말에서는 [비교] 의미 의미의 부사격조사 '-가'와 '-마'가 아닌, '-과/와', '-보다'가 나타나서, 대화 자료이든 비-대화 자료이든 문어 고려말의 [비교] 의미의 부사격조사는 현대 한국어와 거의 같다.

19.2.5. 호격조사

호격조사는 구어 고려말 자료에서 확인하지 못했는데, 문어 고려말에서는 다음과 같이 '-아, -야, -(이)시여' 등의 호격조사가 쓰인다.

> (20) 가. 인민들-아, 사랑하는 나의 형제들-아!
> 나. 둥굴소-야! 새끼를 아니 낳게 되엇으니 너는 평안하게 되엿다.
> 다. 아 하느님-이여! 왜 하느님께서는 그렇게도 무정하게 대하셨습니까?
> 라. 만능의 힘을 가진 하느님-이시여, 어찌 구부린 등에 행기를 퍼붓는 찬바람이 기승을 부리게 하십니까?

19.2.6. 마무리

위에서 살펴본 바와 같이 구어 고려말과 문어 고려말의 격조사 형태는 상당히 다르다. 그러나 문어 고려말의 격조사 형태는 현대 한국어와 거의 일치한다. 이것은 20세기 초기에 한국어, 또는 한국어 규범문법을 고려말의 문어나 현대 한국어가 같이 그대로 이어받고 있음을 보여 주는 것이다. 구어 고려말, 문어 고려말, 그리고 현대 한국어의 격조사를 대조해 보면 다음과 같다.

(21) 구어 고려말, 문어 고려말, 현대 한국어의 격조사

		구어 고려말	문어 고려말	현대 한국어
주 격		-이, (-가)	-이/가, -께서	-이/가, -께서, -에서
목적격		-으/르, (-을/를)	-을/를/ㄹ	-을/를/ㄹ
관형사격		(-이, -에)	-의	-의
부사격	위치	-에, -에서, -게, -인데, (-이, -이서)	-에, -에서, -에게, -게, -보고, -한테, -께	-에, -에서, -에게, -한테, -께, -더러, -보고
	방편	-으르, -을르, -을로, -을루, -을라	-으로, -으로서, -으로써	-으로, -으로서, -으로써
	비교	-가, -마	-과/와, -보다, -처럼, -같이	-과/와, -보다, -처럼, -같이, -만큼, -치고
호 격			-아/야, -이(시)여	-아/야, -이(시)여

한편 격조사는 아니지만, 보조조사 '-은/는'과 문장종결조사 '-요'에 대해서도 살펴보면 다음과 같다. 현대 한국어의 보조조사 '-은/는'에 대응하는 보조조사를 살펴보자. 구어 고려말에서는 '-으/느'가 대표적이며 '-은/는'이 나타나기도 한다.

(22) 가. 빛깔-으 그, 조끔 푸르므리 한 것두 있구.
　　 나. 한어머니-느 성씨 낌으고 에따 한아바지-느 노학수.
　　 다. 나물-은 내 스 잘 기억지 못합구마.
　　 라. 우리 이주르 와서 그 해-는 아무 데도 못 가고 집도 없지.

이에 대해서 문어 고려말에서는 '-으/느'는 전혀 나타나지 않으며 모두 '-은/는'으로만 나타나서, 대화 자료이든 비-대화 자료이든 문어 고려말의 보조조사 '-은/는'은 현대 한국어와 같다.

(23) 가. 네가 본 꽃-은 밤새에 나뭇가지에 내린 서리꽃이란다.
　　 나. 다시-는 절대로 기지 않겠다고 선언해야지.
(24) 가. 물론 이러한 어구들을 시에 쓸수 없다는 말-은 아니다.
　　 나. 시-에-는 반듯이 감정적 충동, 개성화한다는 것을 누구던지 다 아는 진리다.

현대 한국어 '-요'에 대응하는 구어 고려말의 문장종결조사는 '-예'이다. 가끔 '-여, -유'로도 나타난다.[7]

(25) 가. 맷돌에다 가압구마-예.
　　 나. 우리르 첵으 노나 줍드마-예.
　　 다. 내 지금 이야기 하지-여.
　　 라. 우리르 어디다 실었는지 암두-유? (¶압니까?)

이에 대해서 문어 고려말에서는 '-예'는 전혀 나타나지 않으며 모두 '-요'로만 나타나서 현대 한국어와 같다.

---

7 '-예'는 (가),(나)처럼 접속어미 뒤에도 결합하며, (다)처럼 명사구, (라)처럼 부사구 뒤에도 두루 결합한다.
　　가. 그런데 저녁엠 나가머-예 어 낮 낮 같이 비쳤습구마.
　　나. 그랠 직에 이거 쌀로 오그래르 해서-예 그 안에 이래 옇습드마.
　　다. 지금 우리 목사님이-예 마이 우리 말 합구마. (¶우리말 잘 합니다.)
　　라. 핵고서도-예 글은 로시아 글이지만 한 시간씩 갈체. (¶가르쳐)

(26) 가. 차림새를 보아하니 사냥오신 것 같은데-요. 무엇을 좀 잡었습니까?

나. 롱담을 하지 마십시오. 로인이 아마 꿈여낸 것이겠지-요.

19.3. 고려말의 문장종결어미 대조

구어 고려말과 문어 고려말의 문장종결어미를 기술하여, 이를 현대 한국어의 종결어미와 대조하여, 구어 고려말, 문어 고려말이 현대 한국어와는 어떻게 차이 나는지 살펴보자.

19.3.1. 서술어미

-다, -라 '-다'는 그냥, 또는 선어말어미 '-는-'이나 '-었-'을 앞세워 나타난다. 조사한 고려말 자료가 성인 간에 높임 표현으로 주고받는 대화인 까닭으로 '-다' 형태는 자료에서 찾을 수 없고, 다만 인용절에서만 확인된다.[8] (27가)는 『"만~약에 … 아이 받는다."고 말했습구마.』라는 문장으로 이해되는 인용절이다.

(27) 가. "만~약에 저짝에 걸레 가는 사람으느 거기서 받지 아이머 이짝에서 아이 <u>받는다</u>."

나. "조<u>끄</u>마한 게 배 한번으 일본 <u>배다</u>, 이, 고기 잡는 배 들어 <u>파선됐다</u>."고 하면서리

---

8 그러나 다음 예는 인용문이 아닌 경우이면서, '-다'가 쓰인 자료이다.
　　예. 어 저 닭으 청~매지. 그래 그 청대 올라가 <u>잔다</u>.

다. "암만 말게두 내 그거 노릇 내 할 노릇을 <u>한다</u>."는 그 으미
오. (¶아무리 말려도)

'-랴'는 '이댜'의 '-이-' 뒤에 결합한다. (28가)처럼 주로 인용절에서 확인
되는 것은 '-다'와 마찬가지이지만, 인용절이 아닌 문장에도 쓰인다.

(28) 가. 로시아말로느 쎄르쏘비에트라 하는데, 고레말로느 우리느
    "<u>무시랴</u>" 하는가 하이 이해, 거기서 서기질 했습구마.
    나. 그 집이 칠 <u>형제라</u>.
    다. 챠입쌀이나 매쌀이나 <u>입쌀이라</u>. (¶챠입쌀=찹쌀)

-대, -래 앞에 든 '-다'와 '-라'에 '-어'가 결합한 형태로 분석할 수
있다. 즉, "여기 사람이래."는 "여기 사람이라-고 해(=하-어)."에서 '-고
하-'가 생략된 형태로 풀이할 수 있다.

(29) 가. 노랗고 한 게, 이런 이삭이 달기 <u>있대</u>. (¶달려 있대)
    나. 예, 채소 같은 거 그저 <u>채래</u>. (¶채소래)
    다. 전기르 밑에 그래 가주고 하는 <u>게래</u>.

-다구, -라구 역시 앞에 든 '-다'와 '-라'에 '-구'가 결합한 형태이다.

(30) 가. 닭으 보쟎~이 베오리 다 붙들어 <u>갔다구</u>. (¶닭을 지키지
    않아서 병아리 다 잡아 갔다고)
    나. 핀스끼 <u>집이라구</u>. (¶핀스끼=핀란드식의)

-오, -소 높임의 어말어미이다. '-오', '-소'는 서술문에도 쓰이며, 의문

문에도 쓰인다. '-오', '-소'는 아래에서 살펴볼 '-구마'보다는 높임의 정도가 덜하다. 그리고 '-오'는 모음 다음에, '-소'는 자음 다음에 나타난다.

(31) 가. 내 몹시 무식하게 <u>말하오</u>.

　　　나. 그게 음 바로 국경 <u>밑이오</u>.

(32) 가. 우리 사는 데서예 쇠술기르 몰고 우리르 싣고 그 배 녁으로 <u>왔소</u>. (¶쇠술기=소가 끄는 수레)

　　　나. 한아버지 동생~이 집이느 사람이 <u>작소</u>. (¶할아버지 동생의 집은 가족 (수가) 작소.)

-구마 　앞의 '-오, -소'보다는 더 높이는 서술어미이다. 다음과 같이 '-슴두'라는 의문어미와 짝을 이루어 나타나는 서술어미이다.[9]

(33) 가. 맛은 <u>어떻슴두</u>?

　　　나. 맛이 <u>좋슴구마</u>. 예, 달쿠므리한 게.

'-구마'의 형태적인 분포는 다양한 편인데 즉, 시제어미를 앞세우지 않을 수도 있고, '-슴-, -었-, -갰-, -더-'를 앞세우기도 한다. 그 가운데 '-슴-구마'는 다시 '-었-, -갰-'을 앞세우기도 한다. 이를 차례로 살펴보자.

---

9 '-구마'의 형태 분석은 연구자마다 일정하지 않다. '-꾸마'로 제시하기도 하고 '-구마'로 제시하기도 한다. 이기갑 외(2000:48), 니라리사(2002:27)에서는 '-꾸마'로 제시하였다. '갰슴구마'와 '갑구마'의 실제 발음은 /갇스꾸마/와 /가꾸마/이다. 그러나 이 형태에 내재되어 있는 '-ㅂ-'을 고려하여 실제 발음보다는 형태를 존중하여 '-슴-구마, -ㅂ-구마'라는 어미로 분석한다.

(34) -ø-구마

　　가. 또끔 다달도 하구 시쿠무리두 하구. 그런 맛이 <u>있구마</u>.

　　나. 올라온 거 이렇게 <u>맨드구마</u>, 요막시 떼서. (¶요만큼 떼서)

　　다. 보통 우리 말하는 게 한아버지 한어머니 아이 <u>하구마</u>.

(35) -습구마/ㅂ구마

　　가. 열콩~두 밑에 <u>놓습구마</u>. (¶열콩~=콩의 일종)

　　나. 쥐인~으느 돌아간 지 <u>오랍구마</u>. (¶주인(=남편)은 돌아가신
　　　　지 오래입니다.)

　　다. 그러고 무흁로 와서 <u>합구마</u>. (¶무흁로=무료로)

　　라. 로시아 사람 끼르기즈, 맨 조선 사람 <u>아입구마</u>.

(36) -었-습-구마[10]

　　가. 고레말으 우리 오래 아이 <u>썼습구마</u>.

　　나. 우리 여기 들어와서 아무래 한 삼 년 글으 모 <u>읽었습구마</u>.

(37) -갰-습-구마

　　가. 그런데 저짝 집에서느 <u>모르갰습구마</u>, 어떻게 왔는지. 어디
　　　　로 앉았는지.

　　나. 단거 어떤가 하이끄드 내 조선말 <u>모르갰습구마</u>.

　　다. 채밀깗으 그게 어 깗이 <u>달리갰습구마</u>. (¶채밀깗=(참)밀
　　　　가루)

(38) -었-구마

　　가. 그러고 그기 우리 원동~ 사는 데는 펭지 <u>아이었구마</u>. (¶펭
　　　　지=평지)

　　나. 친척이 세 호이 살고 그 담에 나마지느이 꼬호스 <u>컸었구마</u>.

　　다. 우리 어마이 우리르 기치고 일찍 <u>돌아가셨구마</u>. (¶기치고=

---

10 '-습구, -습그, -습금' 등은 각각 '-습-구마' 형태가 절단된 형태이다.

남겨 두고)

(39) -갰-구마

　　가. 요렇게 **됐갰구마**.

　　나. 그전에느 아무래 원동~서 집에서 <u>만들었습갰구마</u>.

(40) -더-구마[11]

　　가. 떡으 <u>칩더구마</u>. 이런 데다 구시에다 망치러 가지구. (¶망치
　　　　러=망치로)

　　나. 수탉이 이른 새복으머 <u>웁더구마</u>. (¶새복으머=새벽이면)

-어, -지　　현대 한국어 구어에서 대표적인 범용어미는 '-어'와 '-지'이다.
그리고 이들은 '-요'와 결합하여 '-어요, -지요'로도 쓰인다. '-어'와 '-지'
가운데서도 '-어'의 빈도가 압도적으로 높다. 그러나 고려말서는 그렇지
않다. 아래에서 살펴보겠지만, 범용어미 자체의 빈도도 낮고, 또 '-어'보다
는 '-지'의 분포가 훨씬 높다. 다음 문장은 '-어-'가 나타난 예이다.

(41) 가. 내 그런 여르기르 못 <u>봤어</u>. 아라시아도 <u>없어</u>, 우리 원동~
　　　　　느 그게 <u>있어</u>.

　　나. 아 그래 거기서 우리 아이 <u>잤어</u>. (¶우리 자지 않았어.)

　　다. 우리 어머이도 나가 까날르 <u>팠어</u>. (¶까날=수로, 물길)

'이다'에는 '-이-야'로 나타난다. 이것은 현대 한국어에서도 같다. 때로
는 (42나)처럼 '-이-어'로도 나타난다.

---

11 '-더-구마'는 '-ø-드마', '-습-드마', '-었드마'로도 나타나는데, '-습-드마'에는 '-었-습
　-드마' 형태도 나타난다. 또한 '-습-드마' 형태가 절단된 형태인 '-습드, -습두, -습데,
　-습디, -습더, -습더우' 등도 나타난다. 이 경우도 역시 높임의 정도가 덜하다.

(42) 가. 조선 <u>사람이야</u>.

　　　나. 그 집에 어 닭이 있는 대루 그저 그다 두고 왔다는 <u>말이어</u>.

'–어' 뒤에는 '–요'나 '–예'가 결합하여 높임을 나타낸다.

(43) 가. 사월달에 우리 목사님 <u>왔어요</u>.

　　　나. 그래서 그 꼬이까 시장~ 이제 여기르 <u>들어왔어예</u>. (¶꼬이까=(의료용)침대)

'–지'는 다음과 같이 '–지'뿐만 아니라, 문장 (45)처럼 '–제', '–지러', '–지므' 등과 같은 형태로도 나타나기도 한다.

(44) 가. 채소구 뮈시기구 옥수끼구 밭에 감제구 <u>가뜩하지</u>.

　　　나. 그래 그 아들이 글이르구 다 공부 필하고스레 여기서 일하게 <u>됐지</u>.

　　　다. 그저 우리 산으르 댕기멘서르 뜯어 <u>먹었지</u>.

　　　라. 그래 거기 무스기 또 무슨 마이 채소나 뭐 고기나 <u>있었갰지</u>.

(45) 가. 그거 모 <u>알아듣제</u>.

　　　나. 여러이 같이 <u>가제</u>. 거 우리 가젱~이 그래, 학교 댕기는 같이 <u>가제</u>.

　　　다. (삼 년간은 군인.) <u>군인~이지러</u>.

　　　라. 그래 아무래 되비 <u>돌아갔겠지므</u>. (¶되비=다시)

'–지'가 '–습–'을 앞세워 나타나는 경우가 많다. 다음 자료를 통해서 이를 확인할 수 있다.

(46) 가. 그 노보시비리스크 와서 우리 그 이주르 해 사람 참 <u>많습지</u>.

　　 나. 그래서 나느 어떻게 하는가이 그게 어전 다 같이 올라왔습
　　　　지. (¶어전=이제, 인제)

　　 다. 우리 일천구백사십이연도 독일 전쟁~ <u>났습지</u>.

접속어미에 의한 서술문　　접속어미의 기능이 전용되어 서술문을 실현하기도 한다. 현대 한국어 접속어미 ˋ-는데, -거든가 그 예이다. 고려말 자료에 따르면, '-고/구, -거든, -는데' 등이 서술문에 나타난다.

(47) 가. 여기 와서 시장~ 무휼르 <u>치료하구</u>.

　　 나. 깍 에또 내 잘 기억지 <u>못하구</u>. (¶깍 에또= 음, 그리고)

　　 다. 까작스탄 들어왔으 직에 한아버지 일흔여섯에 <u>돌아갔거든</u>.

　　 라. 그 헹~이 있었으며 말씀 잘 해 <u>드리겠는데</u>. (¶헹~=형)

문어 고려말의 서술어미　　위와 같은 구어 고려말의 서술어미 가운데 '-구마'를 제외하고는 문어 고려말에도 그대로 나타난다. 문어 고려말의 서술어미를 어미별로 그 예를 제시해 보면 다음과 같다.

(48) -다, -라

　　 가. 자긔가 전투적 시로써 방조를 준다는 사상이 이렇게 묘사
　　　　되엇-다.

　　 나. 소설에서 인물들의 언어가 전혀 개성화되지 못하였-다.

　　 다. 원쑤의 여원창자 채우리-라.

　　 라. 총을 잡고 적을 따리-라.

(49) -네

　　 가. 이렇게 좋은 곳에 사람이 와서 살지 않을 수 없-네.

나. 저 둥지에 앉은 놈이 암놈이-네.

(50) -대

와싸 새끼 혼자선 가지 않겠-대.

(51) -오, -소

가. 저의 성은 홍가-요. 일흠은 보통으로 영감이라고 불-으오. 낳은 예순일곱이-오.

나. 난 살고 싶-소. 사랑을 하고 사랑을 받고 싶-소. 그밖엔 아무 것도 상관 없-소.

(52) -어

가. 그러나 속태울 필요는 없-어. 우린 네가 오기를 기다렸-어.

나. 실어다 재밤에 허허벌판에다 부려 놨단 말이-야.

다. 조국이란 기억이-야. 조국이란 바로 사람들이-야.

라. 여기는 술집이 아니-예-요.

(53) -지

가. 그것을 알게 되면 넌 더 자유롭게 살 수 있겠-지.

나. 배 속에서부터 사냥꾼으로 난 사람이야 없겠-지.

다. 모두 쌈쏜을 두둔하며 네 할머니가 경솔하다고 욕을 했-지.

(54) -고/구, -는데, -니, -니까

가. (다 무사하우?) 무사하지 않-고.

나. 그러나 속태울 필요는 없어. 우리가 다 배워주지 않을 라-구.

다. 내게 시간이 있엇으면 지금이라도 한 십여 마리 잡아 줄 수 있-는데.

라. 가마 구렁에 넣었다가 들켜 날 수 있-다-니.

마. 내 꼭 전화를 걸테니까요[=걸 터-이-니까-요].

구어 고려말에서 높임의 서술어미는 '-구마'가 전형적이다. 그러나 문어 고려말에서는 이 어미가 나타나지 않고 이 자리에 '-습니다'가 실현된다(문장 55). 이것이 구어와 문어의 가장 큰 차이다. 이렇게 보면 문어 고려말의 서술어미는 현대 한국어의 서술어미와 거의 같다.

(55) 가. 아직은 잡지 못하-엿-습니다. 토끼 한 마리를 보앗는데 그것도 그만 헷방을 놓-앗-습니다.

나. 그 녀인은 비애와 슬픔 또 전선에서 입은 상처 때문에 전혀 눈을 보지 못하게 되였-습니다. 나는 그 녀인에게로 떠나갑니다[=떠나가-ㅂ니다]. 거기에서 나는 대학에 입학할 예정입니다[=예정-이-ㅂ니다].

현대 한국어의 '-습니다'뿐만 아니라, 문장 (56)과 같이 감탄의 '-구나, -구먼, -군', 문장 (57)과 같이 약속의 '-을게, -으마' 역시 문어 고려말에 나타난다.

(56) 가. 왜 가만있니? 너 말을 모르-는-구나.

나. 일본 군사들이 저 산비탈로 막 내려미-는-구먼.

다. 예서 20낄로 메뜨르를 가면 고아원이 있다더-군-요.

(57) 가. 조선말도 배워줄게[=배워주-ㄹ게]. 어서 우리하고 같이 가자.

나. 집으로 돌아올 때 조심히 그 꽃을 뜯어 집으로 가져가-마.

서술어미 대조 이상에서와 같이 구어 고려말과 문어 고려말의 서술어미 형태에서 특히 높임의 서술어미는 상당히 다르다. 그러나 문어 고려말의 서술어미 형태는 현대 한국어와 거의 일치한다. 이것은 20세기 초기에 한국어, 또는 한국어 규범문법을 고려말의 문어나 현대 한국어가 함께 그대로 이어받고 있음을 보여 주는 것이다. 구어 고려말, 문어 고려말, 현대 한국어의 서술어미를 대조해 보면 다음과 같다.

(58) 구어 고려말, 문어 고려말, 현대 한국어의 서술어미

구어 고려말	문어 고려말	현대 한국어
-다, -라, -대, -래, -오, -소, -구마, -습니다, -어, -지, -고/구, -거든, -는데	-다, -라, -네, -대, -래, -오/소, -습니다, -구나, -구먼, -군, -을게, -으마, -어, -지, -고/구, -거든, -는데, -대, -니, -니까	-다, -라, -을래, -을라, -네, -으이, -을세, -을걸/는걸/은걸, -오, 소, -습니다, -습디다, -구나, -구먼, -군, -구려, -으마, -을게, -음세, -어, -지, -거든, -는데

19.3.2. 의문어미

-을까 조사한 고려말 자료가 성인 간에 높임 표현으로 주고받는 대화인 까닭으로 '-을까' 형태는 자료에서 찾을 수 없고, 인용절에서만 확인된다. 문장 (59)는 『"어떻게 했음으 어머니를 치료할까?" 해』라는 문장으로 이해되는 인용절이다.

(59) 큰아들이 공부르 다하고 어떻게 했음으 어머니르 <u>치료할까</u> 해, 이거 궁리해 냈다구.

-은가/는가/던가 인용절에 나타나기도 하고 독자적으로 나타나기도

한다. 문장 (60가)는 인용절에 나타난 예로, 첫 부분은 『그 담에 "다른 가정~이 누긴가?" 하이꺼더』라는 문장으로 이해되는 인용절이다.

> (60) 가. 그 담에 다른 가정~이 <u>누긴가</u> 하이꺼더 우리 한아버지 동생~이 집이.
> 나. 일리나느 조선 이름으 한아바지 머시라 <u>졌는가</u> 복순~이 일리, 복순이.
> 다. 그래서 거기서 무스그 <u>주는가</u>?
> 라. <u>부영~이라든가</u>? (¶부영~이=부엉이)

-은지/는지   인용절에 나타나기도 하고 독자적으로 나타나기도 한다. 문장 (61가)는 인용절에 나타난 예로, 『"내 옳게 말하는지?" 내 잘 모르겠어.』라는 문장으로 이해되는 인용절이라 하겠다.

> (61) 가. 이해? 어 내 잘 모르겠어, 내 옳게 <u>말하는지</u>.
> 나. 어떻게 말했으며 옳게 <u>말하겠는지</u>?
> 다. 그래 어느 때마 그짝으르 까작스탄 가머 <u>보겠는지</u>?

-오, -소   높임의 종결어미로, 서술문뿐만 아니라 의문문에도 쓰인다. '-오'는 모음 다음에, '-소'는 자음 다음에 나타난다. 아래에서 살펴볼 '-슴두'보다는 높임의 정도가 덜하다. (62다,라)는 '이다'에 나타난 예이다.

> (62) 가. 감자나 옇는 거 뮈시라 <u>하오</u>? 마대락 <u>하오</u>?
> 나. 행님 장물 그릇은 어째 <u>없소</u>? (¶형님 국그릇은 왜 없소?)
> 다. 인베로 굵은 거 <u>말이오</u>? (¶ 얼마나 굵은 것 말이오?)
> 라. 꼬피르 갏으 <u>내쟎~이오</u>? (¶커피가루를 내쟎소?)

'이-오' 경우, 발음이 '이-요'로 나는 경우가 현저하다. 현대 한국어에서도 마찬가지이다. 이것은 높임조사 '-요'와는 전혀 별개의 형태이다.

(63) 가. 이거 촌마다 촌마다 그런 기관~이 <u>있쟪~이요</u>?

　　　나. 구비 뭔가 하이끄드나 챠입살 갊을르 이릏게 <u>굽쟪~이요</u>?

-습두　앞의 '-오', '-소'보다는 더 높이는 의문어미이다. 서술어미 '-구마'와 짝을 이루는 의문어미이다.

(64) 가. 겡사도라든지. 겡사도, 그런 곳 <u>있습두</u>? 그 어디멤두? 세베름두? 유즈? (¶북(한)입니까? 남(한)입니까?)

　　　나. 내 말으 어 프로페소르 <u>이해함두</u>? (¶내 말을 교수님 이해합니까?)

　　　다. 물고기 회라 <u>그람두</u>? (¶물고기 회라고 합니까?)

　　　라. 가만~이 아이 주지. 어찌는지 <u>암두</u>? (¶어떻게 하는지 압니까?)

부정문에서는 다음과 같이 나타난다. 부정을 나타나는 '-쟪~-'[= -지않-]를 앞세운다.

(65) 가. 웃물으 찌운다는 게 그 우에 물으 다른 그릇에다 <u>찌우쟪~임두</u>? (¶찌우다=옮겨서 붓다)

　　　나. 아구르찌느 요 새파란 거 요런 거 <u>있쟪~임두</u>? (¶아구르찌=오이, 외)

　　　다. 이게 조선 치매느 이릏게 마이 너르구 <u>지쟪~임두</u>? (¶넓고 길지 않습니까?)

'-습두'는 '-었-'과 '-겠-'을 앞세울 수 있다. 이 경우 '-었-습두, -겠-습두', '-었-겠-습두'로 나타난다. 이를 차례로 제시하면 다음과 같다.

(66) 가. 더 이거 앞으로 못 나가지 <u>앻~엤습두</u>?

　　　나. 어 그, 이전에두 이, 군이사르 보내지 <u>않앴~습두</u>?

　　　다. 말으 잘 모르지만 해도 <u>어찌겠습두</u>?

　　　라. 무슨들레, 이 셔투리, 무스 것두 똘꼬 아이 <u>먹었겠습두</u>? (¶ 우리가 민들레, 셔투리, 무엇을 아니 먹었겠습니가?)

'-습두'와 같은 기능을 가지는 '-습다, -습에'도 쓰이며, '-습두'에 '-더-' 가 결합한 '-습디'도 보인다.

(67) 가. 아휴. 감지르 할 때 그 뮈시기라 <u>함다</u>? (¶감지=감주)

　　　나. 개 귀차한 게 <u>어찌겠습에</u>? (¶귀차하다=구차하다)

　　　다. 오리, 기러, 무스기 있는 거 그런거 <u>잡습디</u>?

-어, -지　　'-어'와 '-어'에 높임조사 '-요'가 결합한 '-어-요'가 나타난다. 문장 (69)는 '-지'의 예이다.

(68) 가. 그 숱한 사람 어디로 가져 <u>가겠어</u>?

　　　나. 내일 므스그 내게서 들을 게 <u>있어</u>?

　　　다. 내 지금 어디로 다니는지 아 <u>아세요</u>?

(69) 가. 어, 새해, 그 담에 어 동지, 어, 그 담에 새해 <u>설이지</u>?

　　　나. 쳐서이 그, 갊이 어쩐 셋이 이레 <u>올라왔지</u>? 이렇게 어정 <u>부푸났지</u>?

　　　다. 이짝으 사람들도 그게 아마 친척이 있어 <u>댕게겠습지</u>?

접속어미에 의한 의문문   접속어미가 전용되어 의문문을 실현하기도 한다. 고려말 자료에 따르면, 접속어미를 전용해서 의문어미로 기능하는 예는 '-고' 하나이다.

(70) 가. 마당~이 <u>있잲~고</u>, <u>있잲~고</u>?

　　　나. 땅~꿀으 <u>파고</u>?

　　　다. 고레인들이 <u>아이고</u>?

문어 고려말의 의문어미   위와 같은 구어 고려말의 의문어미는 '-습두'를 제외하고는 문어 고려말에도 그대로 나타난다. 문어 고려말의 의문어미를 어미별로 그 예를 제시해 보면 다음과 같다.

(71) -은가/는가/을가

　　　가. 그야말로 사랑이란 너무나 단순하지 않-는가? 너무나 로골 적이 아닌가[=아니-ㄴ가]? 그러면 나는 어찌할 것인가[= 것-이-ㄴ가]?

　　　나. "원쑤는 원쑤로 갚는다"란 태도를 취하는 것이 과연 옳-겠-는가?

　　　라. 희는 자기의 집에서 자기에게 야망을 품은 뾰뜨르와의 관계에서 어떤 립장을 취하였던가[=취하-였-더-ㄴ가]?

(72) -은지/는지

　　　그곳을 뭐라고 부르-는지?

(73) -오, -소

　　　가. 당신이 무슨 말을 하-오? 누가, 또 어느 사람이 확실하단 말-이-오?

　　　나. 또 무엇이 부족하여 둥굴 송아지까지 가저 가려고 왔소[=

오-앗-쇠?

(74) -어

가. 애들이 어딜 갔어[=가-았-어]?

나. 남편이 배우면 어떻단 말-이-야? 로씨야사람인데는 어떻
단 말-이-야?

(75) -지

가. 당신 자동차가 둥굴소를 실지 않고 빈 것이 가겠는데 당신
과 함께 갈 수 있-겟-지?

나. 그럼 네 할아버지는 왜 로씨야사람-이-지?

(76) -고/구, -라

가. 바른 대로 말하라-구?

나. 사흘이-라?

구어 고려말에서 높임의 의문어미는 '-습두'가 전형적이다. 그러나 문
어 고려말에서는 이 어미가 나타나지 않고 '-습니까'가 실현된다(문장
77). 이것이 구어와 문어의 가장 큰 차이다. 이렇게 보면 문어 고려말의
의문어미는 현대 한국어의 의문어미와 거의 같다.

(77) 가. 어찌 구부린 등에 행기를 퍼붓는 찬바람이 기승을 부리게
하십니까[=하-시-ㅂ니까]?

나. 어머님이 계셔야 하는데 왜 기적을 낳는 그 재능에 과해지
는 벌금과 세금은 그렇게도 많-습니까?

다. 우리 어머니 얼굴에서 절망의 쓰라린 미소가 사라지게 하
여 줄 수는 없-습니까?

현대 한국어의 '-습니까'뿐만 아니라, 의문어미 '-으냐/느냐, -니' 역시

문어 고려말에 실현된다.

(78) 가. 몇 명의 간첩과 변절자가 있다고 해서 온 백성을 잡초처럼
　　　 뿌리 채 뽑아 던지는 법이 어데 있단 말-이-냐?

　　 나. 마구 치솟는 연정에 부대껴서 머저리로 미남자로되어 보이
　　　 -느냐?

　　 다. 좀 기다려라. 너 잊어 먹-었-니?

　　 라. 잘 있-었-니? 너 야영소에서 도망쳤니[=도망치-었-니]?

의문어미 대조　이상에서와 같이 구어 고려말과 문어 고려말의 의문어
미를 살펴보면 특히 높임의 의문어미는 상당히 다르다. 그러나 문어 고려
말의 의문어미는 현대 한국어와 거의 일치한다. 이것은 20세기 초기에
한국어, 또는 한국어 규범을 고려말의 문어나 현대 한국어가 함께 그대로
이어받고 있음을 보여 주는 것이다. 구어 고려말, 문어 고려말, 현대 한국
어의 의문어미를 대조해 보면 다음과 같다.

(79) 구어 고려말, 문어 고려말, 현대 한국어의 의문어미

구어 고려말	문어 고려말	현대 한국어
-을까, 은가, -는가, -은지, -는지, -오/소, -습두, -어, -지, -고	-으냐/느냐, -니, -은가/는가/을가, 은지/는지, -오/소, -습니까, -어, -지, -고/구, -라	-으냐, -니, -을래, -나, -은가/는가/던가, -을까, -으오, -소, -습니까, -습디까, -어, -지

19.3.3. 명령문과 청유문

조사한 고려말 자료는 조사자와 자료제공인 사이에 서로 묻고 대답하는 대화 자료라는 특성상 명령문과 청유문의 사용 빈도는 매우 낮았다. 명령문이 쓰인 예는 극히 적었으며, 청유문은 없다시피 하였다. 명령문은 21예, 청유문은 1예가 보인다. 먼저 명령문의 예를 들면 다음과 같다. 모두 명령어미에 의해 실현되었다.

-으라　자료의 특성상 역시 인용절 구성에서만 나타났다.

(80) 가. 이레 가르고서리 이레 가르고 또 여기도 이레 가르고 긔래 밀층 위층 긔래 네 가정씩 <u>앉으라</u> 긔래.
　　 나. 긔래 어느 차느 어드로 <u>가라</u> 거기서 아무래 그런거 지적했던 모양~이.
　　 다. 그 담에 아바이 그기 앉아 이래 상~ <u>물리라</u> 게므 들어가 그 상~ 내 오지. (¶게므=하면)

-오, -소　'-오', '-소' 명령어미는 발견되지 않았다. 그러나 고려말의 다른 조사 자료에 따르면 하오체 명령어미가 쓰인다(니라리사 2002:36).

(81) 가. 내일 아침에 일찍이 <u>일어나오</u>.
　　 나. 아지바이, 파리르 <u>잡소</u>.

-옵소, -읍서　-으시오' 형태도 나타나지 않는다. 그 대신, 고려말의 다른 조사 자료에 따르면, 문장 (82)와 같이 '-옵소' 또는 '-읍서' 형태를 고려말의 전형적인 명령어미로 제시하였다(니라리사 2002:35, 이기갑 외

2000:50, 박넬리 2008:38).

(82) 가. 마이 <u>잡숩소</u>.
나. 이리 <u>앉읍소</u>.
다. <u>갑서</u>, <u>봅서</u>, <u>잡숩서</u>.

다음은 청유문이다. 조사한 고려말 자료에서 청유문은 문장 (83)과 같이 한 예가 보인다. 그러나 고려말의 다른 조사 자료에는 (84)와 같은 청유어미를 제시하였다. 예를 들면, (84가)에서 '-자', (84나)에서 '-기오/게오', (84다)에서 '-깁소/껩소'가 각각 해라체, 하오체, 합쇼체의 청유어미다(니라리사 2002:37, 이기갑 외 2000:50, 박넬리 2008:39).

(83) 애이 다바여 어저 거기르 있으래 <u>가자오</u>. (¶다바여=무엇무엇을 하자)
(84) 가. 이 문우 <u>닫자</u>.
나. 내가 같이 저낙으 <u>먹게오</u>.
다. 점슴을 <u>잡수겠소</u>.

높임의 명령어미와 청유어미의 경우에, 구어 고려말에는 보이지 않는 어미들이 문어 고려말에 나타난다. 이들은 역시 현대 한국어와 같은 형태이다.

(85) 높임의 명령어미 (문어)
가. 롱담을 하지 마-십시오.
나. 큰아바이, 누가 옳은지 말 좀 해 주-시오.
(86) 높임의 청유어미 (문어)

가. 여간 피차 알고 지냅시다[=지내-ㅂ시다].

나. 심사원 동무, 가려면 갑시다[=가-ㅂ시다].

19.4. 문법사에서 고려말 문법의 의의

위에서 중앙아시아 고려말을 현지 조사한 구술 자료와 문헌 자료를
바탕으로 고려말에는 구어와 문어가 따로 존재함을 확인하고, 이들 각각
의 격조사와 종결어미의 특징을 밝혔다. 주요 내용은 다음과 같다.

첫째, 고려말의 두 모습, 즉 일상언어인 구어와 격식언어인 문어가 함께
쓰이고 있음을 확인하였다. 일상생활에서 자연스럽게 쓰는 고려말이 구
어 고려말이고, 글을 쓸 때와 공식적이거나 격식적인 대화에 쓰는 고려말
이 문어 고려말이다.

둘째, 구어 고려말의 격조사는 문어 고려말과 물론 공통된 점도 있으나,
차이가 난다. 주격조사에 '-이'만 쓰이는 점, 목적격조사에 주로 '-으/르'가
쓰이는 점, 관형사격조사가 거의 쓰이지 않는 점, [비교] 의미의 부사격조
사 '-가'가 쓰이는 점 등이 구어 고려말의 특징이라면, 문어 고려말에는
주격조사에 '-이/가'가 쓰이고, 목적격조사에 '-을/를'이 쓰이고, 관형사격
조사 '-의'가 쓰이고, [비교] 의미의 부사격조사 '-과/와'가 쓰이는 것이 특
징이다. 문어 고려말의 격조사는 현대 한국어의 격조사와 거의 같다.

셋째, 구어 고려말의 문장종결어미 역시 문어 고려말과 공통된 점도
있으나, 차이가 난다. 높임의 서술어미에 '-구마'가 쓰이는 점, 높임의 의
문어미에 '-슴두'가 쓰이는 점이 구어 고려말의 특징이라면, 문어 고려말
에는 높임의 서술어미에 '-습니다'가 쓰이고, 높임의 의문어미에 '-습니까'
가 쓰이는 것이 특징이다. 구어 고려말에 나타나지 않는 의문어미 '-느냐,
-니'가 문어 고려말에서 나타난다. 문어 고려말의 문장종결어미는 현대

한국어의 문장종결어미와 거의 같다.

이와 같은 특징은 한국어 문법사에서 다음과 같은 주요한 의의를 지닌다. 첫째, 지금의 중앙아시아 고려사람들은 원래 러시아 국경 부근 함경북도에 살던 사람들로서 1863년부터 연해주 지방으로 이주하여 살았다. 이들은 1937년 스탈린의 강제 이주 정책에 따라 중앙아시아 지역으로 옮겨와 살게 되었다. 그래서 고려말은 19세기 중기의 함경북도 방언을 비교적 고스란히 이어받고 있는 언어이다. 따라서 지금의 구어 고려말과 현대 한국어(함경북도 방언)를 대조한다면 한두 세기 사이에 나타난 문법 변화를 확인할 수 있을 것이다. 이 점이 바로 고려말이 지니는 한국어 문법사의 큰 의의라 하겠다.

둘째, 문어 고려말의 문법 특징이 현대 한국어의 문어와 거의 같은 것은 20세기 초기에 한국어, 또는 초기의 한국어 규범을 문어 고려말과 현대 한국어가 그대로 함께 이어받고 있음을 확인하였다. 이것은 20세기에 들어서서 한국어의 문어 문법이 정리되어 규범화가 이루어졌음을 의미한다. 1933년에 제정한 한글맞춤법통일안이, 적어도 교육 현장과 언론 현장에서는 규범으로, 국내는 물론 국외에 널리 보급되었음을 의미한다.

한편, 러시아어 사용의 확산으로 고려말 화자가 점차 줄어들어, 중앙아시아 고려말은 멀지 않아 사라질 위기에 놓여 있다. 그러니 19세기 함경북도 방언을 이어오는 한국어의 유산, 고려말이 우리의 눈앞에서 사라질 위기에 놓여 있다. 따라서 더 이상 사라지기 전에 훌륭한 언어보유자를 찾아 정확하게, 그리고 빠짐없이 고려말 자료를 수집하여 기술해 둘 필요성이 절박하다고 하겠다.

▌참고 문헌

곽충구 2009, 《중앙아시아 이주 한민족의 언어와 생활 – 우즈베키스탄 타슈켄트》, 국립국어원 해외 지역어 구술자료 총서 3-1, 태학사.

곽충구 2019, 《두만강 유역의 조선어 방언 사전》, 태학사.

곽충구·김수현 2008, 《중앙아시아 이주 한민족의 언어와 생활 – 카자흐스탄 알마티》, 국립국어원 해외 지역어 구술자료 총서 2-1, 태학사.

권재일 2010, 《중앙아시아 고려말의 문법》(서울대학교 규장각한국학연구원 한국학 연구총서 29), 서울대학교출판문화원.

권재일 2013가, 중앙아시아 고려말의 구어와 문어, *KOPEEBEДEHИE KAЗAXCTAH A* 1: 45-67, 카자흐 국제관계 및 세계언어대학 한국학센터.

권재일 2013나, 고려말 문어 문법과 현대 한국어 문법의 대조, Kim Juwon and Ko Dongho (eds.), *Current Trends in Altaic Linguistics* 619-646, Altaic Society of Korea.

김마리나 2007, 카자흐스탄 고려말에 대한 연구, 연세대학교 대학원 국어국문학과 석사학위논문.

김필영 2004, 《소비에트 중앙아시아 고려인 문학사》, 강남대학교 출판부.

김필영 2008, 중앙아시아 고려인 소설에 나타난 구어체 표현, 《겨레말큰사전 편찬과 고려말》 84-96, 겨레말큰사전남북공동편찬사업회.

니라리사 2002, 카자흐스탄 고려말의 문법과 어휘에 대한 연구, 서울대학교 대학원 국어국문학과 석사학위논문.

러쓰 킹·연재훈(1992), 중앙 아시아 한인들의 언어 – 고려말, 《한글》 217: 88-134, 한글학회.

박넬리 1991, On Korean dialects in the USSR, 《이중언어학》 8: 617-621, 한국이중언어학회.

이기갑·김주원·최동주·연규동·이헌종 2000, 중앙 아시아 한인들의 한국어 연구, 《한글》 247: 5-72, 한글학회.

최명옥·곽충구·배주채·전학석 2002, 《함북 북부지역어 연구》, 태학사.

한영균 (외) 2013, 《독립국가연합 동포 언어 실태 조사》, 국립국어원.

King, J.R.P. 1987, An Introduction to Soviet Korean, 《어학연구》 23-2: 233-274, 서울대학교 어학연구소.

King, J.R.P. 1991, *Russian Sources on Korean Dialects*. Ph.D. Dissertations, Harvard University.

King, J.R.P. 2006, Korean dialects in the former USSR: Reflections on the current state of research, 《방언학》 3: 127-153, 한국방언학회.

Vovin, A. 1989, Some data on the Soviet Korean Languages, 《어학연구》 25-2: 277-293, 서울대학교 어학연구소.

| 제20장 | 북한의 한국어 문법사

　한국어 문법사 서술과 관련하여, 북한에서 이루어진 한국어 문법사 서술을 검토하고 이를 남한의 한국어 문법사 서술과 대조하여 남북한의 문법사 서술의 같은 점과 다른 점을 밝혀 보고자 한다. 이를 위하여 북한의 사회과학원 언어학연구소에서 2005년에 발간한 대표적인 규범문법적 이론서인 《조선어학전서》를 바탕으로 분석하고자 한다.[1]

　《조선어학전서》는 모두 47권으로 편찬하였는데, 그 가운데 한국어사 부분의 구체적인 저서 이름과 저자는 다음과 같다.

　　4. 조선말력사 1 (류렬, 2005.5.15., 423쪽), 1990년 1권 1판

　　5. 조선말력사 2 (류렬, 2005.7.15., 671쪽), 1992년 1권 1판

　　6. 조선말력사 3 (김인호, 2005.5.15., 335쪽)

　　7. 조선말력사 4 (김인호, 2005.1.20., 367쪽)

　　8. 조선말력사 5 (류렬, 2005.5.15., 359쪽)

　　9. 조선말력사 6 (김인호, 2005.5.15., 255쪽)

　　10. 조선말력사 7 (백운혁, 2005.5.15., 279쪽)

1　제20장의 내용은 지은이의 저서 《북한의 『조선어학전서』 연구》(서울대학교 통일학연구총서 14, 1-271, 서울대학교출판문화원, 2012년)와 논문 '북한의 국어 문법사 연구에 대하여'(《한글》 311: 55-87, 한글학회, 2016년)에서 제시한 자료와 서술을 바탕으로 한 것이다.

20.1. 북한의 문법사 기술

20.1.1. 북한의 언어 연구

남북 언어의 달라짐　그간 북한 언어에 대한 연구가 활성화된 이래 남북한 언어의 같은 점과 다른 점에 대한 논의가 활발하게 이어져 왔다. 언어 구조에서 차이를 찾을 수 있을 뿐만 아니라, 언어 구조를 기술하고 설명하는 방법에서도 차이를 찾을 수 있다.

다음 글은 북한 사회과학원 언어학연구소 문영호 소장이 남북 학자들의 학술토론회에서 발표한 말을 옮긴 것이다(문영호 2002). 남한말과 얼마나 다를까? 보다시피 의사소통에 아무런 지장이 없다.

> "현시기 언어 분야에서 민족성을 고수하는 문제는 민족어의 고유성과 우수성을 지켜나가는 근본 원칙으로 될 뿐 아니라 민족의 자주성과 존엄을 높이고 북남 사이의 언어적 차이를 줄이는 기본 방도로 됩니다. 우리 말과 글의 민족성을 특징짓는 가장 중요한 언어 수단은 우리 겨레가 오랜 옛날부터 창조 발전시켜 온 민족어 유산에 집중적으로 반영되어 있습니다. 우리는 민족어 유산을 발굴 정리하는 어렵고 방대한 사업을 실속있게 진척시켜 나감으로써 겨레 앞에 지닌 자기의 책임을 다해야 할 것입니다."

남북한 언어의 달라짐에 대한 개념을 남기심(2002)에서 인용해 보자. 근본적으로 남북한의 언어 구조는 다른 것이 아니라 같다는 사실에 주목해야 함을 강조하고 있다. 남북한 언어의 달라짐은 언어 구조 전체에 비하면 지극히 부분적이라는 점을 인식해야 한다는 것이다.

"예부터 남이나 북에 여러 지역 방언이 있었다. 이런 방언적 차이를 이질화라 할 수 있는가? 동일한 언어가 지역 간의 교류가 끊김으로써 이질화하여 분화되기에 이르는 것은, 음운 체계의 변화, 문법의 변화로 인하여 어휘의 발음 구조가 달라지고 문장 구성 방법이 달라지며, 어휘 체계도 달라져서 의사소통이 불가능해지는 경우를 말한다. 현재 남북 간에는 의사소통에 지장이 될 정도의 심각한 이질화는 없다. 다시 말하면 현재 남북 간의 언어 사이에는 심각한 음운 체계상의 변화도 없고, 문법상의 차이도 없으며, 어휘 체계상의 차이도 크지 않다."

북한에서 언어를 보는 눈　　북한에서 언어를 보는 눈은 다분히 정치적이다. 그래서 북한의 언어 연구가 바탕으로 하는 언어관은 주체의 언어 이론이다. 《조선어학전서》[2] 제1권인 최정후 지은 《주체의 언어리론》(2005년)에서 서술하고 있는 주체의 언어 이론을 통해 북한의 정치적인 언어관과 언어 연구의 경향을 살펴보자(권재일 2012 참조).

북한에서는 주체의 언어 이론은 민족어를 고수하고 발전시키려는 이론을 독창적으로 해명하였다고 한다. 특히 언어 발전에 작용하는 모든 요인들을 구체적으로 분석하여 사람이 언어를 창조하고 발전시키는 추동력이라는 진리를 해명함으로써 언어 발전에 대한 사람들의 목적의식적 작용에 대한 이론을 체계화하였다고 한다. 이리하여 궁극적으로는 "로동계급의

---

2 《조선어학전서》의 저자는 북한의 사회과학원 언어학연구소 연구원을 중심으로 하고 있으며, 출판은 사회과학출판사, 발간 일자는 2005년 1월 20일부터 시작하여 9월 25일까지이다. 그러나 이 발간 일자는 실제 집필 일자와는 일치하지 않는다. 저작의 초고 또는 초판은 이보다 훨씬 이른 것도 있다. 한편 그 이후 《조선어학전서》를 계속해서 출판하고 있다. 그 첫 번째가 제48권으로 2013년 5월 20일에 출판한 정순기 지은 《조선어기능문법》이다.

당과 국가가 올바른 언어정책을 세우고 우리 시대의 언어발전의 방향에 따라 자기 민족어를 주동적으로 발전시킬 수 있는 넓은 길이 열리게 되었다."라고 하였다.

《주체의 언어리론》에서 이 이론의 특징을 다음과 같이 제시하였다. 주체의 언어 이론은 첫째, "우리 시대, 자주시대가 언어 분야에 제기하는 요구를 반영하여 혁명투쟁의 불길속에서 창시된 독창적인 언어리론이다." 둘째, "영생불멸의 주체사상을 사상리론적 기초로 하고있는 독창적인 언어리론이다." 셋째, "위대한 령도자 김정일동지께서 심화발전시키신 언어리론이다."

주체의 언어 이론 가운데는 언어 변화와 관련한 이론도 있다. 첫째는 언어 발전 요인에 관한 이론이다. 언어 발전에 작용하는 요인으로 객관적 요인과 주체적 요인을 들었다. "낡은 사회제도의 새로운 사회제도로의 교체가 주는 영향"이 객관적 요인이라 하였고, 주체적 요인으로 "주체의 언어리론에 의하여 인민대중이 언어의 창조자일뿐아니라 언어를 발전시키는 실제적인 주인이라는 진리가 밝혀지게 되었다."는 것이다. 둘째는 언어 발전 방향에 관한 이론이다. 주체의 언어 이론은 우리 시대 언어 발전의 합법칙성에 대한 과학적인 해명과 언어 발전에 작용하는 추동력에 대한 해명에 기초하여 사회주의 건설 시기의 언어 발전 방향에 관한 이론을 독창적으로 해명하였다는 것이다.

북한의 문법사 기술　이제 북한에서 출판된 《조선어학전서》를 중심으로 북한의 한국어 문법사 연구의 성격, 연구 대상, 연구 방법이 어떠하였으며, 어떠한 역사관에 입각하였는지를 확인해 보자. 이를 위해 먼저 《조선어학전서》의 한국어사 분야를 소개하고, 한국어사 분야 가운데 문법사 부분을 검토하고자 한다. 문법사 가운데서 초점을 두고자 하는 부분은 시대 구분의 내용과 근거에 대해 살펴보는 것과 체언토와 용언토의 변화 양상을 살펴보는 것이다. 이러한 과정에서 남한의 한국어사 학계의 연구와 일일이 대조하지는 않겠지만, 필요한 경우, 남한의 연구를 제시하여 대조하기로 한다.

남한과 북한이 분단된 이후 서로 다른 언어 이론을 배경으로 서로 다르게 문법사 연구를 수행해 왔다. 따라서 같은 언어를 서로 다른 이론을 통해 연구한 것을 살펴보는 것은 한국어 문법사의 연구사적 관점에서 의의 있는 일이다.

20.1.2. 북한의 한국어사 시대 구분

시대 구분　역사 연구에서 시대 구분은 매우 중요하다. 역사 변화는 동질성을 가지는 시대 단위로 나누어지기 때문이다. 한국어사 연구 역시 역사 연구이기 때문에 당연히 시대 구분이 필요하다. 한국어사 시대 구분에서 가장 중요한 것은 기준의 문제이다. 어디에 기준을 두고 시대를 구분할 것인가? 언어학적인 관점에서 보면 당연히 언어 현상이 변화하는 시점, 즉 음운, 문법, 어휘 등의 언어 구조가 획기적으로 전환되는 시점이 기준이 될 것이다.

《조선말력사》(조선어학전서 제4권)[3]에 따르면 한국어사는 "그 발생이후의 변화발전의 전 시기를 관통하여보며 변화발전의 주요분야를 전면적으로 포괄하는 전사의 성격"을 가지는데, 그 범위를 다음 두 가지 관점에서 제시하였다. 첫째, 시대적으로는 고대 한국어로부터 현대 한국어에 이르기까지의 기간을 포괄한다고 하였다. 둘째, 내용적으로는 각 발전

---

3 《조선말력사》는 실제 《조선말력사 1》에 해당한다. '조선말력사를 내면서'에 따르면, 1990년에 1권의 제1판을 간행하였다고 하며, 《조선어학전서 4》에 다시 내는 것을 1권의 제2판이라 소개하였다.

단계에서 나타나는 언어의 사회 기능과 언어 구조, 문체, 글자 발전 등을
포괄한다고 하였다. 특별히 "사회 기능"을 강조한다. 이러한 관점에 따라
《조선말력사》 전체에서 서술한 한국어사의 시대 구분은 다음과 같다.[4]

　(1) 《조선말력사》 시대 구분
　　　1. 고대 조선말
　　　　　기원전 30세기~기원전 3세기
　　　2. 중세 전기 조선말
　　　　　기원전 3세기~10세기
　　　3. 중세 중기 조선말
　　　　　[1] 10세기~14세기
　　　　　[2] 15세기~16세기
　　　4. 중세 후기 조선말
　　　　　17세기~1865년
　　　5. 근대 조선말
　　　　　1866년~1925년
　　　6. 현대 조선말
　　　　　[1] 1926년~1945년
　　　　　[2] 1945년~현재[5]

---

4 이와 같이 한국어의 시작점은 기원전 30세기이다. 특징적인 것은 경우에 따라서는
연도의 자릿수를 1866년, 1925년, 1926년처럼 한 자릿수까지 제시한 것이다. 그리고
중세 중기 조선말과 현대 조선말은 내부에서 다시 두 시기로 하위 구분하였는데,
이 글에서는 [1], [2]로 구분하여 표시한다.
5 한편 북한의 대표적인 한국어사 연구의 하나인 김영황(1978)에서의 시대 구분도
이와 거의 같다. 다만 시대 이름이 다르다. 고대 조선말 시대를 고대노예소유자국가시
기, 중세 전기 조선말 시대를 봉건국가분립시기, 중세 중기 조선말 시대를 통일봉건국
가시기, 중세 후기 조선말 시대를 봉건사회붕괴시기, 근대 조선말(과 현대 조선말)

고대 조선말 기원전 30세기부터 기원전 3세기까지 시기의 한국어이다. 시작인 기원전 30세기와 끝인 기원전 3세기에 대한 설명이 따로 없어, 명확한 근거를 알 수 없다. 남아 있는 언어 자료가 부족하여 언어 구조와 언어 변화를 구체적으로 서술할 수 없다고만 하였다.

중세 전기 조선말 기원전 3세기부터 10세기까지의 한국어이다. 중세 조선말은 기원전 3세기부터 1865년까지 2천 년이 훨씬 넘는 매우 긴 시기의 한국어인데, 이 시기를 '편의상' 전기, 중기, 후기의 세 시기로 나누고 있다. 여기서 편의상이라는 표현은 학술적이지 못한 표현이다. 왜냐하면 시대 구분의 기준은 분명한 언어 변화 사실에 기반을 두어야 하는데, 편의상 구분한다는 것은 온당하지 못한 기준이다. 중세 조선말 가운데 전기는 기원전 3세기에서 10세기 초기까지, 중기는 16세기까지, 후기는 1865년까지이다. 그래서 중세 전기 조선말은 고구려, 백제, 신라 시대, 그리고 발해, 통일신라 시대를 포함한다. 이렇게 보았을 때, 첫째는 시대 구분이 어떤 특정 언어 사실의 변화에 기준을 두기보다는 왕조 변천에 기준을 두고 있으며, 둘째는 대체로 중세 전기 시대는 남한 한국어사 학계에서 말하는 고대 한국어 시대에 속한다. 남북한 한국어사 학계 모두 10세기를 언어 변화의 한 획이라고 보고 있는 점은 공통인데, 그렇다면 10세기 이전과 이후가 큰 기준이 되어야 할 것이다. 그래서 남한의 한국어사 학계에서는 대체로 10세기 이전을 고대 한국어, 그 이후를 중세 한국어로 구분하고 있다.[6] 이에 대해 북한은 10세기 전후 시기를 모두 같은 중세 조선말에

시대를 부르죠아민족운동시기라 하였다. 이것은 전적으로 정치사의 시대 구분 이름을 따랐다.

6 이기문(1972), 《개정판 국어사개설》에서의 시대 구분이 이에 속한다. 10세기 이전을 고대 국어, 그 이후를 중세 국어로 구분하였다. 중세 국어는 다시 전기 중세 국어와 후기 중세 국어로 구분하였다. 대체로 《조선말력사》에서 제시한 중세 전기 조선말이

포함하고 다만 이를 중세 전기와 중세 중기로 구분하고 있다. 이 점이 남북한 한국어사 학계의 큰 차이이다. 북한의 한국어사 학계에서 10세기부터의 중세 중기 조선말을 "조선말의 통일적발전"이라 강조하고 있는데, 이는 곧 중세 전기 조선말과 언어적으로 큰 차이가 있다는 의미일 텐데도 불구하고 10세기 전후를 함께 묶어 중세 조선말로 서술한 것이다.

중세 중기 조선말　10세기부터 16세기까지의 한국어이다. 중세 중기 조선말은 통일적 봉건국가가 성립되어 한국어가 통일적 발전을 이룬 시기라 하였다. 이 시기는 다시 10세기 초기에서 14세기까지와 15세기~16세기 시기로 나누었다. 중세 중기 시대를 다시 두 시기로 구분한 것은 언어 구조 자체의 어떤 차이를 고려해서가 아니라 전적으로 훈민정음 창제와 그 보급으로 인한 두 시기의 언어 자료의 역사적 특징 차이를 고려해서라고 하였다. 한국어사의 시대 구분의 기준을 언어 구조 자체의 차이가 아닌, 기준을 언어 자료가 많은가 그렇지 않은가에 둔 결과이다. 중세 중기 조선말은 '여러 가지 점에서 아주 중요한 의의'를 지니는 시대라 하였다. 그 이유는 동족 국가 분립에서 단일 국가로 통일되고 민족도 통일되어, 말과 글도 전국가적, 전민족적 범위에서 통일적 발전의 새로운 길에 들어선 역사적 시기가 되었기 때문이라 하였다. 또한 이 시기는 훈민정음 창제로 글자 생활의 역사에서도 획기적인 변혁과 발전을 이룩함으로써 언어 발전에서 새로운 단계가 열리게 된 전환 시기라 하였다.

따라서 한국어사 연구에서 중세 중기 시대를 바르게 해명하는 것은 특별히 중요한 의의를 가진다고, 자못 감정적인 표현으로, 언급하였다. "그것은 온갖 부르죠아반동학자들과 특히는 민족적 및 계급적원쑤들이

이기문(1972)에서의 고대 국어에, 《조선말력사》에서 제시한 중세 중기 조선말이 이기문(1972)에서의 전기 중세 국어에 해당한다.

조선말의 형성문제와 조선인민의 공통적인 민족어력사의 단일성에 대하여 황당한 외곡과 날조를 악랄하게 감행할뿐만아니라 10세기~16세기의 조선말력사에 대해서도 허무맹랑한 신라정통설을 꾸며내면서 고려시기 이후 오늘에 이르기까지의 조선말은 신라말의 계승이라는 외곡과 날조를 일삼고있는 사정과 관련된다. 그들은 심지어 우리 인민의 고유한 민족글자인 훈민정음의 창제에 대하여 그 어떤 외래기원설을 날조하여 내려고까지 책동하고 있다." 그러므로 이 시기 한국어사를 바르게 밝히는 것은 정치사상적으로나 과학이론적으로 매우 중요한 의의를 가진다고 하여, 역시 한국어사에서 '정치사상'을 강조하였다.

중세 후기 조선말　임진왜란 직후인 17세기 초기부터 1860년대, 구체적으로는 1865년까지의 한국어이다. 이 시기 한국어사의 의의를 다음과 같이 서술하였다. "이시기 우리 말은 아직 중세적인 특징을 가지면서도 말소리, 어휘, 문법, 문장 등 언어구조면에서와 문체, 규범 등에서 일련의 중요한 발전을 이룩하면서 벌써 근대조선말의 기초적인 틀거리들도 적지 않게 갖춘 시기이다." 이 시기에 대한 연구는 거의 공백이었으며, 홀시를 받았다고 하여, 한국어사 전체 완성을 위해 활발한 연구가 필요하다고 제안하였다.

근대 조선말　1866년부터 1925년까지 60년 짧은 기간을 설정하였다. 민족의 자주권과 나라의 근대화, 독립과 자유를 위한 투쟁 속에서 발전해온 시대라 하였다. 이렇게 짧은 기간을 한 시대로 규정한 것은 첫째, 중세 조선말과 현대 조선말을 이어주는 과도적 단계라는 점과 둘째, 다음과 같은 역사적 사건을 처음과 끝으로 삼은 점이다. 즉, 1866년은 미국 셔먼호의 침입을 물리친 해로서 근대 조선말의 첫 해로 삼았으며, 1926년은 조선공산당선언의 해로서 그 직전인 1925년을 끝 해로 삼았다. 언어사의 시대 구분을 언어 변화에 그 기준을 두기보다는 전적으로 정치적 사건을 한국어사 시대 구분의 기준으로 삼았다. 한국어사에서 정치를 매우 중요시한 결과이다. 그래서 이에 대해 《조선말력사 5》에서는 다음과 같은 주장을 펼친다. "이 시기는 반세기밖에 안되는 길지 않은 동안이다. 그러나 이 동안에 지난 시기의 중세조선말의 오랜 단계를 끝내고 그 낡은 틀에서 벗어나 근대조선말로서의 새로운 발전단계를 개척하여왔다. 그리하여 이 력사적시기는 우리 말이 그 사회적기능과 구조에서, 그 규범과 문풍, 문체에서 나아가서는 민족글자의 기능을 강화하고 체계를 정비하는 등에서 현대조선말의 토대를 마련함으로써 조선말발전의 로정에 하나의 뜻깊은 리정표를 세운 중요한 단계로 된다." 더 나아가 다음과 같은, 언어학적이 아닌, 정치적인 인물의 의의를 더 내세운다. "불요불굴의 혁명투사 김형직선생님께서는 일제식민통치자들의 민족어말살정책으로부터 우리 말과 글을 지켜내고 그것을 우리 인민의 훌륭한 민족어로 옳바르게 발전시켜나가기 위한 투쟁을 힘있게 벌리시고 빛나는 업적을 이룩하시었다. 불요불굴의 혁명투사 김형직선생님께서 이룩하신 불멸의 업적은 경애하는 수령 김일성동지에 의하여 빛나게 계승발전되었다."

현대 조선말　현대 조선말은 다시 두 시기로 나누었다. 첫째는 1926년부터 1945년까지이며, 둘째는 1945년 광복 이후 현재까지이다. 한국어사 시대 구분을 전체적으로 볼 때, 근대 한국어와 현대 한국어에 대한 비중이 상당히 높다. 1866년부터 1925년까지 70년, 1926년부터 1945년까지 20년, 1945년부터 지금까지로 시대 구분한 것이다. 5천 년 한국어사 가운데 채 2백 년이 안 되는 기간이 세 시대로 구분된 것이다. 그 기준도 '김형직, 김일성, 공산당선언, 광복' 등에 근거한 것이다. 이러한 기준이 과연 학술적인 한국어사 시대 구분의 기준에 부합되는 것이라 할 수 있을까?

현대 조선말 [1]   1926년부터 1945년 광복 때까지의 시기이다. 앞에서 언급한 바와 같이 1926년이 시작점이 된 것은 조선공산당 선언의 해이기 때문이다. 그 사회의 어떤 큰 변혁, 그것도 어떤 선언에 따라 언어가 변화하는 것은 아니다. 언어 정책, 언어 태도 등이 변화할 수는 있지만, 자음과 모음 체계가 바뀌고 문법 구조가 바뀌지는 않을 것이다. 이에 대해서는 다음과 같이 해명하였다. "일부 언어력사가들은 우리 말 력사의 현대사부분은 정책적일 뿐 현행부분이고 언어력사의 부분으로는 고찰할수 없는 부분인듯이 보기도 하지만, 현대언어사는 조선말력사의 전 체계에서 빛나는 부분이며 시기적으로도 현실적인 내용의 측면에서도 중요시되는 부분이다." 그리고 그 의의는 다음과 같이 밝혔다.

첫째, "이 시기의 조선말은 수천년력사에서 처음으로 위대한 수령님의 령도밑에 영생불멸의 주체사상의 기치따라 발전하며 혁명과 건설의 주인, 민족어발전의 담당자로서의 지위를 차지하고 역할을 자각한 인민대중의 의식적인 투쟁에 의하여 발전하여나가기 시작하였다."

둘째, "이 시기의 조선말은 침략자 일제를 쳐부수고 조국의 광복과 인민의 자유와 해방을 위한 혁명투쟁과정에 놈들의 말살책동으로부터 자기 민족의 얼과 문화, 말과 글을 지켜내기 위한 투쟁 속에서 발전하였다."

셋째, "이 시기의 조선말은 새로운 개념, 대상, 현상들을 담기도 하고 새로운 형태로 변모되기도 하면서 어휘, 문법 형태, 문장류형, 문체 등 여러가지 측면에서 그 앞 시기 근대 시기 말과는 뚜렷이 구별되는 현대적인 말로 되었다."

현대 조선말 [2]   1945년 광복 후 오늘날까지의 한국어이다. 광복 후 조선말은, "위대한 수령 김일성동지께서 창시하신 주체적언어사상과 리론에 기초하여 언어학의 여러 분야들에서 주체성과 민족성이 뚜렷이 발양되게 되었으며 근로인민대중은 언어발전의 담당자, 언어의 창조자로서의 역할을 비상히 높일수 있게 되었다."라고 하여 김일성과 그의 주체사상이 언어 발전에 기여한 시대라고 주장하면서, 광복 후 조선말의 비약적인 발전은 "경애하는 수령 김일성동지와 위대한 령도자 김정일동지의 현명한 령도, 당과 국가의 깊은 관심과 지도를 떠나서 생각할수 없다."라는 점을 강조하였다.[7]

20.1.3. 북한의 문법사 연구의 특성

연구 성격　북한의 한국어사, 좁게는 한국어 문법사의 연구 성격에 대해, 《조선말력사》의 '조선말력사를 내면서'에 나타난 내용을 통해 살펴보자. 먼저 우리 민족이 고유한 말과 글을 가지고 있다는 것을 민족의 큰 자랑이자 큰 힘이라고 전제한다. 그러고 나서 "조선말의 력사는 무엇보다도 처음부터 우리 땅에서 우리 인민 자신에 의하여 창조되고 발전하여 온 력사로 특징지어진다. 조선말의 력사는 또한 오랜 기간 말과 글에 대한 반동통치계급들의 사대주의적책동과 외래침략자들 특히는 일제침략자들의 민족어말살책동을 반대한 우리 인민의 투쟁속에서 발전하여온 력사이다. 그러므로 조선말의 력사는 자기의 말과 글을 지켜내면서 발전시켜온 투쟁과 창조의 력사로 특징지어진다."라고 주장하였다. 이와 같은 주장을 통해 볼 때, 북한의 한국어사 연구, 또는 한국어 문법사 연구의 성격을 한 마디로 말하자면 '투쟁'과 '창조'의 역사라고 하겠다. 언어 변화를 외래

---

7 북한 학계의 한국어사 또는 한국어 문법사의 시대 구분에 대한 구체적인 내용은 송향근(1988, 1996), 이현희(1992) 참조. 한편 남한 학계의 한국어 문법사의 시대 구분에 대한 논의는 각주 6)의 이기문(1972)를 비롯하여 김광해(1993), 홍윤표(1995), 홍종선(2005, 2019), 장요한(2019) 참조. 홍종선(2019:374)에서는 한국어 문법사의 시대 구분이 설명력 높게 이루어져야 한국어 문법사 연구에 올바로 기여할 수 있다고 하였다.

침략자들에 대한 투쟁의 역사로 본다는 관점과 그 변화는 창조의 결과로 본다는 관점이다.

다음으로 한국어사에는 풍부한 언어 자료를 가지고 있다는 점을 강조하였다. "조선말의 력사는 오랜 옛날말의 자취를 전해주는 각 지방의 방언들과 함께 15세기이후의 고유민족글자—훈민정음으로 기록된 다양한 언어사료들을 가지고 있는 것으로 특징지어진다."라고 주장하였다.

이러한 두 가지 관점이 한국어사 연구의 필요성과 가능성을 보장해 준다고 보는 것이다.

연구 방법　기본적으로 북한에서의 한국어 문법사 연구는 역사적 견지에서 언어 구조에 대한 자료 분석을 진행하면서 동시에 인민에 대한 역사적 견지에서의 고찰을 병행하였다고 연구 방법의 성격을 밝혔다. 인민에 대한 역사적 견지라 함은 근로 대중의 혁명적인 언어생활 기풍의 발휘와 정치사상적 의미를 가진 자료에 기초한다는 것이라고 풀이하였다.

이러한 바탕에서 북한의 한국어 문법사 연구 방법의 두 가지 특성을 들면 다음과 같다. 첫째는 자료와 자료 해석 중심이다. 문헌 또는 금석문 자료를 중심으로 문법 현상을 기술하고 설명하였다. 문헌에 나타나지 않는, 또는 문헌이 존재하지 않는 상황에서는 판단을 유보하였다. 이와 같이 철저히 문헌에 바탕을 둔 연구가 방법론의 특성이다. 어느 시대에 문헌 자료가 없다고 하여 그러한 문법 현상도 없다고 할 수 없으며, 또한 어떤 문법 사실이 문헌에 처음 나타난다고 해서 그 문법 사실이 그 시대에 형성되었다고 볼 수 없다는 뜻이다. 따라서 "언어자료의 시대적조건과 언어사실자체의 발생, 발전시기와의 관계를 옳게 리해하여야 한다."라고 언급하였다(《조선말력사》 296쪽).

둘째는 시대마다 공시적 기술을 바탕으로 하였다. 실제 《조선어학전서》의 《조선말력사》 각 권은 시대별로 공시적 문법 기술이 대부분을 차지

한다. 이러한 공시적 문법 기술을 앞 시대 공시적 기술과 대조하여 문법 변화가 어떻게 일어났는가를 서술하는 것이다. 예를 들어 17세기 한국어의 대격조사를 공시적으로 기술하고 이를 그 앞선 시대인 15세기의 대격조사와 대조하여 두 시대 간의 변화 양상을 서술하는 방식이다.

그리고 문법 변화의 방향에 대한 특성으로 적극화와 소극화라는 개념을 들었다. 어떤 문법범주의 실현방법이 새로 생겨나거나 확대되는 경우 이를 적극화 방향이라 하고, 반대로 어떤 문법범주의 실현방법이 축소되거나 사라져 갈 때, 이를 소극화 방향이라 하였다.

연구 대상 문법사의 영역은 '품사, 형태, 문장'의 변화가 중심이다. 품사 변화에서는 품사의 갈래, 단어조성법(=조어법)[8] 등이 대상이다. 형태 변화에서는 '토'가 중심이다. 토는 남한의 문법 용어 '조사'에 해당하는 체언토와 '어미'에 해당하는 용언토, 둘로 나뉜다. 형태 변화에서는 이러한 어미와 조사의 발생, 발전 과정이 대상이다. 문장 변화에서는 단어 결합, 문장성분, 문장 유형, 어순, 옮김법 등이 대상이다. 단어 결합이란 의미-문법적으로 연결되고 문장의 구성 자료가 되는 두 개 이상의 단어들의 결합으로, 문장의 기본 단위의 하나이다. 이러한 연구 대상에 대하여, 시대별 특징을, 고대 조선말과 중세 전기 조선말의 경우를 예를 들어 살펴보자.

고대 조선말 고대 조선말(기원전 30세기~기원전 3세기)에 대해서는 얼마 안 되는 어휘 자료밖에 남아 있지 않은 상황에서 문법 구조를 폭넓게

---

8 이 글에서 학술용어를 표기하는 방식, A(=B)에서 북한 용어 A에 대한 남한에 대응하는 용어는 B라는 뜻이다. 즉, 단어조성법(=조어법)에서 북한 용어 단어조성법은 남한 용어 조어법에 대응한다는 뜻이다.

고찰할 수는 없다는 것을 전제로 한다. 그래서 다음과 같은 세 가지 문법 구조의 특징을 제시하였다. 첫째는 토가 발달하지 않아 토가 붙지 않은 형태가 일반적이다. 둘째, 체언과 용언이 형태적으로 미분화되었다. 셋째, 단어 결합에서 한정하는 말이 한정 받는 말의 앞에 놓인다.

중세 전기 조선말　　이 시기(기원전 3세기~10세기)에 보이는 문법 현상은 적어도 그 앞 시기와 같다고 전제하였다. 품사에 대해 살펴보자. 품사 갈래에서 형용사를 동사와 같은 용언 부류에 넣었다. 이는 한국어의 품사 체계가 세계의 수많은 다른 말들과 두드러지게 구별되는 민족 특성의 하나라 하였다. 그리고 형용사와 별도로 관형사가 있다는 점을 들었는데, 오직 규정어(=관형어)로만 되는 독특한 품사로, 이는 형용사가 다른 나라 말과 달리 동사 성격으로 용언 부류에 속한다는 특징과 관련하여 독특하게 발생, 발전한 것으로 보았다.

다른 나라 말에 흔히 있는 접속사, 관계대명사, 관사 등과 같은 품사가 없음도 지적하였다. 한국어에는 접속사 대신에 다양한 이음토(=접속어미)가 발달해 있고 관계대명사 대신에 불완전명사(=의존명사)가 발달해 있으며 관사 대신에 관형사와 규정형토가 발달해 있는 특징과 관련 있다고 보았다.

품사와 관련하여 특별히 불완전명사의 발생에 대해 서술하였다. 불완전명사가 언제 발생하였는지는 알 수 없으나, 이 시기의 언어 자료에는 뚜렷이 그리고 비교적 활발히 쓰이고 있는 것으로 보아 그 발생 역사는 훨씬 더 오랠 수 있다고 하였다. 또한 이 시기에는 일부 용언이 '-아/어' 형과 어울려서 보조적으로 쓰인 예에 대해서 언급하였다. '두다, 이시다'가 대표적인 것으로서 현대 한국어에서의 자립동사의 보조적 쓰임의 기원이 오래되었음을 보여 준다고 하였다.

20.2. 체언토의 변화

북한 문법사 연구에서 체언토 변화의 경우, 체언토의 갈래를 세우고, 그 갈래에 따라 토의 형성, 발전, 소멸 등을 서술하였다. 체언토의 갈래는 격토, 도움토를 대상으로 하였으며, 격토의 경우에는 격의 설정과 발전을 서술하였다.

20.2.1. 토의 형성

토 형성의 두 경우　토가 생겨난 근거를 단어의 어떤 한 부분이 떨어져 나와 토가 발생한 경우, 다른 어떤 단어가 추상화, 문법화되어 토가 발생한 경우로 나누었다(《조선말력사》 296-312쪽).

첫째는 단어 어간의 끝소리가 떨어져 나와 형성된 경우이다. 용언 어간의 음절 끝소리가 갈라져 나와 규정형토 '-ㄴ, -ㄹ' 그리고 '-ㄴ'의 변종 형태로부터 형성된 명사형토 '-ㅁ'이 발생한 것으로 서술하였다. '가나, 가라' 등에서 '-ㄴ, -ㄹ'이 발생한 것으로 보았다. 또한 체언의 음절 끝소리가 갈라져 나와 도움토(=보조조사) '-ㄴ'과 대격토 '-ㄹ'이 발생하였다고 서술하였다.

둘째는 단어가 추상화, 문법화되어 토가 형성된 경우이다. 주격토 '-이'는 가리킴대명사 '이'에서 기원하였는데 이 과정을 다음과 같이 서술하였다. 가리킴대명사 '이'가 격토로 넘어갈 수 있는 것은 가리킴대명사로서의 말뜻이 점차 추상화되면서 문법화되어 문장에서 대상을 가리키고 강조하는 기능을 수행하게 된 때문인데, 이것은 사유와 논리의 발전에서 응당한 귀결이며 언어 발전의 합법칙적 현상이라고 서술하였다.

대명사에서 형성된 토의 예를 더 들어보면 다음과 같다. 가리킴대명사 '다/더'에서 알림의 맺음토(=서술형어미) '-다'가 형성되었다. 현대 한국어

의 가리킴대명사 '저'의 옛 형태 '뎌'에서 번져난 것일 수 있다. 그것은
바로 '다/더'가 일정한 사물 현상에 대하여 '그것'이라고 긍정한 데에서
번져날 수 있기 때문이다. 가리킴대명사 '가/거/고/구'에서 알림의 맺음토
와 물음의 맺음토(=의문형어미)가 형성되었다. 물음의 맺음토 '-가/고'는
가리킴대명사 '그'의 옛 형태 '거'에서 온 것이다.

한국어에서의 토는 이러한 수단과 수법으로 형성, 발전하였고 이들을
기반으로 점차 그 범위가 확장되고 분화되거나 또는 합성되어 새로운
토를 만들어내면서 더욱 풍부하게 되었다고 서술하였다.

20.2.2. 중세 전기 조선말의 격체계와 격토

중세 전기 조선말　한국어에서 격범주와 이를 실현하는 토가 언제 생겨
났는지 그 시기를 똑똑히 알 수 없으나 매우 오랜 옛날, 고대 한국어부터
였을 것으로 추정하고, 격은 교착어로서 한국어의 특성에 맞게 토로서
실현하게 되었다고 서술하였다. 중세 전기 조선말의 격체계와 격토에 대
한 서술은 다음과 같다.

이 시기의 격체계를, 주-속격, 대-조격, 여-위격, 호격 등으로 설정하
였다. 이 가운데 주-속격은 '-이'로 실현되었는데, 주격 기능, 속격 기능에
여-위격 기능까지 실현하였다. 그리고 여-위격은 원래 주-속격이 그 기
능을 실현해 왔으나, 점차 독자적인 기능으로 형성, 발전하면서 토 '-아/어'
가 쓰였다. 이 토 '-아/어'는 원래 장소를 뜻하는 불완전명사 '바'에서 'ㅂ'이
빠진 형태 변종이었을 수도 있고 또는 체언 어간의 음절 끝 모음이었을
수도 있다고 추정하였다.

체언 어간의 음절 끝소리에서 대-조격이 형성되었는데, 이는 점차 대
격과 조격이 분화하여 발전하였으며, 감탄사 '아'로부터 호격토가 형성되
어 호격이 분화되었다고 추정하였다.

이와 같이 추정한 중세 전기 조선말의 격체계와 격토의 특징을 다음과 같이 서술하였다(《조선말력사》 327쪽-). 첫째, 격형태와 그것을 실현하는 격토가 미분화 상태에 있었다. 그것은 주-속격토와 대-조격토의 기능에 집중되었다, 둘째, 주-속격토는 아니면서도 속격토 기능을 실현하는 '-시'가 활발히 쓰였다. 셋째, 여-위격토와 조격토가 독자적으로 형성, 발전되었다. 넷째, 구격과 구격토는 아직 형성되지 않았다. 다섯째, 호격은 독자적인 격토가 있었다. 여섯째, 기본 격토와 함께 자음이 결합한 격토도 있었다.

20.2.3. 중세 중기 조선말의 격체계와 격토

중세 중기 조선말 [1]　　중세 중기 조선말은 두 시기로 나누어 서술하였는데, 첫 시기는 10세기부터 14세기까지이다. 이 시기로 오면서 토가 다양하게 발전하면서 문법 표현이 풍부하게 되었다. 이 시기의 한국어의 격체계와 격토의 변화 양상을 제시하였는데, 이를 들어 보면 다음과 같다(《조선말력사 2》 176쪽-). 첫째, 앞 시기에는 주격 기능과 속격 기능을 기본으로하면서 경우에 따라 여-위격 기능까지 하여 미분화 상태에 있던 주-속격이 이 시기에는 주격과 속격이 뚜렷이 분화되면서 새로운 속격토가 형성되었다. 둘째, 중세 전기 조선말에 비하여 여-위격토가 더욱 다양해졌다. 셋째, 대격과 조격이 뚜렷이 구별되었다. 넷째, 구격토가 생겨나 활발히 쓰였다. 다섯째, 호격토가 훨씬 다양해졌다. 여섯째, 속격 기능을 실현하던 '-시'가 '사이ㅅ'으로 발전하였다. 그리고 이 시기에 도움토가 많이 형성되어 다양하게 사용되었다.

중세 중기 조선말 [2]　　중세 중기 시대의 두 번째 시기인 15세기부터 16세기까지의 한국어의 격체계와 격토의 변화 양상을 제시하였는데, 이를 들어 보면 다음과 같다(《조선말력사 2》 498쪽-). 첫째, 16세기 후기에 역사상 처음으로 새로운 주격토의 하나로서 '-가'가 나타나기 시작하였다. 둘째, 속격과 여-위격의 격형태의 차이가 뚜렷이 갈라졌다. 셋째, '사이ㅅ'은 이 시기에도 속격의 기능을 실현하면서도 점차 약화되는 싹을 보이기 시작하였다. 사이ㅅ은 하나의 독자적인 음절을 이루지 못하고 음절 사이의 닫김소리로 나기 때문이다. 넷째, 여-위격토는 활동체 대상에 대한 토 '-에게'를 새롭게 가지게 되었다. 다섯째, 구격토가 같은 성분을 단순히 연결하는 기능 외에 보어를 실현하는 기능도 보이기 시작하였다.

20.2.4. 중세 후기 조선말의 격체계와 격토

중세 후기 조선말　중세 후기 시대(17세기~1865년)에는 한국어의 교착어로서의 특징이 더욱 강화되는 방향으로 변화하면서, 많은 토가 다의적으로 쓰였다. 이 시기에 한국어의 격체계는 더욱 완성되고 격토는 점차 정돈되고 통일되는 변화 양상을 제시하였는데, 이를 들어 보면 다음과 같다(《조선말력사 4》 21쪽-). 첫째, 속격, 여격이 독자적인 격으로 완전히 분화하였다. 둘째, 여-위격토가 여격토, 위격토로 분화하였다. 셋째, 영-형태 토로 실현되는 절대격은 거의 모든 격의 기능을 다 하였다.

격체계 변화 양상　위에서 살펴본 고대, 중세 전기, 중세 중기, 중세 후기 시대 격체계 변화 양상을 정리하면 다음 표와 같다(《조선말력사 4》 23쪽).

고대 (BC30~3세기)	중세 전기 (3~10세기)	중세 중기 (10~16세기)	중세 후기 (17~19세기)
주속대격	주속격	주격	주격
		속격	속격
	여위격	여위격	여격
			위격
대조격	대조격	대격	대격
		조격	조격
		구격	구격
	호격	호격	호격

주격조사 '-가'의 발생 특별히 주격토 '-가'의 발생의 기원과 단계를 제시하였다(《조선말력사 4》 26쪽-). '-가'의 발생은 세 단계로 나누었는데, 제1단계는 16세기 후기에서 17세기 전기까지로 'ㅣ' 부류 모음 뒤에 부분적으로 나타났다. 제2단계는 17세기 후기에서 18세기 중기까지로 'ㅣ' 부류 아닌 모음 뒤에서 '-가'와 '-ㅣ'가 혼용되었다. 제3단계는 18세기 후기 이후로서, '-이가' 또는 '-ㅣ가'로 겹쳐 쓰이면서 '-ㅣ'는 쓰이지 않았다. 그리고 '-가'의 기원에 대해서는 여러 가지 학설 가운데⁹ 물음토 '-가'에서 온 것으로 본 견해가 가장 타당성이 있어 보인다고 추정하였다. 당시에 물음토 '-가'가 체언에 붙어서 일정한 강조를 나타내면서 주격토 '-가' 비슷하게 쓰인 예를 들어 추정하였다.[10]

---

9 주격토 '-가'의 기원에 대해서, 1. 동사 '가다'의 이음형 '가'에서 왔다는 견해, 2. 높임의 호격토 '아'와 관련이 있을 것이라고 보는 견해, 3. 간투사적인 조사에서 왔다는 견해, 4. 물음토 '-가'가 강조를 위하여 쓰인 데서 유래되었다는 견해, 5. 접속사 '하다가'의 '-가'에서 왔다는 견해 등이 있다고 언급하였다(《조선말력사 4》 27-28쪽). 그 가운데 4. 물음토 '-가' 기원에 대한 견해는 《조선어문》 1986년 제1호, 32-33쪽에서 인용하였다고 밝혔다. 이 논문은 김영황의 '주격토 〈가〉의 력사에 대하여'이다.

20.2.5 근대 조선말의 격체계와 격토

근대 조선말 1886년부터 1925년까지이다. 앞 시기의 발전 단계를 그대로 이어받으면서 새로운 발전도 보임으로써 근대 한국어 특징을 가지게 되었다고 하였다. 특히 여격토와 위격토가 비교적 뚜렷이 분화되었음을 언급하였다.

20.2.6. 현대 조선말의 격체계와 격토

현대 조선말 두 시기로 나누어 서술하였는데, 첫 시기는 1926년부터 1945년까지이다. 이 시기는 반세기도 못되는 짧은 동안이었던 만큼 문법 구조에서 달라지는 변화는 없었다. 품사 유형과 체계, 문법범주와 그 체계 등이 다 앞 시기인 근대 한국어를 그대로 유지하였다. 다만 기본적인 체계 안에서 극히 부분적인 변화가 있었다(《조선말력사 6》 159쪽). 격토의 변화 양상을 보면 다음과 같다. 첫째, 일련의 많은 토가 이전의 옛 형태를 점차 버리고 현대적인 형태를 가지게 되었다. 둘째, 토들의 변종 형태들의 단일화 과정이 완성되었다. 셋째, 많은 토가 소극화되어 현실에서 쓰이지 않는 예스러운 토로 남았다. 넷째, 합성토들이 더욱 증가하였다.

현대 조선말의 두 번째 시기인 광복 이후 현재에 이르는 시기의 문법

---

10 남한 학계에서도 그 동안 주격조사 '-가'의 기원에 대해서 여러 학설이 제안된 바 있다. 최근 고광모(2014)에서 제안한 주장이 주목된다. 이에 대해서는 11.3. 참조. 의문조사에 기원을 두는 고광모(2014)에서의 추정은 북한 학계의 추정과 공통적이다. 고광모(2014)에 따르면, 주격조사 '-가'를 의문조사 '-가'와 관련지은 최초의 논저는 이숭녕(1958)에서인데, 다만 그 논문에서는 주격조사 '-가'가 의문조사에서 전용된 것이 아닐까 추측했을 뿐, 근거를 제시하지는 않았다. 결과적으로 이숭녕(1958), 고광모(2014), 《조선말력사 4》의 세 견해가 함께 주격조사 '-가'가 의문조사 '-가'로부터 유래한 것으로 본 것이다.

변화와 발전에 대해서는 비교적 자세하게 언급하였다(《조선말력사 7》 54쪽-). 우선 다음 문장을 들어 보자. "광복이후 우리 인민은 위대한 수령 님께서 창시하신 혁명적문풍을 본보기로 하여 문법분야에서도 재래의 반인민적이며 사대주의적인 낡은 요소들을 가셔내고 인민적이며 주체적 인 요소들을 적극 살리고 시대의 요구에 맞게 발전시켜왔다. 이것은 문법 에서의 획기적인 〈신진대사〉이다." 역시 김일성의 언어정책이 문법에 큰 변화를 가져왔다는, 일관된, 확고한, 주장이다. 그러한 문법 변화는 구체 적으로 첫째는 토의 소멸과 소극화이고, 둘째는 토의 산생과 적극화이고, 셋째는 토 기능의 정밀화이다.

20.3. 용언토의 변화

20.3.1. 중세 전기 조선말의 용언토

중세 전기 조선말 이 시기의 용언토를 맺음토, 이음토, 규정토, 꾸밈토, 바꿈토, 두루토, 그리고 끼움토와 같이 다양한 범주로 갈래짓고 이를 공시 적으로 서술하였다(《조선말력사》 296쪽-). 그 가운데 먼저 맺음토에서 볼 수 있는 몇 가지 특징을 제시하였는데, 그 내용은 다음과 같다. 첫째, 말법의 측면에서 보면, 알림과 물음이 기본을 이루고 있다. 시킴, 추김, 미정은 나중에 형성된 것이다. 둘째, 말차림의 측면에서 보면, 기초차림 ('한다' 형태)과 높임차림('합니다' 형태)이 기본을 이룬다. 따라서 반높임 차림, 반말차림은 나중에 형성된 것이다. 여기서 말차림범주의 발생과 그 기능의 발전은 말하는 목적이 어떤 사실에 대한 전달 기능만 하는가, 거기에 높이는 예절을 함께 표현하는가 하는 데서 출발하였음을 말해 준다.

20.3.2. 중세 중기 조선말의 용언토

중세 중기 조선말 [1]   10세기~14세기의 용언토 역시 기능과 위치에 따라 갈래짓고 이를 공시적으로 서술하였다(《조선말력사 2》176쪽-). 체언토에서도 언급하였듯이 이 시기에는 문법형태들이 다양하게 발전하여 문법 표현이 집중적으로 풍부하게 나타났다고 하였다. 예를 들어, 용언의 규정형과 토가 결합하여 새로운 문법형태를 형성하였다. 규정형 '-ㄴ'에 바꿈토 '이'가 결합하여 새로운 토 '-니'를 형성하였다(예: '내 님을 그리ᅀᅪ 우니다니'). 한 예를 더 들면, 규정형 '-ㄴ'에 불완전명사 'ᄃ'가 결합하여 여기에 또 주격토 '-ㅣ'가 결합하여 '-ㄴ디'를 형성하였다.

이 시기 특징 가운데 용언토에서 볼 수 있는 몇 가지 특징을 제시하였는데, 그 내용은 다음과 같다. 첫째, 맺음토는 이 시기에 들어오면서 더욱 폭넓게 발전하여 많은 새로운 형태가 나타났다. 특히 말법의 발전에 따르는 알림, 물음, 시킴, 추김 등의 형태가 발전하여 활발히 쓰였다. 둘째, 규정토는 앞, 뒤 시기와 마찬가지로 '-ㄴ, -ㄹ'이 기본 형태였다. 셋째, 이음토의 경우, 앞 시기 자료에서 보이지 않던 많은 형태가 보였다. 넷째, 체언의 용언형 바꿈토(='이다')는 지난 시기에 비하여 더욱 적극적으로 쓰였을 뿐만 아니라 여러 새로운 문법형태를 형성하여 문법 표현을 풍부하게 하는 데에 이바지하였다.

이 시기에 몇 가지 중요한 문법범주의 발전과 이를 실현한 용언토에 대해 서술하였는데(《조선말력사 2》230쪽-), 그 내용은 다음과 같다.

태범주와 관련하여, 앞 시기에 많은 자료를 남기지 못하였던 지속태가 이 시기에는 매우 활발히 쓰였다. 단어 결합 형태를 취하는 완료태의 새로운 형태도 형성되었다. 상범주로는 제힘상(능동), 시킴상(사역), 입음상(피동)을, 수범주로는 단수와 복수를 제시하였다. 그러나 아직 시간범주는 없었다.

예절범주와 관련하여, 높임법과 정중법과 말차림법이 이 시기에 와서 더욱 풍부해졌다. 높임법은 남높임법과 제낮춤법으로 나누었는데, 남높임법은 '-시-'로 실현되었다. '-시-'는 원래 존재를 나타내는 '있다'의 옛 형태 '이시다'의 '이시'의 준말 형태에서 유래했음을 밝히고, 처음에는 높임의 뜻이 뚜렷하지 못하였고, 높임의 뜻을 가지게 된 다음에도 일정 기간은 사람이 아닌 대상에 대해서도 쓰였으며, 심지어 자기 자신에 대해서도 쓰였다. 그러나 이후에 점차 자기 자신이 아닌 남에 대해서만 높임을 나타내는 남높임토로 발전하였다. 제낮춤법은 '숩'으로 실현되었다.[11] 말하는 사람이 자기 이외의 다른 사람에 대하여 언어예절로서 일정한 존경의 뜻을 나타내기 위해 자기 자신의 행동과 관련된 용언 표현에 일정한 낮춤토를 붙여 실현하였다.

중세 중기 조선말 [2]   다음으로는 15세기~16세기의 용언토에 대해 살펴보자. 맺음토는 앞 시기에 비해 그 형태와 쓰임에서 매우 다양하게 발전하였다고 서술하였다. 그리고 반말차림이 더 늘어나 말차림은 기초차림, 반말차림, 반높임차림, 높임차림으로 분화하였다.

이 시기에 몇 가지 중요한 문법범주의 발전과 이를 실현한 토에 대해서 구체적으로 서술하였는데, 특히 시간범주의 발전을 강조하였다. 앞 시기의 태범주는 점차 시간범주와 관계를 맺으면서 발전하였다. '-아/어/여 이시다'에서 발전한 시간범주 '앳/엣/엿'은 점차 시간범주 '앗/엇/엿'으로 발전하여, '이시다'와는 말소리도 뜻으로도 거의 관계를 끊고 기본적으로 시간범주로서의 과거를 나타내는 계기가 이루어졌다.[12]

---

11 '숩'을 제낮춤법으로 서술하였는데, 남한의 한국어사 학계에서는 대체로 객체높임법으로 서술한다. 포괄적으로 '일정한 존경의 뜻을 나타내기 위해 자기 자신의 행동과 관련된 용언'에 결합한다기보다는 '객체로 등장하는 대상에게'라고 기술하는 것이 더 옳을 것이다(제4장 4.2. 그리고 허웅 1975:691- 참조).

한 가지 특이한 것은 예절범주로서 정중법을 설정하고 그 변화를 서술한 내용이다. 정중법은 16세기를 지나면서 완전히 없어진 범주인데, 말하는 사람이 어떤 사물 현상의 실현에 대하여 말하면서 정중성을 나타내는 문법범주로, 끼움토 '-오/우-'로 실현된다고 하였다.[13] 그리고 쓰임에 있어 다른 토와는 달리 일정한 제한을 가지고 있는데, 바꿈토 '-ㅁ', 이음토 '디'는 언제나 결합하며, 규정토 '-ㄴ, -ㄹ'은 결합하기도 하고 그렇지 않기도 한다. 그리고 문장에서 주어의 인칭에는 아무런 제한이나 구별이 없었다(《조선말력사 2》 609쪽-).

상범주와 관련하여, 앞 시기와는 달리 훨씬 더 다양한 체계를 보인다 하였다. 상범주는 능동상과 비능동상으로, 비능동상은 시킴상과 입음상으로 이루어져 있는데, 시킴상과 입음상은 종합적 방법과 분석적 방법으로 실현된다.[14] 상범주의 몇 가지 특징을 들면 다음과 같다. 첫째, 입음상은 시킴상보다 드물게 쓰였다. 둘째, 그 발생, 발전의 역사 과정은 공통적이다. 셋째, 이 시기에 더욱 다양한 상토에 의하여 실현되었으나, 그 발전의 불철저성, 제한성으로 단어만들기의 뒤붙이(=파생접미사)의 성격으로 보편성과 일반성을 가지는 데에는 이르지 못하였다. 그러므로 상토에 의한 종합적 방법보다는 오히려 분석적 방법이 훨씬 보편성과 일반성을 띠게 되었다.

---

12 다음과 같은 '-엇-'의 형성 과정은 제5장 5.3.2. 참조.
  -어 이시- 〉 -이잇- 〉 -엣- 〉 -엇- 〉 -었-
13 '-오/우-'에 대한 구체적인 서술은 다음 참조. 인칭법은 제9장, 명사절 구성은 제14장, 관형절 구성은 제15장 참조.
14 종합적 방법은 사동접미사와 피동접미사를 결합하여 실현하는 형태적 방법을 말하고, 분석적 방법은 보조용언 구문을 통해 실현하는 통사적 방법을 말한다.

문헌 자료 목록

■ 15세기

龍飛御天歌	1447년
釋譜詳節	1447년
月印千江之曲	1449년
月印釋譜	1459년
訓民正音-諺解	1459년
楞嚴經諺解	1461년
法華經諺解	1463년쯤
金剛經諺解	1464년
圓覺經諺解	1465년
救急方諺解	1466년쯤
蒙山法語諺解	1467년쯤
內訓	1475년
杜詩諺解-初刊	1481년
南明泉禪師繼頌	1482년
金剛經三家解	1482년쯤
救急簡易方諺解	1489년

■ 16세기

飜譯老乞大	1510년쯤
飜譯朴通事	1510년쯤
飜譯小學	1518년
正俗諺解	1518년
呂氏鄕約	1518년

二倫行實圖－初刊	1518년
訓蒙字會	1527년
七大萬法	1569년
小學諺解	1588년
論語諺解	1590년쯤
孟子諺解	1590년쯤
三綱行實圖－重刊	1500년대

■ 17세기

諺解痘瘡集要	1608년
癸丑日記	1613년
東國新續三綱行實圖	1617년
杜詩諺解－重刊	1632년
家禮諺解	1632년
勸念要錄	1637년
辟瘟新方	1653년
警民編諺解－重刊	1658년
女訓諺解	1658년
痘瘡經驗方諺解	1663년
老乞大諺解	1670년
捷解新語	1676년
朴通事諺解	1677년
馬經抄集諺解	1682년
仁祖大王行狀	1688년
譯語類解	1690년
太平廣記諺解	1600년대

■18세기

伍倫全備諺解	1721년
三綱行實圖−重刊	1730년
女四書諺解	1736년
御製內訓	1736년
捷解蒙語	1737년
改修捷解新語	1748년
闡義昭鑑諺解	1756년
御製警民音	1762년
日東壯遊歌	1764년
淸語老乞大	1765년
譯語類解補	1775년
明義錄諺解	1777년
重刊捷解新語	1781년
捷解蒙語	1790년
蒙語老乞大	1790년
隣語大方	1790년
重刊老乞大諺解	1795년
五倫行實圖	1797년
한듕만록	1795년~1805년

■19세기

셜시닉범	1800년대 초기
긔희일긔	1839년~1866년
의유당집	1832년쯤
열녀춘향수절가	1800년대 후기
訂正隣語大方	1882년
再刊交隣須知	1883년

婦女必知	1891년
國民小學讀本	1895년
小學讀本	1895년
新訂尋常小學	1896년
독닙신문	1896년~

■ 20세기 초기

대한미일신보	1904년~
校正交隣須知	1904년
初等小學	1906년
高等小學讀本	1906년
國語讀本(普通學校學徒用)	1906년
혈의 루	1906년
幼年必讀	1907년
幼年必讀釋義	1907년
금슈회의록	1908년
셜즁미	1908년
勞動夜學讀本	1908년
녀ᄌ독본	1908년
初等女學讀本	1908년
最新初等小學	1908년
新纂初等小學	1909년
樵牧必知	1909년
국어문법(주시경)	1910년
츄월식	1912년
蒙學必讀	1900년대 초기

찾아보기